The New Standard

[illegible]り入門

BOOK
4

子供連れや女性同士でも楽しいサビキ釣りから
投げ・ウキ・カゴ・さらに他の釣りまで満載!
海釣りの基本とコツが詰まった超バイブル誕生

つり人社書籍編集部 編

つり人社

目次

1章 海釣りを始めよう!

現代人よ、海を楽しめ! 8
釣り方のいろいろ 10
海釣りの服装と装備 12
周辺グッズのいろいろ 14
海で釣れる魚たち 16
海釣りで使うエサ 24

2章 海釣りの基本知識

魚釣りのメカニズム 28
魚の住処と泳層 30
釣期とエサ 32

タックルの基礎知識
①サオ 34
②リール 36
③イト 38
④オモリ 40
⑤ハリ&サルカン 42
ラインの結び方
①リールにミチイトを結ぶ・ノベザオにミチイトを結ぶ 44
②サルカンを結ぶ 46
③ライン同士を結ぶ 48
④ハリを結ぶ 50
⑤枝スの出し方と補修法 52
COLUMN 釣り場でのマナー 54

3章 サビキ釣り

サビキ釣りってどんな釣り？ 56
サビキ釣りのタックル 58
仕掛けの概要 60
サビキ釣りの周辺アイテム 62
釣り方の流れ 64
魚種別仕掛け
①アジ、イワシ、サバほか トリック仕掛け 66
②アジ、イワシ、サバほか ウキサビキ 68
③カマス、回遊魚ほか 投げサビキ 70
COLUMN 海での安全管理 72

4章 投げ釣り

投げ釣りってどんな釣り？ 74
投げ釣りのタックル 76
仕掛けの概要 78
投げ釣りの周辺アイテム 80
釣り方の流れ 82
魚種別仕掛け
①シロギス、ハゼほか　チョイ投げ仕掛け 84
②カレイ　段差仕掛け 86
③アイナメほか　ブッコミ仕掛け 88
④マダイほか　遊動大もの仕掛け 90
⑤イシモチ　胴突き仕掛け① 92
⑥カサゴほか　胴突き仕掛け② 94
⑦カワハギ　胴突き仕掛け③ 96
⑧アナゴ　夜釣り仕掛け 98
⑨ウナギ　コンパクトロッド仕掛け 100
COLUMN　魚を美味しく持ち帰る方法 102

5章 ウキ釣り

ウキ釣りってどんな釣り 104
ウキ釣りのタックル 106
仕掛けの概要 108
ウキ釣りの周辺アイテム 110

釣り方の流れ 112
魚種別仕掛け
①ウミタナゴ、アジほか　ノベウキ仕掛け 114
②クロダイほか　棒ウキ仕掛け 116
③メジナほか　なるほど仕掛け 118
④マダイほか　移動仕掛け 120
⑤サヨリほか　2段ウキ仕掛け 122
⑥メバルほか　電気ウキ仕掛け 124
⑦スズキ　サーフライト仕掛け 126
⑧タチウオ　ワイヤー仕掛け 128
⑨ブダイ　島ウキ仕掛け 130
COLUMN　タックルのアフターケア 132

6章　カゴ釣り

カゴ釣りってどんな釣り? 134
カゴ釣りのタックル 136
仕掛けの概要 138
カゴ釣りの周辺アイテム 140
釣り方の流れ 142
魚種別仕掛け
①アジほか　バケカゴ仕掛け 144
②回遊魚　ブリッジ仕掛け 146
③サヨリ　ウキカゴ仕掛け 148
COLUMN　コンパクトロッド活用法 150

7章　その他の釣り

クロダイ、メバルほか　**ヘチ釣り仕掛け**　152

アイナメ、カサゴほか　**ブラクリ仕掛け**　154

カサゴほか　**穴釣り仕掛け**　156

イシダイ、イシガキダイ　**下オモリ仕掛け**　158

回遊魚　**サーフトロウリング仕掛け**　160

回遊魚、ヒラメ、マゴチほか　**泳がせ釣り仕掛け①**　162

アオリイカ　**泳がせ釣り仕掛け②**　164

アオリイカ　**ヤエン釣り仕掛け**　166

ヤリイカほか　**エサ巻き餌木仕掛け**　168

タコ　**タコテンヤ仕掛け**　170

海釣り用語集　172

構成・DVD協力　上坂哲史

写真協力　グローブライド（株）

BOOKデザイン　佐藤安弘（イグアナ・グラフィックデザイン）

イラスト　廣田雅之

1章

海釣りを始めよう!

広大な砂浜、荒波が砕ける磯場、ゆっくりと時間が流れる堤防……。

約3万㎞にも及ぶ我が国の河岸線は、多彩な風景に縁取られている。

海面の向こう側は人間の手が及ばない神秘の世界だ。

ハリにエサを付け、思うがままに仕掛けを放り込んでみよう。

海中へ滑り込んだラインの先では、数々の出会いと感動が待っている。

現代人よ、海を楽しめ！

海は身近でありながら宇宙よりも未知。
自然の中ででっかく遊ぼう！

エイヤとばかりに初めて海へ仕掛けを放り込んだあなたは思うはずだ。海中はこれほどまでに表情が豊かだったのかと。

ラインを通して伝わる自然の息吹。それまではただ青いだけだったはずの海中には、根という山があり、砂地という平野があり、海溝という谷があり、海流という川がある。そして、そこかしこで生命を謳歌《おうか》する多彩な魚たち……。

霊長類の誕生以降、人類は長い年月をかけて文明を手にした。ライト兄弟が世界初となる航空機の有人飛行に成功してから100年余、人間は宇宙にまで活動の場を広げ、今や太陽系の外にまで飛び出そうとしている。しかし、いまだ海の最深部に足跡を遺した者はいないのである。

身近でありながら宇宙よりも未知。これが目の前に広がる海だ。日常に疲れた現代人たちよ、海を楽しもう。些細な苦悩などパソコンに仕舞い込んで、自然の中ででっかく遊ぼう。

堤防は気軽で身近なフィールド。足場がよく安全にサオをだせるうえ、さまざまな釣りを楽しめる

荒波が砕ける磯場はクロダイやメジナ、イシダイといった大ものをねらえる。ダイナミックな釣趣を一度味わうと病み付きになる

広大な砂浜は投げ釣りのメインフィールド。大海原にフルキャストする爽快感はサーフの釣りならではだ

魚釣りは世界で最もスケールの大きな遊び。そしてあなたが手にしているタックルは、未知なる世界にアクセスできる魔法のアイテムだ。スマホのようなアイコンはないけれど、光のような高速回線にもつながっていないけれど、強く、そして鮮やかに大自然の声を聞かせてくれるだろう。

釣り方のいろいろ

地形や対象魚によってベストな釣り方が異なる どこで何をねらうかを充分に考慮しよう

日本列島をグルリと取り巻く海岸線は、砂浜あり、磯場ありと地形はさまざま。また釣り場の環境や地域によって釣れる魚の顔ぶれも違う。千差万別の地形に合わせ、ねらいとする魚に合わせ、全国各地で多様な釣り方が考案されてきた。

現在主流となっているのは「サビキ釣り」「投げ釣り」「ウキ釣り」「カゴ釣り」の4種類だ。これ以外にもルアー釣りも人気があるが（本書では割愛）、よほど特殊な釣り場や対象魚でないかぎり、これらの釣り方で対処できるはずだ。

「行けば何かが釣れるだろう」という気ままな釣りも楽しいが、「どんな地形をねらうのか」「どの魚をねらうのか」を考慮したうえで、適切な釣り方をチョイスしたほうが魚と出会える確率はグッとアップする。初めて訪れる釣り場の状況はわかりにくいが、ネットで釣況を調べたり現地のエサ店に問い合わせると、かなり有益な情報をキャッチできるはずだ。

サビキ釣り

1投多魚が魅力のサビキ釣り。大きな群れが回ってきたときは枝バリにパーフェクトということもある

寄せエサで魚を寄せ、「バケ」と呼ばれる擬餌バリを多点に付けた仕掛けで魚を釣りあげる手法。1投で多くの魚を釣ることができ、小型魚の数釣りに向く。基本的にサオ下をねらうため、足元が切り立った岸壁や堤防周りが主なフィールドとなる。ウキを付けた「ウキサビキ」では沖をねらうことも可能。面倒なエサ付けが不要なので、海釣りの入門には最適で、ファミリーやカップルでも楽しめる。

【対象魚】

アジ、イワシ、サバ、サッパなど

投げ釣り

フルキャストの快感は投げ釣りの真骨頂。スポーツ的な要素も多い釣り方だ

重めのオモリで仕掛けを遠投し、沖の魚をねらうのに適した釣り方。ベテランにもなると200 mオーバーのロングキャストを決める猛者もいる。根掛かりしやすいため岩礁帯には不向きで、海底付近しかねらえないなど制約の多い釣りだが、砂地底においては探れる範囲も広く、底棲魚を効率よくねらえる。ライトタックルの「チョイ投げ」はビギナーにも最適。

【対象魚】

シロギス、カレイ、イシモチ、アイナメなど

ウキ釣り

地磯で釣りあげた40㎝オーバーのクロダイ。細いイトでもこんな大ものをねらえるのだ

ウキを付けた仕掛けを潮筋に流し、ウキの水没でアタリを取る釣り方で、磯釣りの代表的な釣法。底付近や潮下にいる魚を寄せる必要があることから、寄せエサを使うのが一般的。ウキ下を調整することで表層から底層までねらえる。ウキで仕掛けをぶら下げる格好になるので根掛かりしにくく、砂地底から岩礁帯まで、ほとんどの釣り場で楽しめる。投げ釣りやサビキ釣りのように重いオモリを使わないことから、サオは柔軟性の高いものが用いられる。このサオが良質のクッション材として機能するため、比較的細いイトでも大ものを釣りあげることが可能だ。

【対象魚】

クロダイ、メジナ、メバル、ウミタナゴ、サヨリ、マダイなど

カゴ釣り

手返しは遅めながら遠くのポイントで付けエサと寄せエサの完全同調を演出できるのがカゴ釣りの魅力

ウキの水没でアタリを取るのはウキ釣りと同じだが、コマセカゴを併用することで、より確実に付けエサと寄せエサの同調を図った釣り方がカゴ釣り。ウキ釣りと同様に海底の地形を選ばず、表層から底層まで広い範囲をねらうことができる。寄せエサを詰めたカゴを飛ばすことから道具立てはややヘビーになるが、そのぶん遠投が利き、またカゴの中に収めた付けエサが設定したタナに落ちるまでエサ取りから守られるために深ダナの釣りにも向く。手返しはやや遅めなので、小型の数釣りというよりは、一発大型をねらう釣り方といえる。足下からドン深の釣り場は最も得意とするところ。

【対象魚】

マダイ、イサキ、ソウダガツオ、イナダ、大アジ、大サバなど

その他の釣り

湾奥の堤防で盛んなヘチ釣り。イトフケの変化でクロダイのアタリを読む技巧的な釣趣は多くのファンを魅了して止まない

ヤエンで釣りあげたアオリイカ。春～初夏は大型ねらいの絶好期だ

上記以外にも、釣り場の環境やねらう魚種により、ヘチ釣り、穴釣り、ブラクリなどさまざまな釣法が存在する。いずれも魚の生態や食性をふまえた合理的かつ効率的な手法だが、その釣りでしか味わえない趣きがあることも確か。繊細な釣り、豪快な釣り、手軽な釣り、マニアックな釣りなど、それぞれに様式と文化がある。機会があればぜひともチャレンジしていただきたい。

海釣りの服装と装備

海に落ちないことと、落ちても沈まないことが大切
「転ばぬ先の杖」を徹底しよう！

初めて友達と釣りに出掛けた小学生なら丸腰にスニーカー履きも仕方ないとしても、趣味として正しく釣りを楽しむなら最低限の心得として自身の安全管理は徹底したい。命を落とすようなことがあれば家族が悲しむのはもちろん、関連機関にも大きな影響がでるし、捜索に民間の船が動いた場合は莫大な費用が掛かる。

必須アイテムは「救命具」と「スパイクシューズ（もしくはブーツ）」の2点で、まずは「海に落ちないこと」と、万一落水しても「沈まないこと」を考える。落水して衣服が水を含むと泳ぐのは困難で、まず自力では陸に上がれないと思ったほうがよい。海面に浮いて息をすることさえできれば死ぬことはないし救助を待つこともできる。

落水した人を見かけたら、クーラーボックスや空のバッカンを投げてあげると浮き輪代わりになる。あとは水汲みバケツのロープにつかまってもらい、救助を待つとよいだろう。

帽子

強い日差しを遮って熱射病を防ぐほか、不意の転倒やキャストミスで飛んできたオモリなどから頭部を守ってくれる。通気性のよいものが内部でのムレが少なくおすすめ

偏光グラス

海面のギラツキを抑えるもので、海中の様子を観察するのに役立つ。晴天時はダークスモークやミラー系、マヅメ時や曇天時はイエロー&グリーン系が明るくて見やすい

レインウエア

いわゆる雨合羽だが、防寒としても渡船の上や荒天時のシブキ避けとしても重宝する。インナーウエアと合わせることでオールシーズン活躍するので、防水&透湿素材を用いた良質のものを買い求めたい

ライフジャケット(救命具)

海洋レジャーのマストアイテム。磯釣りなど小物を身に付けておきたいときはフローティングベスト、堤防などで身軽に動きたい場合は自動膨張式を選ぶとよいだろう

スパイクシューズ

シューズタイプとブーツタイプの2種類がある。足元が濡れる場所でなければシューズタイプが快適だ。写真はスパイクソールだが、ノリの付着した岩盤などではフェルトスパイクが滑りにくい

グローブ

防寒のほかトゲのある魚を握るときにも役立つ。フジツボや貝がビッシリ付いた磯で転んだ場合も、グローブを着用していると手を付いても安心。ケガを防ぐためにも1組は持っておきたい

周辺グッズのいろいろ

あると便利なアイテムの数々
必要に応じて揃えよう!

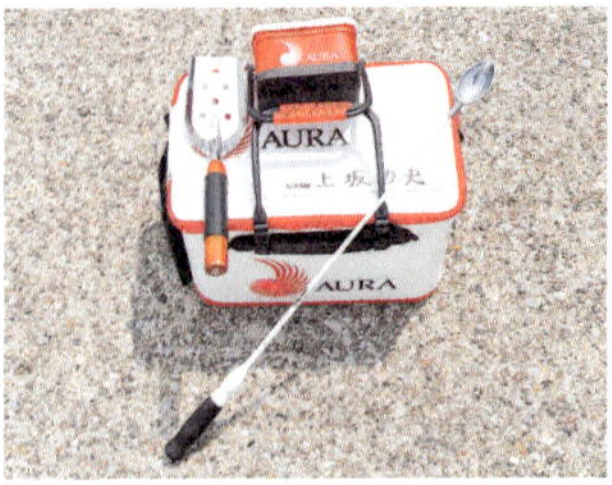

バッカン&エサバケット

それぞれ寄せエサとオキアミなどの付けエサを収めておくもの。バッカンはクロダイやメジナ釣りで終日サオをだすなら40㎝、半日程度なら36㎝がピッタリ。タックルバッグや濡れ物の運搬にも役立つ

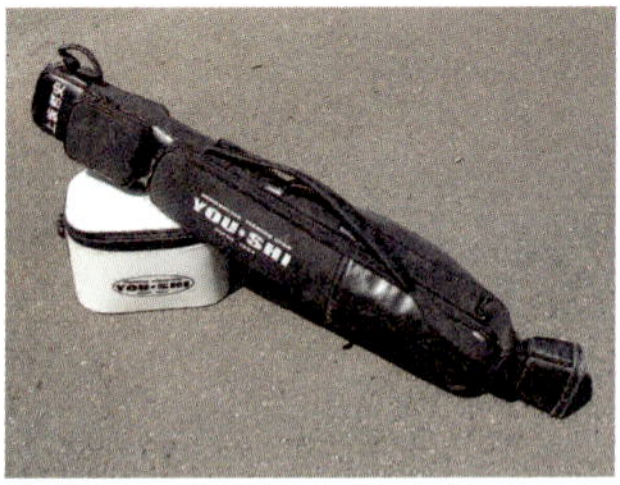

ロッドケース&バッグ

サオ以外にヒシャクや棒ウキといった長物を持ち歩く場合はロッドケースがあると便利。道具をまとめるバッグは、渡船時などに手渡ししやすく、キャリアーカートにも固定しやすい角形がおすすめだ

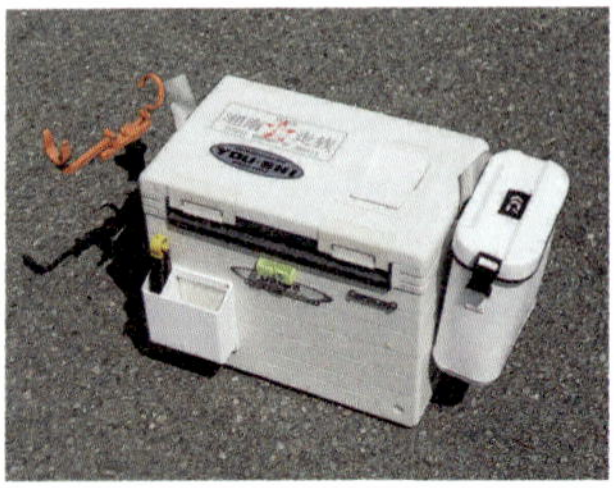

クーラーボックス

釣果やエサの保存、食料のストックなど多岐にわたって活躍するアイテム。別売のサイドボックスやサオ掛けを取り付ければタックルボックスを兼ねた前線基地となる。投げ釣り専用など用途を絞るなら6～13リットルの小型、1日分のエサや食料を収めるなら26リットル程度の容量がほしい

水汲みバケツ

本来の用途以外にも三脚式サオ掛けの重し、一時的な釣果の保存など出番は多い。ロープ付きで型崩れしないものを選ぶようにしよう

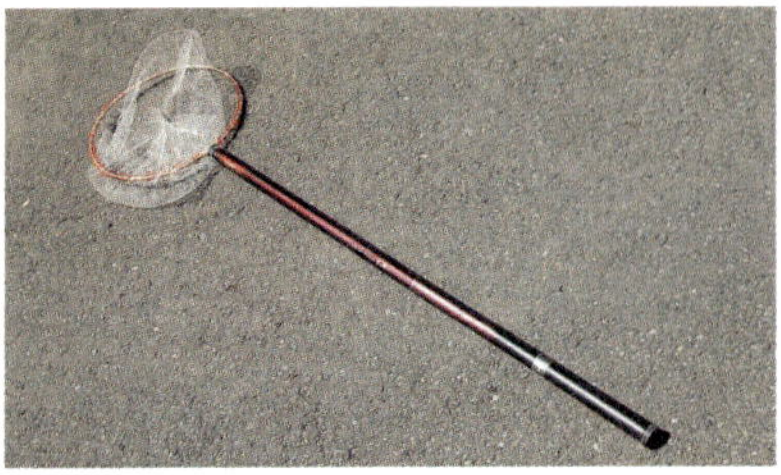

玉網

本来は大型魚を取り込むためのものだが、道具や帽子を海に落としたときのためにもあると便利。玉網は釣り場で最初にセットし、最後に片付けること

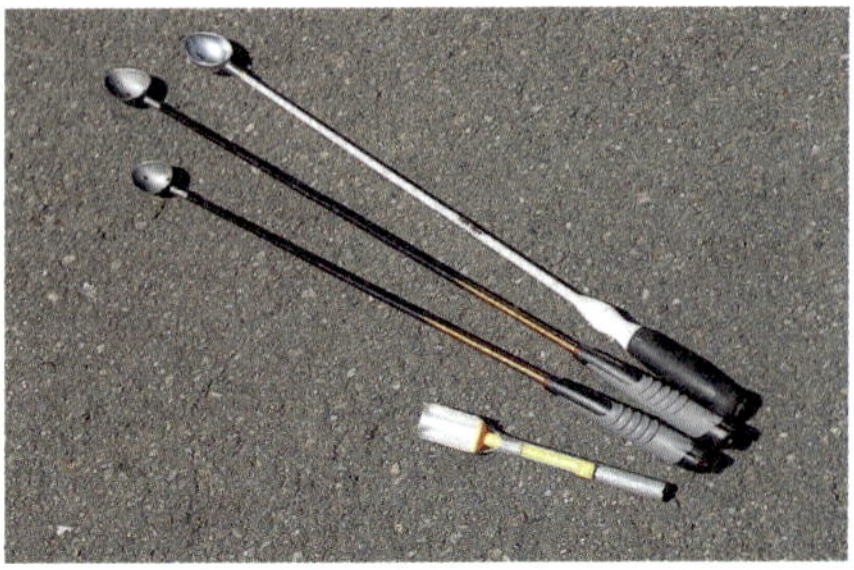

ヒシャク&コマセスコップ

ヒシャクは寄せエサをまとめて撒くためのもので、シャフトのしっかりしたものが強く振りきってもネジレず使いやすい。スコップはカゴに寄せエサを詰めるときに使う

ハリ外し

魚にハリを飲み込まれたときに使う。特に素手で触れない毒魚が釣れたときにありがたい便利アイテムだ

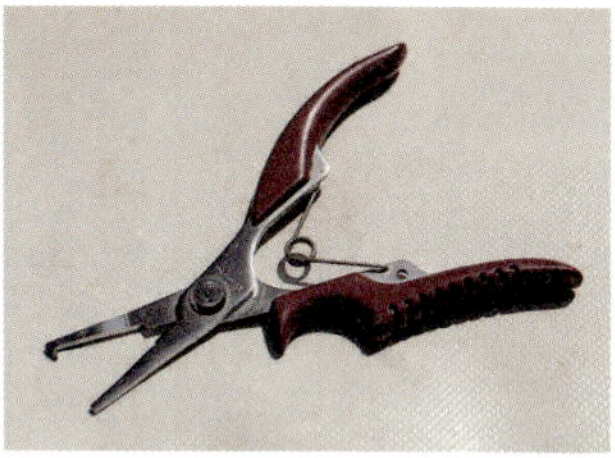

プライヤー

ガン玉の脱着や釣り具の補修、またハリ外しとしても使える。バッグに１つ忍ばせておくといざというときに役立つ

ハサミ＆ラインカッター

ピンオンリールにセットして常時身に付けておくとスマートに仕掛け作りを行える。落としやすいものなので、予備も用意しておこう

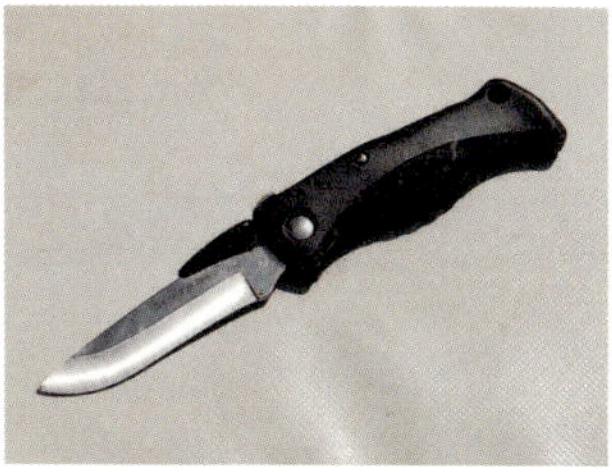

フィッシングナイフ

魚を締めたり、身エサを作るときなどに使う。魚を美味しく持ち帰りたい向きには必携のアイテム

メゴチバサミ

メゴチなどのトゲのある魚や毒魚をつかむもの。クーラーボックス周りなど、すぐに取り出せる場所に収納しておきたい

サオ掛け

置きザオでの釣りや、仕掛け交換などに便利。三脚タイプは水を入れたバケツで重しをしないと転倒することがあるので注意

ヘッドライト&ランタン

夜釣りの必需品。手元を照らすヘッドライト、バッグ周りのランタンと2つ用意しておくと心強い。予備の電池も忘れずに

スカリ

釣果を生かしておいたりイシダイ釣りではウニやサザエなどを保管するために使う。バッカンや密閉バケツに収まるサイズが便利

海で釣れる魚たち

我々を楽しませてくれる愛すべきターゲット
真っ向勝負を挑むには、まず相手を知るべし

アイナメ

日本各地の浅い岩礁帯に生息し、最大で50cm前後まで育つ。市場にはあまり出回らないが、釣りにおいては「首振りダンス」と呼ばれる独特の引きで人気がある

【釣り方】ブッコミ釣り、ブラクリ釣り、ルアー

【エサ】イワイソメなど

アオリイカ

北海道南部以南の浅い岩礁帯に生息。食味は抜群で市場での評価は昔から高かったものの、釣りの対象として定着したのはここ最近のこと。エギングの確立で人気沸騰中

【釣り方】泳がせ釣り、ヤエン、エギング

【エサ】アジなどの生きエサ

アジ（マアジ）

日本全国に分布。最大で50cm前後になる。食味がよいことに加え、群れが回ってくれば初心者でも簡単に釣れるので入門に最適。押しも押されもせぬ国民的人気釣魚

【釣り方】サビキ釣り、ウキ釣り、カゴ釣り、ルアー

【エサ】アミ、オキアミほか

イサキ

東日本以南に生息。よく釣れるのは45cm前後までだが紀伊半島では60cmオーバーの記録がある。旬は夏で、刺身にしても火を通しても美味い。夏磯の代表的釣魚

【釣り方】カゴ釣り、ウキ釣り

【エサ】オキアミ

アナゴ（マアナゴ）

北海道以南の各地に生息。メスは90cm前後、オスは40cm前後にまで育つ。晩春から夏にかけてが旬で、夜行性のため夜釣りでねらうことが多い

【釣り方】投げ釣り

【エサ】アオイソメ、身エサなど

イナダ（ブリの幼魚）

日本各地に分布。関東ではワカシ→イナダ→ワラサ→ブリ、関西ではツバス→ハマチ→メジロ→ブリと呼び名が変わる出世魚

【釣り方】サビキ釣り、カゴ釣り、ウキ釣り、サーフトロウリング、泳がせ釣り、ルアー

【エサ】オキアミ、生きエサ

イワシ（マイワシ）

沖縄を除く全国各地に生息。ビタミン、鉄、カルシウムが豊富で、戦後においては貴重なタンパク源として国民の食生活を支えた。釣って楽しく食べて美味しい魚の代表格

【釣り方】サビキ釣り

【エサ】アミ（寄せエサ）

ウミタナゴ

北海道中部以南の沿岸に生息。アオタナゴ、アカタナゴ、マタナゴといった近似種がいる。岩礁帯や海藻帯を好み、冬～春にかけてはノベザオのウキ釣りで手軽に楽しめる

【釣り方】ウキ釣り

【エサ】アミ、オキアミ、ジャリメなど

イシガキダイ

本州中部以南に棲む。石垣紋様が不鮮明で口が白くなった「クチジロ」と呼ばれる大型個体は本種の老成魚といわれている。食味はよく、イシダイよりも上との評価が多い

【釣り方】ブッコミ釣り

【エサ】貝、カニなど

イシダイ

北海道以南に生息。最大で80cm近くまで成長する。大型個体が稀少なことから一時は「幻の魚」とまで呼ばれた。堂々とした魚体は「磯の王様」と呼ぶにふさわしい。イシガキダイと合わせ「石もの」と呼ばれる

【釣り方】ブッコミ釣り

【エサ】貝、カニ、ヤドカリ、ウニなど

イシモチ

東北以南に生息。イシモチとは本来シログチのことだが、釣りでは近似種のニベも含めてイシモチと呼ばれることが多い。濁りを好むので河口部や雨後によく釣れる

【釣り方】投げ釣り

【エサ】アオイソメなど

カレイ（マコガレイ）

北海道以南の砂泥地に生息する。マガレイ、スナガレイ、ナメタガレイなどの近似種がいるが、釣りの対象としては本種がおなじみ。シロギスと並ぶ投げ釣りの中心ターゲット

【釣り方】投げ釣り

【エサ】イワイソメ、アオイソメ、コガネムシなど

カサゴ

北海道以南の岩礁帯、砂礫帯、岩礁混じりの砂地に生息する。肉食性の魚でエサやルアーへ果敢にアタックしてくることから、ライトルアーによる根魚釣り人気の火付け役となった

【釣り方】ブッコミ釣り、穴釣り、ブラクリ釣り、ルアー

【エサ】身エサ、アオイソメ、イワイソメなど

カワハギ

日本各地の岩礁帯や岩礁混じりの砂地に生息。「エサ取り名人」と呼ばれ、ゲーム性の高いマニアックな釣趣から船釣りで人気があるが、岸からも充分にねらえる。食味は非常によい

【釣り方】ブッコミ釣り

【エサ】アサリのむき身など

カマス

東日本以南に生息。釣りの対象となるのは主にヤマトカマスとアカカマスの2種。小型魚ながらどう猛な性格で、バケバリやルアーを活発に追う。食味は干物にすると絶品

【釣り方】投げサビキ、ルアー

【エサ】バケのみでねらうのが一般的

カンパチ

本州中部以南に生息し、最大で2mに達する。頭部に「八」に見える黒線があることからこの名が付いた。カンパチとヒレナガカンパチの2種がいる。食味は絶品

【釣り方】カゴ釣り、泳がせ釣り、ルアーなど

【エサ】オキアミ、生きエサ

キビレ

標準和名はキチヌ。千葉県以南の内湾に生息する。クロダイの近似種でヒレが黄色いためすぐに見分けが付く。クロダイ以上に汽水域を好み、河口部でよく釣れる

【釣り方】ウキ釣り、ダンゴ釣り、投げ釣り、ルアー

【エサ】オキアミ、イワイソメ、ユムシなど

サバ（マサバ）

日本各地に分布。近似種にゴマサバがいる。マサバの旬が秋なのに対しゴマサバは夏が旬といわれる。小型は厄介なエサ取りだが、大型は専門にねらわれるほどの人気魚

【釣り方】サビキ釣り、カゴ釣り

【エサ】アミ、オキアミ

キュウセン

沖縄を除く北海道以南に生息。岩礁混じりの砂地を好み、投げ釣りでよく釣れる。関東ではあまり本命としてねらわれることはないが、関西では人気がある。上品な白身は大変美味

【釣り方】投げ釣り

【エサ】ジャリメ、アオイソメ

サヨリ

琉球列島と小笠原を除く北海道南部以南に生息。表層を群れで回遊する習性があり、ウキカゴなどを用いた独特の釣法でねらう。身は淡泊で刺身や塩焼きにすると美味しい

【釣り方】ウキ釣り、カゴ釣り

【エサ】アミ、オキアミ、ハンペンなど

クロダイ

北海道南部以南に生息し、最大で70cm以上に成長する。関西ではチヌと呼ばれる。沿岸性が強く近場でも大型をねらえる。メジナと並ぶウキ釣りの代表的釣魚

【釣り方】ウキ釣り、ヘチ釣り、ブッコミ釣り、ダンゴ釣り、ルアー

【エサ】オキアミ、サナギ、カニ、貝など

シマアジ

岩手県以南の日本各地に分布。最大で1.2m前後になり、大型は「オオカミ」と呼ばれる。超高級魚として知られるが、引きが強い一方で唇が弱く、取り込みにくさも一級

【釣り方】カゴ釣り、タラシ釣りなど

【エサ】オキアミ、イワシのブツなど

クロメジナ（オナガメジナ）

房総半島以南に生息する。メジナの近似種で姿形は似ているが、エラブタの縁が黒いので見分けが付く。メジナより外洋性が強く離島で釣れる大型の大半は本種だ

【釣り方】ウキ釣り

【エサ】オキアミ

タカベ

本州中部から九州にかけての太平洋側に生息する。夏の盛期にはサビキ釣りやノベザオのウキ釣りで手軽に釣れる。塩焼きにすると大変美味で、伊豆諸島の朝食では定番の魚だ

【釣り方】サビキ釣り、ウキ釣り

【エサ】アミ、オキアミ

シロギス

北海道南部以南の日本各地に生息。砂地を群れで回遊し、投げ釣りの代表的なターゲットとして名高い。最大で35cm前後にまで成長し、良型は「ヒジタタキ」「ヒネ」と呼ばれる

【釣り方】投げ釣り

【エサ】ジャリメ、アオイソメ、チロリなど

タチウオ

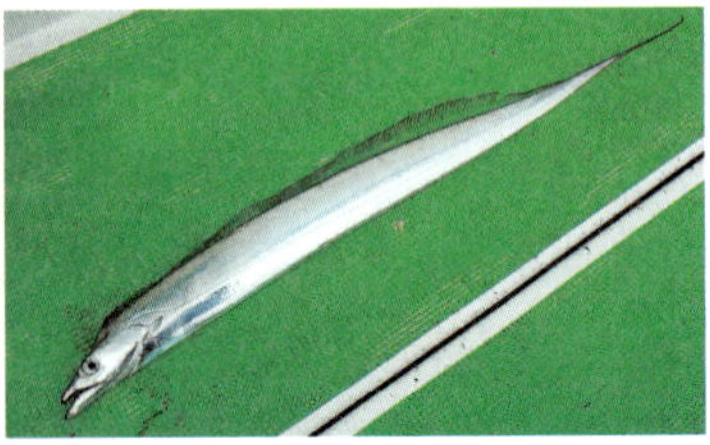

北海道以南の各地に分布。別名「幽霊魚」と呼ばれるように神出鬼没で、生態的に謎が多い魚である。鋭い歯で何にでも噛み付く物騒な魚だが、食味は非常によい。典型的なフィッシュイーターでルアーにもよく反応する

【釣り方】ウキ釣り、ルアー

【エサ】身エサ

スズキ（シーバス）

日本各地に生息。汽水域を好み河川内にも入り込む。典型的なフィッシュイーターで、今日のソルトルアーフィッシングは本種によって確立されたといっても過言ではない。近似種に「ヒラスズキ」「タイリクスズキ」がいる

【釣り方】ウキ釣り、泳がせ釣り、ルアーなど

【エサ】アオイソメ、生きエサなど

ハゼ（マハゼ）

北海道南部から九州にかけて生息。内湾の砂泥地を好み、夏から秋口にかけては湾奥の運河筋でもデキハゼと呼ばれる当歳魚が釣れる。釣り自体は簡単で初心者にも最適

【釣り方】投げ釣り、ウキ釣り、ミャク釣り

【エサ】ジャリメ、アオイソメ、ミミズ

ソウダガツオ

北海道南部以南の近海に生息し、マルソウダとヒラソウダの2種がいる。バケや弓ヅノによく反応するのでさまざまな釣法でねらわれる

【釣り方】カゴ釣り、サビキ釣り、サーフトロウリングなど

【エサ】アミ（寄せエサ）、オキアミほか

ブダイ

本州中部以南の太平洋側、沖縄などに生息。メスは赤く、オスはやや青みがかった体色をしている。夏は甲殻類、冬は海藻類を食べており、食味は冬期のほうがよいとされている

【釣り方】ウキ釣り

【エサ】ハンバノリ、ヒジキ、ホンダワラ、カニなど

ボラ

北海道以南の各地に生息している。水質の悪い河川にも入り込むことから本種を蔑む向きもあるが、外海で釣れた個体は大変美味だ。オボコ→スバシリ→イナ→ボラ→トドと成長によって呼び名が変わる出世魚

【釣り方】ウキ釣り

【エサ】アミ、オキアミ

マゴチ

宮城、新潟以南の各地に生息する底棲魚。体は著しく扁平しており、小魚や甲殻類を食べる。「照りゴチ」と呼ばれるように夏が旬で、刺身や洗いにすると絶品

【釣り方】泳がせ釣り、ルアー

【エサ】生きエサ

ヒラスズキ

琉球列島を除く南日本各地に生息。スズキは汽水域を好むが本種は完全な外洋性で、河川内にはまず入ってこない。真っ白なサラシは絶好のポイント。食味はスズキよりも上とされる

【釣り方】泳がせ釣り、ルアー

【エサ】生きエサ

ヒラマサ

東北以南の各地に生息。ブリと酷似しているが唇の後縁が角張っているブリに対して丸く、体型もややスマートである。磯釣りではかつてブームが巻き起こったほどの人気魚

【釣り方】カゴ釣り、泳がせ釣り、ルアー

【エサ】オキアミ、生きエサ

ヒラメ

日本各地に生息。熱心な放流事業により魚影が多くなった希有な魚だ。フィッシュイーターでルアーの好ターゲットとして人気がある。市場では常に高値で取引される高級魚

【釣り方】泳がせ釣り、ルアー

【エサ】生きエサ

メジナ（クチブトメジナ）

北海道南部以南の岩礁帯に生息。関西ではグレと呼ばれる。全国規模の競技会が催されるほどのウキ釣りの代表的なターゲットであり、寄せエサと細仕掛けを駆使した釣りはゲーム性も高い

【釣り方】ウキ釣り

【エサ】オキアミ、ノリなど

メバル

北海道以南の岩礁帯や海藻帯に棲む。「春告魚」とも呼ぶ。長年単一種とされてきたが、DNA 解析によりアカメバル、クロメバル、シロメバルの3種がいることが確認された。煮付けなどで大変美味

【釣り方】ウキ釣り、ルアー

【エサ】オキアミ、アオイソメ、イワシなど

ヤリイカ

北海道南部以南の各地沿岸に分布。普段は 100 m以深の深場に生息しているが、冬から早春にかけては産卵のために浅場に回遊する。釣りたてのイカそうめんは極上の味

【釣り方】ウキ釣り

【エサ】サメの身、鶏のササミなど

マダイ

北海道南部以南に生息。最大で1m前後になり、水深のある堤防や磯で釣れる。熱心な放流事業により魚影が多くなりつつある。低水温や悪潮に強く、アタリがないなかで突然ハリスを切っていくのは大抵こいつの仕業

【釣り方】カゴ釣り、ウキ釣り、投げ釣り

【エサ】オキアミ、イワイソメ、ユムシなど

マダコ

関東以南の各地に分布。岩の割れ目などに巣を作って棲み、エビやカニ、貝などを捕食する。磯周りや堤防の足下に潜んでいることも多く、テンヤを用いた独特の釣りでねらう

【釣り方】テンヤ釣り、エギング

【エサ】カニ、豚の脂身など

ムラソイ

本州東北以南の岩礁帯に生息する。カサゴと似ているが、体色や目の位置に違いがあり、慣れると容易に見分けが付く。カサゴと同様に根魚釣りの代表的ターゲット

【釣り方】ブッコミ釣り、穴釣り、ブラクリ釣り、ルアー

【エサ】身エサなど

危険な魚たち

アイゴ

一部地域では食卓にも上る魚だが、背ビレ、腹ビレ、尻ビレに毒腺があり、刺されるとひどく痛む。キープするならハサミですべてのヒレを切り落とすのが無難だ

ウツボ

ブッコミ釣りの定番外道であるウツボは鋭い歯を持つ。人間の指くらいは軽く噛み切るので、釣りあげてしまったらハリスを切って海にお帰りいただこう

ゴンズイ

夜釣りでの定番外道。背ビレと胸ビレのトゲに毒を持ち、刺されるとひどく痛む。死んでも毒は残っているので、堤防や磯の上に放置するのは厳禁

ハオコゼ

背ビレ、腹ビレ、胸ビレに毒があり、刺されると猛烈に痛む。トリック仕掛けではよく掛かってくる。見た目は可愛いが、子供などがつい触ってしまわないよう注意したい

フグ

皮膚や内臓に猛毒を持つ種が多いのは有名。釣りあげても食べる人はいないと思うが、硬い一枚歯には注意したい。うっかり噛み付かれたら切り傷程度では済まない

ミノカサゴ

ハオコゼと同様、ヒレのトゲに猛毒を持つ。刺されると患部が紫色に腫れて激痛に襲われるうえ、ひどいとリンパ腺まで腫れて強い吐き気に見舞われる

その他

アカエイ（尾ビレに毒バリ）、タチウオ（鋭い歯）、ヒラメ（鋭い歯）など

海釣りで使うエサ

ねらう魚種により、釣法により使うエサはさまざま
それぞれの特性を知り、クレバーなエサ使いを目指そう

オキアミ

南極海に生息するプランクトンの一種で、多くの魚が口にする海釣りの定番エサ。付けエサ、寄せエサともに使われる。食いがよいうえに安価で流通も安定しており、冷凍されているため長期保存も利く。ボイルやハード加工がなされた加工オキアミはエサ取りにも強く、集魚エキスを添加したものなどさまざまなタイプが出回っている
【多用される釣り方】ウキ釣り、カゴ釣り、ダンゴ釣りなど

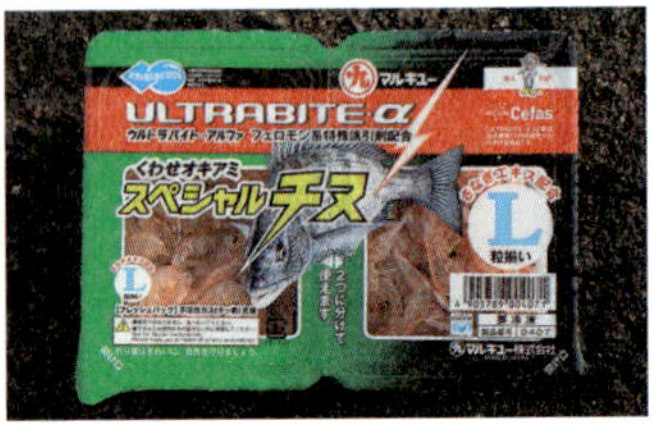

アミ

日本近海で獲れるプランクトンの一種で、主に寄せエサとして用いる。集魚力が高いうえに青白く光るため、夜釣りにおいても威力を発揮する。パック入りで売られている大粒アミは付けエサとして使う
【多用される釣り方】サビキ釣り、カゴ釣り、ウキ釣り、ダンゴ釣りなど

配合エサ

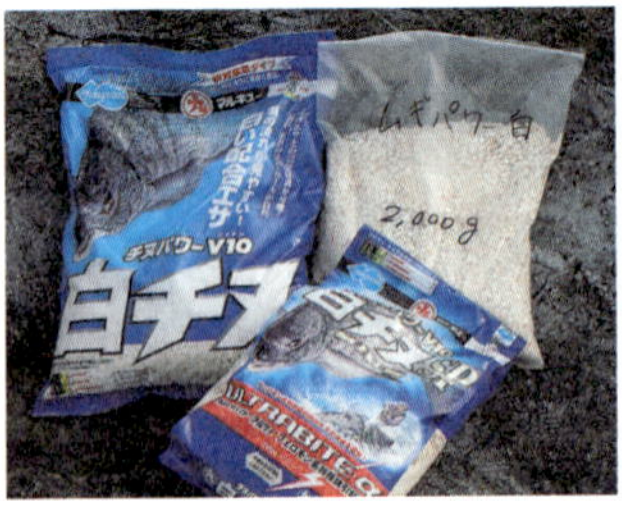

粉末状の人工エサで、オキアミやアミに混ぜ込んで寄せエサとして使う。粘りとまとまりがプラスされて投入性が向上し、集魚力もアップする。また吸水性があるため、カゴ釣りでは投入時に汁が飛び散らないのも利点
【多用される釣り方】サビキ釣り、ウキ釣り、ダンゴ釣り、カゴ釣りなど

生エビ

エサ店で入手できる生きエビはモエビが代表格で、クロダイやメバル釣りによく用いられる。潮だまりなどにいるイソスジエビは、目の細かい網があれば簡単に採取可能だ
【多用される釣り方】ヘチ釣り、ウキ釣り

練りエサ

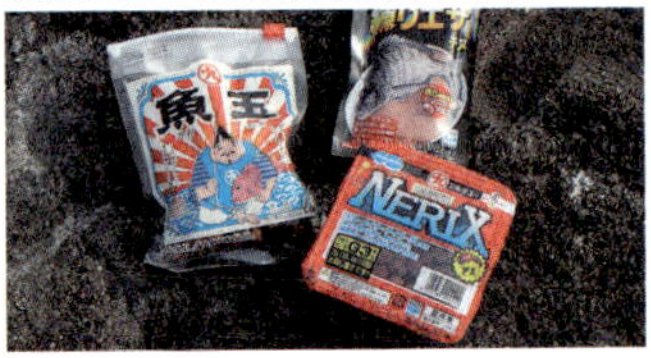

主にクロダイやメジナねらいで使われる団子状のエサ。エサ取りにかじられてもオキアミのようにハリから外れず、本命のタナまで沈んでくれる
【多用される釣り方】ウキ釣り

ボケジャコ

標準和名は「ニホンスナモグリ」。クロダイの特効エサとして知られるが、大型シロギスやカレイにも効果がある。流通量は安定しているものの、やや高価なのが難点

【多用される釣り方】ウキ釣り、ダンゴ釣り

サナギ

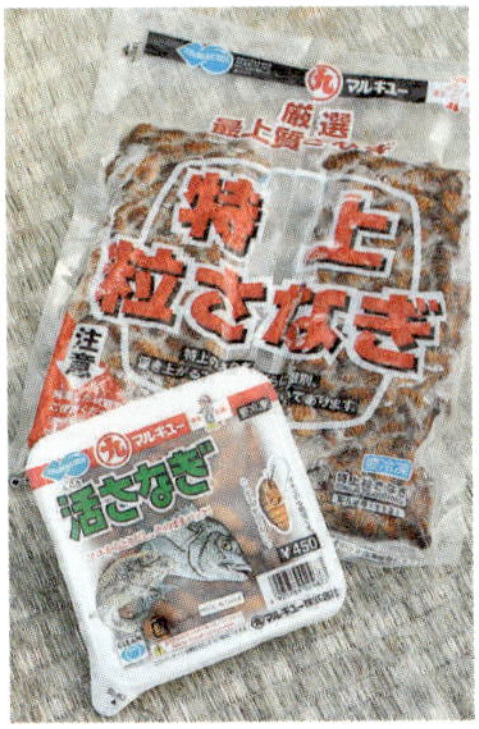

蚕のサナギでクロダイの大好物。エサ取りに強いことから夏から秋にかけて多用される。集魚力が非常に高いため、ミンチ状に挽いたものを寄せエサに混ぜるのも有効

【多用される釣り方】ウキ釣り

カニ

クロダイのヘチ釣りではタンクガニやマメガニがよく使われる。堤防や磯で採取できる磯ガニも、イシダイやイシガキダイ、タコ、ブダイなどに有効だ

【多用される釣り方】ヘチ釣り、ブッコミ釣り、タコ釣り

貝

堤壁に付くイガイは、クロダイのヘチ釣りでは定番のエサ。関西のダンゴ釣り（紀州釣り）ではアケミ貝もよく使われる。サザエはイシダイ釣りの主力エサだ

【多用される釣り方】ヘチ釣り、ブッコミ釣り

ジャリメ

標準和名はイソゴカイ。シロギスねらいの定番エサだ。輸入物が全盛の虫エサにあってジャリメだけは国内産が中心。安価で入手も容易だが、低温に弱いので管理には注意

【多用される釣り方】投げ釣り

アオイソメ

投げ釣りの万能エサ。安価で流通量が安定しており、何よりも食いがよい。温度の適応幅が広く、非常に丈夫で管理が楽なのが特徴。国内で消費される大半が中国からの輸入物だ

【多用される釣り方】投げ釣り、ウキ釣り

チロリ（東京スナメ）

シロギスの大ものやマダイねらいで人気がある。かつては国内産が流通していたが現在はほぼ輸入に頼っている。産地の環境や産卵期の関係で入手できるのは春～秋限定
【多用される釣り方】投げ釣り

イワイソメ

太身で匂いがきつく、カレイやアイナメ、マダイなどの大ものねらいで多用される。国産と輸入物が流通しており、両者を区別して売っているエサ店もある
【多用される釣り方】投げ釣り、ブッコミ釣り、ブラクリ釣り

ユムシ

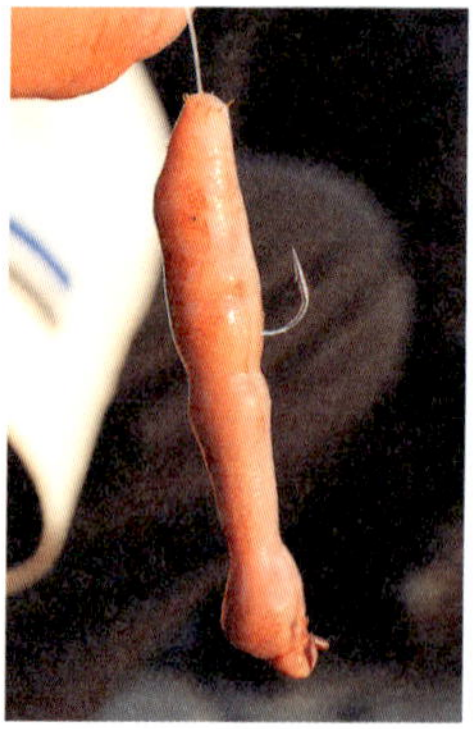

大きいもので人間の小指大ほどもあるエサで、マダイやクロダイ、カレイ、アイナメなどの大ものねらいに使われる。体表が硬いため、必ずハリ先を出しておくこと
【多用される釣り方】
投げ釣り

ストロー虫

インドネシア原産で、名のとおりストローに入った状態で売られている。中京地方を中心にクロダイの落とし込み釣りで人気があり、カレイ、スズキ、アイナメにも有効
【多用される釣り方】
投げ釣り、ヘチ釣り

生きアジ

ヤエンやウキ釣りでねらうアオリイカ釣りで多用される。生きエサは現地で釣ってもよいのだが、丈夫で弱りにくく、エサ店で容易に入手できるアジはエサに最適
【多用される釣り方】アオリイカ釣り、泳がせ釣り

身エサ

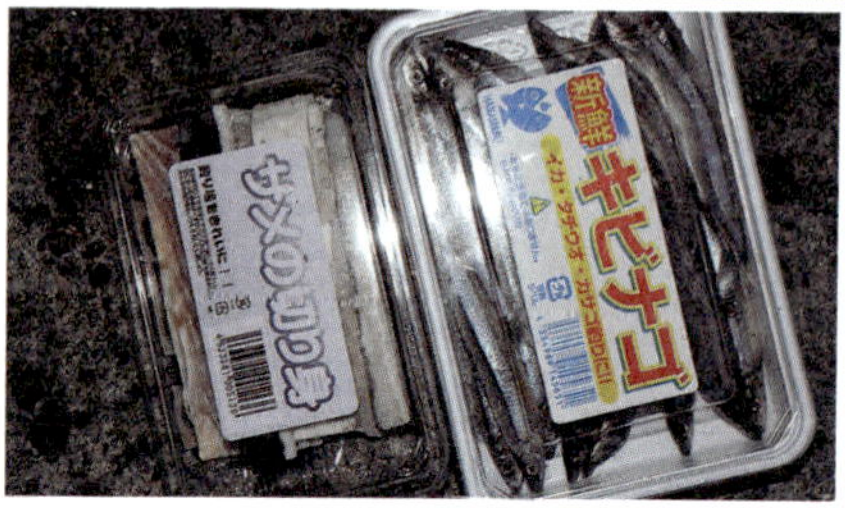

サバやサンマの切り身、キビナゴやコウナゴなどがある。カサゴやハタといった根魚、アナゴなどが口にし、ヤリイカのウキ釣りではサメの切り身をテイラに縛り付けて使う
【多用される釣り方】ブッコミ釣り、穴釣り、ブラクリ釣り

2章

海釣りの基本知識

魚釣りの第一歩は、まず海を知り、魚を知ること。

季節の移り変わりや天候によって刻々と表情を変える海の中で、

魚たちは何を食べ、どう行動しているかがわかれば、

おのずと釣り方が見えてくる。

道具や結びに対する正しい知識も身に付けておこう!

魚釣りのメカニズム

魚が釣れる3大要素は「習性」と「食性」と「活性」
まずは魚のいる場所にエサを届けることを考えよう

魚釣りは自然が相手の「答え合わせゲーム」。肉眼では見えない海の中を想像し、魚が食うポイントを推理する。読みがズバリと当たったときの快感は何物にも代えがたいものがある

エサ釣り、ルアー、フライフィッシング……等々、世界にはいろんな釣りが存在し、それぞれに独自の様式と理論がある。しかし、いずれも目的は「魚を釣ること」であり、どんな高等テクニックも「食い気のある魚の目の前に、魚が好むエサ（もしくは擬似餌）を届ける」ための手段なのである。つまり、腹が減ってウズウズしている魚の目の前にエサを落とせば、必ず食ってくれるということだ。

しかし、実際はなかなか思うように釣れてくれない。なぜか――理由は簡単。食い気のある魚の目の前に、魚が好むエサを届けきれていないからだ。

今述べた食わない理由の中に、3つの要素がある。1つは「習性」だ。

魚の目の前にエサを落とすためには、仕掛けの届く範囲にねらいとする魚がいなくてはならない。変温動物である魚は水温などの環境変化に敏感で、季節により移動を繰り返している。そのため群れが沿岸に寄って釣りやすくな

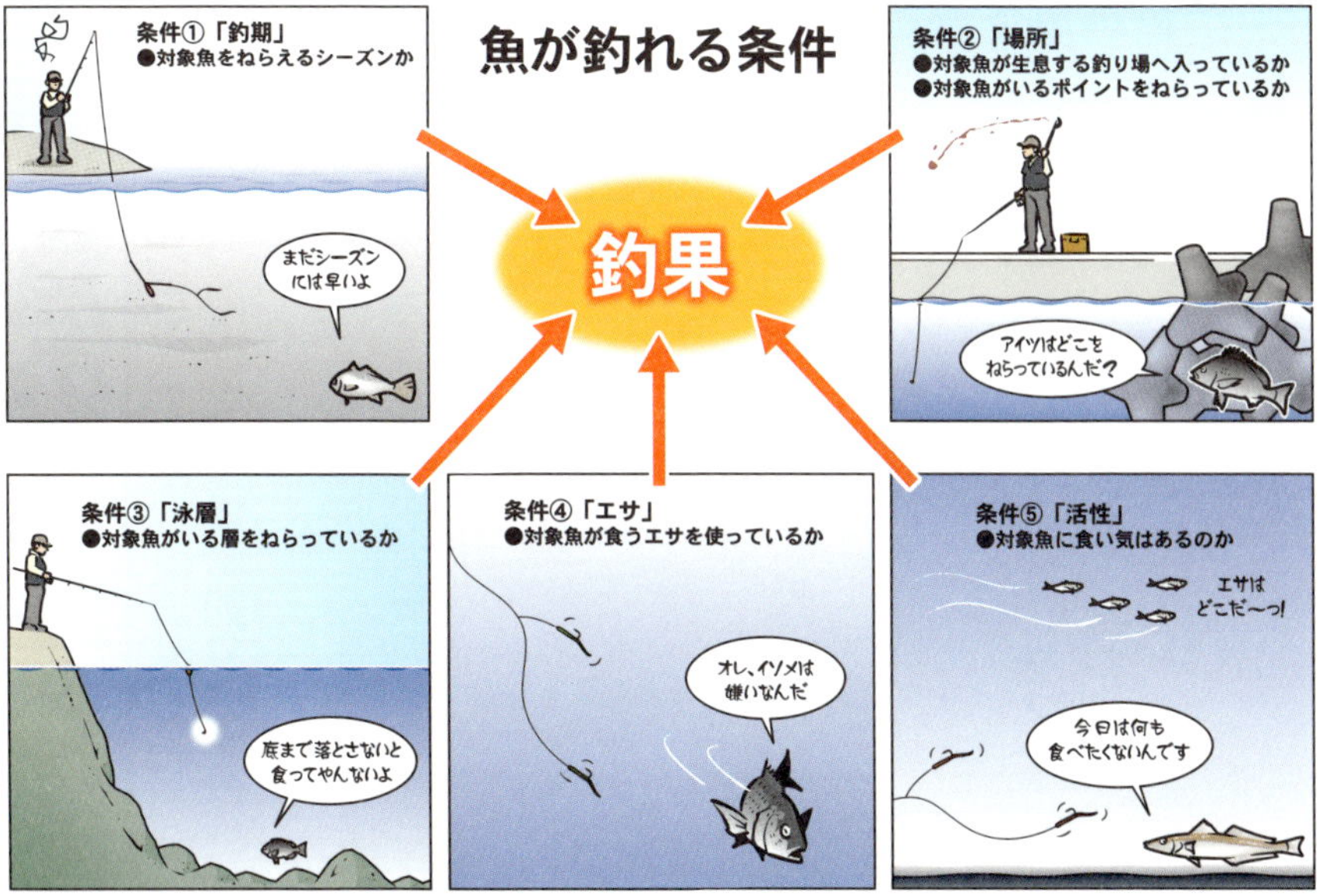
魚が釣れる条件
釣果
条件①「釣期」
●対象魚をねらえるシーズンか
まだシーズンには早いよ
条件②「場所」
●対象魚が生息する釣り場へ入っているか
●対象魚がいるポイントをねらっているか
アイツはどこをねらっているんだ？
条件③「泳層」
●対象魚がいる層をねらっているか
底まで落とさないと食ってやんないよ
条件④「エサ」
●対象魚が食うエサを使っているか
オレ、イソメは嫌いなんだ
条件⑤「活性」
●対象魚に食い気はあるのか
エサはどこだ〜っ!
今日は何も食べたくないんです

仕掛けや釣り方を状況に合わせることが魚と出会う唯一の方法だ

釣りは“確率論”

魚釣りが自然相手の遊びである以上、100%魚が釣れる方法はない。そのなかでもベテランがコンスタントに釣果を手にできるのは、海と魚を知り、ハリに付けたエサを食わせやすくする方法を知っているからにほかならない。つまり、魚釣りの理論とはあくまで確率論であり、食わない要素をいかに払拭して、魚が食う確率を上げていくかがテクニックなのである。サオをだしている最中は「こうしたらどうだろう」の仮説と、「うまくいった」という立証の繰り返し。この面倒で非効率的な作業を楽しいと思えるようになれば、あなたは本物だ。

る「釣期」というものがあり、時期を外すとまったく釣れないというケースもしばしばだ。また、魚種により居心地のよい場所と泳層があり、釣期を外していなくても、ねらいどころにズレがあるとなかなか口を使ってくれない。まずは個々の「習性」を踏まえたうえで、適切な時期に、適切な場所の、適切なタナをねらうのが釣果への第一歩といえる。

2つめは「食性」。ねらいとする魚が好むエサを適切に選択できているか、ということである。

3つめが「活性」。ねらいとする魚に食い気があるかということだ。それまでは入れ食いが続いていても、ちょっとした海況の変化でパタリと食いが止まってしまうことがよくある。

確実に釣れる方法など存在しないが、習性と食性、活性の3要素に生じるズレを修正すれば、食う確率は多少なりとも上げられる。実はこれこそが釣りの勘所なのである。

魚の住処と泳層

地形や魚の泳層を考えて ベストな仕掛けと釣り方を選択しよう

砂地底を好む魚と適した釣り方

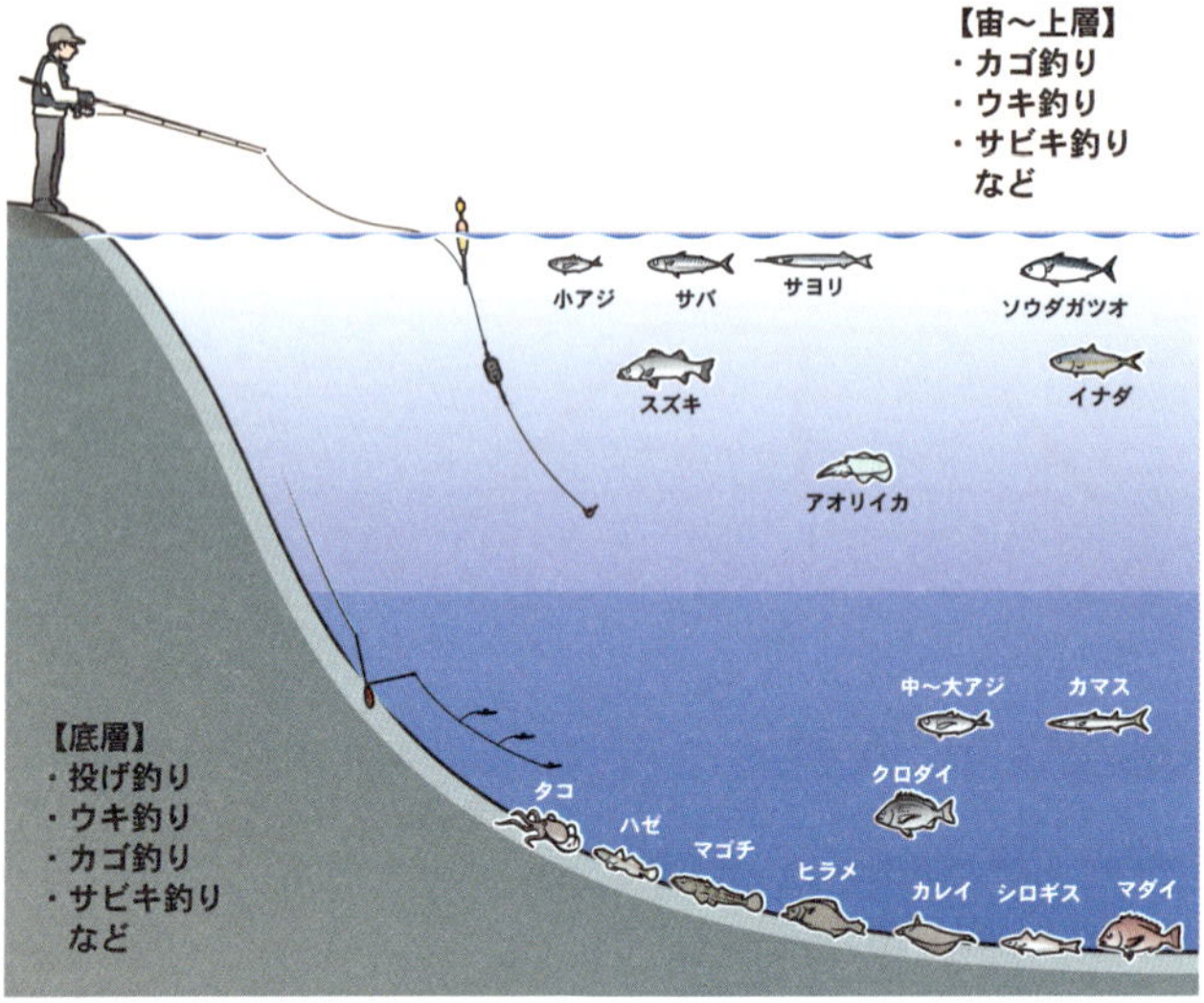
【宙～上層】
・カゴ釣り
・ウキ釣り
・サビキ釣り
など
小アジ
サバ
サヨリ
ソウダガツオ
スズキ
イナダ
アオリイカ
中～大アジ
カマス
クロダイ
タコ
ハゼ
マゴチ
ヒラメ
カレイ
シロギス
マダイ
【底層】
・投げ釣り
・ウキ釣り
・カゴ釣り
・サビキ釣り
など

広い砂浜では、投げ釣りやサーフトロウリングなど広範囲をねらえる釣り方が有利

砂地底に向く釣り方

フラットな砂地は根掛かりが少なく、いろんな釣り方で楽しめる。シロギスやカレイなどの底棲魚をねらうなら投げ釣りが最適だ。回遊魚など表層や中層を泳ぐ魚をねらうときは、カゴ釣りやサーフトロウリング、ルアーもおもしろい。オープンな砂浜では広範囲をねらえる釣り方が有利。バックスペースは充分にあるので、爽快なロングキャストを楽しもう。

魚には、それぞれ居心地のよい場所と泳層があることは前述した。当然のことながら、岩礁帯の表層を泳ぐ魚と砂地底に棲む魚を同時にはねらえないわけで、そこそこの釣果を得たいのであれば、まずはターゲットをある程度は絞り込む必要がある。ねらう魚が決まれば、磯なり砂浜なり釣行場所が絞れるし、場所がわかればベストな仕掛けや釣り方を導き出せるからだ。

場所（地形）や泳層（タナ）と仕掛けは、密接な関わりがある。

たとえば、釣具店でよく見かける3本バリの投げ釣り仕掛けは、砂地底のシロギスやカレイをねらうには最適だが、これをガチガチの岩礁帯に放り込んだら百発百中根掛かりして、まったく釣りにならないだろう。そもそも、砂地のない場所にシロギスやカレイはいない。

また、投げ釣り仕掛けは底にいる魚をねらうのに適した仕掛けであり、仮に砂地底であってもサヨリや青ものと

岩礁帯を好む魚と適した釣り方

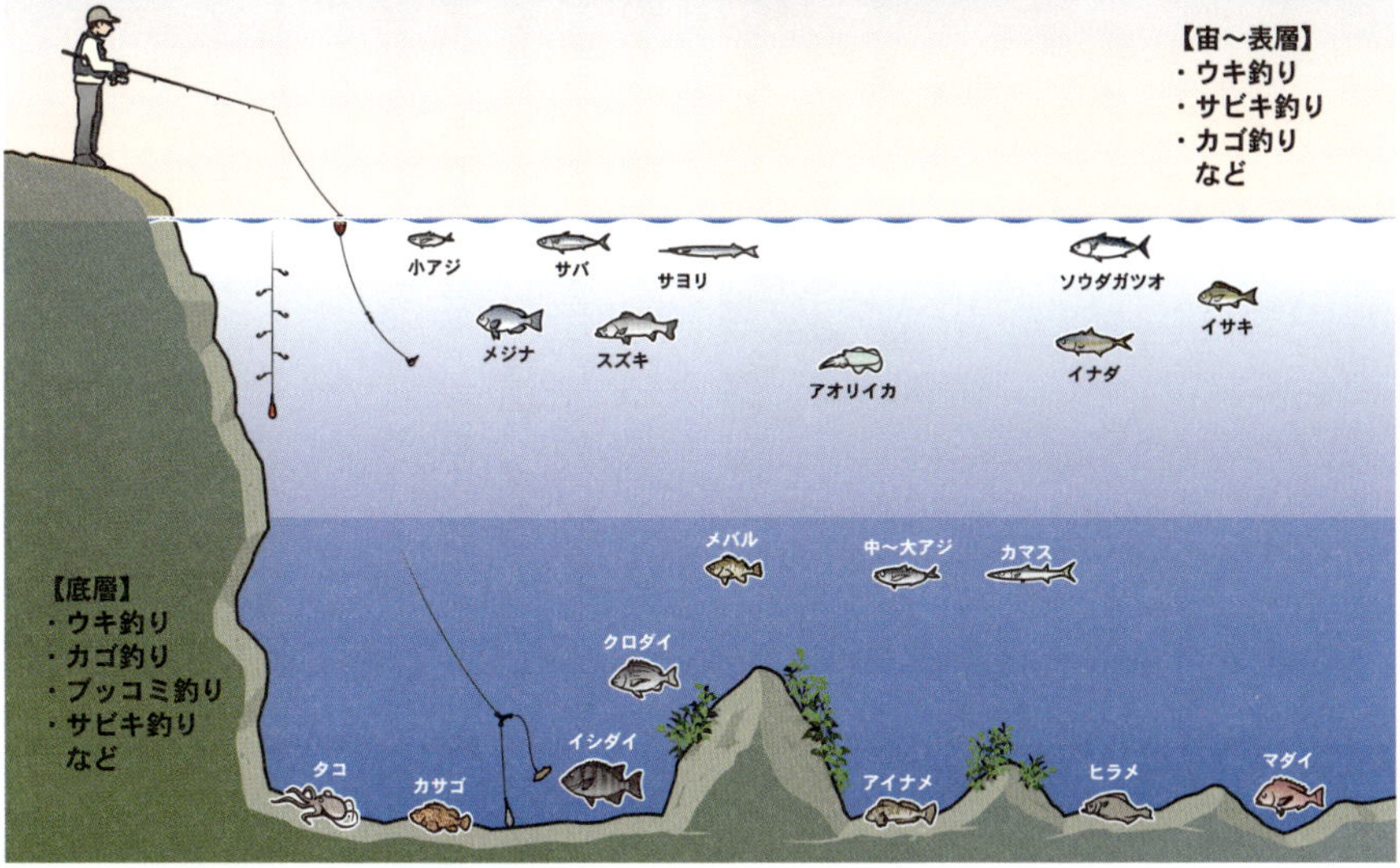
【宙～表層】
・ウキ釣り
・サビキ釣り
・カゴ釣り
など
小アジ
サバ
サヨリ
ソウダガツオ
イサキ
メジナ
スズキ
アオリイカ
イナダ
メバル
中～大アジ
カマス
クロダイ
イシダイ
タコ
カサゴ
アイナメ
ヒラメ
マダイ
【底層】
・ウキ釣り
・カゴ釣り
・ブッコミ釣り
・サビキ釣り
など

海底に起伏がある磯場はウキ釣りやカゴ釣りのメインステージ

岩礁帯に向く釣り方

岩礁帯は魚の付き場が豊富で、多くの魚が釣れるフィールドだが､根掛かりが多いために釣り方は制限される。最もポピュラーなのが、ウキ下を調整することにより根掛かりを回避できるウキ釣りとカゴ釣りで、クロダイやメジナ、マダイ、イサキなどが主なターゲットとなる。海底をねらうのであれば、仕掛けに根掛かりを軽減する工夫が必要。イシダイの下オモリ仕掛け、浮き上がりの速いジェットテンビンを用いたブッコミ釣り仕掛け、オモリを最下部に配してハリを宙に浮かせた胴突き仕掛けなどは根掛かりに強く、実によく考えられた仕掛けだといえる。

いった表層を回遊する魚には向かない。オモリが着水するやいなや底まで沈んでしまい、海面直下でエサを追う魚には見向きもされないだろう。

　ねらいとする魚は砂地にいるのか、岩場にいるのか、あるいはテトラなど人工構造物の際なのか。また、その魚は表層を回遊する魚か、底にいる魚か、あるいは中層まで浮いてくるのか。仕掛けや釣り方を選択する際は、まずこのねらうべき「場所」と「泳層」を見極めることから始めよう。

　表層や中層をねらうのであればサビキ釣りやウキ釣り、カゴ釣りが適している。砂地底を遠投でねらいたいなら投げ釣りがベストだ。岩礁帯の底をねらうなら、胴突き仕掛けや下オモリ仕掛けなど、根掛かりしにくいものを使うとよいだろう。

　仕掛けのミスマッチは魚との出会いを遠ざけるばかりか、根掛かりなどで不要に仕掛けを消耗してしまう。日頃から正しい仕掛け使いを心掛けよう。

釣期とエサ

釣れる時期は地域によってズレがある 情報や当たりエサは現地の釣具店に尋ねるのが一番！

釣期とは、群れが沿岸に寄って釣りやすくなる時期である。岸近くに群れが寄る要素としては、産卵、水温、エサ、環境などが考えられるが、クロダイのように産卵のために浅場へ入ってくる種もいれば、カツオのように黒潮に乗って北上する種もいる。ウナギなどはグアム沖で産卵して春先に稚魚が川へ戻ってくるといった具合で、一概にこうとはいえない。

釣期は地域によりズレがある。釣具店や釣り場に明るい人に聞くなりして、その場所のシーズナルパターンをつかむようにしよう

とはいうものの、どの魚も四季によってある程度は規則性のある行動を取っていることは確かである。ただ、南北に長い日本列島は地域によって釣り場の環境が大きく異なるため、各魚の釣期にはズレがあるし、釣れる魚や群れの濃淡にも差がある。本書の魚種別仕掛け解説の頁では釣期の目安を記してあるが、これはあくまで参考にとどめていただき、詳しくは現地の釣具店に問い合わせるか、ネットで情報を仕入れるのが最良だ。

エサはねらう魚が常食しているものが最良

海釣りのエサは、オキアミの出現で大きく様変わりしてしまった。それこそオキアミを食わない魚はいないと思えるほどの威力で、とりわけウキ釣りやカゴ釣りにおいては、絶大なる人気と実績を誇る。では、それ以外のエサは補欠扱いなのかといえば、決してそうではないのがエサの奥深さだ。

たとえば堤壁《ていへき》のイガイを食っているクロダイの目の前にオキアミを落としても無視されたという事例があるし、カレイねらいのイワイソメも、輸入物より地物のほうがはるかに食いがよいという話もある。いずれも、魚が普段食べているものである。

ルアーでいう「マッチ・ザ・ベイト」はエサ釣りでも通用する。地域独特のローカルエサも多数存在するので、当たりエサについても、現地の釣具店に尋ねるのが最も確実といえるだろう。

釣期の具体例（クロダイ）

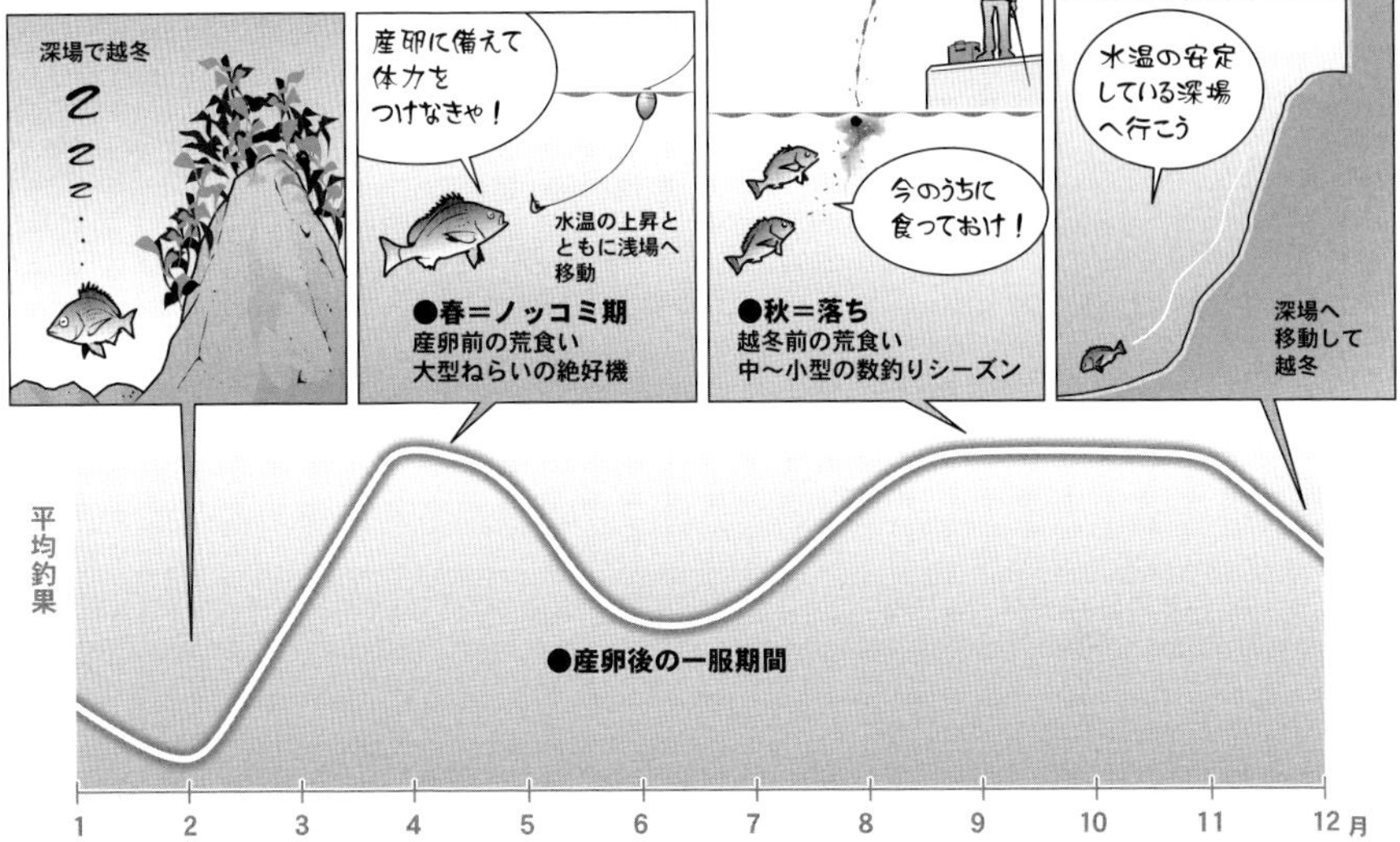

エサの具体例

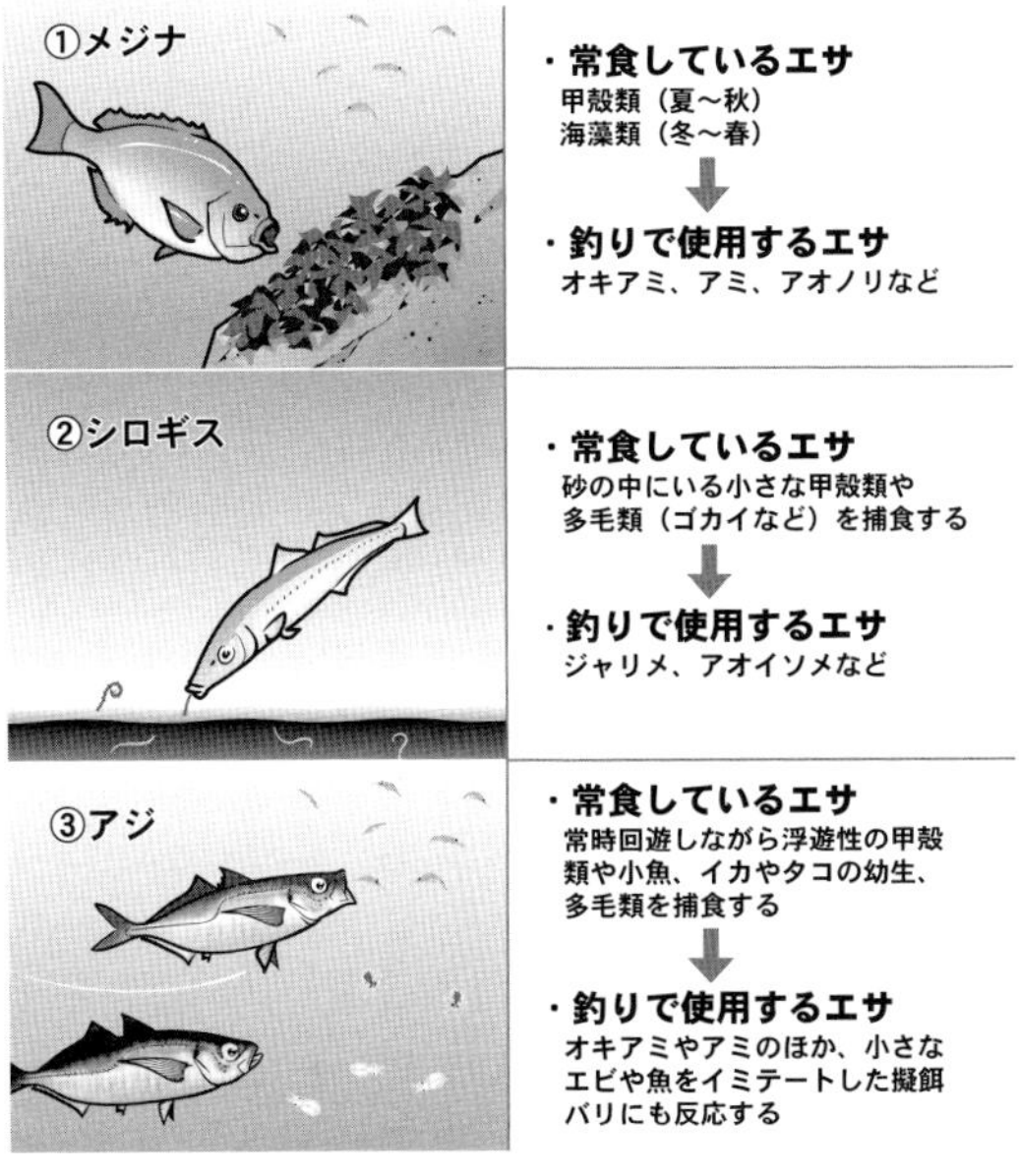

エサは食性に合わせたものを

ウキ釣りやカゴ釣りにはオキアミ、投げ釣りにはアオイソメやジャリメ、イワイソメというのが王道エサだが、ときに魚はセレクティブになり、特定のエサにしか反応を示さないことも多々ある。こんなときは原点に立ち戻り、魚が常食しているエサ、つまり魚本来の食性に合わせたエサに目を向けたい。たとえばメジナは、寒の時期になると船揚場に生えるアオノリやアオサで大型が数釣れるときがある。シロギスも地掘りのジャリメがよいことがあるし、アジも食いが悪くなったらバケの種類やカラーをローテーションして、寄せエサへナチュラルに溶け込むものを探してみよう。

釣りエサ界に大革命をもたらしたオキアミだが決して万能ではない

タックルの基礎知識① サオ

サオの数だけ目的と用途がある 適材適所のごとく使い分けよう！

サオの構造と各部の名称

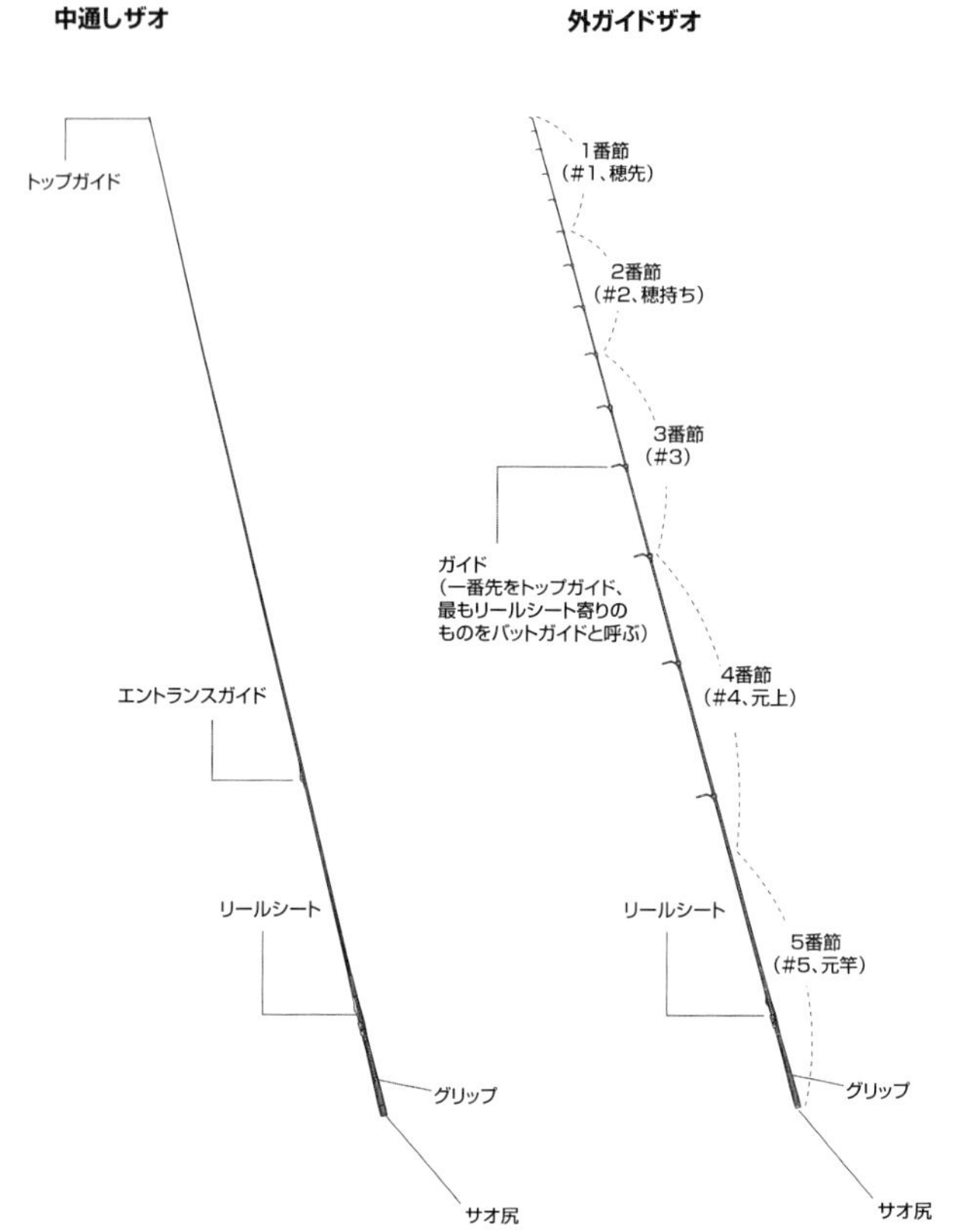

中通しザオ
トップガイド
エントランスガイド
リールシート
グリップ
サオ尻
外ガイドザオ
1番節
(#1、穂先)
2番節
(#2、穂持ち)
3番節
(#3)
ガイド
(一番先をトップガイド、
最もリールシート寄りの
ものをバットガイドと呼ぶ)
4番節
(#4、元上)
リールシート
5番節
(#5、元竿)
グリップ
サオ尻

釣具店に所狭しと並べられたサオの数々。釣りを始めて間もない人は、はたしてこんなに必要なのかと思ってしまうはずだが、結論からいうと、必要なのである。川があり、海があり、そして四季のある我が国は魚種が豊富で、釣り文化も実に多彩だ。数々の釣りが確立されるのにともない、目的と用途に応じたサオが数多く生まれたというわけだ。

いまひとつイメージできない人は、食器にたとえるとわかりやすい。麺類を食べるのは箸かフォークであり、スプーンを使う人はまずいないだろう。茶碗に刺身を盛るなど考えられないし、平皿で味噌汁を出されたら目が点になってしまうはずだ。

釣りザオも軽いウキ釣り仕掛けを繊細に操る磯ザオと、重いオモリを遠くへ飛ばす投げ釣りとでは機能がまったく異なる。ルアーロッドをチョイ投げで使う程度の流用は利くが、サオは基本的に用途に応じて使い分けるものである。

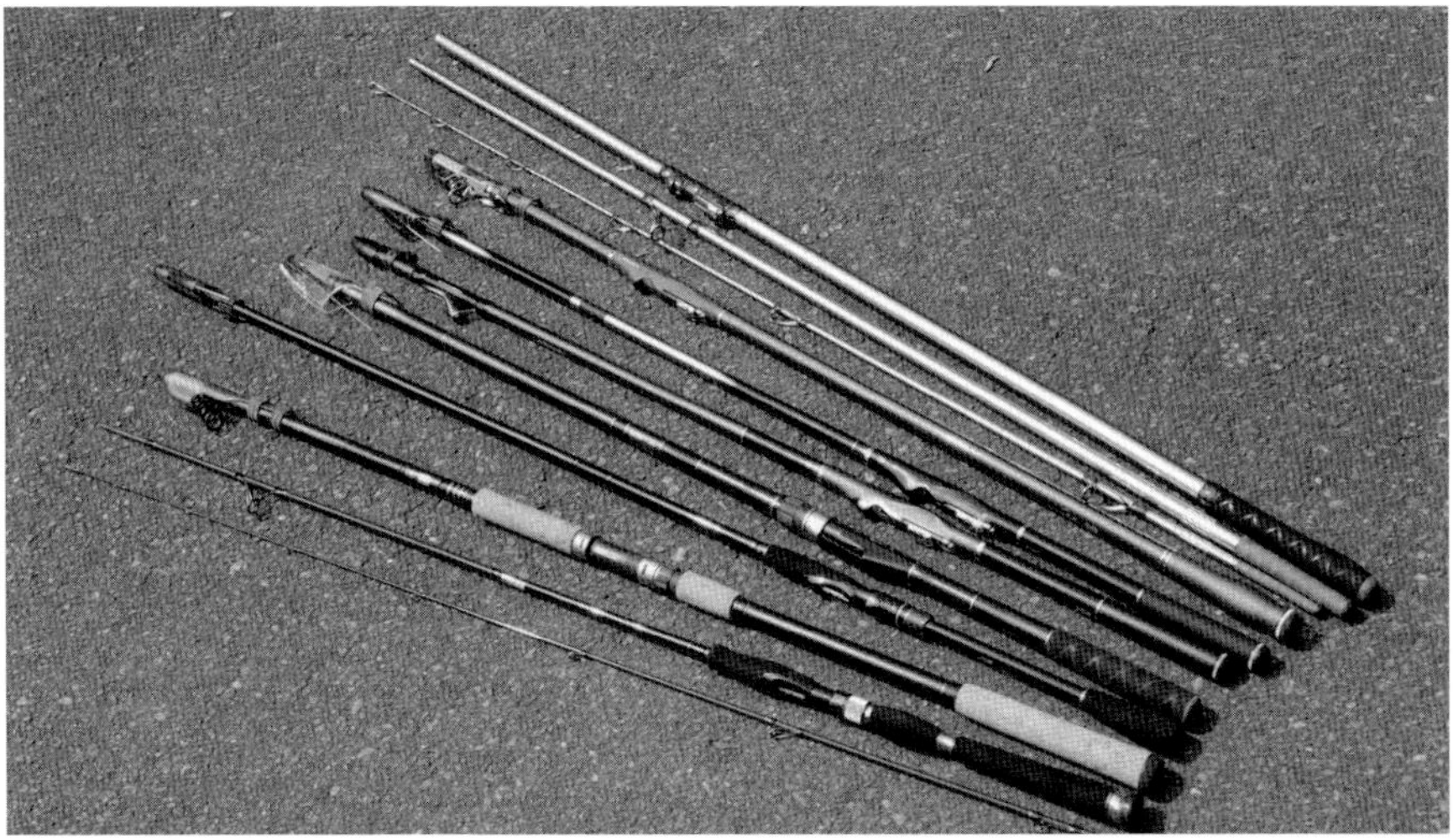

海釣りで使うリールザオの数々。これらの1本1本に目的があり、用途によって使い分ける

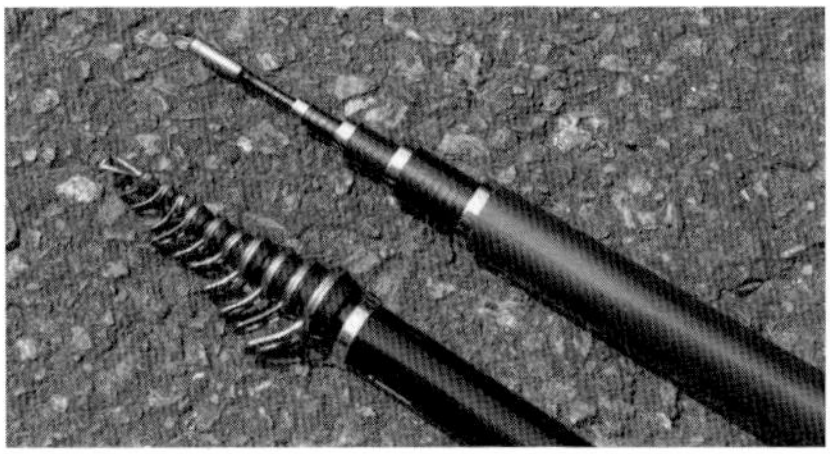

磯ザオの外ガイドザオと中通しザオ。繊細に釣りたいときは前者、夜釣りや荒天時は後者という使い分けが一般的だ

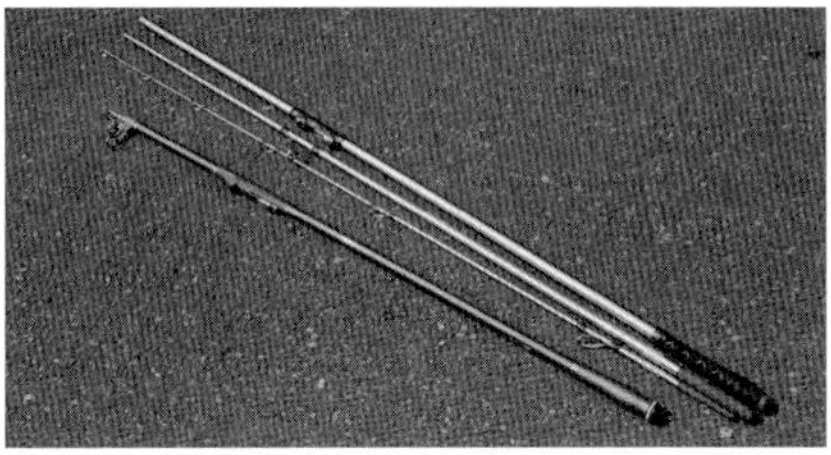

投げザオの並継ぎザオと振り出しザオ。前者は遠投を繰り返すシロギスに、後者は複数のサオをだすカレイ釣りなどに多用される

構造でサオを分類すると、ノベザオとリールザオの2種類がある。サビキ釣りやウキ釣りの小ものねらいならノベザオで充分だが、仕掛けを遠投したり、ミチイトを出しながら大ものとやり取りするにはリールザオが必要だ。

リールザオのなかでも、振り出しザオと並継ぎザオ、外ガイドザオと中通しザオという選択肢がある。振り出しザオは節をすべて内部へ仕舞い込める構造になっている。コンパクトに収まるため、移動を繰り返す釣りや大荷物を持ち込めない場所での釣りに向く。並継ぎザオは節を収める必要がないぶん細身に作れるので、シャープで振り抜けがよい。

外ガイドザオは節に固定されたガイドにミチイトが通る昔ながらの構造。中通しザオはガイドが存在せず、サオの内部をミチイトが通る仕組みだ。構造上、穂先が太くなって繊細さという意味では外ガイドに劣るが、ミチイトが絡みにくいため夜釣りや強風時、降雨時などは非常に使いやすい。

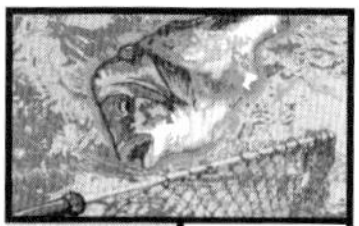

タックルの基礎知識② リール

構造を大別すると3タイプ 釣り方にマッチしたものをチョイスしよう

リールの構造と各部の名称

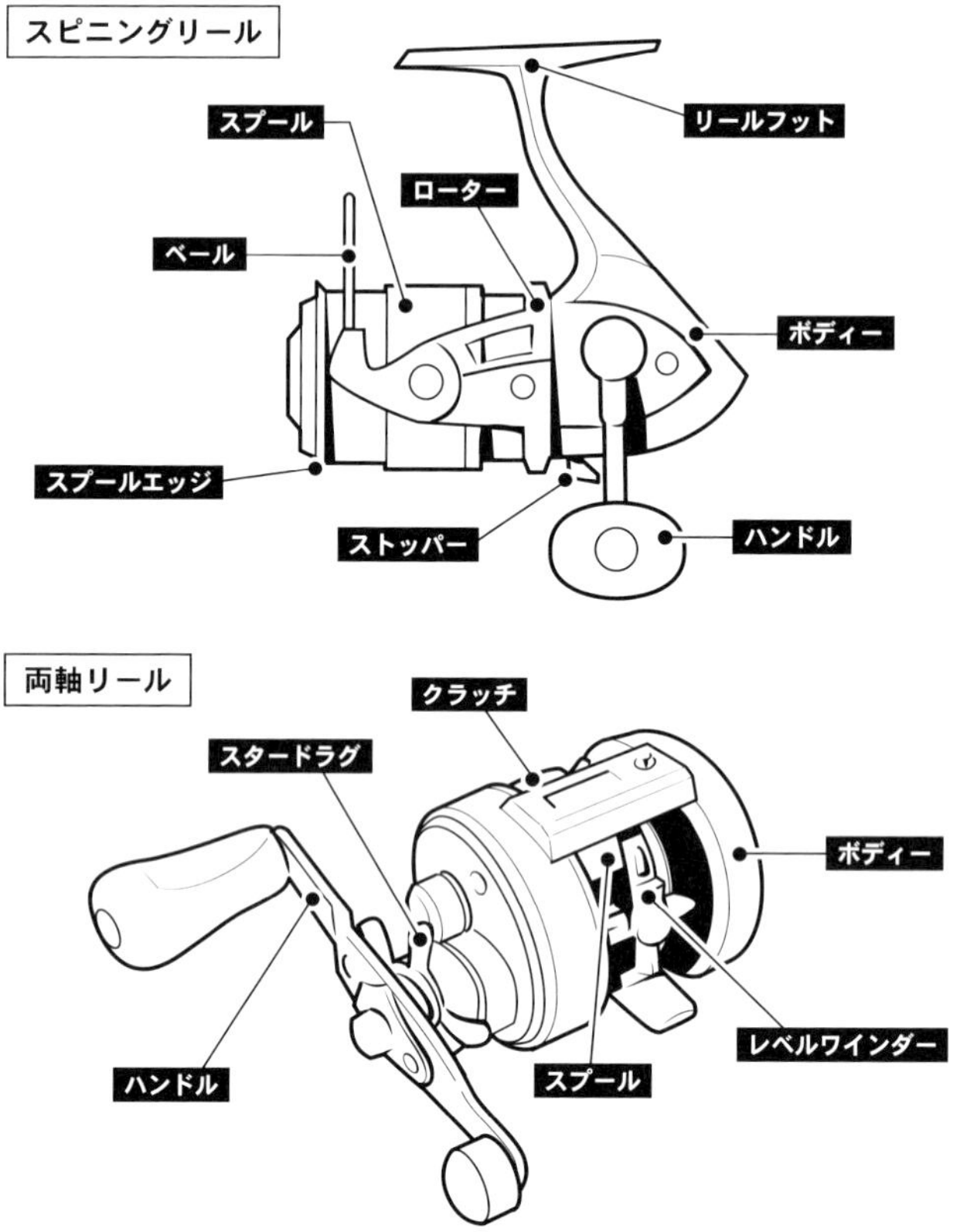

スピニングリール
スプール
リールフット
ローター
ベール
ボディー
スプールエッジ
ストッパー
ハンドル
両軸リール
クラッチ
スタードラグ
ボディー
ハンドル
スプール
レベルワインダー

リールという釣り具をひとことでいうなら「ミチイトを巻き取る機械」だ。スムーズにトラブルなく巻き上げ、必要量のミチイトをスプールにストックできること。これがリールを選ぶ際の第一条件である。

しかし、リールに課せられた役目はそれだけではない。投げ釣りでは200mもの大遠投をするケースがあるし、細いイトで大ものとやり取りするウキ釣りでは、魚の引きに応じてミチイトを送り出し、ハリス切れを防ぐ必要がある。つまり、ミチイトを巻くだけでなく、適切な長さのミチイトをスムーズに出すことも、リールの大切な役目であるということだ。

現在、海釣りでは「スピニングリール」「両軸リール」「片軸リール」の3タイプが用いられている。

スピニングリールは現在最も普及しているタイプで、ミチイトの放出性に優れ、軽い仕掛けでも飛ばしやすいのが最大の特徴である。魚とのやり取りにおいて

3タイプのスピニングリール。左からフロントドラグ、レバーブレーキ、リアドラグ。リアドラグはしばらく表舞台から遠ざかっていたが、アオリイカ専用機などにクラッチレバーやドラグレバーとの複合システムで復活している

左が両軸リール、右が片軸リール。巻き上げ力がある前者はイシダイ釣りやカゴ釣りに用いられ、微妙なイトの出し入れが可能な後者はヘチ釣りに愛用者が多い

左がカゴ釣り用遠投スピニング、右が投げ釣り専用リール。遠投を目的として設計されたスピニングリールは、大径ロングタイプのスプールが配される

は、ドラグの締め具合やレバーによってミチイトを出す構造になっている。

スピニングリールには「フロントドラグ」「レバーブレーキ」「リアドラグ」の3タイプがある。汎用性が高いのはフロントドラグタイプで、メバルなどの小ものから大型回遊魚ねらいまで対応する。指一本でミチイトを送り出せるレバーブレーキはクロダイやメジナねらいのウキ釣りに向いており、リアドラグはアオリイカのヤエン釣りなどに愛用者が多い。

両軸リールの特徴は何といっても強力な巻き上げ力にある。バックラッシュせずに仕掛けを投げるには少々慣れが必要だが、ナイロン6号以上の太いミチイトを使う場合はスピニングよりも飛距離が出るので、大型はイシダイ釣り、中型はカゴ釣りに多用される。

片軸リールはスプールに添えた指一本で微妙なイトの出し入れが行なえるため、クロダイのヘチ釣りや前打ちで根強い人気を誇るリールだ。

タックルの基礎知識③ イト

素材によってイト質はさまざま それぞれの特性を理解して使い分けよう

ひと口に「釣りイト」といっても、ミチイトにハリス、モトス、枝スと用途はさまざまで、それぞれに求められる特性と質も違う。現在、釣りイトの素材は「ナイロン」「フロロカーボン」「PE」「ポリエステル」の4種類があり、目的に応じて使い分けられている。

ひと口にイトといってもパートによって求められる特性や質はさまざま。素材ごとの特性を知り、用途に応じて使い分けることが大切だ

ナイロンは比重が1・14と海水（1・05）に近いため、浮きすぎず沈みすぎず、ナチュラルに漂うという特性がある。イト質は軟らかめでスプールへの馴染みがよく、適度な伸びが良質のクッションとして作用することから、ミチイトとして使われることが多い。

ナイロンには吸水すると著しく強度が低下するという泣き所があるが、最近の製品は表面処理によって吸水性が抑えられており、安心して使用できる。

フロロカーボンは比重が1・78と大きく非常に沈みがよい。屈折率が低く水中で見えにくいうえ、吸水性が低いため急な劣化の心配も少ない。イト質は張りがあり、根ズレにも強いのが特徴だ。フロロカーボンは近年、ハリスを中心にシェアを伸ばしつつあり、沈みのよさと初期伸度の低さからくる感度を利用して、投げ釣りやアオリイカのヤエン釣法ではミチイトとしてもよく使われる。

PEとは「ポリエチレンマルチフィラメント」の略で、縒りイトのことである。伸びが少なく高感度であること、そしてナイロンの約3倍という直線強力を有し、数ランクも細いイトを使えるという利点がある。比重が0・98と小さく腰がないためハリスやモトスには不向きだが、投げ釣りのミチイトやルアーのメインラインでは今や主流といってもよいくらい普及している。

ポリエステルは非常に剛直でパリッとしたイト質を持ち、絡みが少ないというメリットがある。シェア的には決して高いとはいえない素材だが、投げ釣り仕掛けのモトスや枝スでは根強い人気がある。

ライン素材比較表					
		ナイロン	フロロカーボン	ポリエステル	PE
比重		1.14	1.78	1.38	0.98
伸び		大	中	小	極小
軟らかさ		軟〜中	中〜硬	硬	極軟〜軟
特徴		しなやかでスプールへのなじみがよい。不要に沈まずさばきやすい。伸びがありクッション性が高い。吸水すると著しく強度が低下する	比重が大きく沈みがよい。根ズレに強い。屈折率が低く水中で見えにくい。初期伸度が小さく感度がよい	硬く張りがあって絡みにくい	伸びがほとんどなく非常に感度がよい。直線強力が高く細い号数を使える。摩耗に弱い。直接結ぶと著しく強度が落ちる
適性	ミチイト	◎	○（投げ釣り、ヤエンなど）	×	◎
	ハリス	○	◎	×	×
	モトス	△	◎	◎	×
	枝ス	△	◎	◎	△（投げ釣りのみ）
◎＝好適 ○＝適 △＝用途によって適 ×＝不適					

ラインのいろいろ

釣りイト素材で安定したシェアを誇るのがフロロカーボン。吸水性が低いうえ根ズレに強く、比重が高いためなじみもよい。ハリスはもちろんミチイトや枝スまで広く用いられる

戦前から釣りイトの主流に君臨してきたナイロン。吸水すると著しく劣化するのが泣き所だったが、表面処理技術の向上により、安心して使えるようになった

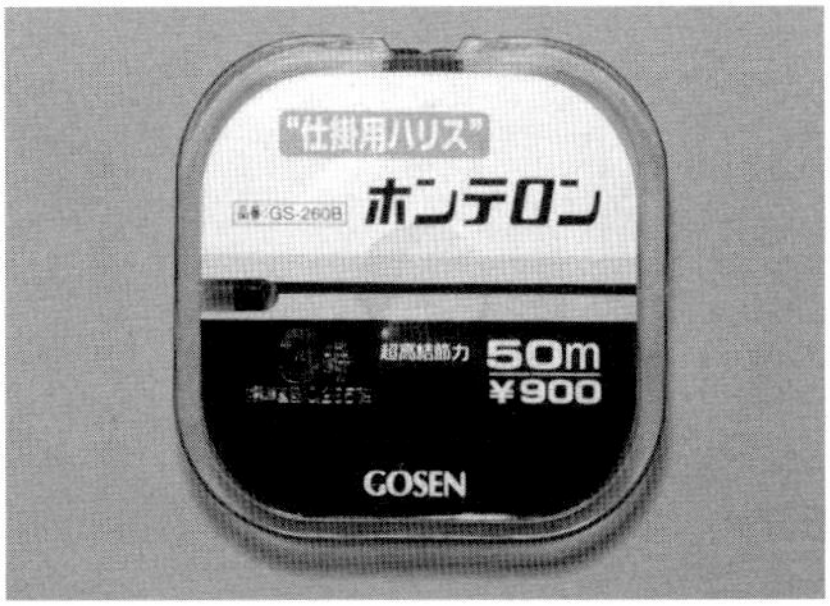

比重も強度もそこそこながら非常に剛直な性質を有するポリエステル。モトスや枝スなど絶対に絡んでほしくないパートでは実によい働きをする

近年シェアを伸ばしつつあるのがPEライン。伸びが少なく高感度で、直線強力が高いため細いものが使える。用途は9割以上がミチイトだ

タックルの基礎知識④ オモリ

薬にも毒にもなる奥深き釣り具 目的意識をハッキリ持つことが大切

「釣りはオモリに始まり、オモリに終わる」という格言があるように、釣りとオモリは切っても切れない関係にある。オモリの形状やスタイルは釣り方や仕掛けと密接な関わりがあり、ざっと見渡しただけでもナス型オモリ、テンビンオモリ、中通しオモリ、ガン玉やカミツブシなどさまざまだ。

オモリと釣りは切っても切れない関係にあり、オモリの形状やスタイルには、それぞれの釣法が持つ様式がそのまま反映されるといってもよい

　オモリの役目は、仕掛けをねらったタナまで沈めることが1つ。そして付けエサを安定させ、魚が食いやすい状態を演出するという役目も担う。

　これ以外にも、使い方によってオモリを基点に誘いを入れたり、仕掛けをポイントに止めるといった効能も引き出せる。それこそ釣り方の数だけオモリの目的があるといっても過言ではないほどで、それだけオモリは奥の深い釣り具であるといえるだろう。

　ただし、魚が食うのはエサであり、オモリはあくまで脇役である。どのような仕掛けをどのように使い、エサをどのような状態にしたいかがあって、初めてオモリの形状や重さが決まる。必要な重さは薬として作用するが、過剰や不足は毒となるので、このあたりをきちんと心得ておきたい。

悩ましきオモリの号数 2つの表記を混同しないこと

　オモリを選ぶにあたり、初心者が最も頭を悩ませるのは号数。その原因の最たるものとして挙げられるのが、「オモリ表記」と「ガン玉表記」の混在だ。

　一般的なオモリ表記は、古くからの尺貫法の数値が号数に置き換えられたもの。1号の重量は1匁《もんめ》（約3・75g）であり、10号は10匁、20号は20匁で比較的わかりやすい。

　しかし、ガン玉の場合は、もともと散弾銃のナマリに割れ目を入れて使った流れで、散弾の規格がそのまま使われている。2BがBの倍の重さではないし、オモリとは別に1号、2号といった表記があるので混同しないように。

オモリのいろいろ

サビキ、胴突き、下オモリ仕掛けなど広いジャンルで使われているナス型オモリ。頭部の金属環からスナップサルカンなどを用いて仕掛けと接続する

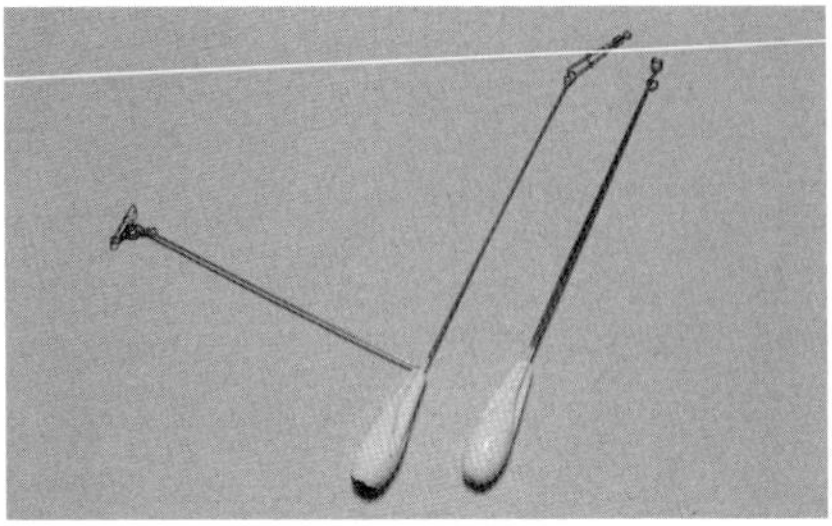

L型テンビンオモリは投げ釣りの定番。アームは仕掛けの絡みを防ぐほか、スプリング効果によって食い込みをサポートする働きがある

ウキ釣りの移動仕掛けや穴釣り、ブッコミ釣りなどに用いる中通しオモリ。丸玉タイプのほかにはナツメ型や小判型といった形状がある

ウキ釣りなど軽い仕掛けで多用されるのがガン玉。サンダンオモリという別名のとおり、散弾銃の鉛玉に切れ込みを入れたものがルーツだ

オモリの号数（目安）

オモリは重さに応じて号数表記が与えられているが、ごく一般的なオモリ表記とガン玉表記の2種類があるので混同しないよう注意していただきたい。
オモリ表記は古くからの尺貫表記が号数に置き換えられたもので、1号は1匁（約3.75 g）、10号は10匁（約37.5 g）となる。

一方のガン玉表記は流用元である散弾銃の規格が採り入れられており、重いものから5B、4Bと下りてきて、Bの次は1号から数字が大きくなるにつれ軽くなる。つまり、オモリの1号とガン玉の1号はまったく重さが異なるのだ。混同を避ける意味でウキ釣りなどではガン玉1号を「G1」と表記することもある。

オモリ号数表（目安）

号数	8号(G8)	7号(G7)	6号(G6)	5号(G5)	4号(G4)	3号(G3)	2号(G2)	1号(G1)	B	2B(BB)	3B	4B(SO)	5B(SB)
呼称	ガン玉												
重量（g）	0.07	0.09	0.12	0.16	0.20	0.25	0.31	0.40	0.55	0.75	0.95	1.20	1.85

号数	0.5号	0.8号	1号	1.5号	2号	3号	4号	5号	10号	15号	20号	25号	30号
呼称	オモリ												
重量（g）	1.87	3.00	3.75	5.63	7.50	11.25	15.00	18.75	37.50	56.25	75.00	93.75	112.5

軽 → 重

タックルの基礎知識⑤ ハリ&サルカン

ハリはエサの大きさに合わせるのが基本
サルカンはカンの太さに気を付けよう

ハリは魚との唯一の接点であり、ねらいとする魚やエサによって適切な形状と大きさのものを選ぶ必要がある。袖バリやキツネバリが基本形状といわれているが、派生を重ねた現代の釣りバリは多種多様であり、とてもではないがすべての特性を説明しきれない。

一応の分類として、流線バリやキスバリ、丸せいごバリに代表される「長バリ系」、チヌバリや伊勢尼などの「丸バリ系」、スズキバリや海津バリなどの「角バリ系」などがある。長バリはイソメ系のエサを付けやすく投げ釣りやブッコミ釣りに向いており、丸バリはオキアミを姿勢よく付けることができ、ウキ釣りその他の釣りに広く使える形状。角バリはエビや小魚といった生きエサを弱らせず付けたいときに適していると覚えておけばよいだろう。

ハリのサイズは対象魚の大きさやエサの食い方、活性を加味したうえで、使うエサの大きさに合わせるのが基本。エサに対して大きすぎると食いが悪くなるし、逆に小さすぎると投入時にエサが外れたり、アタリがあってもスッポ抜けが多くなる。魚の活性が低くハリのサイズを落としたいときは、同時にエサも小さく付けることだ。

ハリの各部の名称

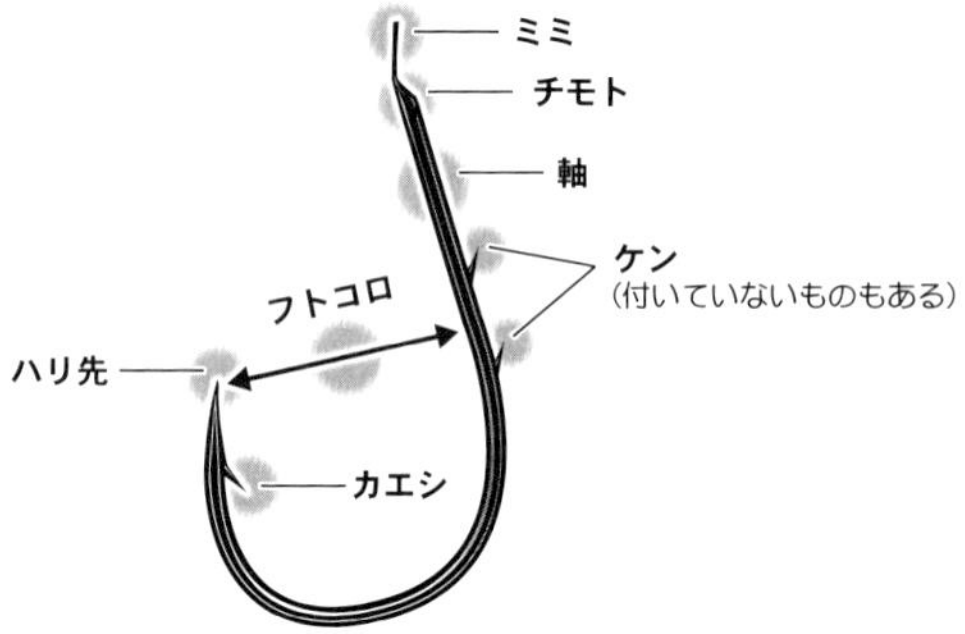

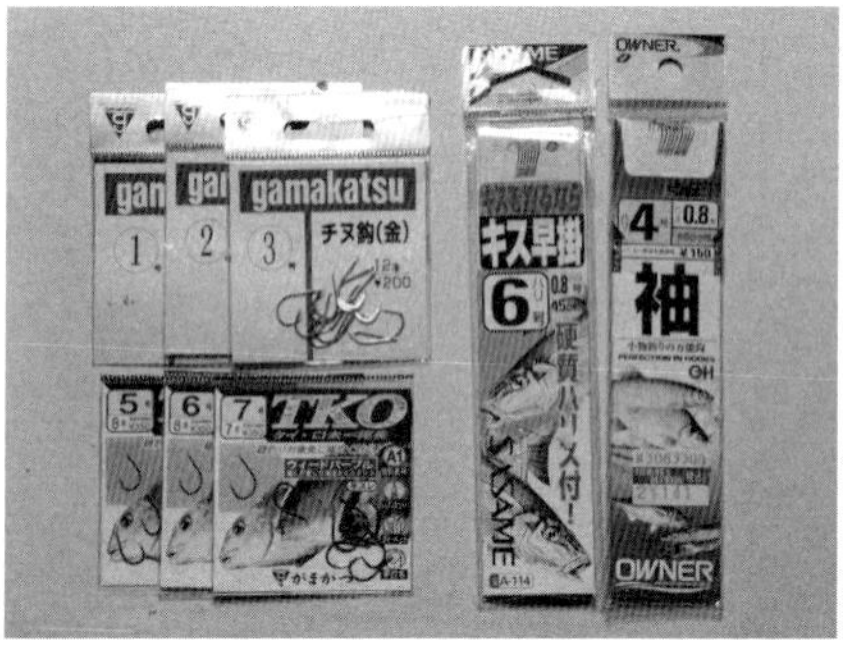

バラバリとイト付きバリ。ハリスの号数や長さをマメに変えたいときはバラバリが適しているが、切れた枝スの補修や小もの釣りではイト付きバリが便利

サルカンのいろいろ

スナップサルカンはサルカンやチチワとワンタッチで接続できる。投げ釣り仕掛けやサビキ仕掛けなどに結んでおけば現場でのセットが楽

サルカンはイトヨレを防ぐものだが、接続具としても優秀。号数差のあるイトを結節する場合、直結よりもサルカンを使う方が結び目の強度が出る

自動ハリス止め付きサルカンは小もの釣り限定のアイテムだが、頻繁にハリを替える場合は非常に使いやすい。イト付きバリを使うと仕掛け交換のスピードもアップする

親子サルカンや三叉サルカンは下オモリ仕掛けやブッコミスタイルの泳がせ釣りに便利。枝スをモトスに直結するとヨレが入りやすい

サルカンは充分な強度があり できるだけ小さいものを選ぶ

サルカンとは、回転する2つの金属環を備えた接続具のことで、スイベル、ヨリモドシともいう。もともとはイトのヨリを取るためのものだが、現在はどちらかというと接続アタッチメントの意味合いが強い。スナップやハリス止め付きのサルカンを有効に使うと、スマートかつスピーディーに仕掛けのセッティングを行える。

サルカンを選ぶにあたり注意したいのは、まず不要に大きいものは避けること。金属製のサルカンはオモリと同じであり、大きすぎると仕掛けが不自然に屈折してしまい、食いが悪くなるケースがある。

したがって、必要十分にしてできる限り小さいものを選ぶのがコツといえるが、カンのワイヤーは太いほうがよい。細いものは刃物と同じで、結んだイトが切れやすくなるので注意しよう。

ラインの結び方①

リールにミチイトを結ぶ
ノベザオにミチイトを結ぶ

**まずは結びの基本パターン
家でできる結びはすませておこう!**

仕掛けのなかで最も弱い部分はどこか。それは結び目である。イト同士が重なり合う結び目の部分では、上から締め込まれてイトに少なからず潰されて細くなる箇所が生じる。魚が掛かったときにここへ負担が集中し、切れてしまうわけだ。

イトの強さを最大限に生かすのは結びにかかっているといっても過言ではない。まずは結びの基本パターンをしっかりと押さえておこう。

リールにミチイトを結ぶ「ユニノット」と、チチワを作る「8の字結び」は最もベーシックな結び方。実釣でトラブルを少なくするためには、事前に結んでおけるものは極力すませておくのがキモだ。

ミチイトを巻く際は、古いイトで下巻きをするなどしてから、スプールエッジギリギリまで巻くこと。スプールの溝に対してイト巻き量が少なすぎると、キャスト時にミチイトがスプールエッジに当たって飛距離が著しく落ちてしまう。

リールにミチイトを結ぶ

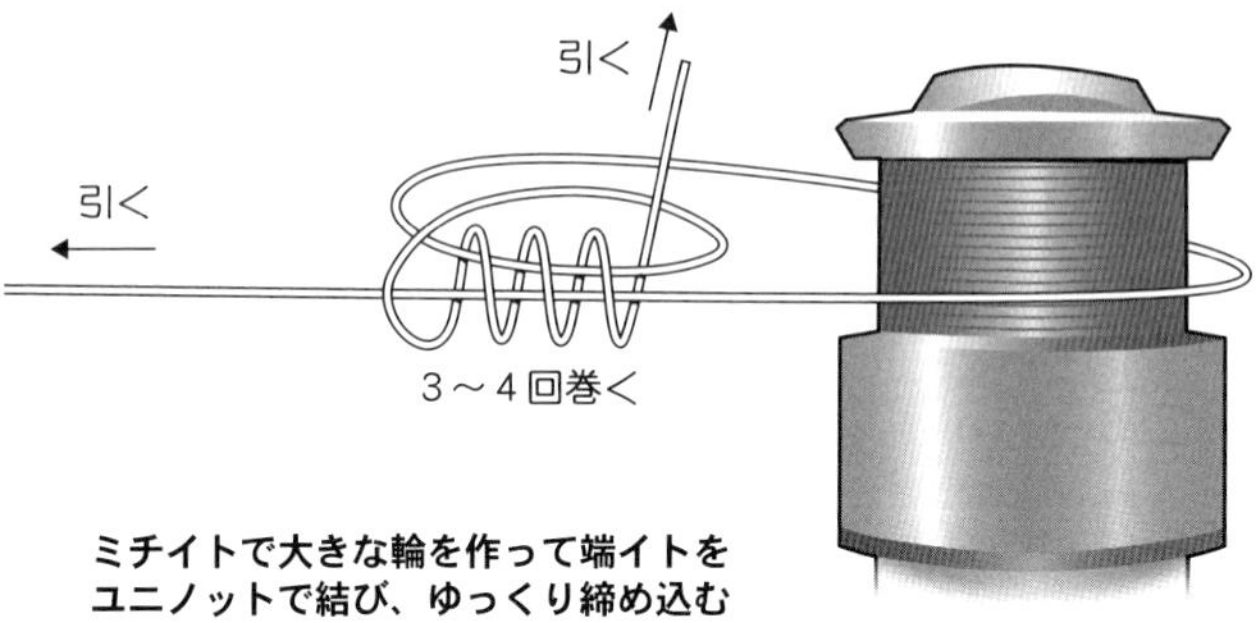

**ミチイトで大きな輪を作って端イトを
ユニノットで結び、ゆっくり締め込む**

リールのスプールへはユニノットで結ぶ。ミチイトはスプールエッジギリギリまで巻いておく

チチワを作る

①

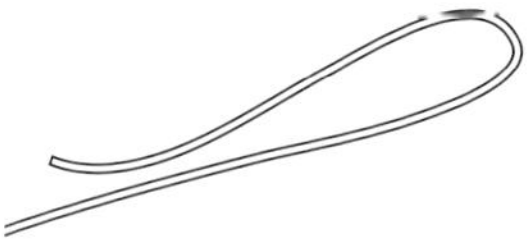

ミチイトを折り返す

②

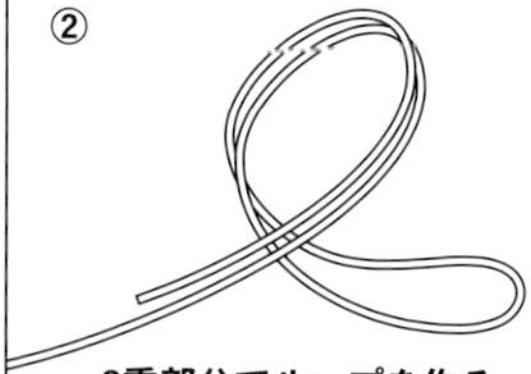

2重部分でループを作る

③

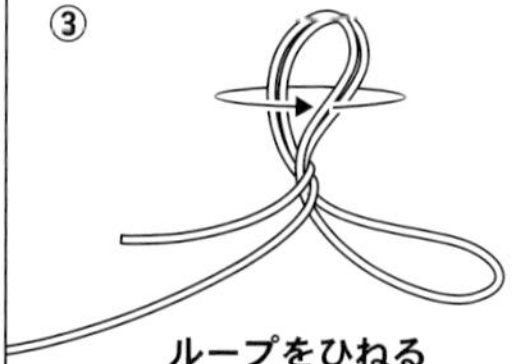

ループをひねる
(数回ひねってもよい)

④

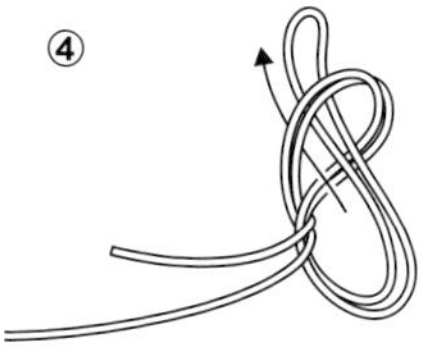

ひねったループの中に
折り返し部分を通す

⑤

引く
引く

結び目をゆっくりと締め込む

⑥

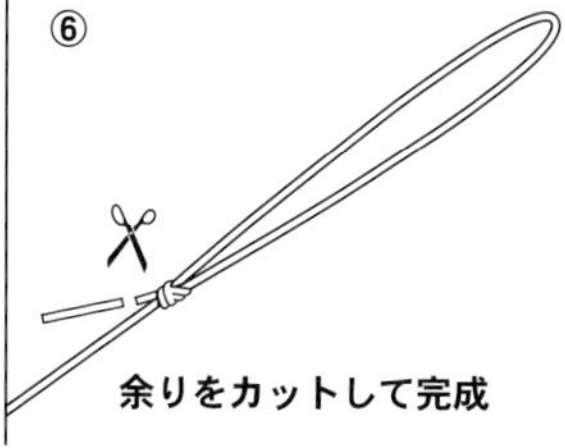

余りをカットして完成

ノベザオの穂先にミチイトを結ぶ

①

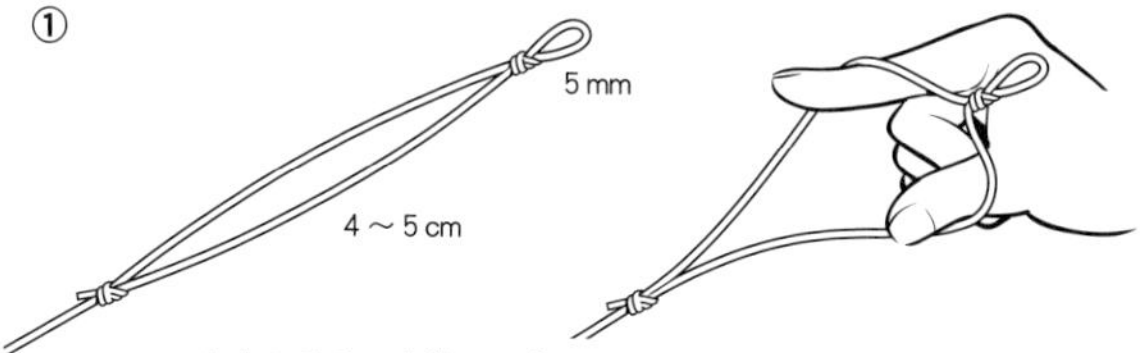
5 mm
4 ～ 5 cm

大小のチチワを作り、大きなほうの輪の中に親指と
人差し指を差し込んで２本のイトをくくり取る

②

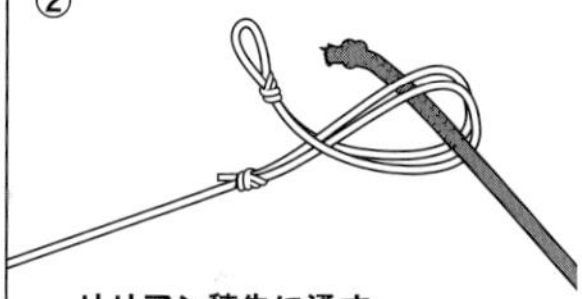

リリアン穂先に通す。
ここでイトを引き絞って止め
れば、ぶしょう付けの完成

③

すっぽ抜け防止策として、
さらにもう1回リリアン
穂先を輪にくぐらせる

④

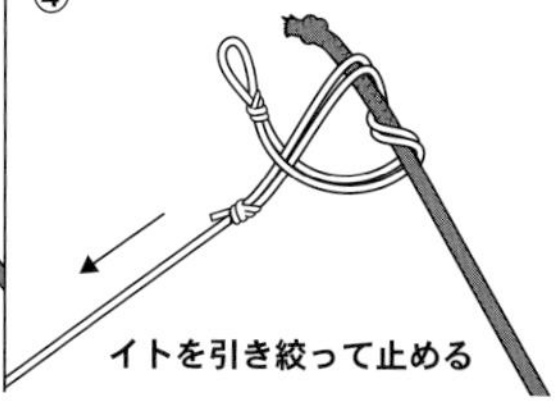

イトを引き絞って止める

⑤

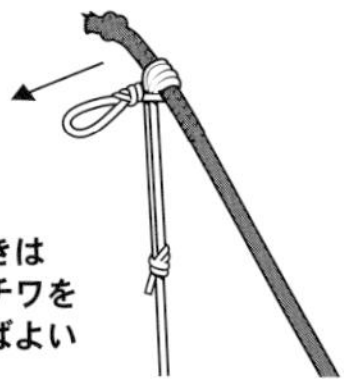

ほどくときは
小さなチチワを
引っ張ればよい

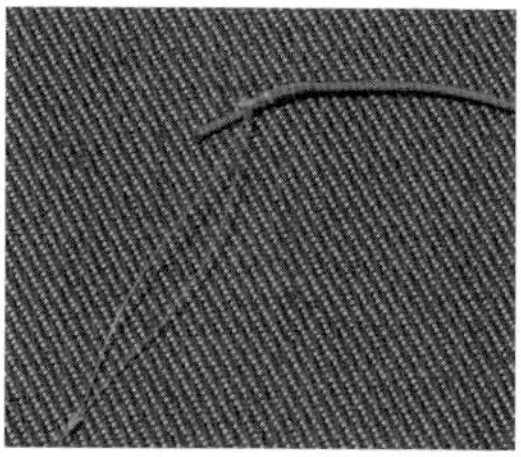

ぶしょう付けで穂先にミチイトを結節したようす。小さいほうの輪を引っ張ると簡単に外れる

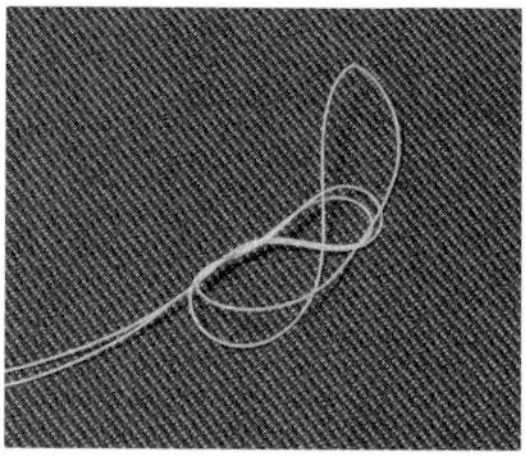

8の字結びはエイトノットともいう。あらゆる場面で応用の利く基本的な結びだ

DVD収録

ラインの結び方② サルカンを結ぶ

現場で手早くきれいに結べることが肝要 イトの強さを引き出すには「締めすぎない」のがコツだ

サルカンを結ぶ① クリンチノット

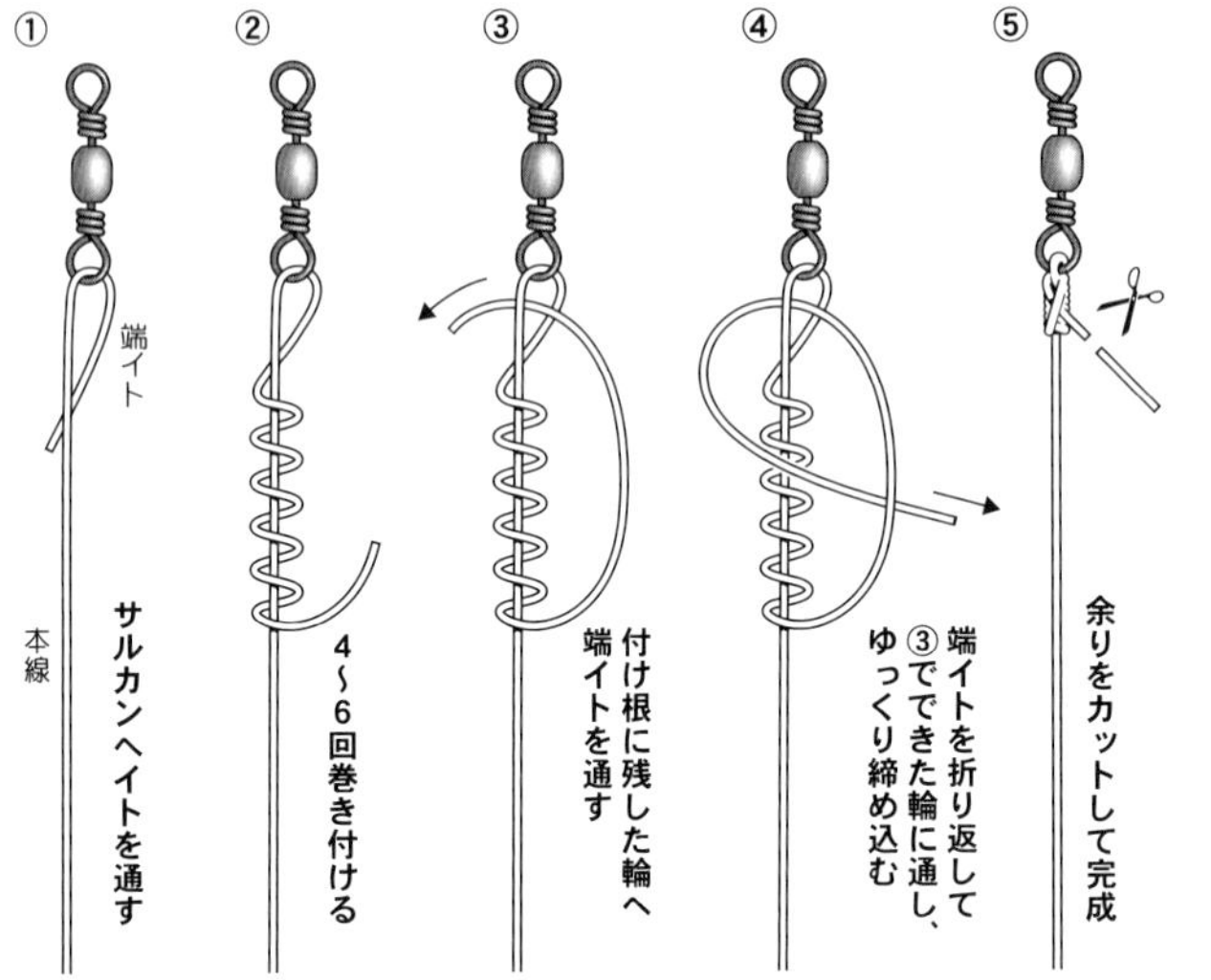
①
端イト
本線
サルカンへイトを通す
②
4～6回巻き付ける
③
付け根に残した輪へ端イトを通す
④
端イトを折り返して③でできた輪に通し、ゆっくり締め込む
⑤
余りをカットして完成

サルカンへの結びは締め込みすぎないのがコツ。結び目でイトが潰れると強度が著しく低下する

サルカンを使う利点として、イトヨレを防げることと、イト同士の結節を楽に行なえることを前述したが、もう1つ「イト同士に号数差がある場合、直結するよりも強い」というメリットもある。イトを直結した場合、強く引かれると太いほうのイトが細いほうを潰す格好で負荷が加わるからだ。

ここでは3パターンのサルカン結びを取り上げたが、どれが強いかということよりも「現場で手早く結べること」と「安定して綺麗に結べること」のほうが重要である。結び目が綺麗ということは、不細工なイトの重なりがないということ。美しくイトが重なっていれば潰される箇所が少ない。つまり、強いということである。

これらの結びは、引けば引くほど結び目が締まっていく。したがって、はじめから締め込みすぎないのが強度を引き出すコツ。最後に軽く引き締める際、唾液などで少し湿らせると摩擦熱による劣化を防ぐことができる。

サルカンを結ぶ② ユニノット

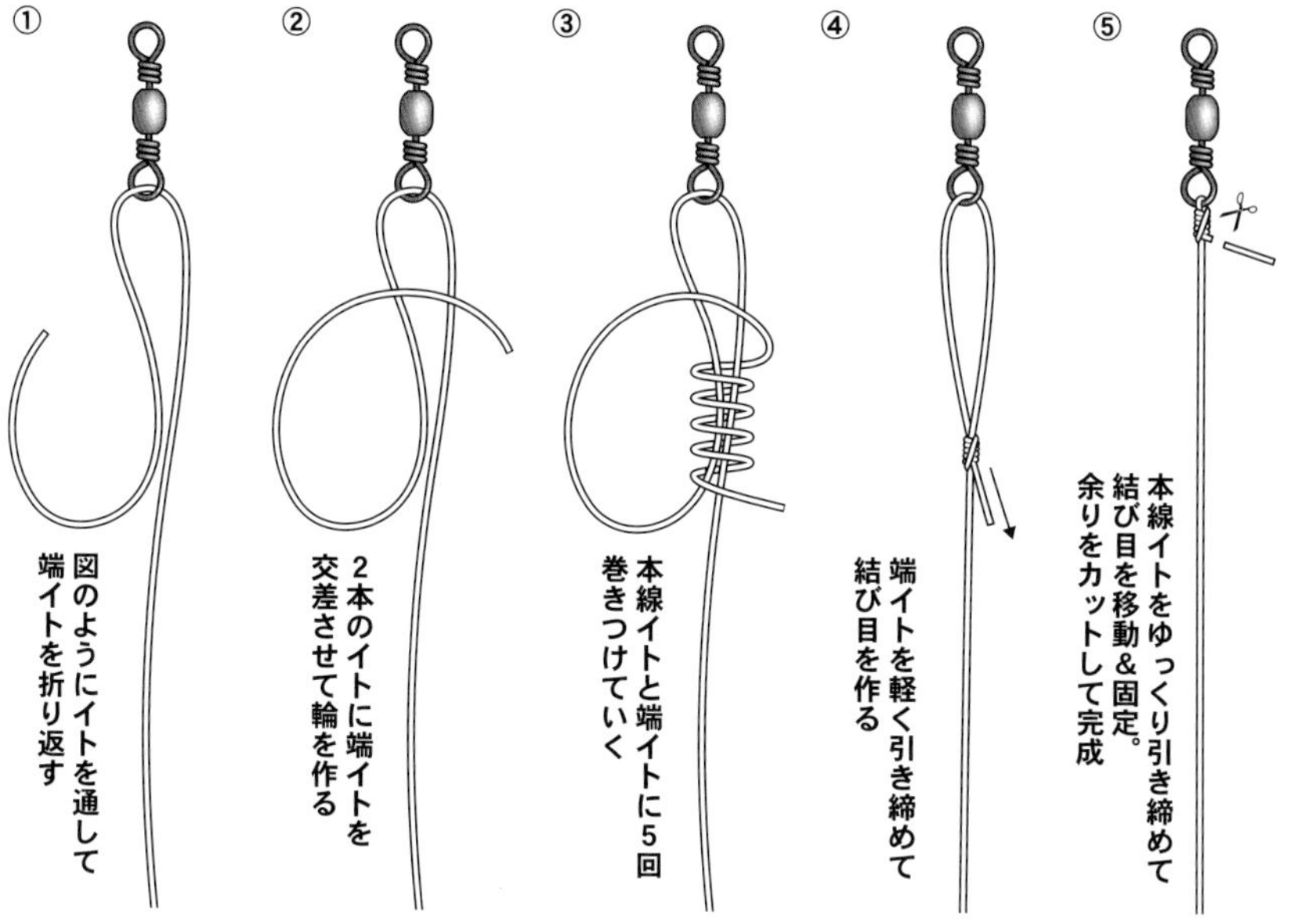

① 図のようにイトを通して端イトを折り返す

② 2本のイトに端イトを交差させて輪を作る

③ 本線イトと端イトに5回巻きつけていく

④ 端イトを軽く引き締めて結び目を作る

⑤ 本線イトをゆっくり引き締めて結び目を移動＆固定。余りをカットして完成

サルカンを結ぶ③ 最強結び

①

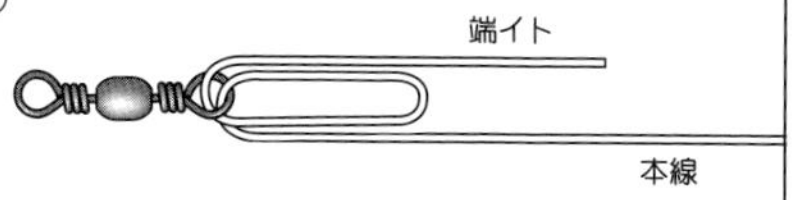

サルカンにイトを2回通す

②

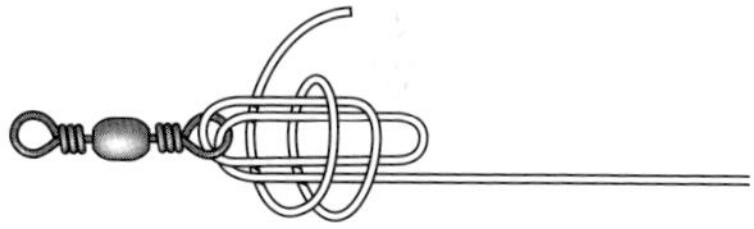

できた輪と本線イトを端イトで2回巻く。
これで 3 つの輪ができる

③

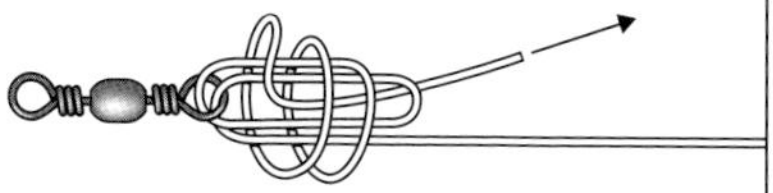

端イトを 3 つの輪にくぐらせて
軽く引き締め……

④

結び目を作る

⑤

本線をゆっくり引き、結び目を
サルカンに寄せて締め込む

⑥

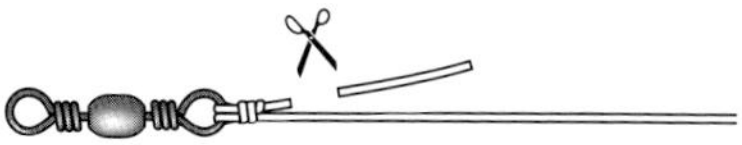

余りをカットして完成

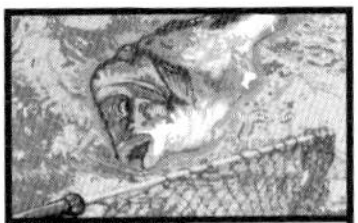

ラインの結び方③ ライン同士を結ぶ

結び方に加え、イト同士の相性も無視できない
滑りやすいPEラインは電車結びが最も無難

ブラッドノットは誰でも安定して強度を出せる直結法。ただ、ナイロンとPEラインを結ぶ場合はスッポ抜けるケースがあるので電車結びのほうが無難だ

投げ釣りのカイトなど、ミチイトとの結び目をリールまで巻き込む場合や、ウキ釣りやヘチ釣りといった繊細な釣りで、極力仕掛けに重量物を付けたくないケースでは、イト同士を直結する。ここで注意すべきことは、結び目の強度はもちろんのこと、「イト同士の相性」も考慮することだ。

ナイロンやフロロカーボン、ポリエステルの3者間で直結する場合は問題ないが、これらとPEラインを結ぶ場合は注意が必要。PEラインは非常に滑りやすく、結び方を選ばないとスッポ抜けるケースがあるからだ。PEラインは編みイトゆえに、使用中の毛羽立ちやガイド部分での摩擦抵抗を抑えるため、表面にコーティングを施している製品もあるので余計に厄介だ。

PEラインを他のイトと直結する場合、ルアーのラインシステム以外では今のところ電車結びが最も無難である。原型はユニノットなので、簡単に手早く結べるのもメリットだ。

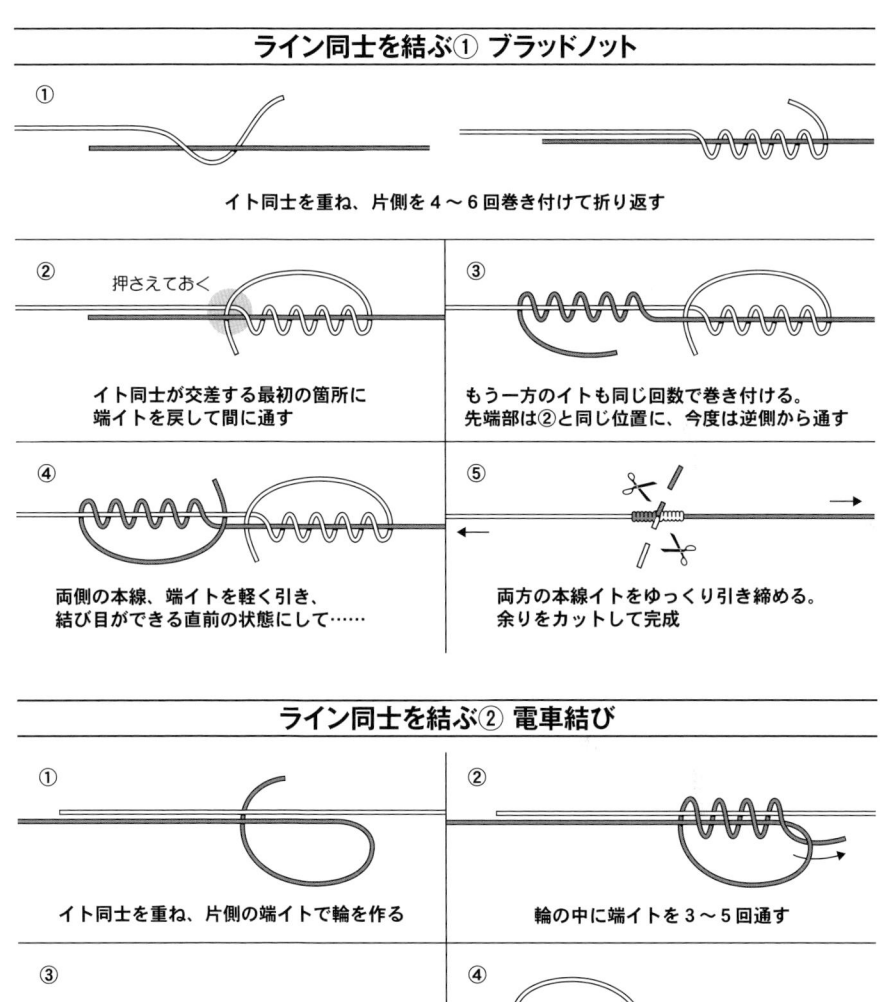

ライン同士を結ぶ① ブラッドノット

①

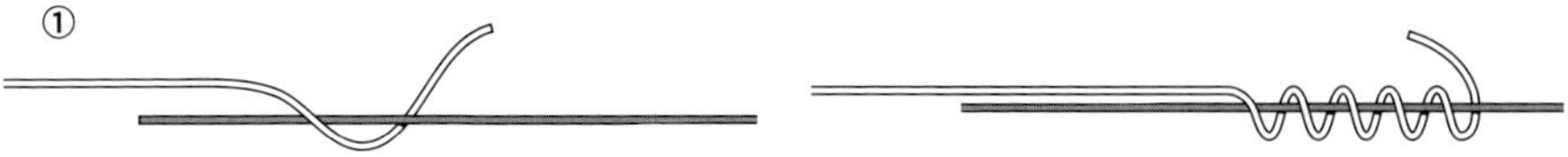

イト同士を重ね、片側を4～6回巻き付けて折り返す

②

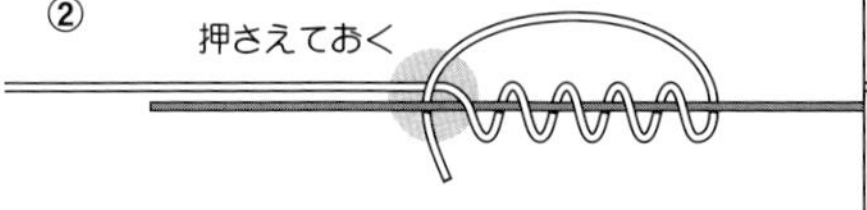

イト同士が交差する最初の箇所に
端イトを戻して間に通す

③

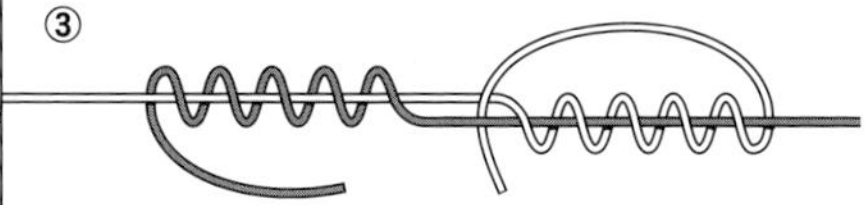

もう一方のイトも同じ回数で巻き付ける。
先端部は②と同じ位置に、今度は逆側から通す

④

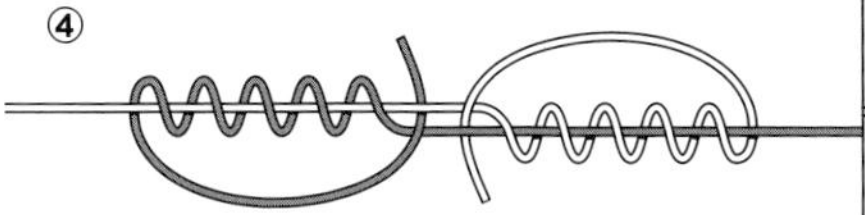

両側の本線、端イトを軽く引き、
結び目ができる直前の状態にして……

⑤

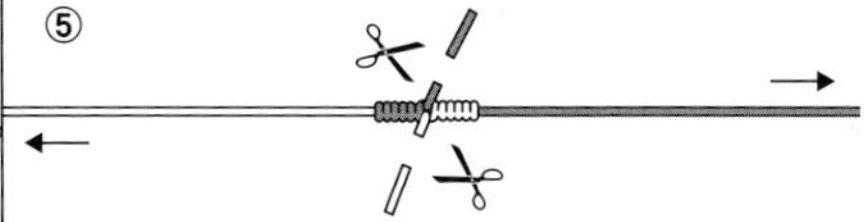

両方の本線イトをゆっくり引き締める。
余りをカットして完成

ライン同士を結ぶ② 電車結び

①

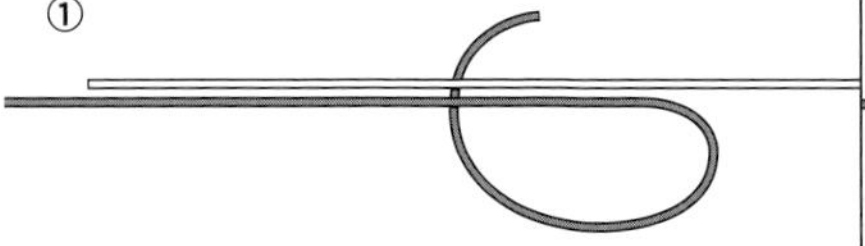

イト同士を重ね、片側の端イトで輪を作る

②

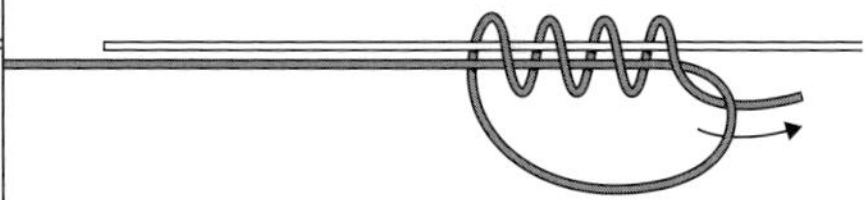

輪の中に端イトを3～5回通す

③

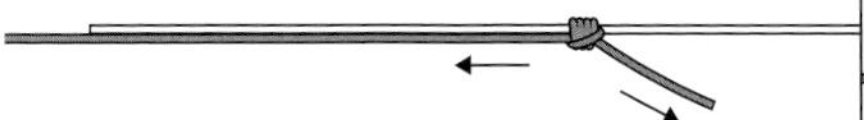

左側の本線、端イトをゆっくり引き締め
結び目を作る

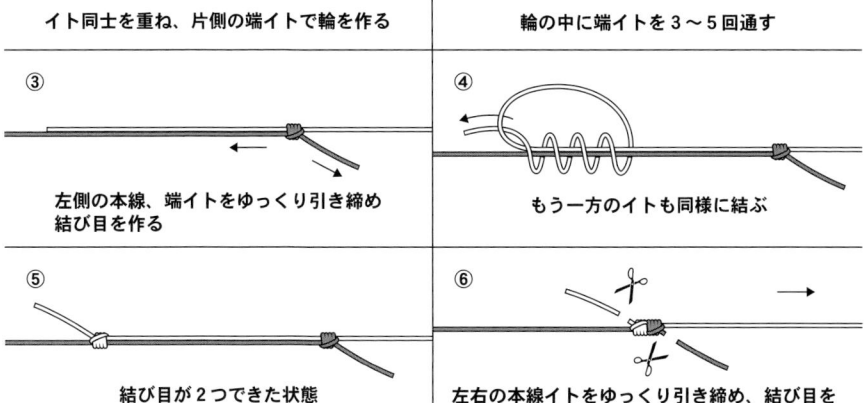

④

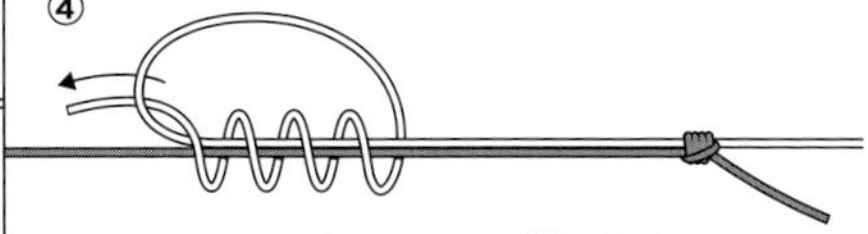

もう一方のイトも同様に結ぶ

⑤

結び目が2つできた状態

⑥

左右の本線イトをゆっくり引き締め、結び目を
1つにする。余りをカットして完成

ラインの結び方④ ハリを結ぶ

1つでも自信を持てる結び方を身に付けることが大切
ハリスは必ずミミの内側から出すこと

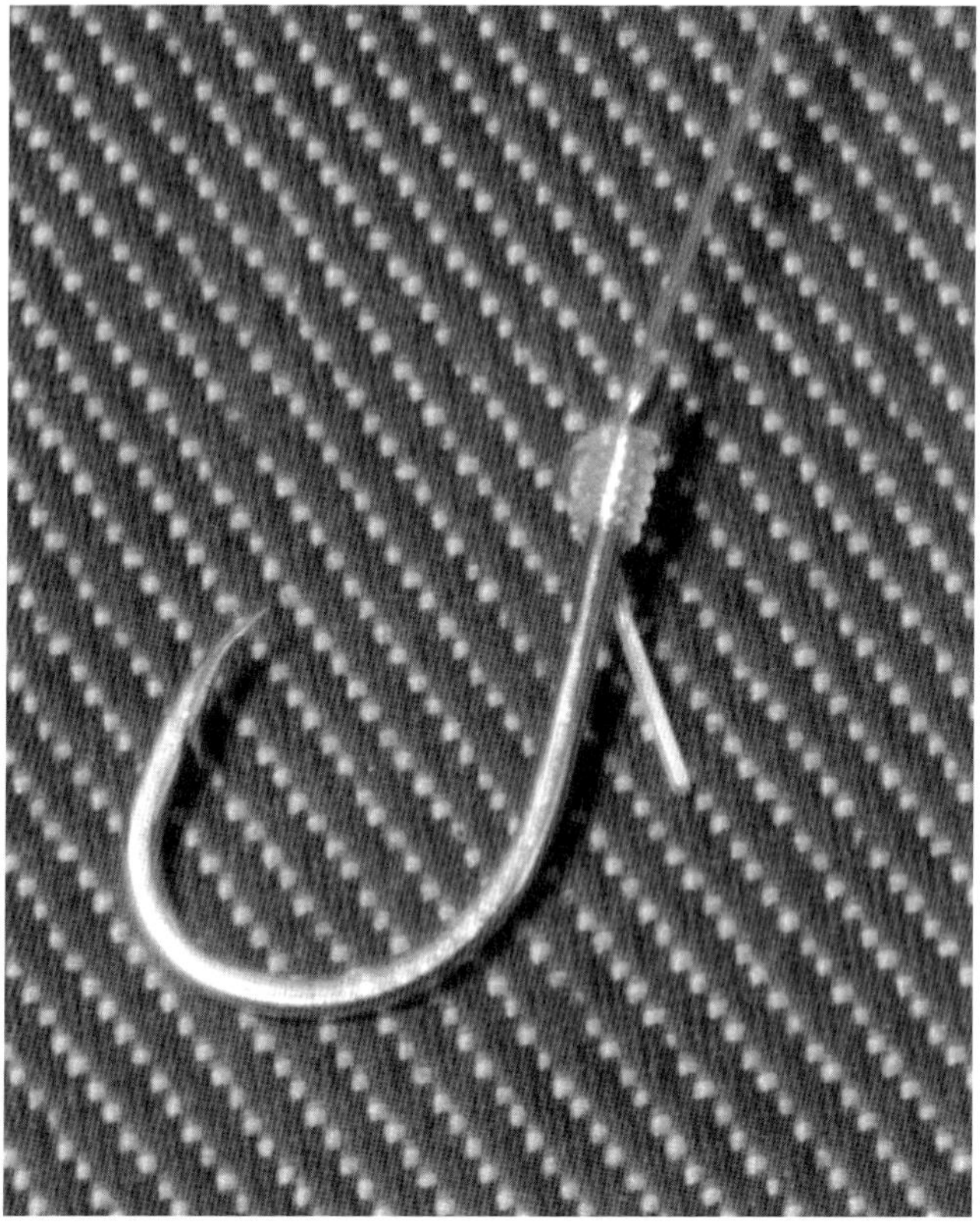
ハリ結びでは必ずミミの内側からハリスが出るようにすること。ミミの背に回ってしまうとハリ外れの原因となる

ハリのチモト部分はハリスが最も切られやすい箇所だ。結びをしっかり行なうことは当然のことながら、チモトは釣りの途中にどんどん傷んでくるため、何度も結び直す必要がある。したがって、自信を持てる結び方を1つでも構わないので身に付けることが大切だ。

ハリ結びで最も重要なのは、結んだ際にハリスを必ずミミの内側から出すことだ。釣りバリは簡素な構造ながら実に考えられた工業製品で、ハリスが引っ張られてミミの内側が押されると、テコの原理でハリ先が魚の口に押し込まれる仕組みになっている。ハリスがミミの外側に回ってしまうと、逆にハリを引き抜く方向へ力が加わり、バラシの原因となる。

ハリ軸にハリスを巻き付ける回数は6～10回、6号以上の太ハリスでは4～5回が適当。巻きすぎると結び目が締まり切らず、特に太ハリスではスッポ抜けることがあるので注意しよう。

ハリを結ぶ① 外掛け結び

①

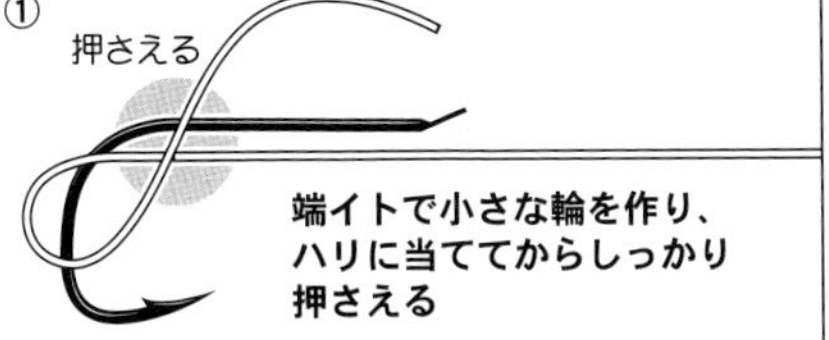

端イトで小さな輪を作り、
ハリに当ててからしっかり
押さえる

②

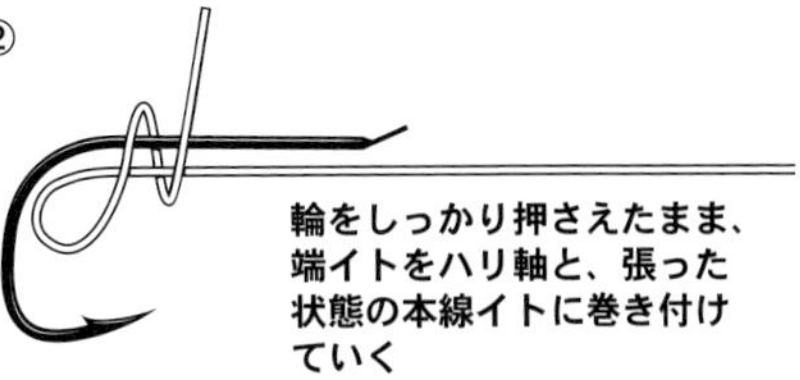

輪をしっかり押さえたまま、
端イトをハリ軸と、張った
状態の本線イトに巻き付け
ていく

③

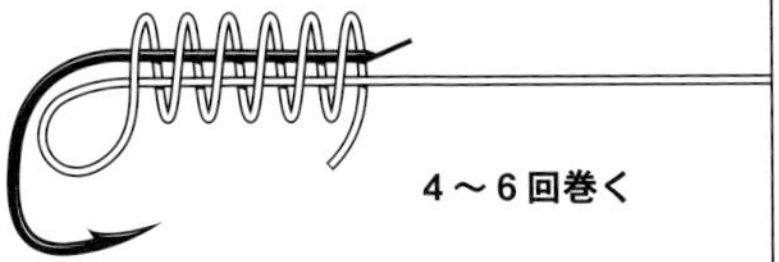

4～6回巻く

④

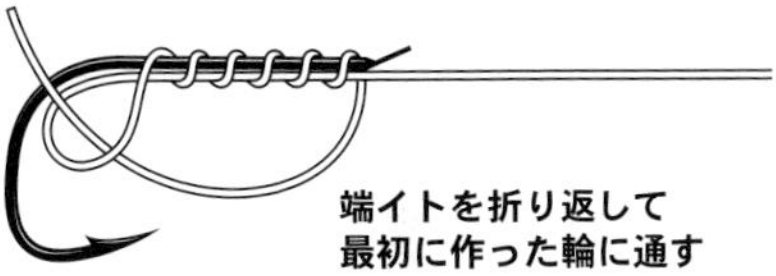

端イトを折り返して
最初に作った輪に通す

⑤

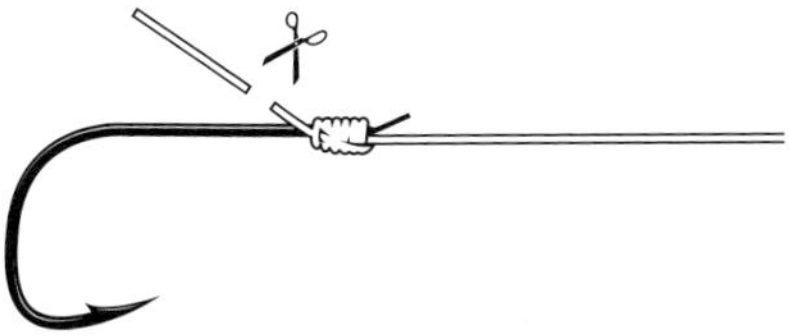

本線イトをゆっくり引き締め、
端イトも締めて仮止め。
本線イトがチモトの内側から
出るように調整して、しっか
りと締める。
余りをカットして完成

ハリを結ぶ② 内掛け結び

①

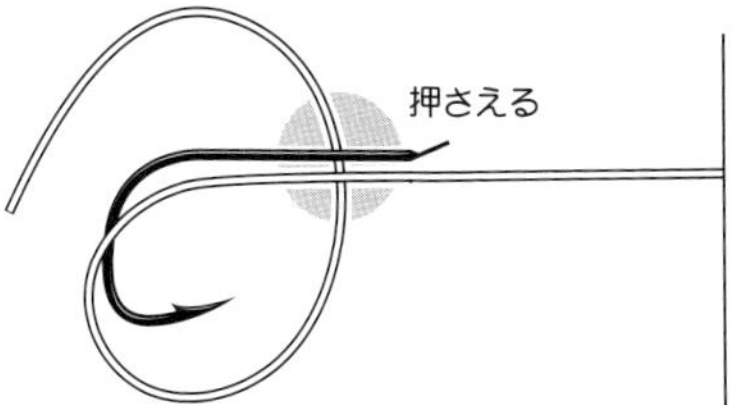

端イトで小さな輪を作り、ハリ軸の奥側へ。
チモトに近い部分を指でしっかり押さえる

②

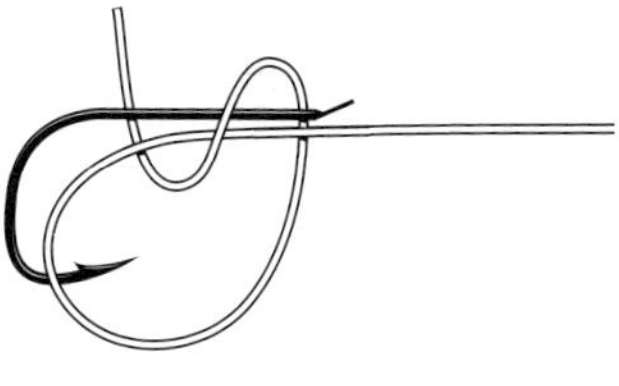

端イトを折り返して①の輪の中に通す

③

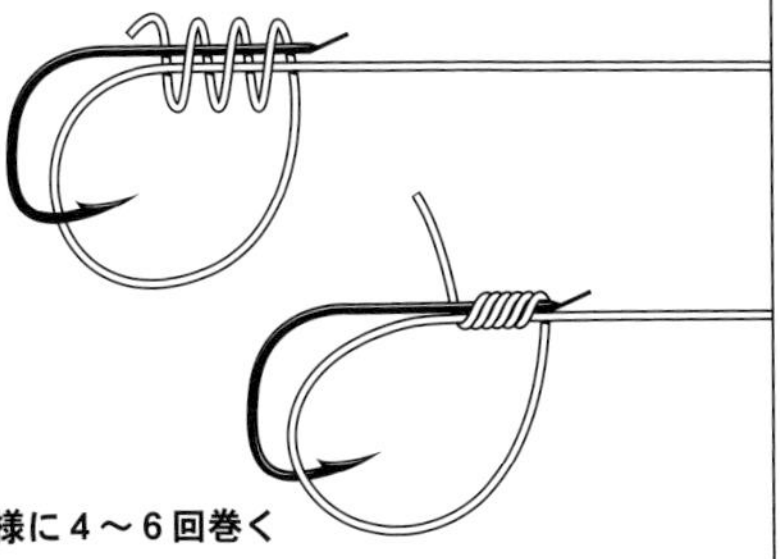

同様に4～6回巻く

④

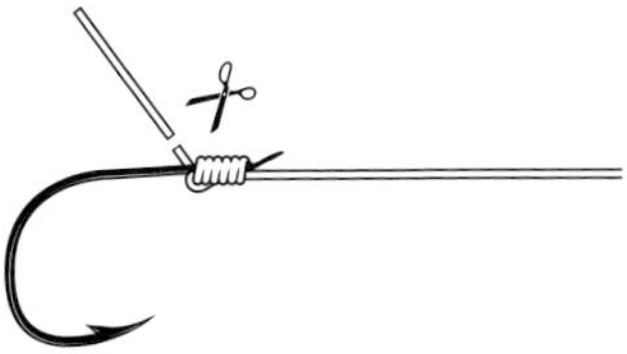

本線イトをゆっくり引き締めて仮止めする。
本線イトがハリ軸の内側から出ているのを
確認したら、改めてしっかり締め込む。
余りをカットして完成

ラインの結び方⑤　枝スの出し方と補修法

結び方以外にも現場での補修法を覚えておくと高価な仕掛けが無駄にならない

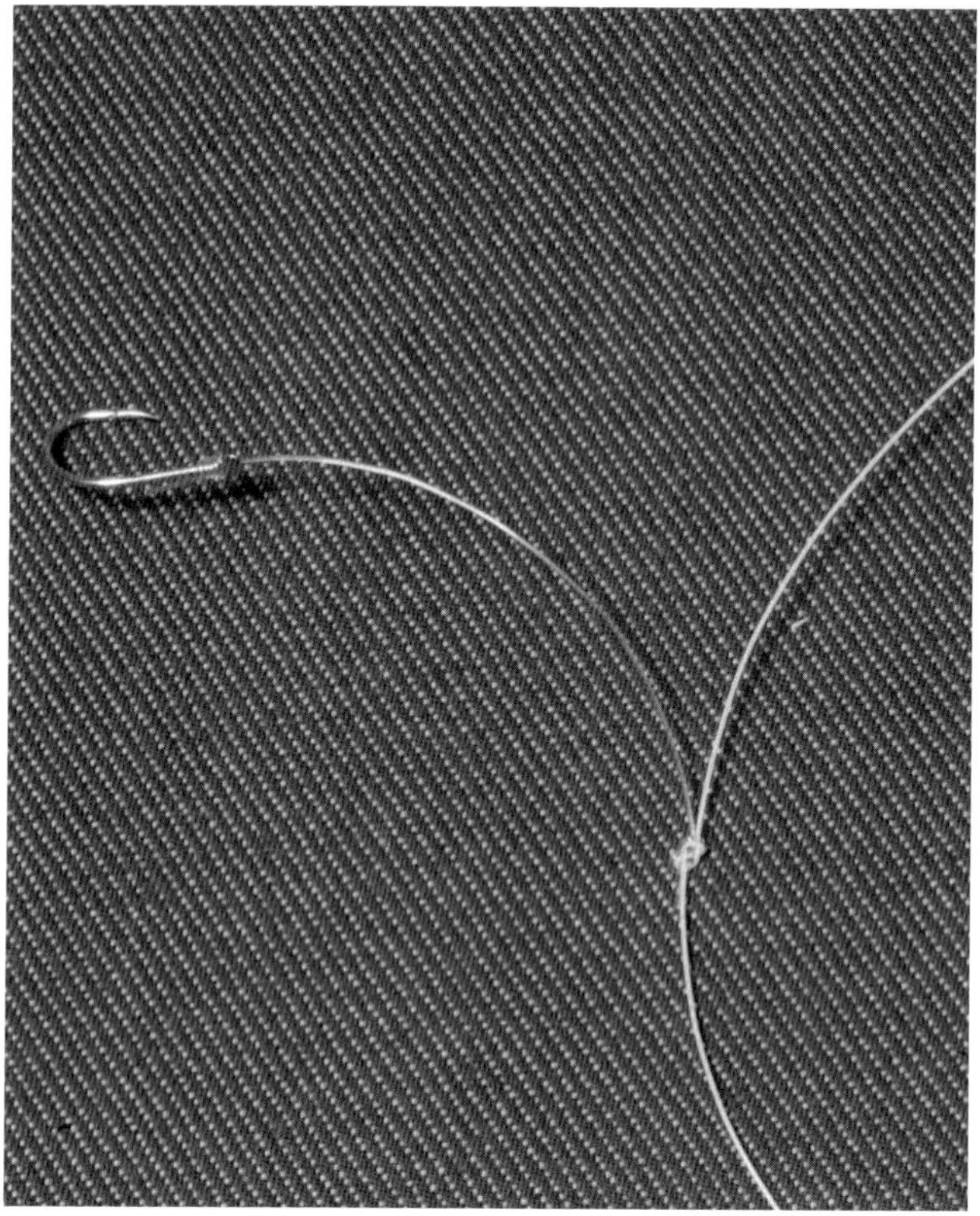

8の字結びで枝スを出した状態。枝スは絡みを防止するため上向きに出すのが基本となる。フロロカーボンやポリエステルなど張りのあるイトを使うとさらに絡みにくい

枝スの結びの必須要素は、まず「絡みにくいこと」。そして「モトスを不要に屈折させないこと」の2点だ。そのためには、枝スは必ず上向きに出すこと、モトスが屈折しない結び方をマスターすることだ。フロロカーボンやポリエステルなど張りのあるイトを使うと、さらに絡みは軽減できる。

ここでは一例として8の字結びによる枝ス結びを挙げたが、ユニノットもモトスが屈折しにくい結び方だ。

投げ釣りなど海底で仕掛けを引きずる釣りには根掛かりが付き物で、枝スが切れてしまうケースも往々にしてある。高価な市販仕掛けを使っている場合、モトスが切れるたびに新品と交換していては不経済だし、かといってハリ数が減ったままで釣りを続行するのも効率が悪い。

こんなときのために、イト付きバリを用いた補修法を覚えておくとよいだろう。せっかく購入した仕掛けなのだから最大限に働いていただこう。

枝スの出し方

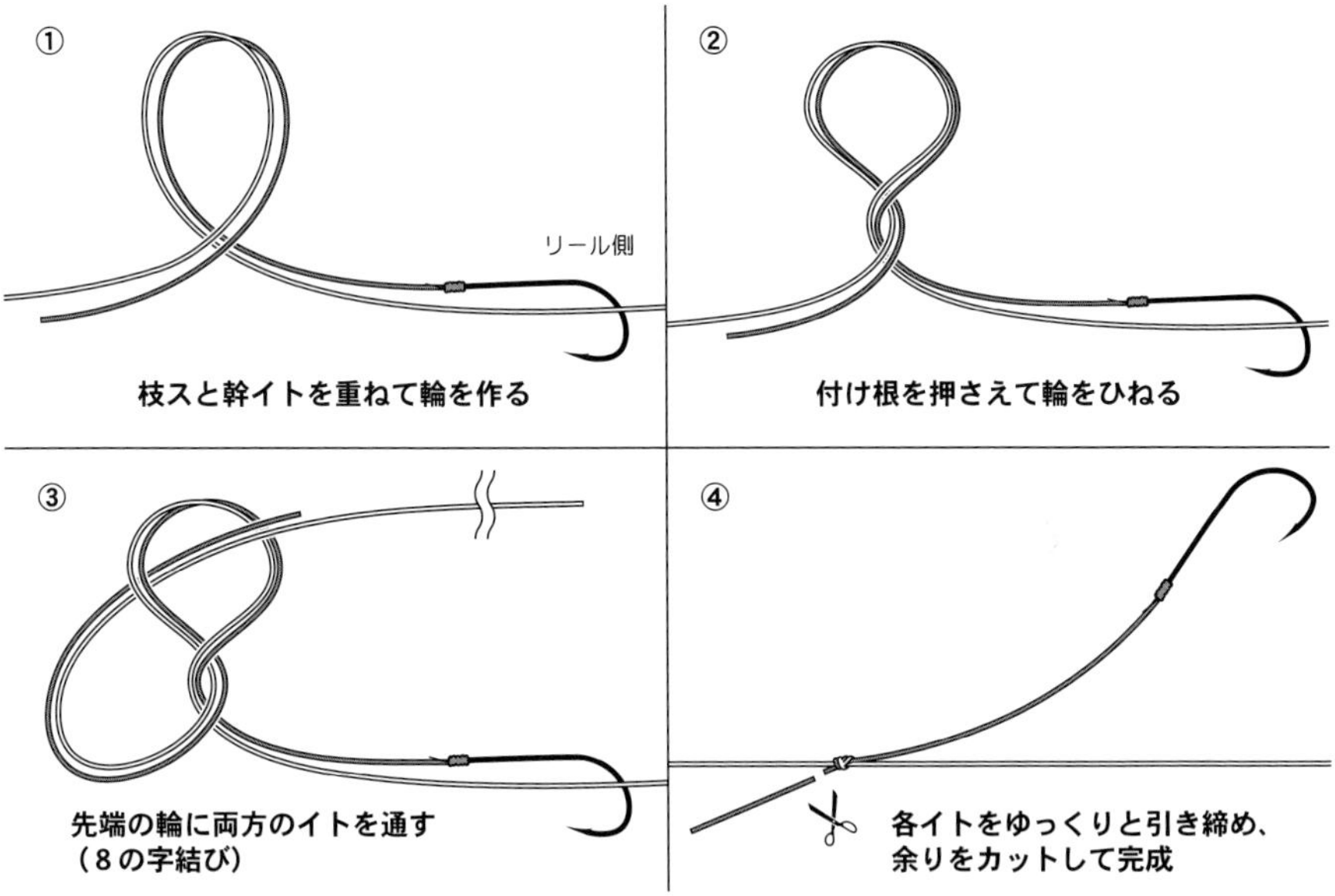
①
リール側
枝スと幹イトを重ねて輪を作る
②
付け根を押さえて輪をひねる
③
先端の輪に両方のイトを通す
（8の字結び）
④
各イトをゆっくりと引き締め、
余りをカットして完成

枝スの補修法

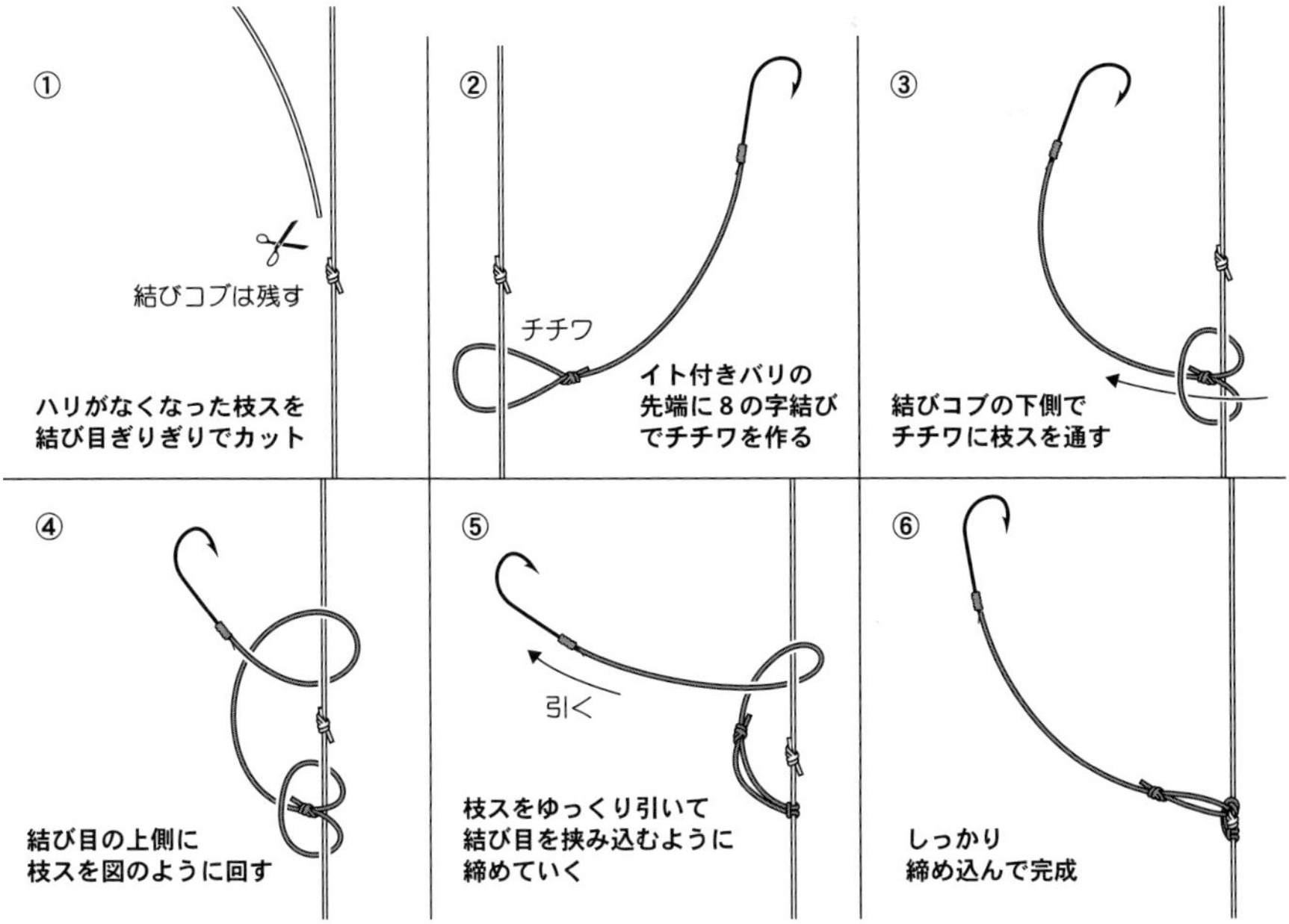
①
結びコブは残す
ハリがなくなった枝スを
結び目ぎりぎりでカット
②
チチワ
イト付きバリの
先端に8の字結び
でチチワを作る
③
結びコブの下側で
チチワに枝スを通す
④
結び目の上側に
枝スを図のように回す
⑤
引く
枝スをゆっくり引いて
結び目を挟み込むように
締めていく
⑥
しっかり
締め込んで完成

COLUMN 01

釣り場でのマナー

海はみんなの財産であり、身勝手な立ち居振舞いは許されない。誰もが釣りを楽しめるよう、以下に記す最低限のマナーとエチケットは心得ておこう

●立入禁止区域には入らない

SOLAS 条約の改正（海上テロ対策）以降、特に大きな港周りでは同条約改正による立入禁止区域が増えた。「海上テロ対策」とあるとおり、この区域内への立ち入りは厳に慎むこと。

●駐車禁止区域や迷惑になる場所へ駐車しない

漁師さんにとって港は仕事場であり、そこへ至る道路は生活道路である。自宅や職場の玄関前に車を停められる不快感を想像してほしい。

●釣り場では周囲の釣り人にひと声掛ける

混雑する釣り場ほど、オマツリなどの予期せぬトラブルが多いもの。「隣でサオをだしていいですか?」のひと言が束の間の人間関係を円滑にしてくれる。

●混雑している場所へ無理に割り込まない

自分の楽しみのために他人の楽しみを奪ってはいけない。

●後から来た釣り人は入れてあげる

ちょっと釣り座を詰める程度で入れるようなら、気持ちよく入ってもらおう。電車の7人掛けロングシートに6人で座るようなマネは慎みたい。

●何本もサオを並べて釣り座を独占しない

混雑している電車で、4人掛けボックスシートに荷物を置いて１人で座っている人を見たときの気持ちを思い出していただきたい。

●他人の釣りを邪魔しない

ウキ釣りの人が仕掛けを流しているコースに投げ釣り仕掛けを投入したり、他人の釣り座の前まで大きくイトフケを出すのは完全なマナー違反。釣り場で騒いだり大音量で音楽を鳴らすのも迷惑以外の何物でもない。

●オマツリしたら「すみません」のひと言を

わざと仕掛けを絡ませる人などいないが、ひと言謝罪しておき、仕掛けを切らなければほどけない場合は、オマツリさせた側が切るのがエチケット。ひと言もなく釣り座に割り込んでオマツリするなどは言語道断である。

●漁師さんの作業や船の航行を邪魔しない

自分の職場や駐車場から車を出す際に同じことをされたらどう思うか想像すれば、やってはいけないことくらい誰でもわかるはず。

●ゴミは必ず持ち帰る

釣り人以前に人間としての問題。公共のスペースを無神経に汚す輩にレジャーを楽しむ資格はない。

●釣り座を汚しっぱなしにしない

寄せエサなどで汚れた釣り座は、納竿時に海水で洗い流しておく。とりわけアミなどは放置すると異臭を放つ。明日、この場所でサオをだす人の気持ちを考えること。

3章

サビキ釣り

市販の完成仕掛けを使い、手軽な道具立てで楽しめるサビキ釣りは、
数ある釣り方のなかでも最も入門しやすい釣りの1つ。
エサ付けの必要がなく、小さな子供やタックルの扱いに不慣れな女性でも
簡単に魚が釣れるので、ファミリーやカップルで楽しむのに最適だ。
大きな群れが回ってくれば、多点バリにズラリと魚が掛かる快感も味わえる。

サビキ釣りってどんな釣り？

エサ付けが不要の手軽な釣り 小型魚の数釣りに向く釣り方だ

1投で多点掛けを楽しめるのがサビキ釣りの魅力

サビキ釣りとは、海中で撒《ま》いた寄せエサの中に甲殻類や小魚を模した擬似餌を紛れ込ませ、アジやイワシ、サバといった魚を釣る方法だ。仕掛けには擬似餌が6〜8本付いており、1回の投入で複数の魚を釣ることが可能。「1投多魚」という釣りの性格から、基本的に小型魚の数釣りに向く釣り方と考えてよいだろう。

仕掛けは完成品が市販されており、これをミチイトにつなぐだけで釣りを始められる。エサをハリに付ける必要がないので、小さな子供や女性でも親しみやすく、数ある釣りの中でも手軽さはトップクラスだ。

手軽といえども、大きな群れが回ってきたときの爆発力はすごいものがある。コマセカゴに寄せエサを詰めるだけですぐ次の投入に移れるので、手返しよく数を伸ばせる。多点バリにパーフェクトの状態が続けば、束釣り（100尾超えの釣果）も決して夢ではない。

サビキ釣りの特徴

1投でたくさんの魚を釣ることが可能。小型魚の数釣りに向く
寄せエサに集まってきた魚を擬似餌（バケ）で食わせるのでエサ付けが不要
ミチイトの先に市販仕掛けをつなぐだけで、セッティングが簡単

喰いが違う!
OWNER
仕掛けは完成品が市販されているので難しい結びは一切不要。パッケージから出してスナップでミチイトと結節すれば、すぐに釣りを始められる

寄せエサは冷凍のアミを解凍して使用する。小さな甲殻類や小魚を模した擬餌バリを食わせるため、付けエサは使用しない

サビキ釣りの対象魚と釣期の目安

	1月	2月	3月	4月	5月	6月	7月	8月	9月	10月	11月	12月
アジ	釣れる				釣れる	よく釣れる	よく釣れる	よく釣れる	よく釣れる	よく釣れる	釣れる	釣れる
イワシ	釣れる		釣れる	釣れる	釣れる	釣れる	釣れる	釣れる	釣れる	釣れる	釣れる	釣れる
サバ					釣れる	よく釣れる	よく釣れる	よく釣れる	よく釣れる	釣れる	釣れる	

■ よく釣れる　■ 釣れる

●対象魚

代表的なターゲットは、アジ、イワシ、サバ、サッパあたりで、仕掛けを太くすればワカシやイナダ、ソウダガツオといった小型回遊魚もねらえる。

●エサ

付けエサを使わない釣りなので、用意するのは寄せエサのみでOK。寄せエサにはアミを使うのが一般的だ。

通常、アミは冷凍された状態で市販されており、これを完全に解凍してから使う。冷凍ブロックには1kg、2kg、4kgなどの大きさがあり、のんびりと半日程度サオをだすのであれば、2kgもあれば事足りるだろう。

寒い時期は解けるまでに時間が掛かるが、アミは町中の大型釣具店でも扱っているので前夜に購入して出発までに解かしておくか、釣行先が決まっているのであれば、現地のエサ店に解凍をお願いしておくとよいだろう。常温保存タイプのパック入りコマセもあるが、魚の寄りは生アミに一歩譲る。

サビキ釣りのタックル

サオは2号5・3m前後の磯ザオがおすすめ
リールは安価でも信頼のおけるメーカー品を!

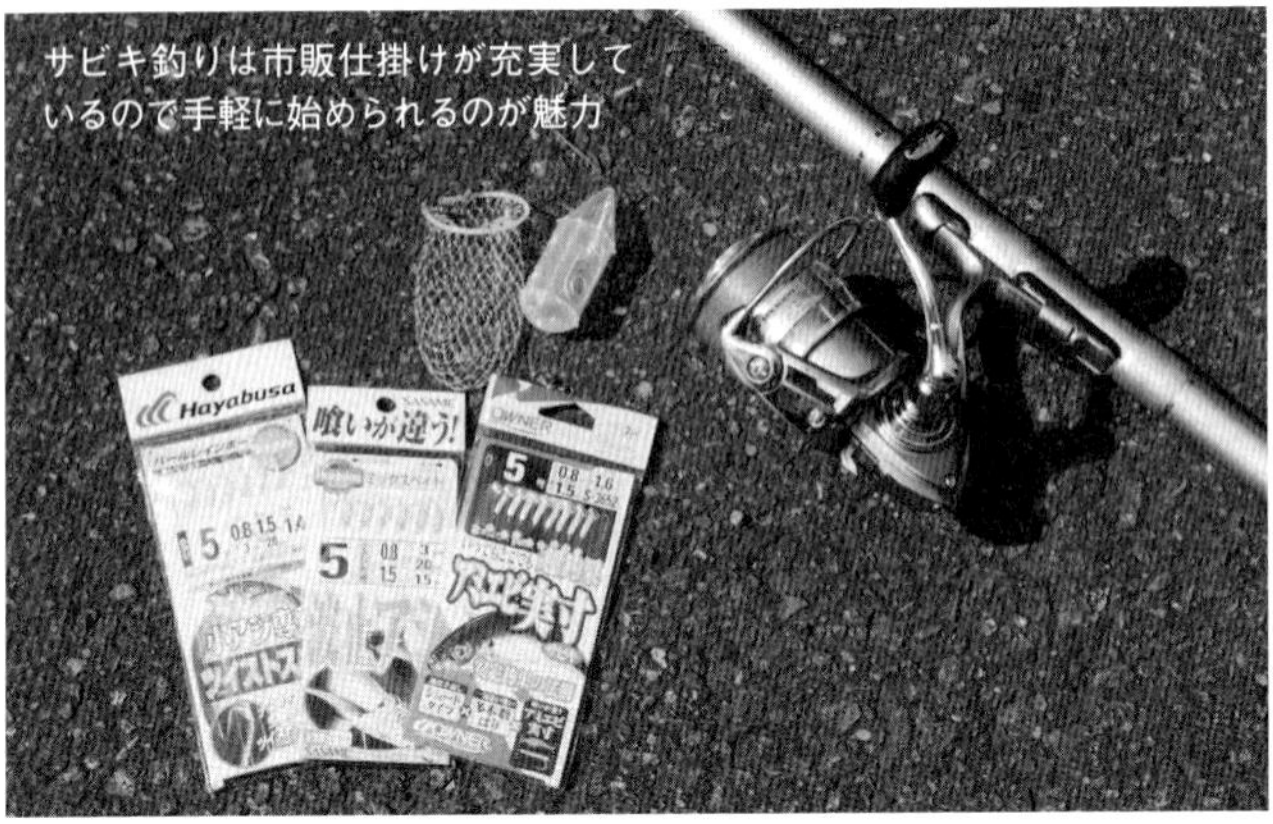

サビキ釣りは市販仕掛けが充実しているので手軽に始められるのが魅力

サビキ釣りは市販仕掛けが充実しているので、このほかに、サオ、リール、コマセカゴ、オモリ程度を揃えればよい。

●サオ

3〜5号のオモリをぶら下げることができるものなら、ワゴンセールのコンパクトロッドや3〜4mの万能ザオでも充分。水深のない釣り場ならば、穂先のしっかりしたノベザオでも釣りになる。

しかし、足場が出っ張った場所や堤壁に長い海藻が付いている場所では、その先に仕掛けを下ろさなくてはならないので、できれば2号5・3mクラスの磯ザオを用意したいところだ。これだけのサオがあれば、ウキを付けて仕掛けを遠投するウキサビキや、釣れたアジをエサにした泳がせ釣り、アオリイカのウキ釣りやヤエン釣法にも流用できる。

●リール

ナイロン3号を150mほど巻ける小型スピニングリールが使いやすい。足下だけをねらうのであれば、小型両軸リールでも構わない。

サビキ釣りは手軽な釣りゆえに、コンパクトロッドとセットで売られているような激安品を使っている人が目立つが、可能であればエントリークラスでも構わないのでアフターフォローのしっかりしたメーカー品の購入をおすすめする。セット物は確かに買いやすいが、ベールなどの可動部分が弱く、ちょっと負担が掛かっただけで簡単に壊れてしまうものも少なくない。その点メーカー品は安価でも丈夫に造られており、修理も利くので安心だ。

ミチイトは、ナイロン2〜3号が標準。状況に合わせてウキサビキに切り換えることも想定するなら、3〜4号を巻いておきたい。

基本仕掛け図

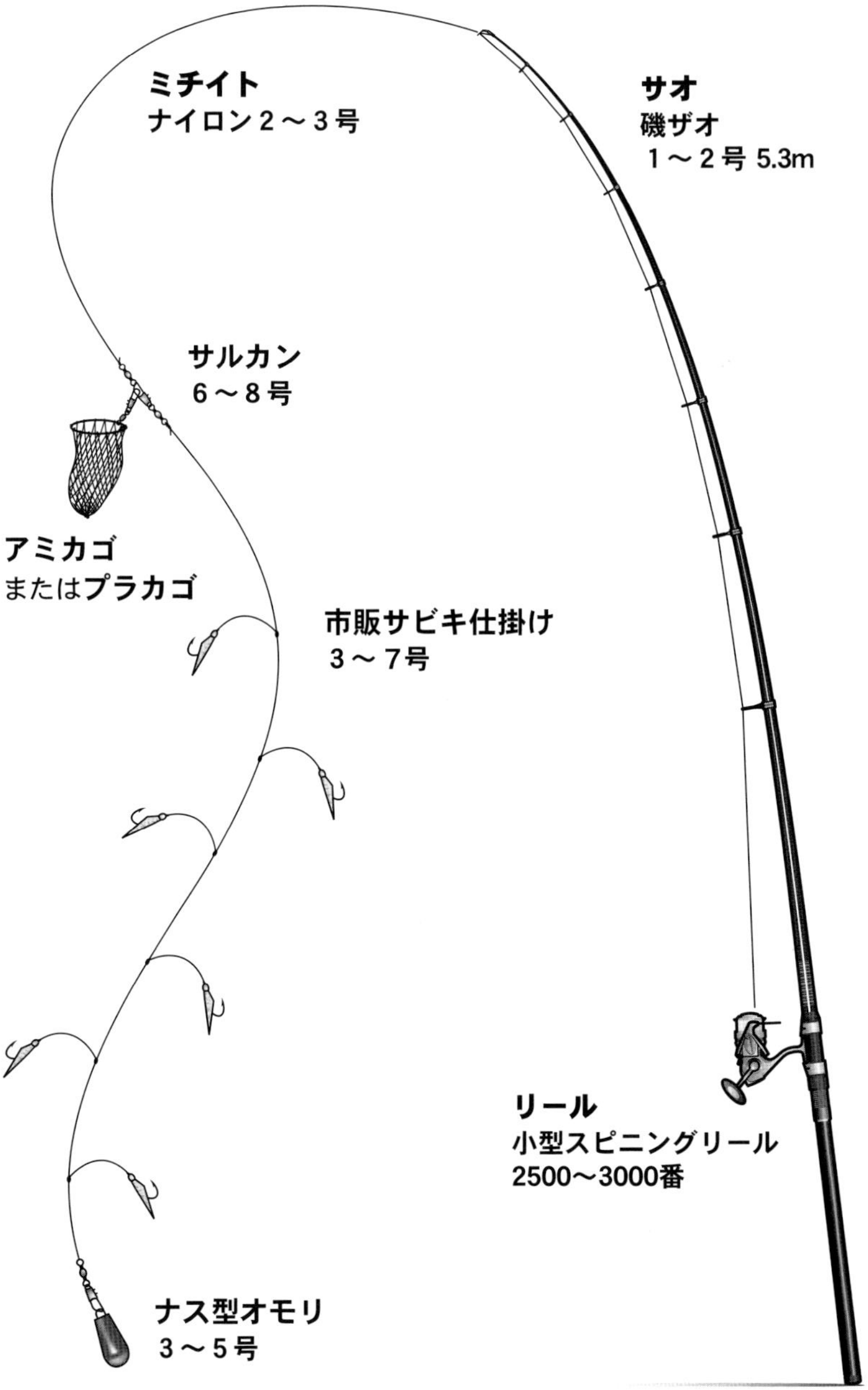
ミチイト
ナイロン2～3号
サオ
磯ザオ
1～2号 5.3m
サルカン
6～8号
アミカゴ
またはプラカゴ
市販サビキ仕掛け
3～7号
リール
小型スピニングリール
2500～3000番
ナス型オモリ
3～5号

DVD収録

仕掛けの概要

サビキのバケは素材とカラーの選択がキモ
ベストなバケは現地の釣具店に尋ねるのが一番だ

サビキ仕掛けのバケは釣果を左右する重要な部分。現地の釣具店などで聞いて実績のあるものを選ぶようにしたい

サビキ釣りの仕掛けは「コマセカゴ」「バケ」の2パートに分けることができ、それぞれにいくつかの選択肢がある。

●コマセカゴ

寄せエサを詰めてねらいのタナに利かせる道具で、「アミカゴ」「下カゴ」「プラカゴ」の3種類がある。それぞれ特性はあるが、一般的な足下をねらう釣りだけで考えれば安価なアミカゴで充分だ。

アミカゴは寄せエサの出がやや遅いのが特徴。沈下中は口が下を向いており、この時点ではあまり寄せエサは出ないが、仕掛けの沈みが止まると上を向き、ここでサオをシャクって網を振ると寄せエサが出る。

アミカゴに限らず、寄せエサは8分目程度に詰めるのがコツ。欲張って詰めすぎても結果的に出てくれない。寄せエサの出が悪いと感じたら、ハサミで網目をいくつか切ってやるとよい。

●バケ

サビキ仕掛けのバケはエサに相当する部分で、これの選び方いかんによって釣果が左右される重要なパートだ。現在、バケには「魚皮」「スキン」「ウイリー」「フラッシャー」などの素材があり、それぞれに数多くのカラーバリエーションがある。

この中から食いのよいバケをチョイスするわけだが、日中は魚皮やピンク&赤系のスキン、マヅメや夜釣りでは蛍光グリーン系などが有効という一応の傾向はあるものの、これが絶対というパターンは存在しない。

最も確実なのは、現地の釣具店で実績のある「当たりバケ」を尋ねることだ。四季や時間帯による傾向を熟知した人から得た情報ほど頼りになるものはない。

コマセカゴのいろいろ

コマセカゴには「アミカゴ」「下カゴ」「プラカゴ」の3タイプがある。それぞれに特徴はあるが、寄せエサはカゴへの詰め方によって出具合を調整できるので、実際に使い比べて自分に合ったものを選択するのがベストだ。足下に仕掛けを下ろすだけならばアミカゴタイプが最もスタンダードである。

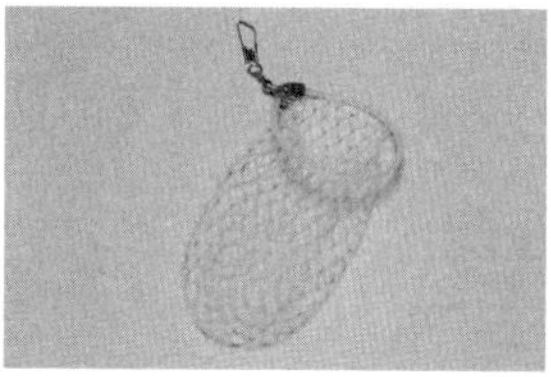

【アミカゴ】
関東圏でごく一般的に使われているタイプ。寄せエサの出は遅めで、深ダナでもしっかり利かせることが可能

【下カゴ】
関西の釣り場でよく見かけるタイプ。口が上を向いているため寄せエサの出が早く、浅ダナの釣りに適している

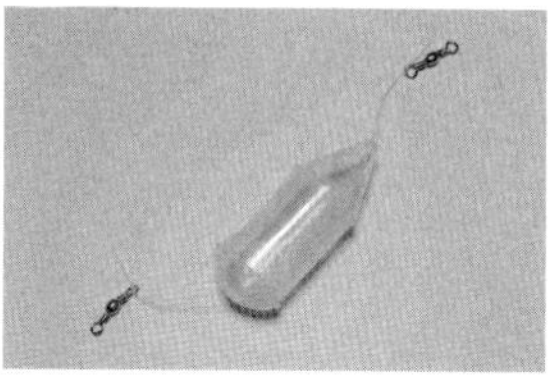

【プラカゴ】
キャストする際に寄せエサの汁が飛び散りにくいので、ウキサビキに向いているタイプ

バケのいろいろ

ひと口にバケといっても魚から見ればあくまでもエサなので、バケの選択は釣果に直結する重要な要素であることはいうまでもない。バケの素材やカラーはさまざま。日中は魚皮やピンクのスキン、夜釣りや朝夕のマヅメはオーロラタイプや蛍光グリーンがよいとの話も聞くが、実際にバケを選んで口にするのは魚であり、これが絶対というパターンはない。したがって、いくつかの種類を持ち歩き、魚の反応を見ながらローテーションするのがおすすめだ。ただ、地域によってよく食うバケは存在するようである。現地の釣具店に立ち寄ったならば、エサを仕入れるついでに実績のあるバケを教えてもらうのも手だ。

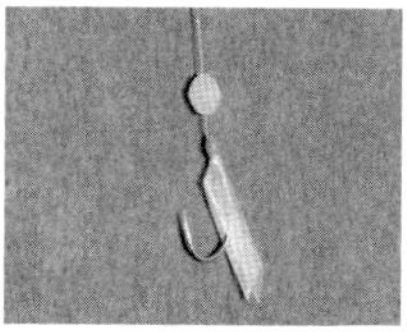

【魚皮バケ】
バケ素材の定番で、サバ皮、ハゲ皮、ボラ皮などの種類がある。天然素材ならではのナチュラルな光沢が魚を誘う

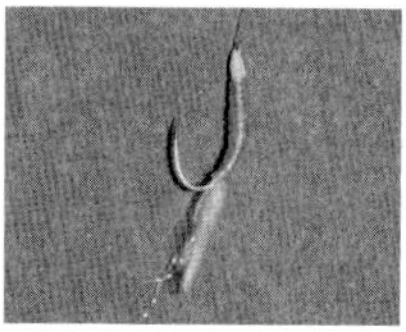

【スキンバケ】
薄いゴムの皮膜を巻き付けたタイプ。ピンク系やグリーン系、ホワイト系のほか夜釣りで有効な蓄光タイプもある

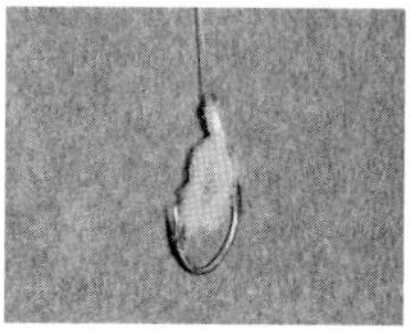

【ウイリーバケ】
柔らかい毛糸状の化繊を巻いたもの。口当たりがよく、トリック仕掛けのようにアミをハリに絡めても効果がある

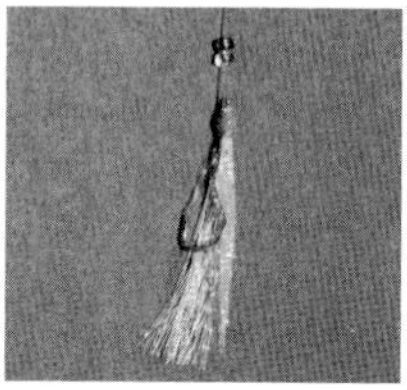

【フラッシャーバケ】
派手な化学繊維でアピール度は満点。カマス用サビキの定番だが、魚皮やスキンと合わせた複合バケもある

必要な小物類

【ナス型オモリ】
3～5号が標準。水深のある場所や魚が大きく仕掛けが絡んでしまう場合は、やや重めのものを使うとよい

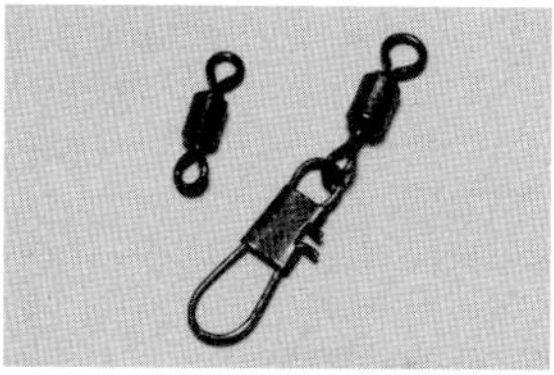

【サルカン＆スナップサルカン】
大概は市販仕掛けに結ばれているが、ミチイトとの結節や根掛かりで切れた場合を考えて用意しておくと心強い

【ウキ止メ糸】
ウキサビキに切り換える場合に必要となる。滑りや緩みの少ないウキ止め専用糸が安心だ

サビキ釣りの周辺アイテム

寄せエサ関連グッズとクーラーボックスは必需品
釣り座周りはスッキリと機能的に！

サオ1本で手軽に楽しめるサビキ釣りだが、寄せエサを使うため周辺グッズはかなり多めである。また、アジをはじめとするサビキ釣りのターゲットは暑い時期に盛期を迎えるものが多く、エサの管理や自分自身の食べ物をストックしておくクーラーボックスも必需品といえるだろう。

アジ、サバ、イワシなどは群れで回遊する魚だ。したがって一日中ダラダラと釣れ続けるわけではなく、群れが寄った短時間にバタバタッと釣れるパターンがほとんど。このわずかな時合に効率よく数を伸ばすためには、手返しを早くし、仕掛けを上げている時間をいかに短縮するかにかかっているといってもよい。

したがって、あらゆる作業をスムーズに行なえるよう、釣り座周りはスッキリと機能的にまとめておくのに越したことはない。そんな釣り座作りにおすすめのアイテムが「サオ掛け」だ。釣りをするにあたって特に必要なもの

周辺グッズのいろいろ

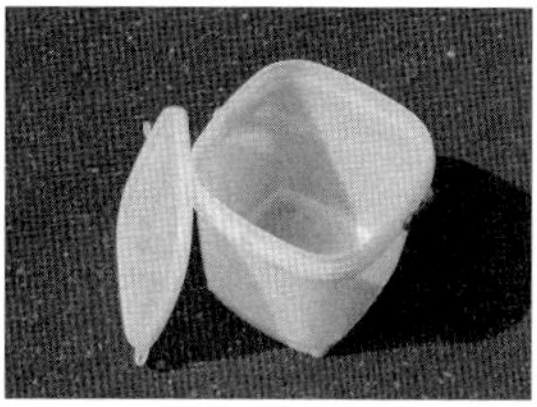

【コマセバケツ】
寄せエサをストックしておくためのもの。解凍したアミはかなりの臭気を放つので密閉式プラバケツも使いやすい

【ザル】
アミから出た汁を切るのに重宝する。100均ショップのキッチン用品にも使えそうな製品がある

【クーラーボックス】
アジのシーズンは夏。炎天下で寄せエサや食料を管理するためにもクーラーボックスは必需品だ。堤防の釣りではキャスター付きのものがあると楽

【サオ掛け】
サビキ釣りでは寄せエサの詰め替えなど両手を空けたい場面がある。クーラーに取り付けられるサオ掛けがあると便利

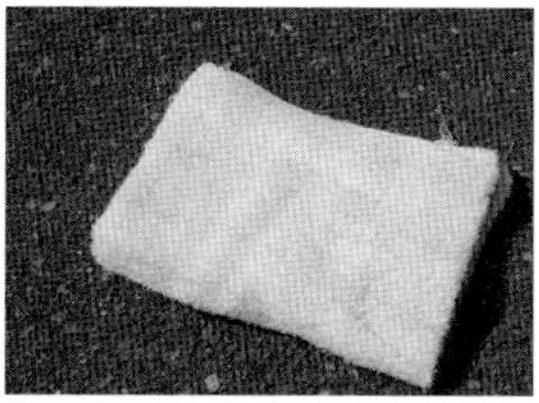

【手ふきタオル】
寄せエサを扱うサビキ釣りは手が汚れる釣り。手ふきタオルはマストアイテムの1つだ

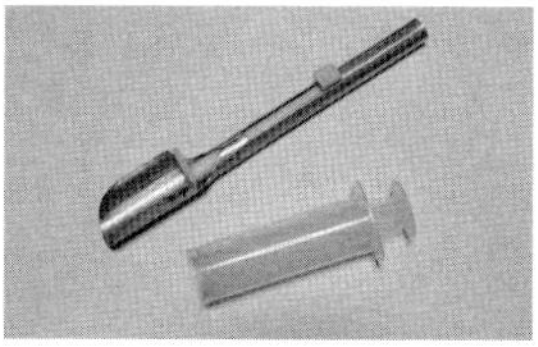

【コマセスコップ】
寄せエサをカゴに詰める際に使う。金属製スコップのほか、手が汚れないポンプ式のものも出回っている

ではないが、寄せエサの詰め替えや多点バリに掛かった魚を外すなど、片手では行なえない作業が多いサビキ釣りにあって、両手が自由になるメリットはことのほか大きい。

最近はクーラーボックスに取り付けられるコンパクトなサオ掛けも出回っており、ぜひとも活用していただきたい便利なアイテムである。

釣り座周りを機能的にまとめておくと手返しがスムーズになり貴重な時合を無駄にしない（右頁写真とも）

DVD収録

釣り方の流れ

手返しとタナ取りが重要 釣れている人がいたら徹底的に真似しよう

サビキ釣りのポイント

サビキ釣りは足下に仕掛けを垂らす釣りなので、釣り座はまっすぐに切り立った場所に取るのが鉄則だ。テトラ帯や石積み護岸はサオをだしづらい。サビキ釣りのターゲットは小さくても回遊魚であるため、堤防の先端など潮の動きがよい場所はポイントとして最良だ。夜間などは港内の常夜灯周りもねらい目。沖の潮目をねらいたい場合は、ウキサビキ仕掛けにチェンジしよう。

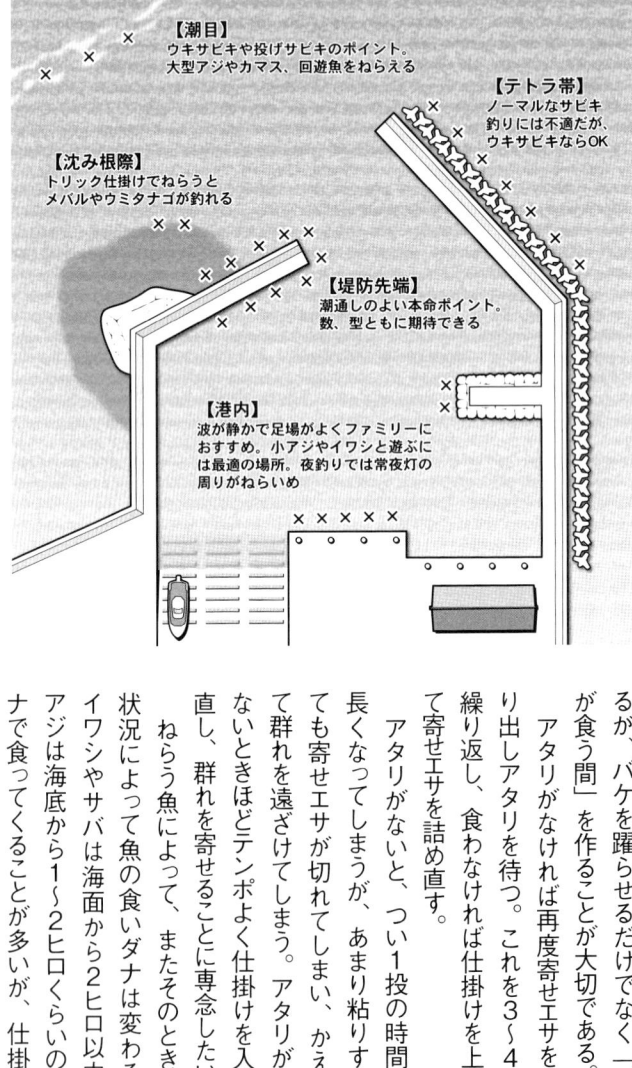

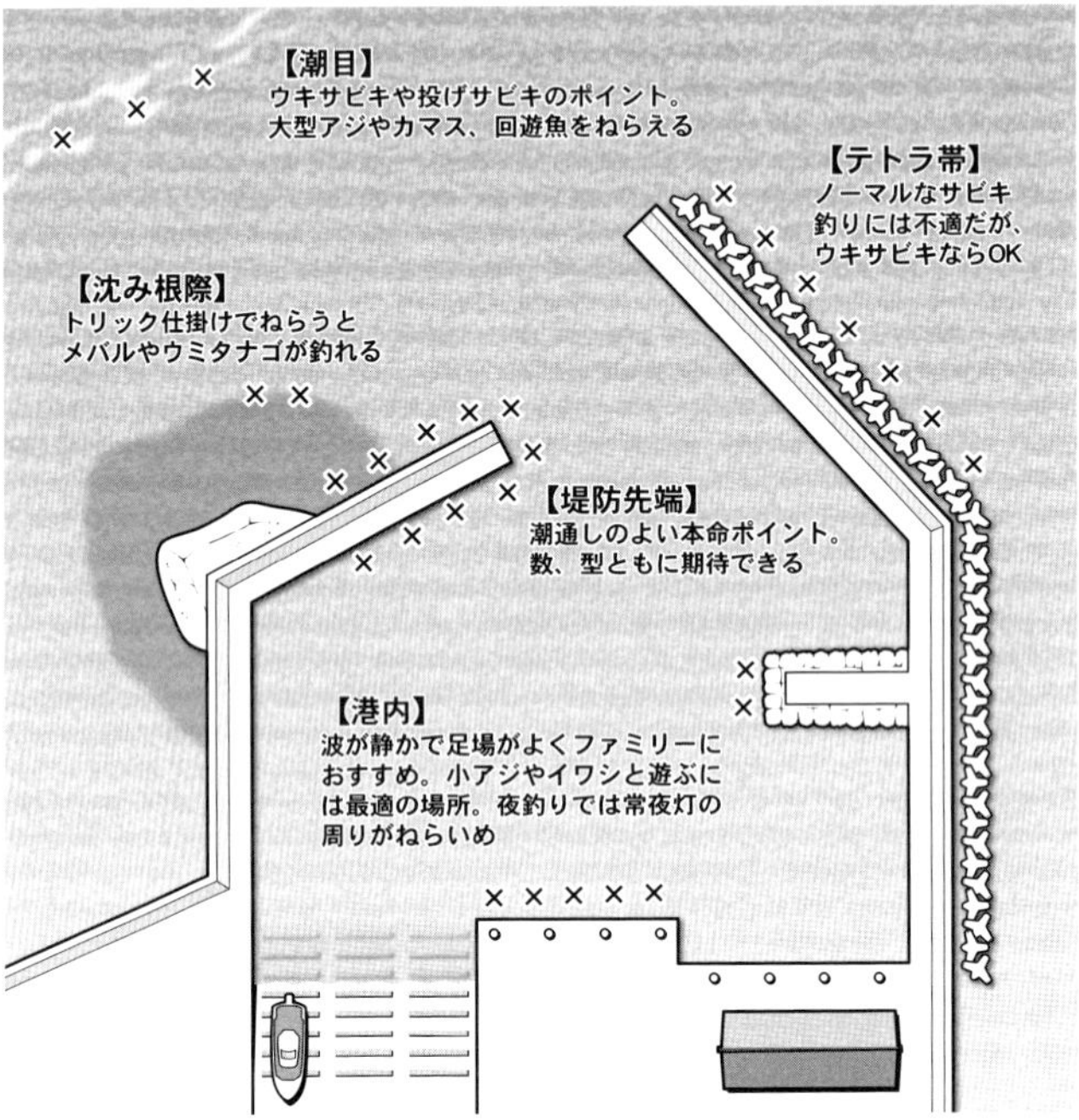
【潮目】
ウキサビキや投げサビキのポイント。
大型アジやカマス、回遊魚をねらえる
【テトラ帯】
ノーマルなサビキ
釣りには不適だが、
ウキサビキならOK
【沈み根際】
トリック仕掛けでねらうと
メバルやウミタナゴが釣れる
【堤防先端】
潮通しのよい本命ポイント。
数、型ともに期待できる
【港内】
波が静かで足場がよくファミリーに
おすすめ。小アジやイワシと遊ぶに
は最適の場所。夜釣りでは常夜灯の
周りがねらいめ

サビキ釣りの手順は、コマセカゴに寄せエサを詰め、ねらいのタナへ仕掛けを下ろす。そこでサオをあおって寄せエサを振り出し、その中へバケを同調させて10～20秒ほどアタリを待つ。絶えずサオをしゃくっている人を見かけるが、バケを躍らせるだけでなく「魚が食う間」を作ることが大切である。

アタリがなければ再度寄せエサを振り出しアタリを待つ。これを3～4回繰り返し、食わなければ仕掛けを上げて寄せエサを詰め直す。

アタリがないと、つい1投の時間が長くなってしまうが、あまり粘りすぎても寄せエサが切れてしまい、かえって群れを遠ざけてしまう。アタリが少ないときほどテンポよく仕掛けを入れ直し、群れを寄せることに専念したい。

ねらう魚によって、またそのときの状況によって魚の食いダナは変わる。イワシやサバは海面から2ヒロ以内、アジは海底から1～2ヒロくらいのタナで食ってくることが多いが、仕掛け

基本的な釣りの流れ

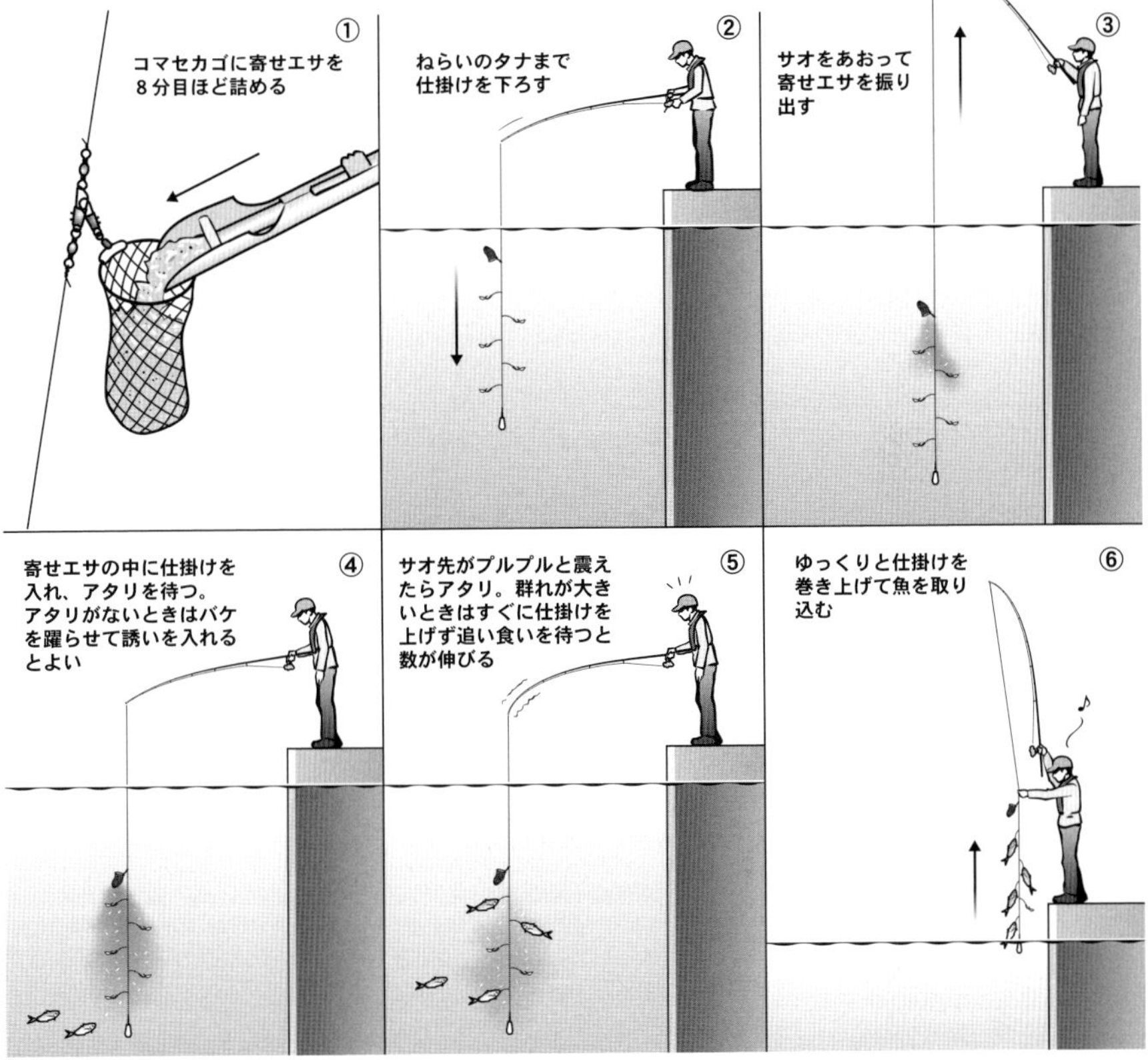
①
コマセカゴに寄せエサを
8分目ほど詰める
②
ねらいのタナまで
仕掛けを下ろす
③
サオをあおって
寄せエサを振り
出す
④
寄せエサの中に仕掛けを
入れ、アタリを待つ。
アタリがないときはバケ
を躍らせて誘いを入れる
とよい
⑤
サオ先がプルプルと震え
たらアタリ。群れが大き
いときはすぐに仕掛けを
上げず追い食いを待つと
数が伸びる
⑥
ゆっくりと仕掛けを
巻き上げて魚を取り
込む

の下バリに食ってきたならやや深く、上バリに食ってきたらやや浅くといったように、マメにタナを取り直すことが重要だ。

周りによく釣る人がいたなら、タナやバケは徹底的に真似しよう。食いダナをつかんだら、アタリがあってもすぐに仕掛けを上げず、追い食いを待つと数が伸びる。

群れが寄ればこのとおり。アタリがないときは不要に粘らず、手返しを早くして寄せエサを利かそう

アジ、イワシ、サバほか

魚種別仕掛け① トリック仕掛け

カラバリにアミをこすり付ける「生エササビキ」

基本仕掛け図

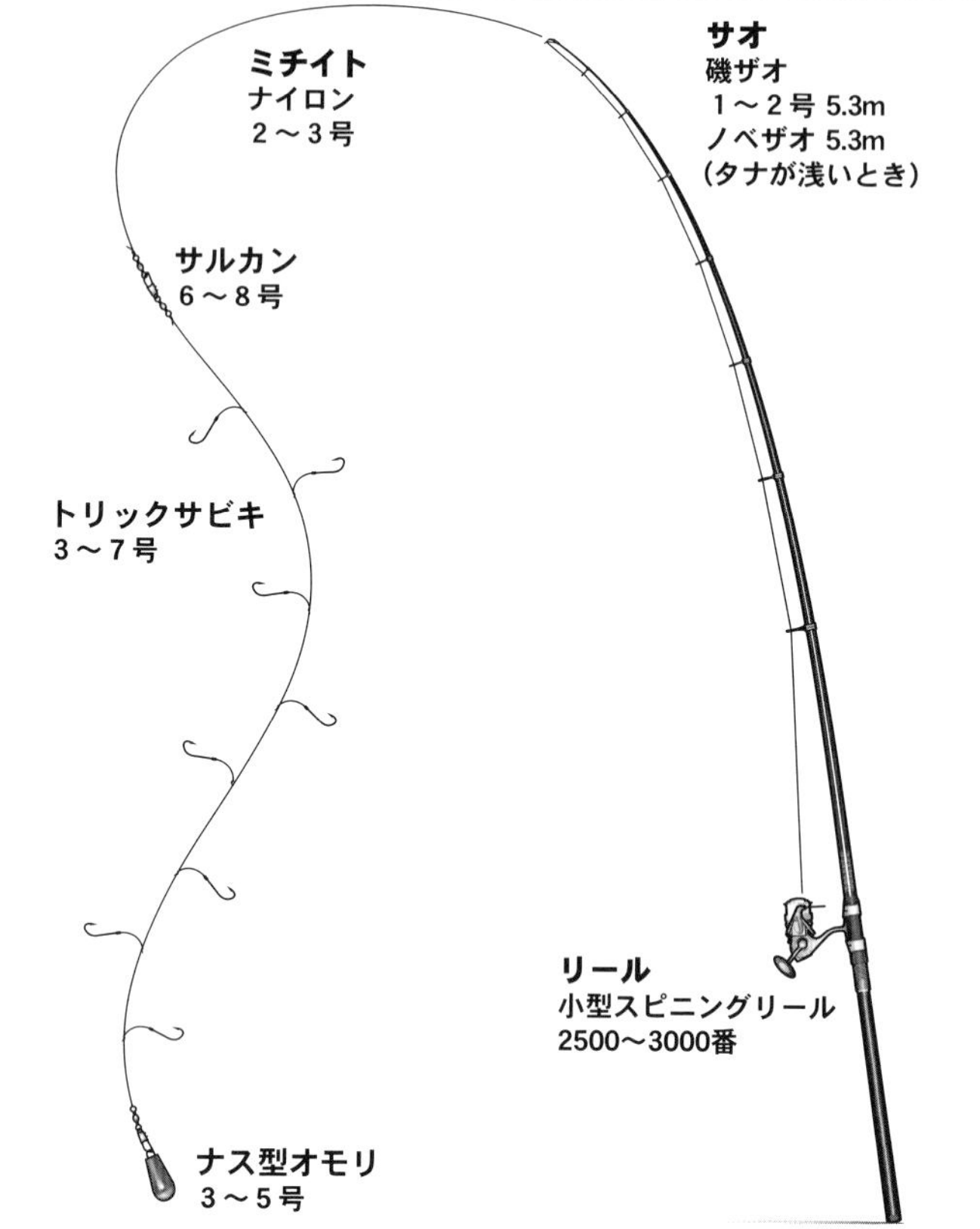
サオ
磯ザオ
1～2号 5.3m
ノベザオ 5.3m
(タナが浅いとき)
ミチイト
ナイロン
2～3号
サルカン
6～8号
トリックサビキ
3～7号
リール
小型スピニングリール
2500～3000番
ナス型オモリ
3～5号

トリック仕掛けとは、バケの類が付いていないカラバリサビキのことで、ハリにアミをこすり付けることにより魚を食わせる仕組みだ。ハリに絡んだアミが寄せエサと付けエサを兼ねるので、「生エササビキ」と解釈することができるだろう。

この仕掛けのメリットは、生エサで食わせるためにバケには反応しない魚までねらえること。2号、3号といった小バリ仕掛けもあるので、小ものねらいや食い渋りにも強い。

●対象魚

アジ、サバ、イワシ、サッパ、メバル、ウミタナゴ、小メジナなど。

●エサ

アミを完全解凍して使用する。

●釣り方

まず、片手でサオを持ち、もう片方の手でオモリをつまんで仕掛けをピンと張った状態にする。次に、アミを固めて置いた中で仕掛けを往復させ、ハリにアミをこすり付ける。これでエサ

トリック仕掛けの釣り方手順

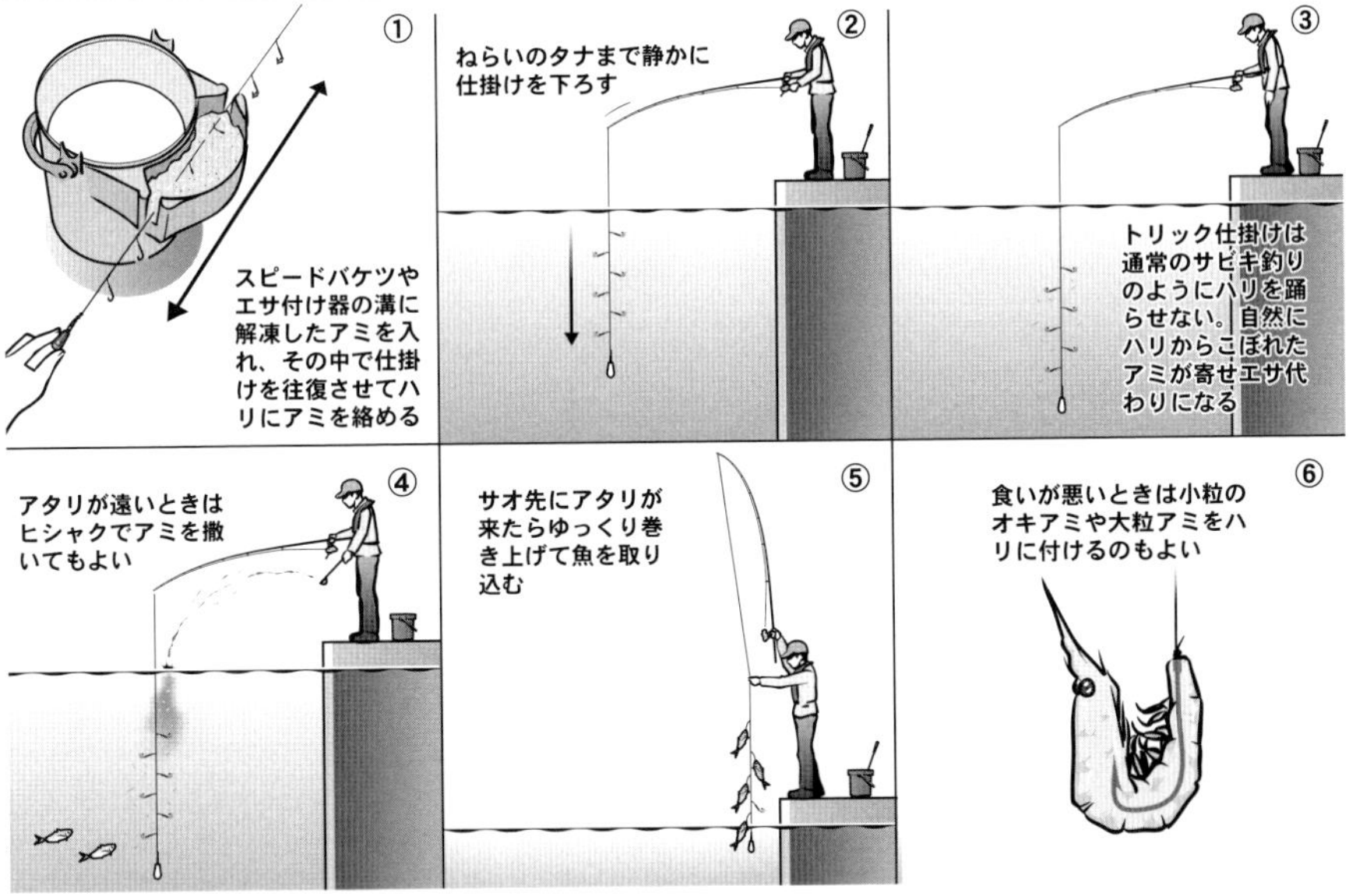
①
スピードバケツやエサ付け器の溝に解凍したアミを入れ、その中で仕掛けを往復させてハリにアミを絡める
②
ねらいのタナまで静かに仕掛けを下ろす
③
トリック仕掛けは通常のサビキ釣りのようにハリを踊らせない。自然にハリからこぼれたアミが寄せエサ代わりになる
④
アタリが遠いときはヒシャクでアミを撒いてもよい
⑤
サオ先にアタリが来たらゆっくり巻き上げて魚を取り込む
⑥
食いが悪いときは小粒のオキアミや大粒アミをハリに付けるのもよい

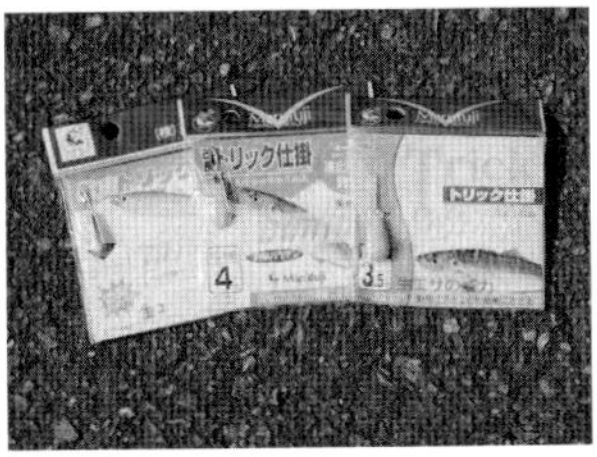
トリック仕掛

トリック仕掛けのいろいろ。バケの類は一切付いていない

トリック仕掛けを使う際は「スピードバケツ」を使うとスピーディーにエサ付けを行える

付けは完了。

エサ付けが終わったらオモリをつまんだ手を放し、そっと足下へ仕掛けを下ろす。ねらいのタナまで下ろしたら仕掛けを止め、アタリを待つ。もう少し寄せエサの量が欲しいときは、ヒシャクで撒くとよい。

このとき注意したいのは、通常のサビキ仕掛けのようにサオをシャクらないことだ。トリック仕掛けはハリから自然にこぼれ落ちたアミが寄せエサとなり、ハリに残ったアミが食わせエサとなる。勢いよくサオをシャクってしまうと、ハリからすべてのアミが外れてしまう。

エサ付けの際は、アミを置くエサ付け部分に仕掛けを往復させるためのスリットが入った「スピードバケツ」や、カラバリ仕掛け専用のエサ付け器があると便利だ。

トリック仕掛けは釣り座周りが寄せエサで汚れやすいので、納竿時は必ず海水で洗い流すのがマナーである。

DVD収録

アジ、イワシ、サバほか

魚種別仕掛け② ウキサビキ

遠投で沖の群れを直撃する

基本仕掛け図

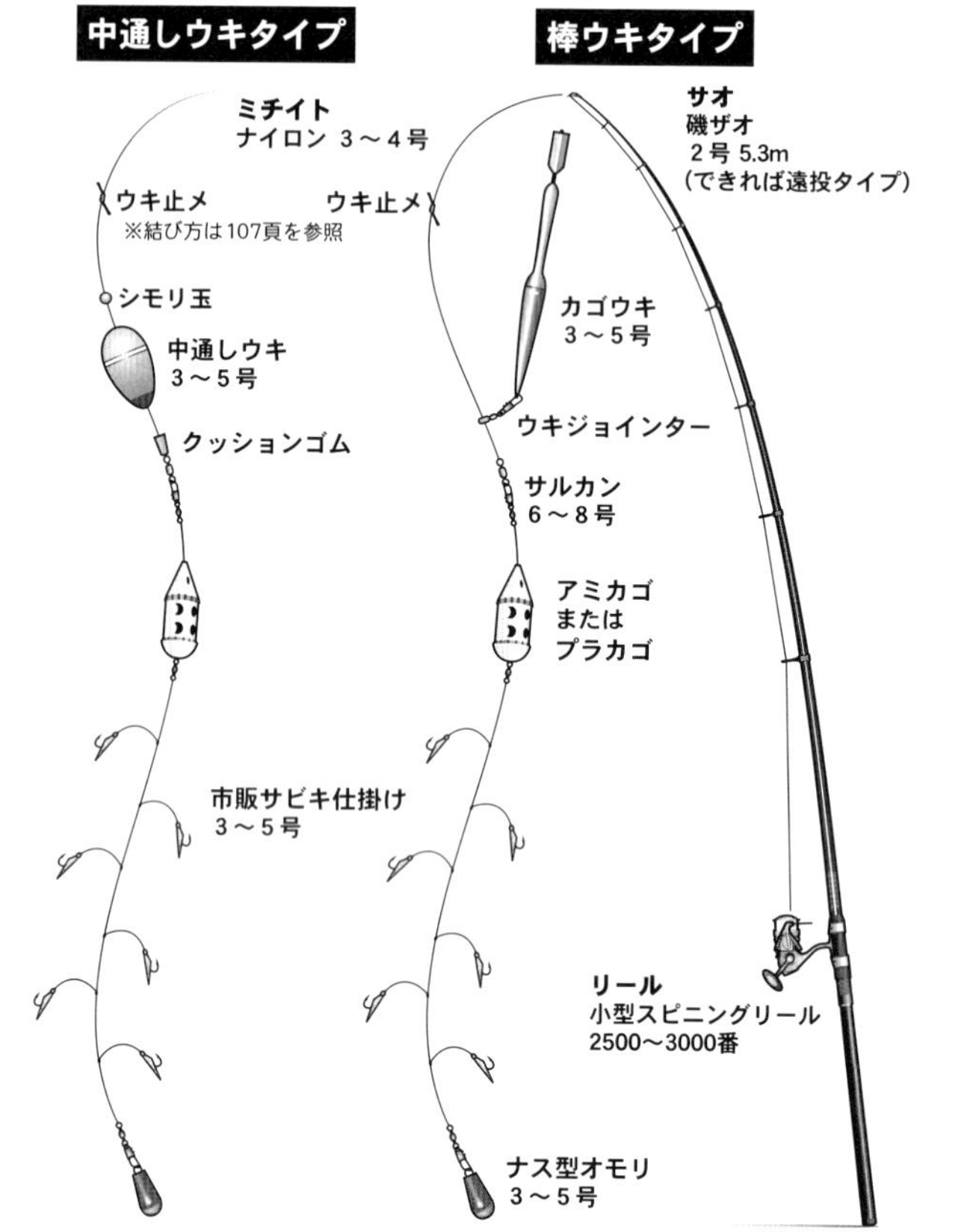
中通しウキタイプ
ミチイト
ナイロン 3～4号
ウキ止メ
※結び方は107頁を参照
シモリ玉
中通しウキ
3～5号
クッションゴム
市販サビキ仕掛け
3～5号
棒ウキタイプ
サオ
磯ザオ
2号 5.3m
(できれば遠投タイプ)
ウキ止メ
カゴウキ
3～5号
ウキジョインター
サルカン
6～8号
アミカゴ
または
プラカゴ
リール
小型スピニングリール
2500～3000番
ナス型オモリ
3～5号

通常のサビキ釣りは足下しかねらうことができず、群れが至近距離まで寄ってこないときは手も足も出ない。そこでウキを付けることにより、沖の潮筋を流せるようにしたのがウキサビキだ。

ただ、ウキを付けたぶん、ミチイトの出し入れで自由に仕掛けを落とすのは不可能。ウキ止めを上下に移動することでウキ下を調整する作業が必要になる。

●対象魚

アジ、サバ、イワシなど通常のサビキ釣りと同じ。

●エサ

アミを完全解凍して使用する。

●釣り方

ウキが付いただけで、寄せエサを振り出した中にバケを同調させるという釣りの形態自体は通常のサビキ釣りと同じ。相違点は、仕掛けを沖へキャストするという動作が加わることと、ウキ下の設定という手数が1つ増えるこ

ウキサビキの釣り方手順

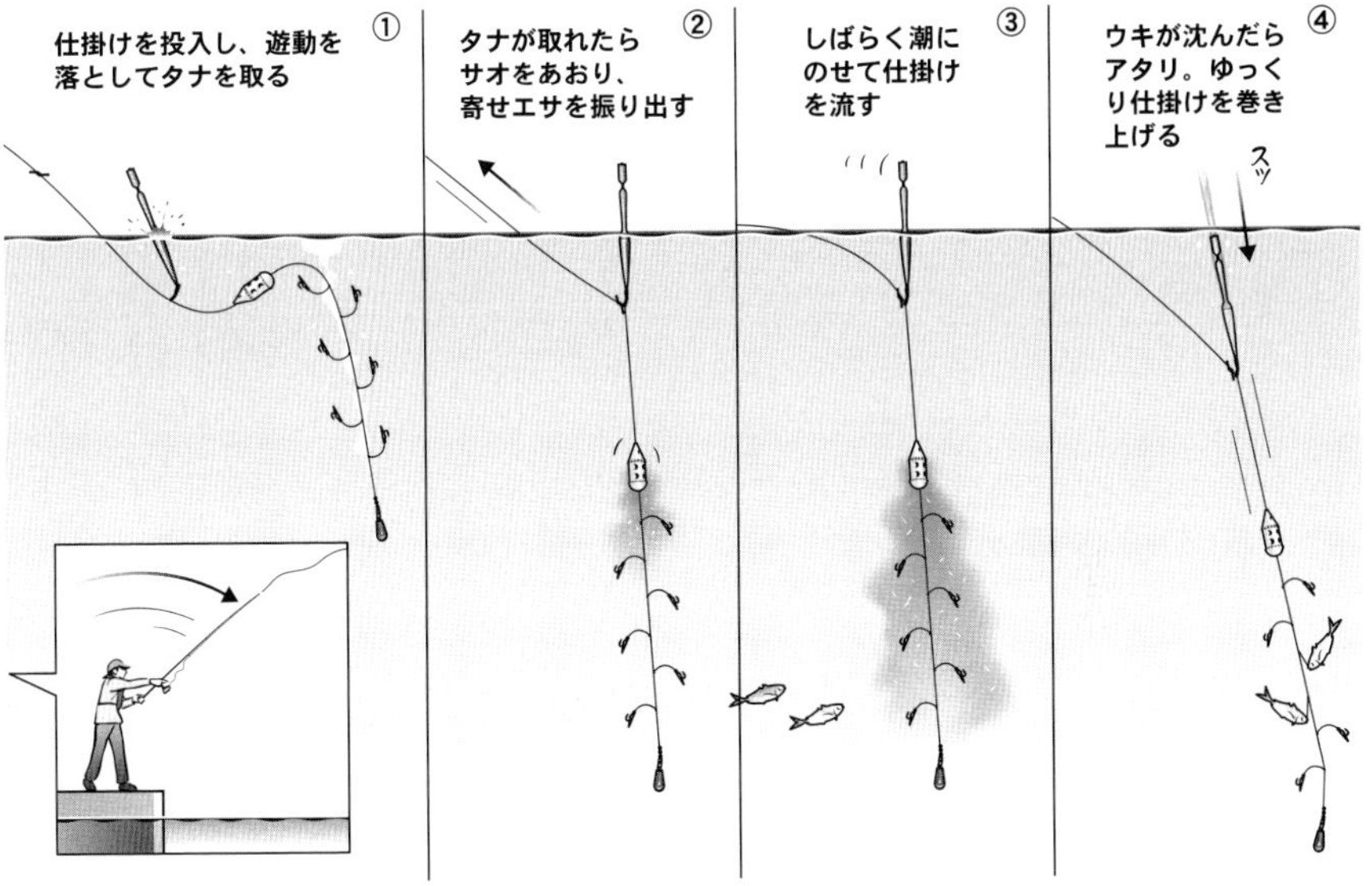
① 仕掛けを投入し、遊動を落としてタナを取る
② タナが取れたらサオをあおり、寄せエサを振り出す
③ しばらく潮にのせて仕掛けを流す
④ ウキが沈んだらアタリ。ゆっくり仕掛けを巻き上げる
スッ

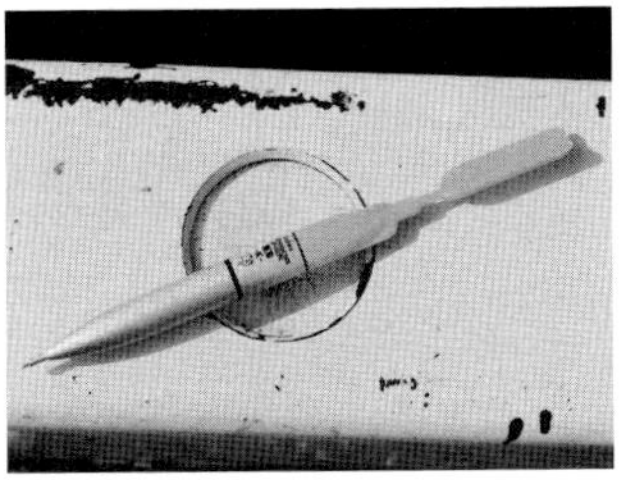

遠くまで流してもよく見える棒ウキ。あまりナマリの入っていない非自立タイプがおすすめ

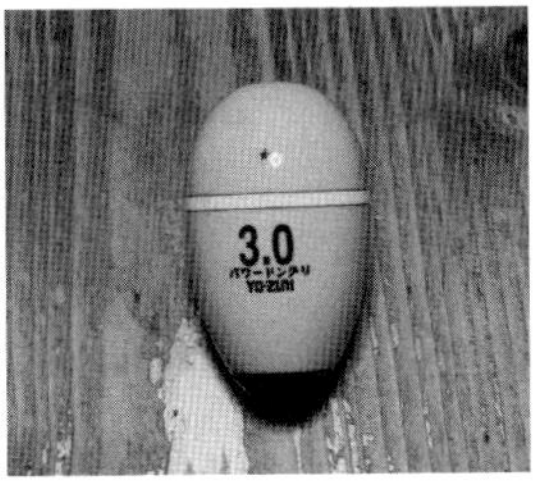
3.0

中通しウキはコマセカゴと一体となって飛ぶので絡みが少ない

足下で釣れるなら通常のサビキ釣りで充分だが、群れが遠いときはウキサビキが有効

とだ。

仕掛けを投入したら、まずイトフケを出す。やがてオモリが沈み、ミチイトがウキジョインターをすり抜けてウキ止メの位置で遊動が止まる。ここでサオをあおって寄せエサを振り出し、アタリを待つ。深いタナを釣りたいときはウキ止メの位置を上げ、浅いタナではウキ止メの位置を下げる。

魚種別仕掛け③ 投げサビキ

ルアーとサビキ釣りの折衷釣法

基本仕掛け図

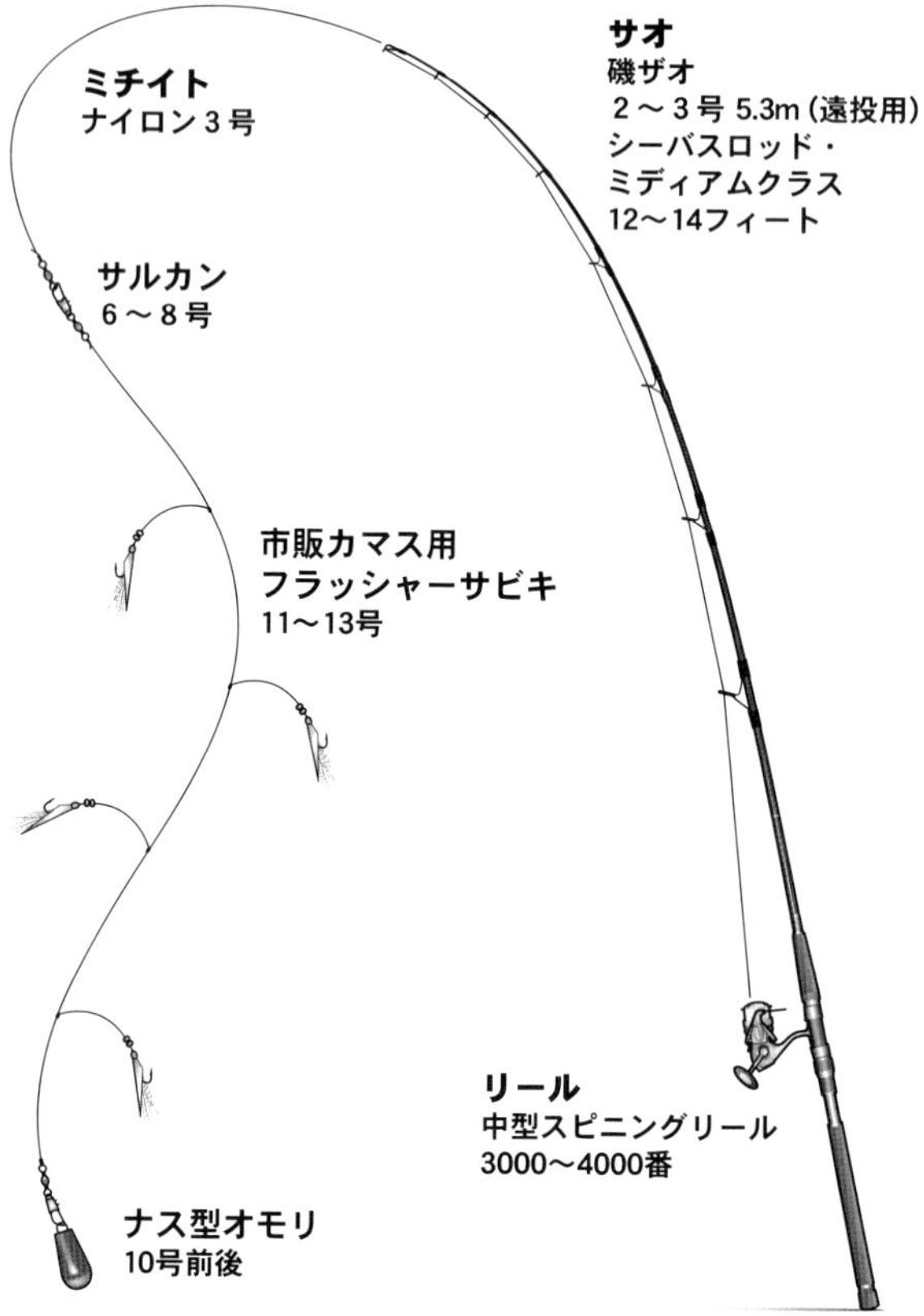
サオ
磯ザオ
2～3号 5.3m（遠投用）
シーバスロッド・
ミディアムクラス
12～14フィート
ミチイト
ナイロン3号
サルカン
6～8号
市販カマス用
フラッシャーサビキ
11～13号
リール
中型スピニングリール
3000～4000番
ナス型オモリ
10号前後

投げサビキとは伊豆半島から駿河湾、遠州灘一帯や、新潟方面で盛んな釣りで、寄せエサを使わずサビキ仕掛けのみでねらう特殊な釣りだ。魚を寄せるというよりもロッドワークでバケを躍らせ、アクションで食わせる意味合いが強く、ルアーとサビキ釣りの折衷型釣法といえるだろう。

タックルも通常のサビキ釣りとは異なり、遠投性とアクションの付けやすさに重きを置いた道具立てとなる。磯ザオの遠投タイプ、シーバスロッドのほかに、軟らかめの投げザオなども使われる。

フィッシュイーターであるカマスは歯が鋭く、一般的なサビキ仕掛けでは簡単に切られてしまうので、仕掛けはモトス、枝スともに太いカマス専用のサビキ仕掛けを用いる。以前は船釣り用の仕掛けを流用していたが、現在は岸釣り専用の完成品が市販されている。バケはフラッシャー系が多く、ハリも一般的なサビキ仕掛けよりやや大ぶり

投げサビキの釣り方手順

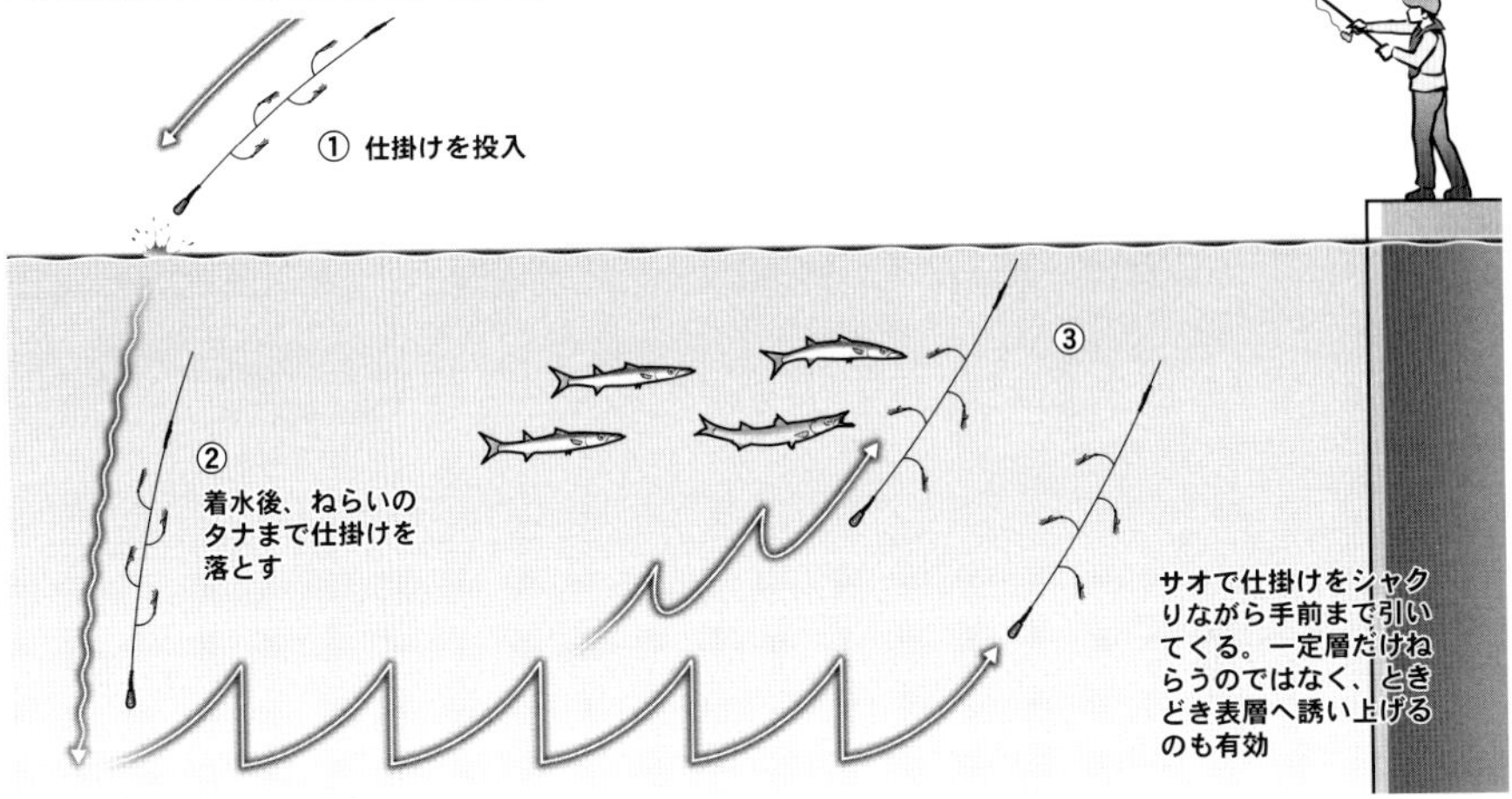

① 仕掛けを投入
②
着水後、ねらいのタナまで仕掛けを落とす
③
サオで仕掛けをシャクりながら手前まで引いてくる。一定層だけねらうのではなく、ときどき表層へ誘い上げるのも有効

釣期の目安												
	1月	2月	3月	4月	5月	6月	7月	8月	9月	10月	11月	12月
カマス												

よく釣れる　釣れる

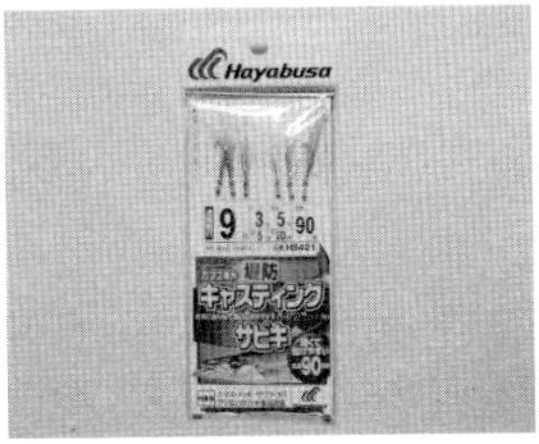

Hayabusa
キャスティング
サビキ

カマスは歯が鋭く一般的なサビキ仕掛けでは簡単に切られてしまうので、イトの太い専用のものを使う

カマスは大きな群れで回遊する魚なので食いが立ったら手返しを早めて数を伸ばそう

だ。

●対象魚

カマス、ワカシ、イナダほか小型回遊魚、メバルなど。

●エサ

使用しない。

●釣り方

仕掛けを遠投し、ルアーのようにサオをシャクりながらゆっくり巻いてくる。シャクっては落とし（ジャーク&フォール）を繰り返しながら一定層を引いてきてもよいし、アタリがないときは海底付近からシャクり上げながら表層まで探ってきてもよい。魚を寄せエサで釣りやすいタナまで浮かせる釣りではないので、まずは魚の泳層をつかむことが大切だ。

時合は朝夕のマヅメに訪れることが多い。カマスは大きな群れで回遊する魚なので、1尾釣れると続けざまに食ってくることが多い。食いが立ったら手返しを早めて、効率よく数を伸ばしたい。

COLUMN 02

海での安全管理

堤防の足場がどんなにコンクリートで固められているとはいえ、目の前に広がる海は純然たる自然である。青く穏やかな海は現代人にとって紛れもない憩いのフィールドだが、風が出てひとたび牙をむけば、人間の体力や知恵など何の役にも立たない。気がついたときには恐怖を感じる間もなく海中にさらわれてしまうことが、海では容易に起こり得ることを肝に命じておこう。遊びで尊い命を失ってはいけない。最低限の装備と、万一のときのために初歩的な救出術は身に付けておきたいものだ

●滑り止めシューズと救命具は必ず身に付ける

海で遊ぶにあたって、まずは「海に落ちない」、そして不運にも落水した場合において「沈まない」ための備えである。海に落ちても海面から顔を出して呼吸ができれば死なずに救助を待つことができる。

●濡れている場所には立ち入らない

磯でも堤防でも濡れている箇所は波を被った証拠。ベタナギでもヨタ波が這い上がってくる可能性があるので油断しないこと。フワッとしたウネリでも、膝上程度までくれば人間など簡単に流される。

●海に背中を向けて作業をしない

大きな波やウネリは何の前触れもなく襲ってくることがある。常に海へ注意を払うこと。

●渡船や釣り場管理者の指示には従う

ちょっと風向きが変わっただけで海況は急変する。渡船店や釣り施設の管理者は最も周辺の海を知っている人であり、彼らの指示には絶対に従うこと。

●海に落ちても無理に陸へ這い上がろうとしない

仮に落水したとしても水を含んだ衣服は想像以上に重く、まず自力で陸には這い上がれない。波が打ち付ける場所では岩や堤壁に身体をぶつけ、致命的なケガを負うことも考えられるので無理はしないこと。

「落ちる!」と思ったらその瞬間に、みずから足場を蹴って磯際や堤防際から離れた箇所に飛び込むのも手だ。

●落水者を見たらクーラーボックスを投げる

海に落ちた人を見たら、何よりも浮いていてもらうことを考える。クーラーボックスは優秀な浮力体でもあり、これを投げ込んで落水者に抱えさせればかなりの時間浮いていられる。このほか、バッカンの中身を捨てて蓋を閉めた状態で投げてもいい。

この際、落水者目がけて投げるのではなく、落水した箇所に投げるのがポイント。なぜなら、落水者はそこから流されているからである。

●水汲みバケツも立派な救命ロープ

潮の流れがある場合、救助を待つ間にも落水者はどんどん流されてしまう。こんなときは早急に水汲みバケツを投げてつかまってもらい、引き上げられないまでもその場から流されないようにする。バケツに水を汲んでから投げるとそこそこ遠投も利く。

●海での「もしも」は118番

海上保安庁の緊急通報用電話番号である。現場でも救助を試みながら、こちらにも一報を入れておこう。

4章

投げ釣り

重たいオモリを大海原に向かって豪快にキャスト。
投げ釣りはウキ釣りと並ぶ海釣りの定番釣法で、
ハゼやシロギスといった小ものからマダイなどの大ものまでねらえる裾野の広い釣りだ。
釣りそのものも楽しいが、仕掛けを遠投するキャスティングという動作は
陸上の投てき競技にも通ずるスポーツ的な要素がある。
装備は実にシンプルなので、まずは気軽にチャレンジしてみよう!

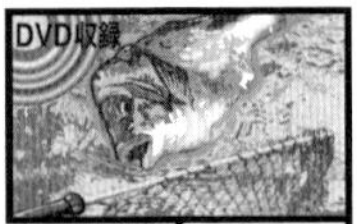

投げ釣りってどんな釣り？

「沖」と「底」をねらうならこの釣りに勝るものなし
大から小までターゲットは数多し！

超遠投から近場ねらいのチョイ投げまで、投げ釣りはさまざまなレベルの人が楽しめる釣りだ

投げ釣りとは、重いオモリをセットした仕掛けを遠投し、海底付近にいる魚をねらう釣法だ。本格的なタックルを用いれば２００ｍ以上のロングキャストも可能で、「沖」そして「海底」をねらうのであれば、この釣りに勝るものはない。

ただ、基本的に仕掛けを海底付近に這わせる釣りであるため、岩礁帯や底根の荒い場所には向かない。このようなポイントをねらうときは、浮き上がりの速いオモリや胴突き仕掛けを使うといった工夫が必要だ。

●対象魚

ハゼなどの小ものから、マダイやフエフキダイといった大ものまでねらえる魚種は豊富。それゆえに仕掛けのバリエーションもかなりの数に上る。

ただ、投げ釣りの代表的なターゲットを挙げるとすればシロギスとカレイが東西の横綱であろう。シロギスは手持ちザオで釣り歩く動的な釣り、カレイは置きザオで待ち伏せする頭脳戦略

投げ釣りの特徴

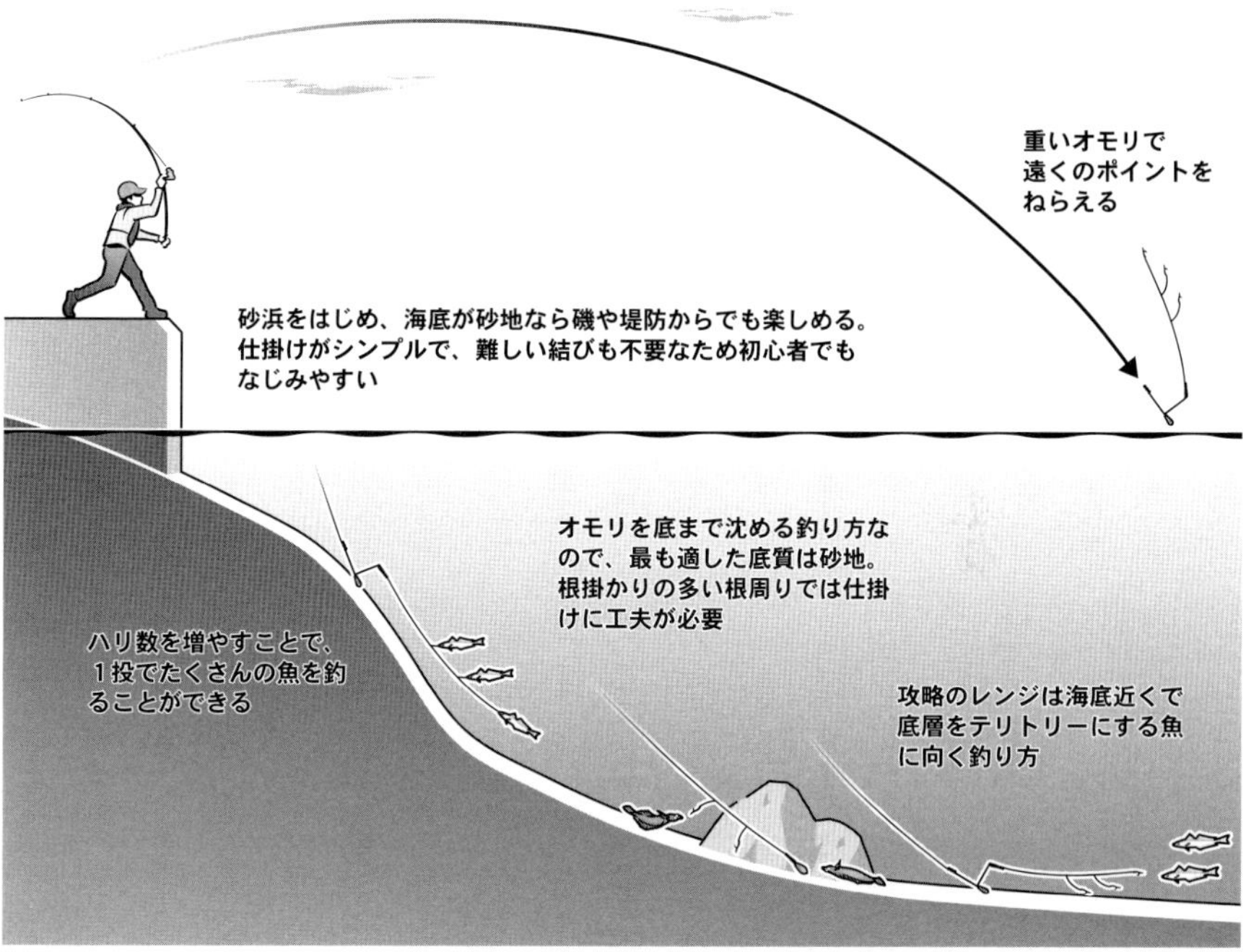
重いオモリで
遠くのポイントを
ねらえる
砂浜をはじめ、海底が砂地なら磯や堤防からでも楽しめる。
仕掛けがシンプルで、難しい結びも不要なため初心者でも
なじみやすい
オモリを底まで沈める釣り方な
ので、最も適した底質は砂地。
根掛かりの多い根周りでは仕掛
けに工夫が必要
ハリ数を増やすことで、
1投でたくさんの魚を釣
ることができる
攻略のレンジは海底近くで
底層をテリトリーにする魚
に向く釣り方

投げ釣りの代表的なターゲットと釣期の目安

	1月	2月	3月	4月	5月	6月	7月	8月	9月	10月	11月	12月
シロギス												
カレイ												

よく釣れる　釣れる

シロギスはカレイとともに投げ釣りの両翼を担うターゲット。足でポイントを探り歩く動的な釣趣が魅力だ

的な釣趣があり、この2つが投げ釣りの2大スタイルを端的に表わしているといえる。

●エサ

アオイソメ、ジャリメ、イワイソメ、チロリといった虫エサがよく使われる。好エサは魚種によって違うので、詳細は後に記す魚種別仕掛けの頁を参考にしていただきたい。

投げ釣りのタックル

投てき性能を追求した特殊な道具立て 初心者はやや軟らかめのサオで「曲げ感」を養おう

専門タックルが充実している投げ釣り。初心者は軟らかめのサオからスタートしよう

「いかに仕掛けを遠くへ飛ばすか」が何よりも優先される投げ釣りでは、投てき性能を追求した投げザオと、投げ専用のスピニングリールが使われる。

●サオ

投げ釣りでは4m前後の投げザオを用いる。投げザオには号数が与えられており、数値が大きくなるほど硬くなる。一般に30号を境にそれ以上を硬調ザオ、それ以下を軟調ザオと考えてよいだろう。

サオは硬いものほど重いオモリを背負うことが可能で遠投性能も高いが、33号、35号といった剛竿をしっかり曲げてオモリに反発力を伝えるには、相当の熟練を要する。不慣れな人が硬いサオを使うと、振り始めとリリースの瞬間にだけサオに負荷が乗る「二度振り」になりがちで、結果的に飛距離が出ない。したがって入門当初は25～27号と軟らかめのサオを使い、サオの「曲げ感」を養う方法がおすすめだ。

投げザオには並継ぎと振り出しの2種類があるが、シロギスのようにサオ1本でポイントを探り歩く釣りには並継ぎ、カレイのように置きザオで複数のサオをだす場合は収納性の高い振り出しタイプが向いている。

●リール

ラインの放出性が高い大径スプールが付いた投げ釣り専用スピニングリール一択でよい。投げ専用リールにはスプール固定タイプとドラグタイプがあり、やり取り中にミチイトを出さないシロギスには前者、カレイやドラグフリーで食い込ませるマダイなどの大もの釣りには後者が向いている。

ミチイトは、シロギスねらいの場合はPE1号、カレイねらいの場合はナイロン3号前後、もしくはPE2号前後を200m巻いておこう。

基本仕掛け図

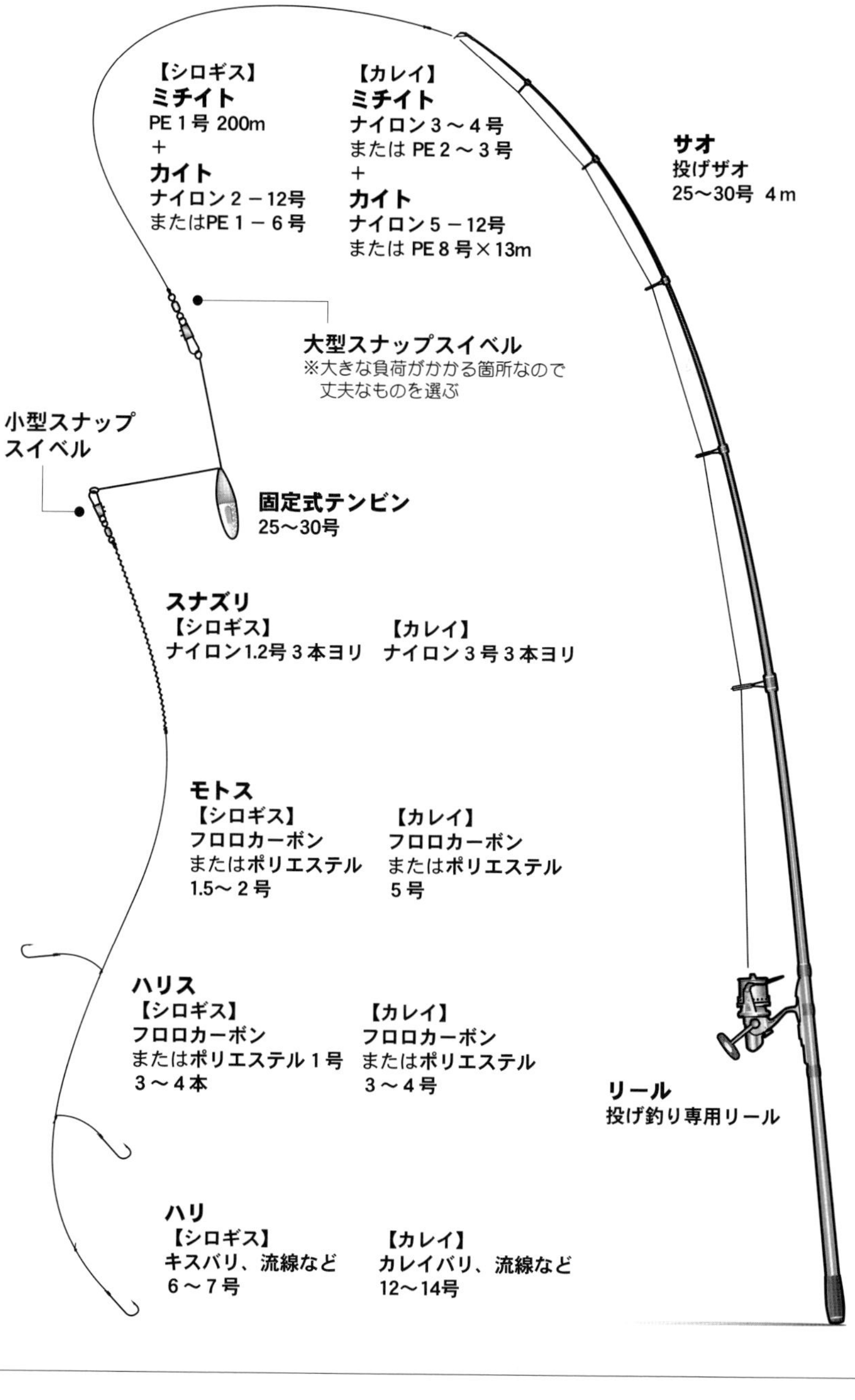
【シロギス】
ミチイト
PE 1号 200m
＋
カイト
ナイロン 2 − 12号
またはPE 1 − 6 号
【カレイ】
ミチイト
ナイロン 3 〜 4 号
または PE 2 〜 3 号
＋
カイト
ナイロン 5 − 12号
または PE 8 号×13m
サオ
投げザオ
25〜30号 4 m
大型スナップスイベル
※大きな負荷がかかる箇所なので
丈夫なものを選ぶ
小型スナップ
スイベル
固定式テンビン
25〜30号
スナズリ
【シロギス】
ナイロン1.2号 3 本ヨリ
【カレイ】
ナイロン 3 号 3 本ヨリ
モトス
【シロギス】
フロロカーボン
またはポリエステル
1.5〜 2 号
【カレイ】
フロロカーボン
またはポリエステル
5 号
ハリス
【シロギス】
フロロカーボン
またはポリエステル 1 号
3 〜 4 本
【カレイ】
フロロカーボン
またはポリエステル
3 〜 4 号
リール
投げ釣り専用リール
ハリ
【シロギス】
キスバリ、流線など
6 〜 7 号
【カレイ】
カレイバリ、流線など
12〜14号

仕掛けは市販品（写真左上）を利用するのが便利。慣れてきたら自作するのも楽しい。写真のようにスプールに巻いてクーラーのサイドボックス等を利用するとコンパクトに収納できる

仕掛けの概要

大別すると「テンビン」と「仕掛け部」の2パート
状況によって組み合わせを変えていく

投げ釣りの仕掛けは「テンビン」と「仕掛け部」の2パートに分けることができる。そして釣り場の地形や潮の速さ、魚のコンディションなどで組み合わせを変えていく。

●テンビン

固定式と遊動式の2つを基本として、海底に根の多い場所では浮き上りの速いジェットテンビン、L型テンビンでは仕掛けが止まらないほど潮が速いときは、名古屋テンビンなどのセパレート型テンビンにスパイクオモリや円盤オモリを合わせるという使い方が一般的だ。

総じてシロギスねらいには固定式、カレイねらいには置きザオでもアタリが大きく出る遊動式の愛用者が多いように思えるが、これといった決まりはないので、好みのものを選ぶとよい。重さは23～25号を基準に、潮が速い場所や遠投が必要な場合は重めを、ポイントが近いときは軽めのものを用意するとよいだろう。

テンビンのいろいろ

投げ釣り仕掛けの中枢を担うパーツがテンビン。テンビンには投入時のイト絡みを軽減したり、アタリを大きく増幅する、アームのスプリング効果で食い込ませるなどさまざまな効能があるが、これらの基本性能を備えたうえで、各所に工夫が凝らされたものが各種出回っている。ねらう場所や魚種により、適切な1本を選び出そう。

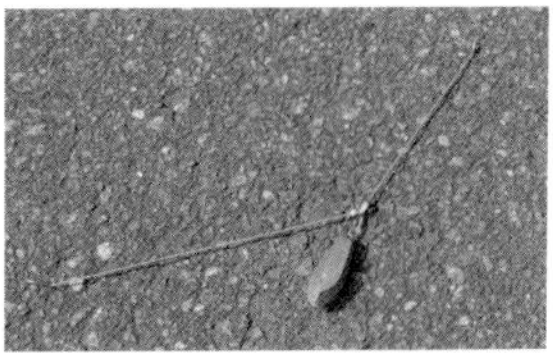
名古屋テンビンに代表されるセパレート型のテンビンは、好みのオモリを自由にセットできる

固定テンビンはスプリング効果が高く、シロギス釣りなど数釣りに向く

遊動テンビンは食い渋り時やマダイなどの大ものねらいにマッチする

ジェットテンビンは浮き上がりが速いのが特徴で、根の荒い場所で使いやすい

必要な小物類

【カイト】
テーパー状に太くなっていくイトで、ミチイトの先につなぎ、大きな力が加わるキャスト時におけるイト切れを防ぐ

【スナズリ】
テンビンとモトスの間に結び、仕掛けの絡みを軽減するイト。特に必要なものではなく付けない人も多い

【仕掛け巻き】
枝スを出した仕掛けは管理が面倒だが、内部にハリを掛けられるスリットが入った仕掛け巻きがあると便利だ

【スナップサルカン】
カイトとテンビンはスナップサルカンで接続するが、強い負荷が掛かる部分なので丈夫なものを選びたい。スナップがガイドを通る投げ釣り専用の製品もある

●仕掛け部

シロギス、カレイともにテンビンの下に結節する「吹き流し仕掛け」が一般的だ。シロギスねらいならキスバリ6～7号の3～4本バリを基本に、秋口など数が釣れる状況ならハリ数を増やす。カレイねらいなら流線、もしくはカレイバリ11～13号の2～3本バリ仕掛けが基本となる。

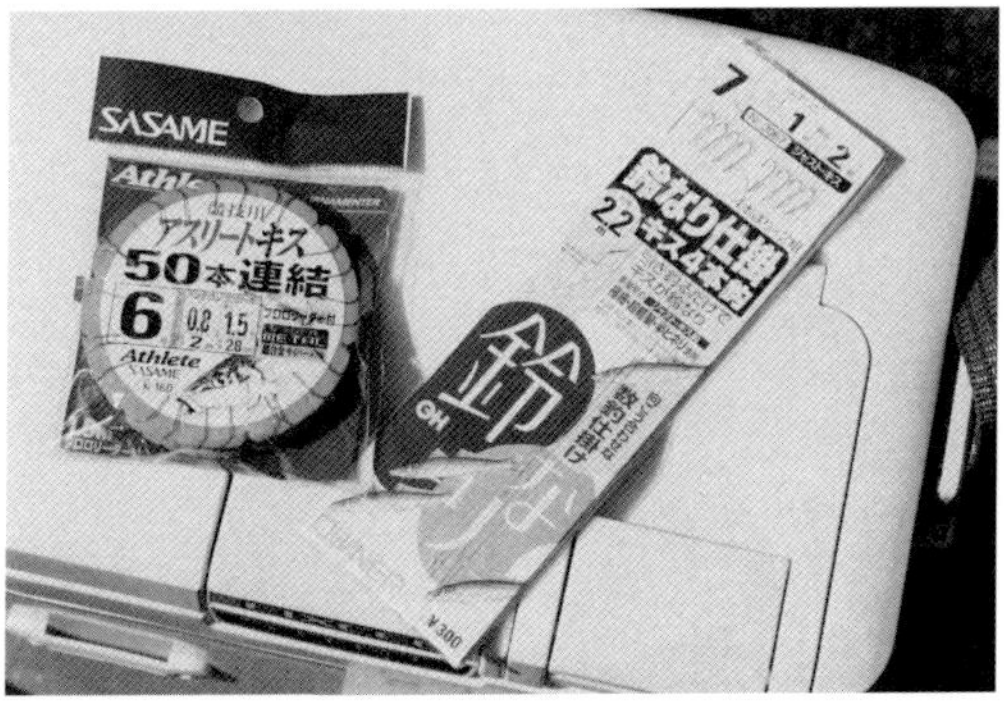

投げ釣りでも優秀な完成仕掛けが数多く出回っている。任意のハリ数を選べる無限仕掛けは1巻き持っておくと重宝する

サオ立て、クーラーボックスはシロギスの投げ釣りの必需品。そして上手に使いこなすことも大切な技術の1つだ

投げ釣りの周辺アイテム

クーラーボックスとサオ立てはマストアイテム
シロギス釣りではコンパクトな装備で機敏に立ち回る

投げ釣りにおいて最も気を遣わなければならないのがエサの管理。虫エサのなかには熱に弱いものも多いので、クーラーボックスはぜひとも用意しておきたいアイテムだ。シロギス釣りには8～11リットルの小型、大量のエサを使うカレイ釣りには13～20リットルの中～大型が手頃だ。

シロギス釣りは足でポイントを捜す釣りなので、度を越した大荷物は考えもの。荷物は極力コンパクトにまとめ、できればサオとクーラーボックス1つで機敏に立ち回りたい。最近はサイドボックスの付いた投げ釣り専用のクーラーボックスが出回っているが、専用を謳《うた》うだけあって収納力が高く使い勝手もよい。エサ箱やオモリホルダーを付ければバッグを持ち歩く必要もなくなるのでありがたい。

カレイ釣りにサオ立ては必需品
転倒防止の重しを忘れずに

クーラーボックス以外では、サオ立て

周辺グッズのいろいろ

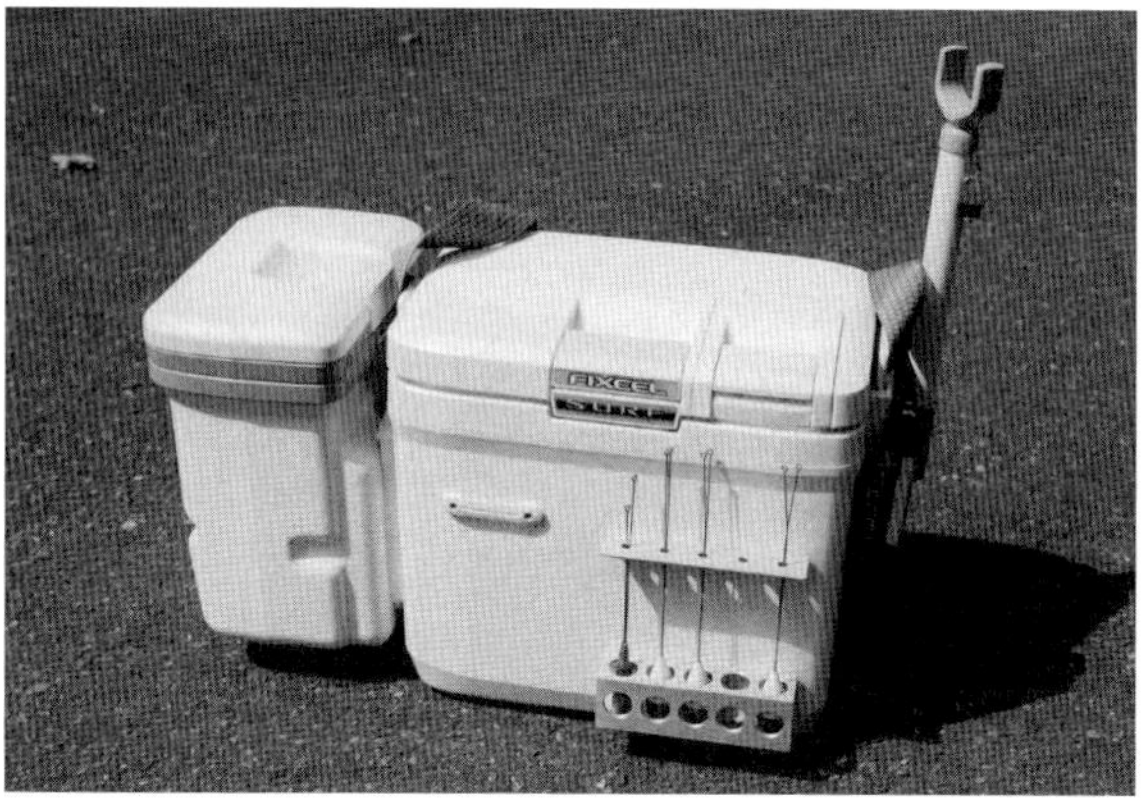

【クーラーボックス】
エサや釣果の保存に加えタックルボックスでもあるクーラーボックスは、投げ釣りのベース基地とも呼ぶべき重要なアイテム。サイドボックスが付属した投げ釣り専用の製品は収納力抜群だ

【エサ箱】
エサはクーラーボックスに入れておき、使うぶんだけ小型のエサ箱へ移すとよい。木製のものは断熱効果が高い

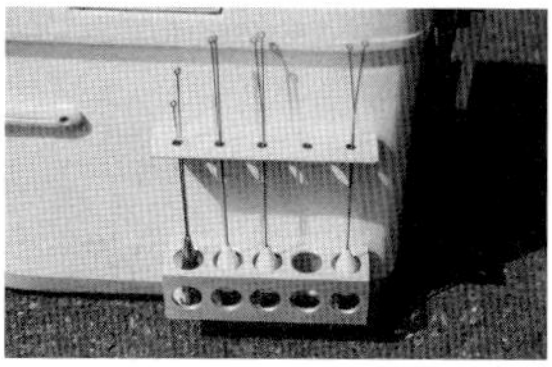

【オモリホルダー】
クーラーボックスへ取り付けられるオモリホルダーがあると、かさばるテンビンをスッキリと収めることが可能

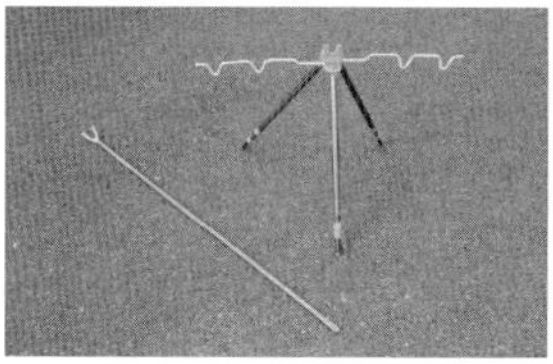

【サオ立て】
複数のサオをだすカレイねらいにおいてはマストアイテム。砂浜のシロギス釣りではポールタイプが使いやすい

【フィンガープロテクター】
キャスト時に負担が掛かる人差し指を保護するプロテクター。パワーキャスターは必携

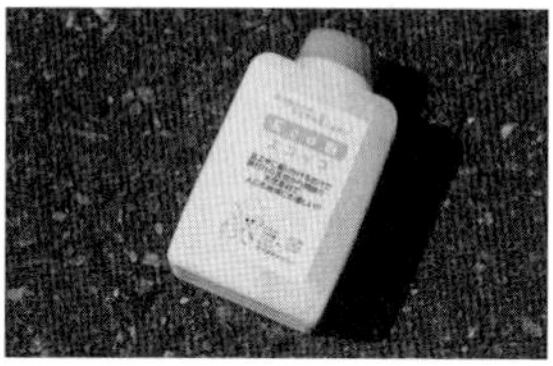

【石粉】
虫エサにまぶすと滑りが抑えられ、ハリ付けしやすくなる。使う直前にまぶさないとエサが弱ってしまうので注意

もぜひ用意したいアイテムの1つだ。複数のサオを並べるカレイ釣りで三脚タイプのサオ立ては必需品。砂浜のシロギス釣りではポールタイプが使いやすく、エサ付けや休憩時にサオを掛けておけば、内部への砂噛《か》みを防止できる。

三脚タイプのサオ立てを使う場合、転倒防止のため水を入れたバケツなどを重しとして下げるのを忘れずに。

小物や仕掛けをクーラーボックス周りへ収めておくと、あとはサオ1本で身軽に動ける。足でポイントを捜すシロギス釣りにおいて機動力は武器だ

DVD収録

釣り方の流れ

シロギスは仕掛けをサビき、カレイはポイントで止める
アタリがあった箇所は集中的にねらう

投げ釣りのポイント

投げ釣りの特性が最も生かされるフィールドは、やはり砂地底のポイント。このような場所では根掛かりを気にすることなく広範囲を探れる。砂浜はもちろんのことだが、砂地の上に造られた堤防も好釣り場。遠投せずとも沖の深みをねらえるので、混雑していなければ積極的にサオをだしたい。港内はチョイ投げでハゼやシロギスと遊べる。ファミリーで楽しむのに最適な場所だ。

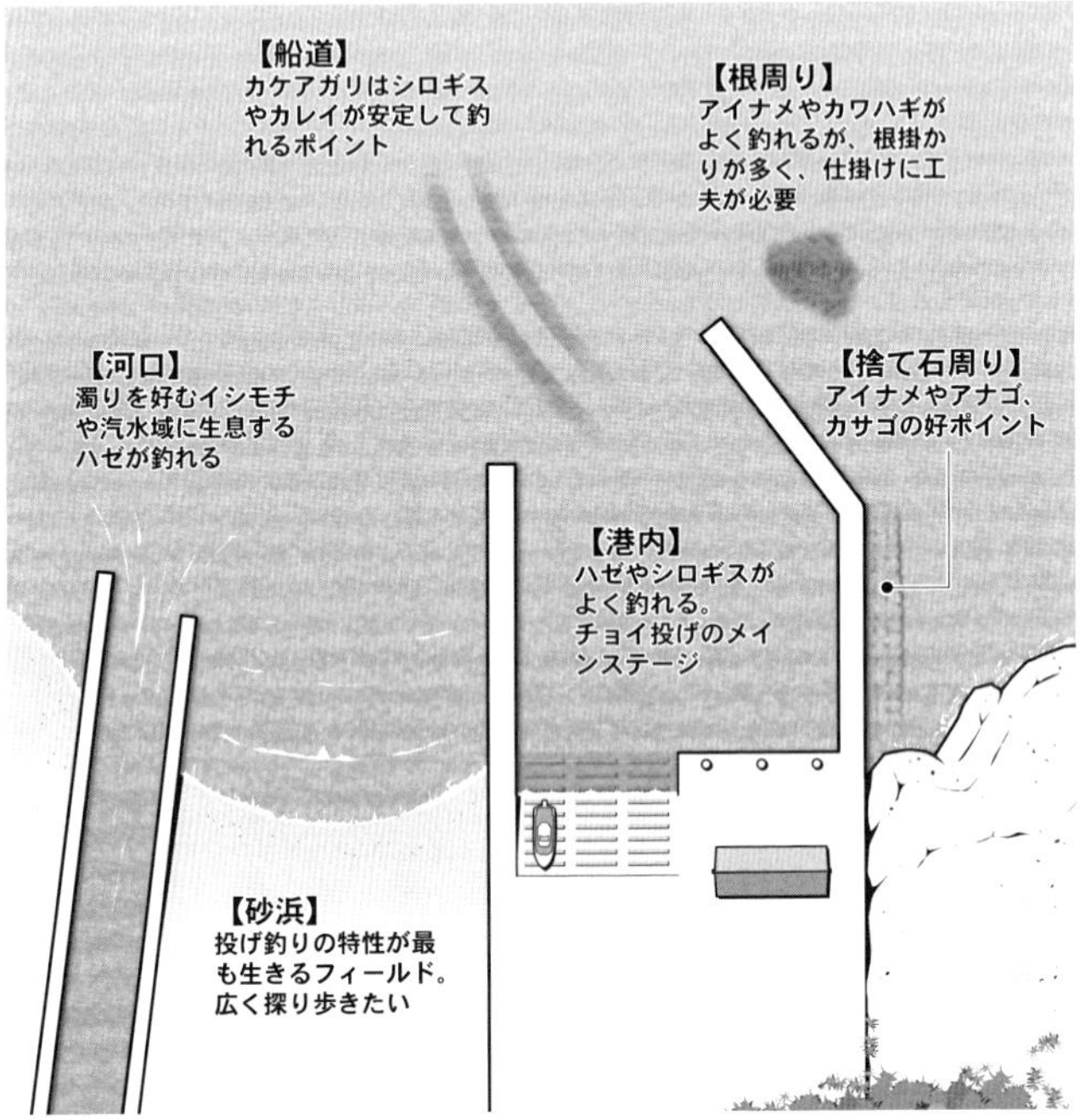
【船道】
カケアガリはシロギスやカレイが安定して釣れるポイント
【根周り】
アイナメやカワハギがよく釣れるが、根掛かりが多く、仕掛けに工夫が必要
【河口】
濁りを好むイシモチや汽水域に生息するハゼが釣れる
【捨て石周り】
アイナメやアナゴ、カサゴの好ポイント
【港内】
ハゼやシロギスがよく釣れる。チョイ投げのメインステージ
【砂浜】
投げ釣りの特性が最も生きるフィールド。広く探り歩きたい

タックルのセットが完了したら実釣だ。シロギス釣りは、遠投した仕掛けをゆっくりと手前へ引いてポイントを探る。この動作を「サビく」という。シロギスの活性が低いときは遅め、活性が高いときやフグなどのエサ取りが多いときは速めにサビく。

アタリがあったらその距離を覚えておき、次の投入からはそこを集中的にねらうとよい。投げ釣り用のミチイトは２５ｍごとに色分けされており「４色で食ったよ」といった感じで距離をいい表わす。４色とは１００ｍの意味だ。

カレイ釣りの場合は、遠投した後に仕掛けを引き、カケアガリやヨブ、根際などに止めて置きザオにする。サオを３本だすのならば、遠距離、中距離、近距離と投げ分けておけば魚の寄り場を早く見つけられる。

アタリがなければ再度仕掛けを引き次のポイントに止める。これの繰り返しだ。根の多い場所では仕掛けを引きずらず、あおるようにするとよい。

エサの付け方

シロギスねらいではタラシを短くこぢんまりと付け、確実に食わせていくのが基本パターン。エサはジャリメを軸に、アオイソメやチロリをローテーションする。カレイは逆にエサをたっぷりとハリに付け、魚にじっくり見せるのがコツ。エサはアオイソメをメインにイワイソメなど。太身のものは1匹付け、細身のものは房掛けにする。

シロギスねらいでは小さくエサを付け、ショートアタックでも確実にハリ先を口の中に入れる

キャスティング

回転投法、振り子投法などの高等キャストもあるが、まずは基本的なオーバースローでサオを曲げる感覚を養いたい。上手にまっすぐ飛ばすコツは、リールを持った手を押し出し、グリップエンドを持った手を引き付けること。

あまりにもサオを振ろうとしすぎると体が早く開いてしまい、結果的にサオを曲げきれずオモリの重さがサオに乗らない。振り自体はコンパクトでもきっちりサオを曲げるほうが飛距離が出るし、コントロールも付けやすいことを覚えておこう。

①
まず人がいないか後方を確認してサオを振りかぶる

②
前方にキャスト。サオは無理に振ろうとせず、オモリの重さをサオに乗せるのがコツ

③
リールを持つ手が真上にさしかかったところでミチイトに掛けた指を離す

④
オモリの射出角は45度が基本。サオはオモリの方向へ向ける

基本的な釣りの流れ

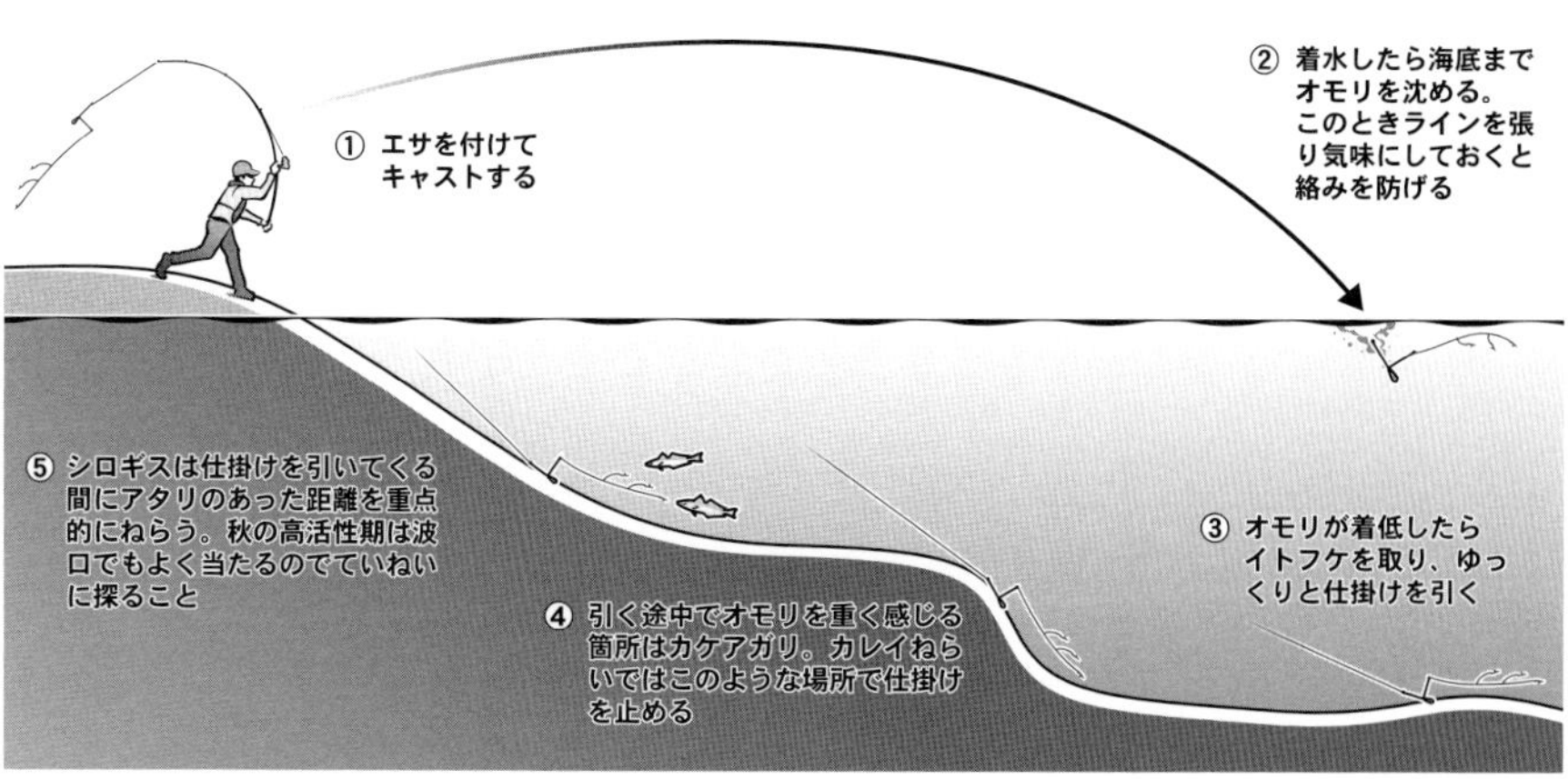
① エサを付けてキャストする
② 着水したら海底までオモリを沈める。このときラインを張り気味にしておくと絡みを防げる
③ オモリが着低したらイトフケを取り、ゆっくりと仕掛けを引く
④ 引く途中でオモリを重く感じる箇所はカケアガリ。カレイねらいではこのような場所で仕掛けを止める
⑤ シロギスは仕掛けを引いてくる間にアタリのあった距離を重点的にねらう。秋の高活性期は波口でもよく当たるのでていねいに探ること

DVD収録

シロギス、ハゼほか

魚種別仕掛け① チョイ投げ仕掛け

ライトな仕掛けで引き味とアタリを楽しむ

基本仕掛け図

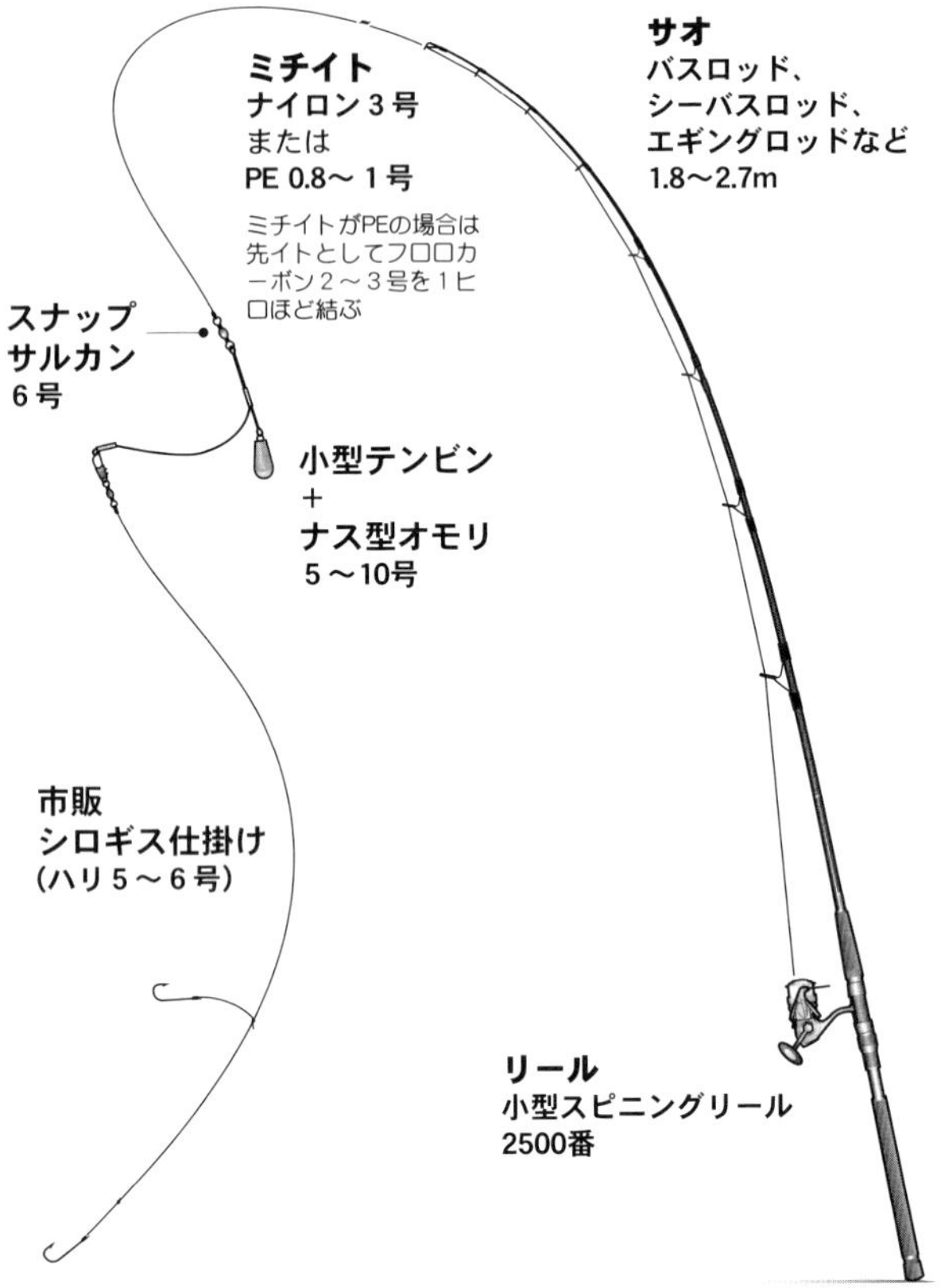
サオ
バスロッド、
シーバスロッド、
エギングロッドなど
1.8〜2.7m
ミチイト
ナイロン3号
または
PE 0.8〜 1号
ミチイトがPEの場合は
先イトとしてフロロカ
ーボン2〜3号を1ヒ
ロほど結ぶ
スナップ
サルカン
6号
小型テンビン
＋
ナス型オモリ
5〜10号
市販
シロギス仕掛け
(ハリ5〜6号)
リール
小型スピニングリール
2500番

チョイ投げとは、バスロッドなどの短く軟らかいサオを使い、5〜10号前後のオモリで近距離をねらうライトな投げ釣りのこと。もともとはボート用の仕掛けを流用した単なる派生の釣りにすぎなかったが、本式の投げ釣りタックルよりもシロギスの小気味よいアタリや引きを楽しめることで、最近では投げ釣りの1ジャンルとして定着した感がある。

　近年ではブラックバスのキャロライナリグを流用したかのようなウルトラライトのチョイ投げまでも現われ、専用のサオやリールが開発されるなど、ブームは加熱する一方だ。

　仕掛けは専用のものが多数市販されている。テンビンはボート用の片テンビンにナス型オモリをセットしたものが一般的だ。

●対象魚

　シロギス、ハゼ、メゴチなど海底付近に棲む小もの全般。

●エサ

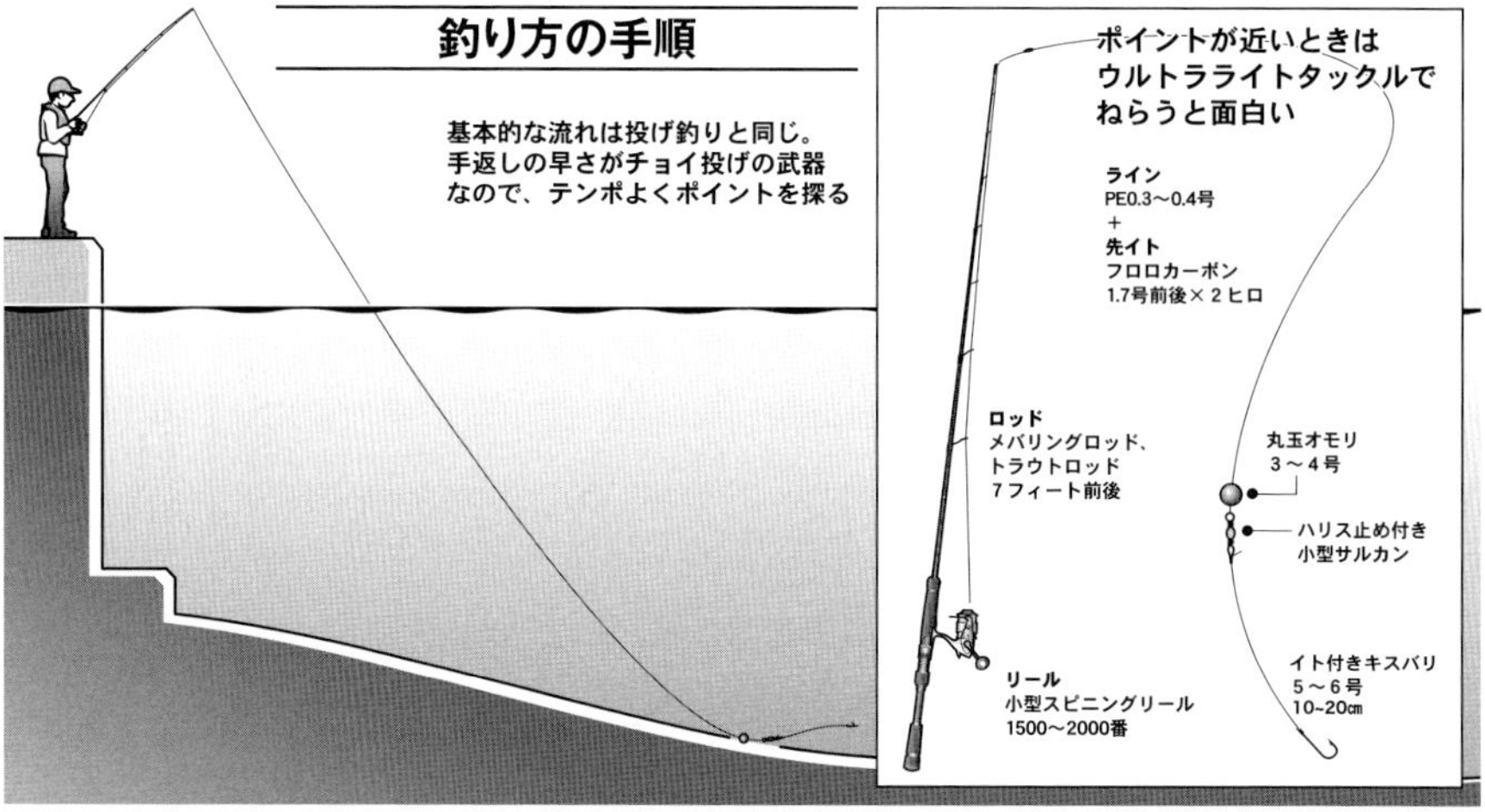
釣り方の手順
基本的な流れは投げ釣りと同じ。
手返しの早さがチョイ投げの武器
なので、テンポよくポイントを探る
ポイントが近いときは
ウルトラライトタックルで
ねらうと面白い
ライン
PE0.3～0.4号
+
先イト
フロロカーボン
1.7号前後×２ヒロ
ロッド
メバリングロッド、
トラウトロッド
７フィート前後
丸玉オモリ
３～４号
ハリス止め付き
小型サルカン
リール
小型スピニングリール
1500～2000番
イト付きキスバリ
５～６号
10~20㎝

釣期の目安												
	1月	2月	3月	4月	5月	6月	7月	8月	9月	10月	11月	12月
ハゼ	釣れる						釣れる	よく釣れる	よく釣れる	よく釣れる	よく釣れる	釣れる
シロギス	釣れる				釣れる	よく釣れる	よく釣れる	釣れる	よく釣れる	よく釣れる	よく釣れる	釣れる

よく釣れる　釣れる

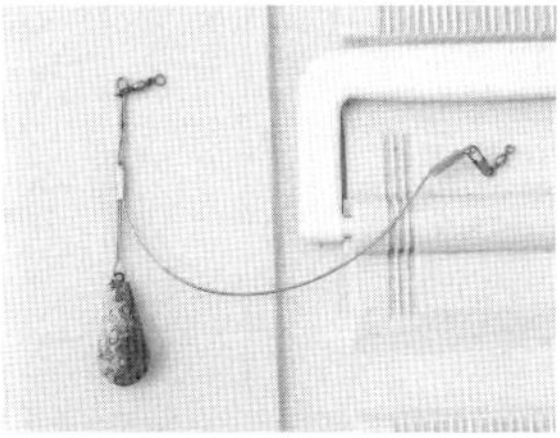
テンビンはボート用の小型片テンビンとナス型オモリの組み合わせが一般的

仕掛けはチョイ投げ専用のものが数多く市販されている

ジャリメ、アオイソメなど。

●釣り方

チョイ投げは投げ釣りの派生形であるため、釣り方は本式の投げ釣りに準ずる。ただ、オモリが軽いために100mを超えるようなロングキャストは無理で、あくまで50m以内の近距離をねらう釣りである。したがって、メインフィールドは堤防周り。砂浜は少々しんどいが、秋口など波口でガンガン食ってくるようなときはチョイ投げでも充分釣りになる。むしろタックルがライトで手返しが早いぶん、軽快に数釣りを楽しめるだろう。

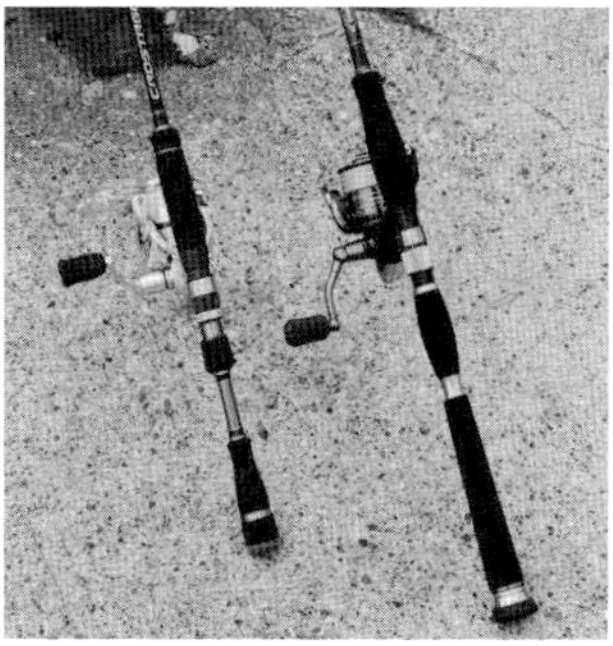
サオはバスロッドやエギングロッドなど、5～10号のオモリが投げられるものなら何でも使える

カレイ

魚種別仕掛け② 段差仕掛け

エサを大きく見せてボリュームでアピール

基本仕掛け図

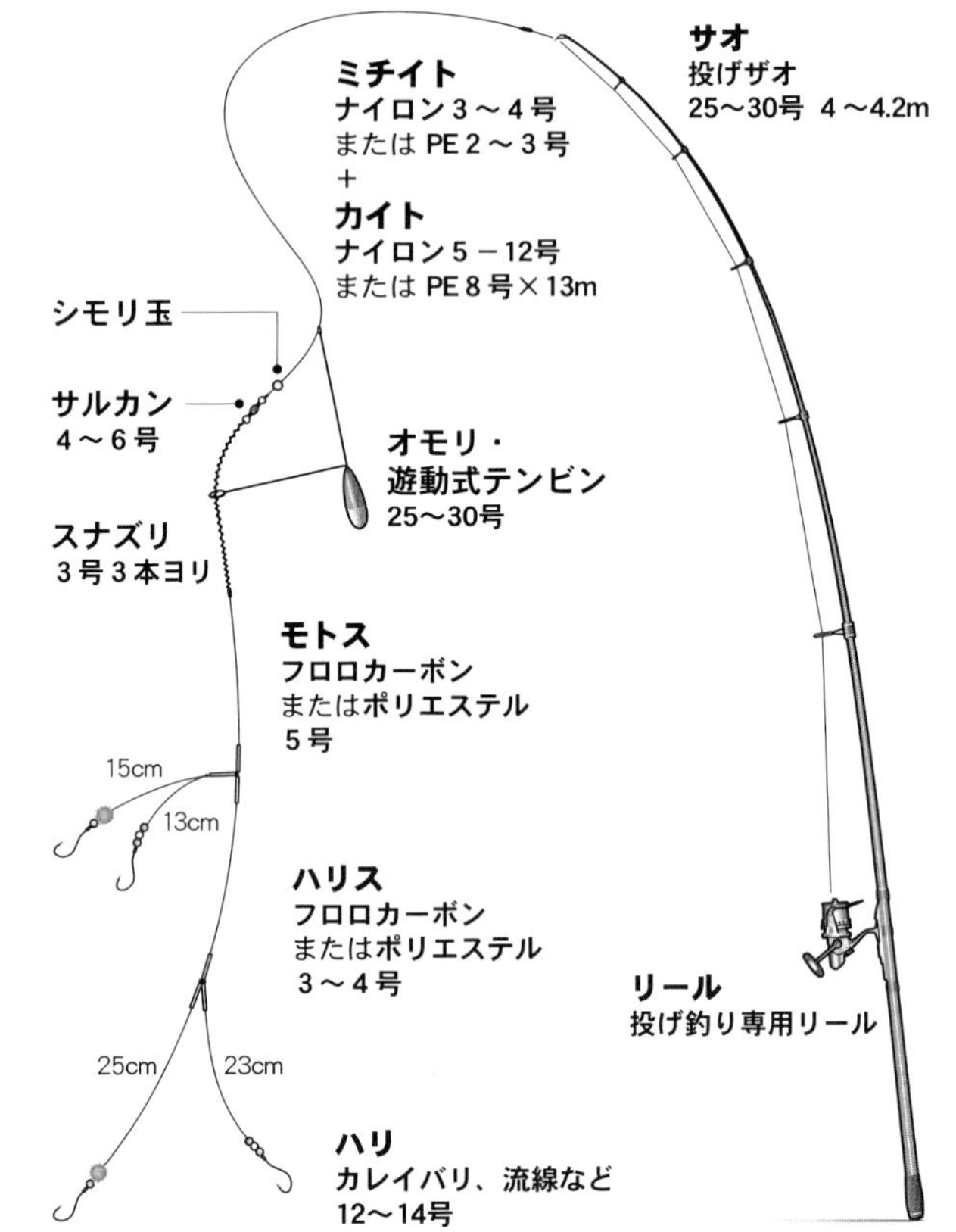
サオ
投げザオ
25～30号 4～4.2m
ミチイト
ナイロン3～4号
または PE2～3号
＋
カイト
ナイロン5－12号
または PE8号×13m
シモリ玉
サルカン
4～6号
オモリ・
遊動式テンビン
25～30号
スナズリ
3号3本ヨリ
モトス
フロロカーボン
またはポリエステル
5号
15cm
13cm
ハリス
フロロカーボン
またはポリエステル
3～4号
リール
投げ釣り専用リール
25cm
23cm
ハリ
カレイバリ、流線など
12～14号

段差仕掛けとは、ハリスの長さを変えた2本のハリを下バリ、もしくは下バリと枝スに配した仕掛けだ。この仕掛けのメリットはいくつか存在するが、「エサを大きく見せられる」点がその最たるものとして挙げられる。カレイには目立つエサが有効であることは前述のとおりであるが、2本のハリにエサを付けてアピールできる段差仕掛けは、その点で実に理にかなっているといえるだろう。

次の利点としては「2つのハリにそれぞれ異なるエサを付けられる」ことだ。現在、段差仕掛けの定番エサであるアオイソメとイワイソメのミックス掛けでは、イワイソメの匂いとアオイソメの動きのよさを同時に得られる。

第3の利点は「エサ保ちのよさ」である。置きザオが基本のカレイ釣りは、いうまでもなくエサが一点のポイントにとどまる時間が長い釣りであり、エサ取りが多いときは少々釣りにくい。その点、エサをたっぷり付けられる段差

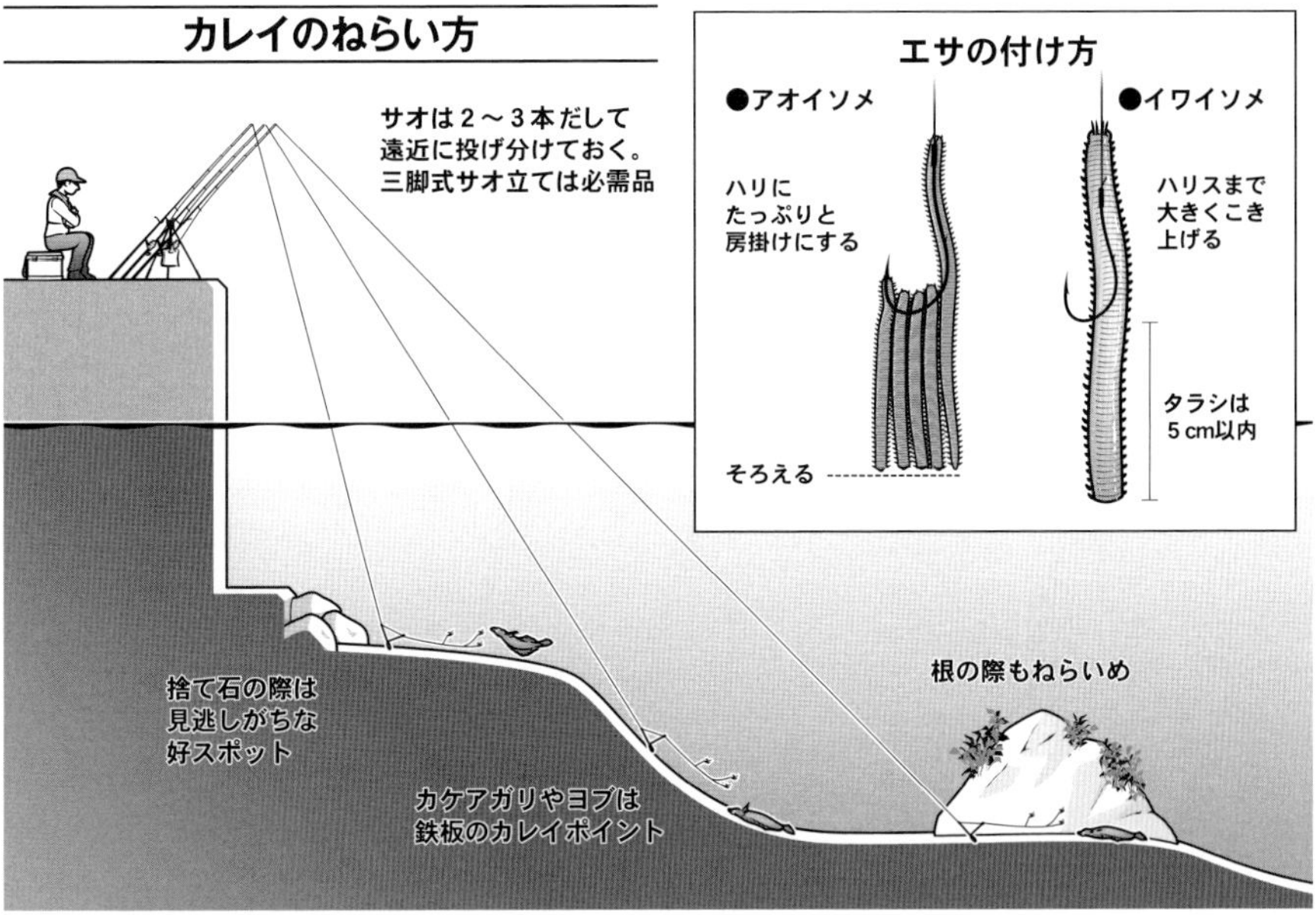
カレイのねらい方
サオは2～3本だして
遠近に投げ分けておく。
三脚式サオ立ては必需品
捨て石の際は
見逃しがちな
好スポット
カケアガリやヨブは
鉄板のカレイポイント
根の際もねらいめ
エサの付け方
●アオイソメ
ハリに
たっぷりと
房掛けにする
そろえる
●イワイソメ
ハリスまで
大きくこき
上げる
タラシは
5cm以内

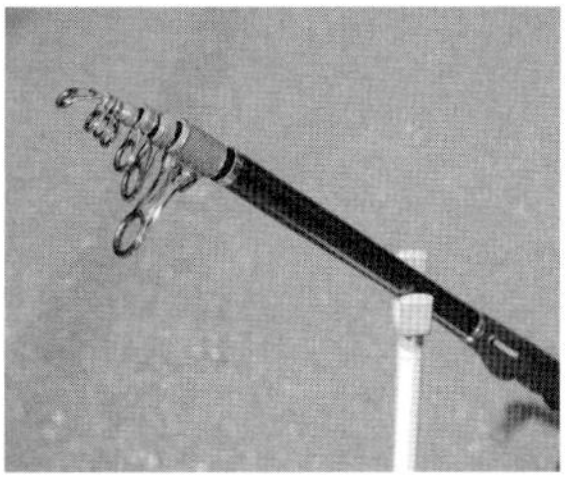

置きザオでじっくり腰を据えてアタリを待つカレイ釣りでは振り出しザオが使いやすい

エサはアオイソメとイワイソメのミックス掛けが定番

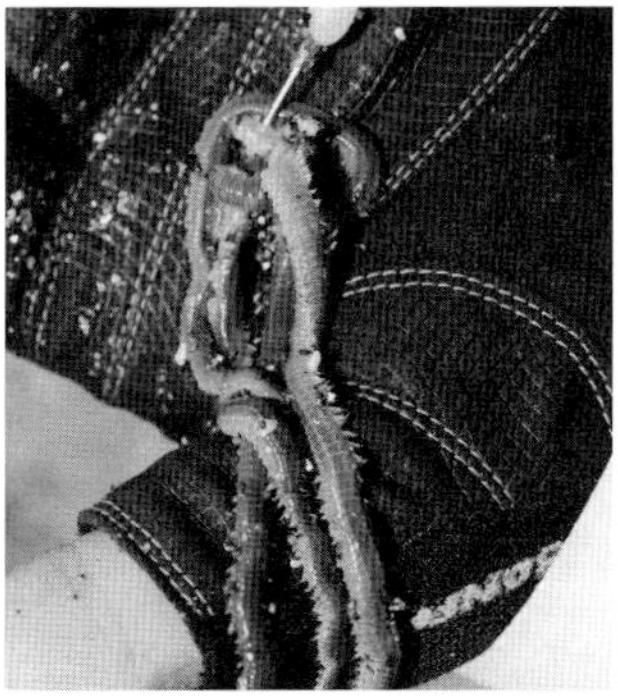

カレイねらいでエサをケチるのは御法度。たっぷりハリ付けして魚に見せつけよう

仕掛けはエサ取りが食い尽くすまでに時間が掛かる。また、エサ取りが就餌する音はカレイの興味を引くといわれており、エサ取りがエサを食っている間にカレイが寄り、食い残しのエサを口にする可能性も高まるわけだ。

●エサ

アオイソメ、イワイソメのミックス掛けが定番。ほかにアオコガネ、アカコガネなど。エサ取りが多いときは小型のユムシも効果的。

●釣り方

釣り方そのものは、通常のカレイ釣りに準ずる。

アイナメほか

魚種別仕掛け③ ブッコミ仕掛け

短いハリスで根掛かり対策

基本仕掛け図

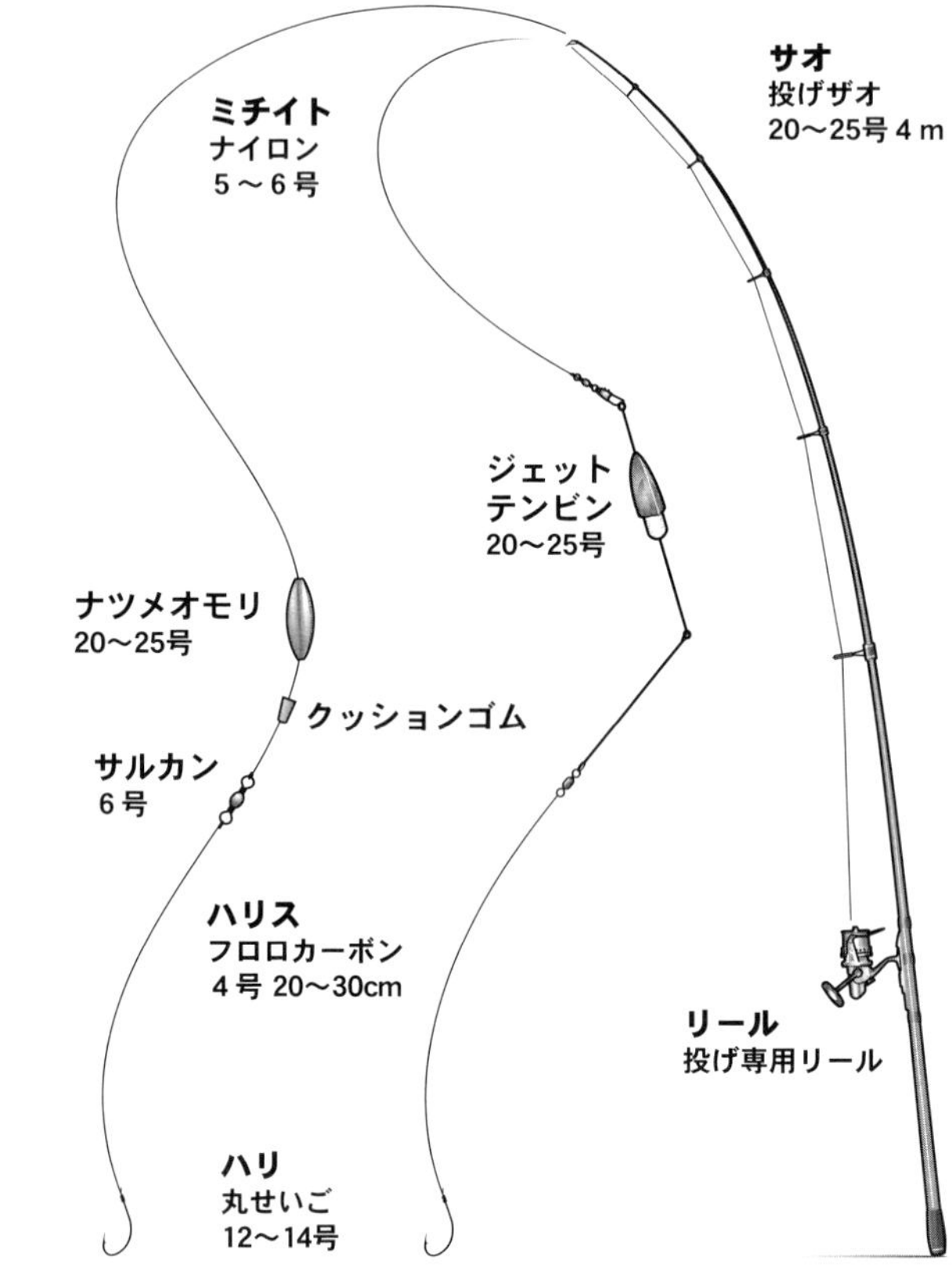
サオ
投げザオ
20〜25号 4m
ミチイト
ナイロン
5〜6号
ジェット
テンビン
20〜25号
ナツメオモリ
20〜25号
クッションゴム
サルカン
6号
ハリス
フロロカーボン
4号 20〜30cm
リール
投げ専用リール
ハリ
丸せいご
12〜14号

ブッコミ釣りとは投げ釣りの一種で、主に中通し系のオモリを使い、根の荒い場所を置きザオでねらう釣り方である。ひと口にブッコミ釣りといっても仕掛けや釣り方のスタイルはさまざまだが、アイナメをはじめとする岩礁帯や捨て石周り、ゴロタ場などを好む魚をねらう短ハリス仕掛けは、ブッコミ釣り仕掛けの代表的なものといえるだろう。

ハリスを短くする理由は、フカせる部分を少なくして根掛かりを回避することだ。根掛かり防止が目的であるため、1本バリが基本となる。

魚を掛けたら遊ばせず一気に浮かせる必要があるので、ハリスは太めが無難だ。ねらう場所柄、仕掛けの消耗が激しいこともあり、予備は多めに持参しよう。イト付きバリを積極的に利用するのもよいだろう。

オモリはナツメ型オモリや、巻き上げ時の浮き上がりが速いジェットテンビンが多用されている。

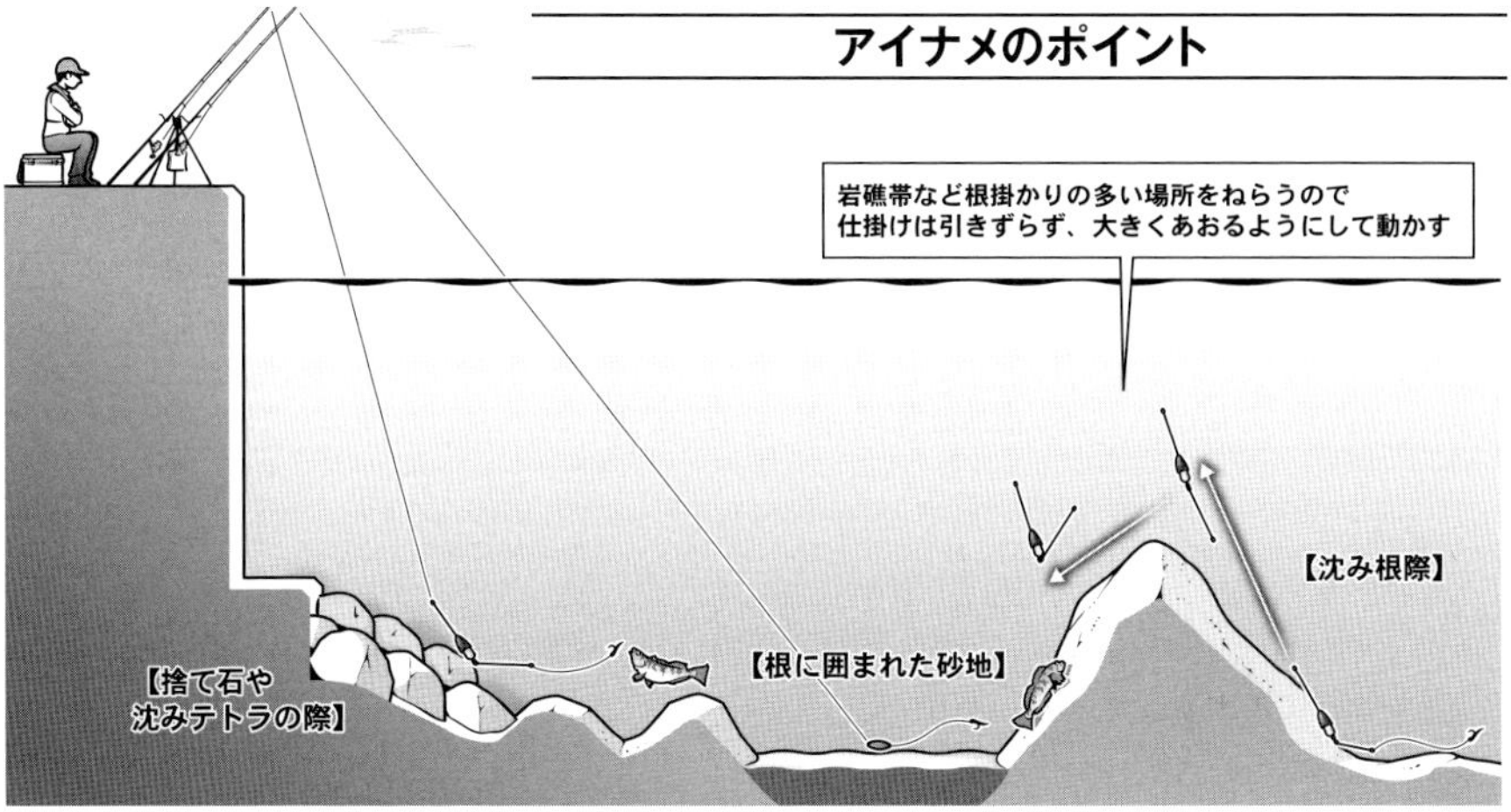
アイナメのポイント
岩礁帯など根掛かりの多い場所をねらうので
仕掛けは引きずらず、大きくあおるようにして動かす
【沈み根際】
【根に囲まれた砂地】
【捨て石や
沈みテトラの際】

釣期の目安												
	1月	2月	3月	4月	5月	6月	7月	8月	9月	10月	11月	12月
アイナメ												

よく釣れる　釣れる

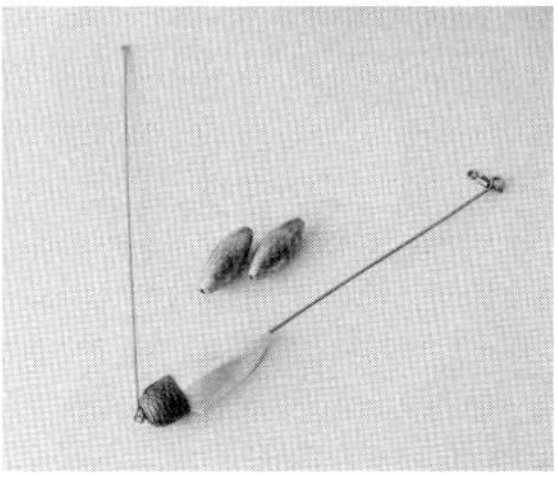

オモリはナツメ型を中心に浮き上がりの速いジェットテンビンが多用される

メインのエサはイワイソメ。頭の硬い部分はエサ保ちがよい

●対象魚

アイナメ以外にも、カサゴやソイ、アナゴ、ウナギなど岩礁帯やガラ場を好む魚がねらえる。

●エサ

イワイソメをメインにボケジャコ、ユムシなども食う。イワイソメの頭は硬くてエサ保ちがよい。

●釣り方

アイナメは障害物周りに着く魚で、沈み根周り、ミゾの中、捨て石の際、テトラ際、砂地と根の切れ目などがポイントとなる。仕掛けを投入したら、これら障害物周りに仕掛けを止めてアタリを待つ。

アイナメは好奇心が旺盛で動くものに興味を示すが、無闇に仕掛けを動かすのは根掛かりの元となる。アタリがない場合など仕掛けを動かす際は、海底を引くのではなく、軽くサオをシャクるようにしてオモリを浮かせ、海底を小突くような感じで手前に寄せてくるとよい。

マダイほか

魚種別仕掛け④ 遊動大もの仕掛け

ドラグフリーで最初の突進をかわす

基本仕掛け図

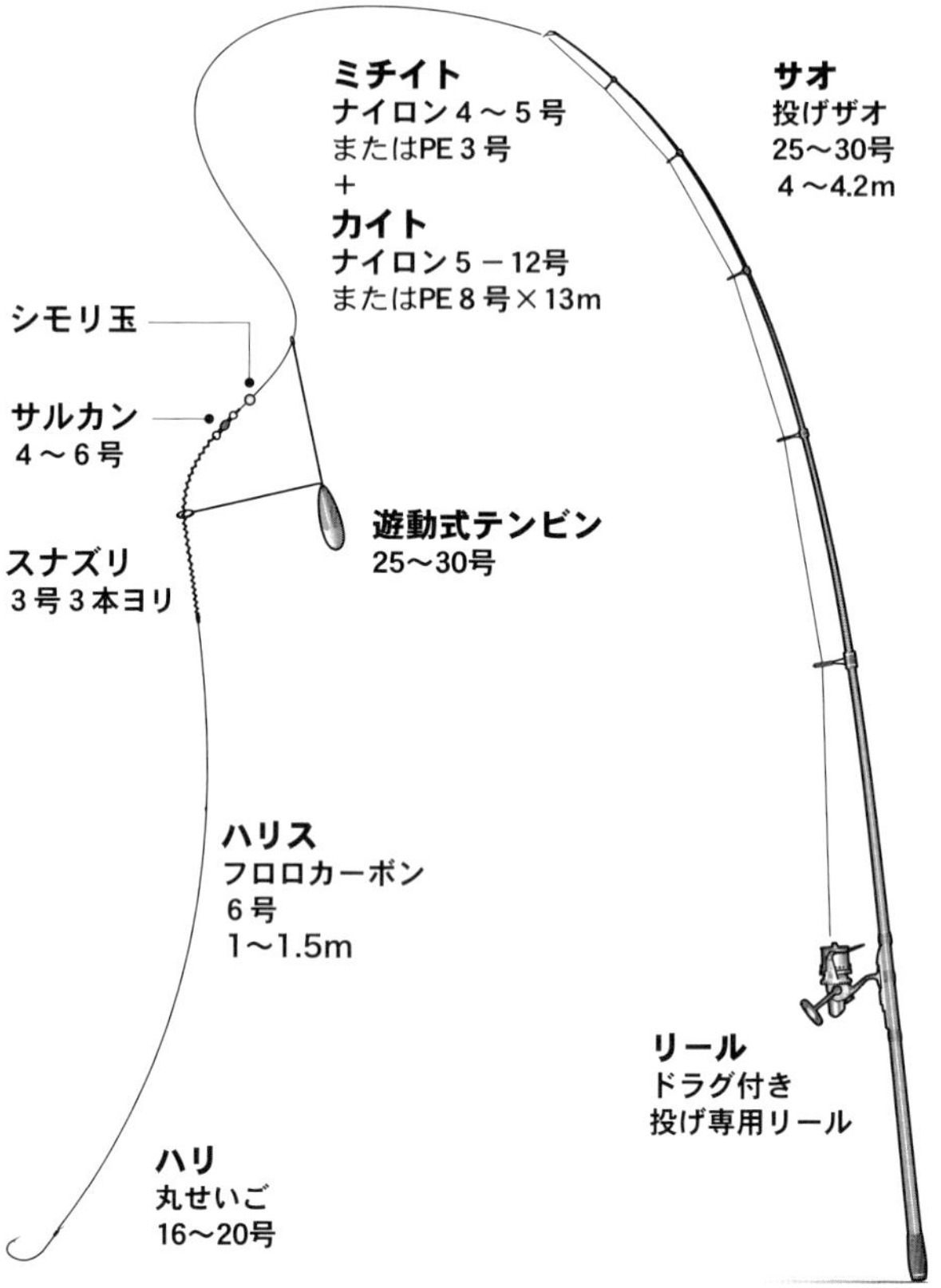
ミチイト
ナイロン4～5号
またはPE3号
＋
カイト
ナイロン5－12号
またはPE8号×13m
サオ
投げザオ
25～30号
4～4.2m
シモリ玉
サルカン
4～6号
遊動式テンビン
25～30号
スナズリ
3号3本ヨリ
ハリス
フロロカーボン
6号
1～1.5m
リール
ドラグ付き
投げ専用リール
ハリ
丸せいご
16～20号

投げ釣りといえば砂浜や堤防からの釣りが定番だが、近年では「磯投げ」という磯場からマダイなどの大ものをねらう釣りも人気である。

大ものねらいで用いるタックルの特徴は、遊動式テンビンとドラグ付き投げ専用リールを使う点にある。大型魚がエサを食った直後の疾走は強烈のひと言で、通常の投げ釣りタックルではあっという間にサオ掛けをなぎ倒され、運が悪いとタックルごと海に持っていかれてしまう。そこで、リールのドラグをズルズルに緩めた状態でアタリを待ち、魚が食ったらとりあえずフリーでミチイトを出して最初の突進をかわすというわけだ。

魚の通り道にエサを置いてアタリを待つ釣りであるため、置きザオスタイルが基本となる。アタリは豪快そのもの。何の前触れもなくスプールが水飛沫を上げて逆転するさまは実にエキサイティングで、シロギスやカレイといった王道の釣りにはない魅力がある。

マダイねらいの手順

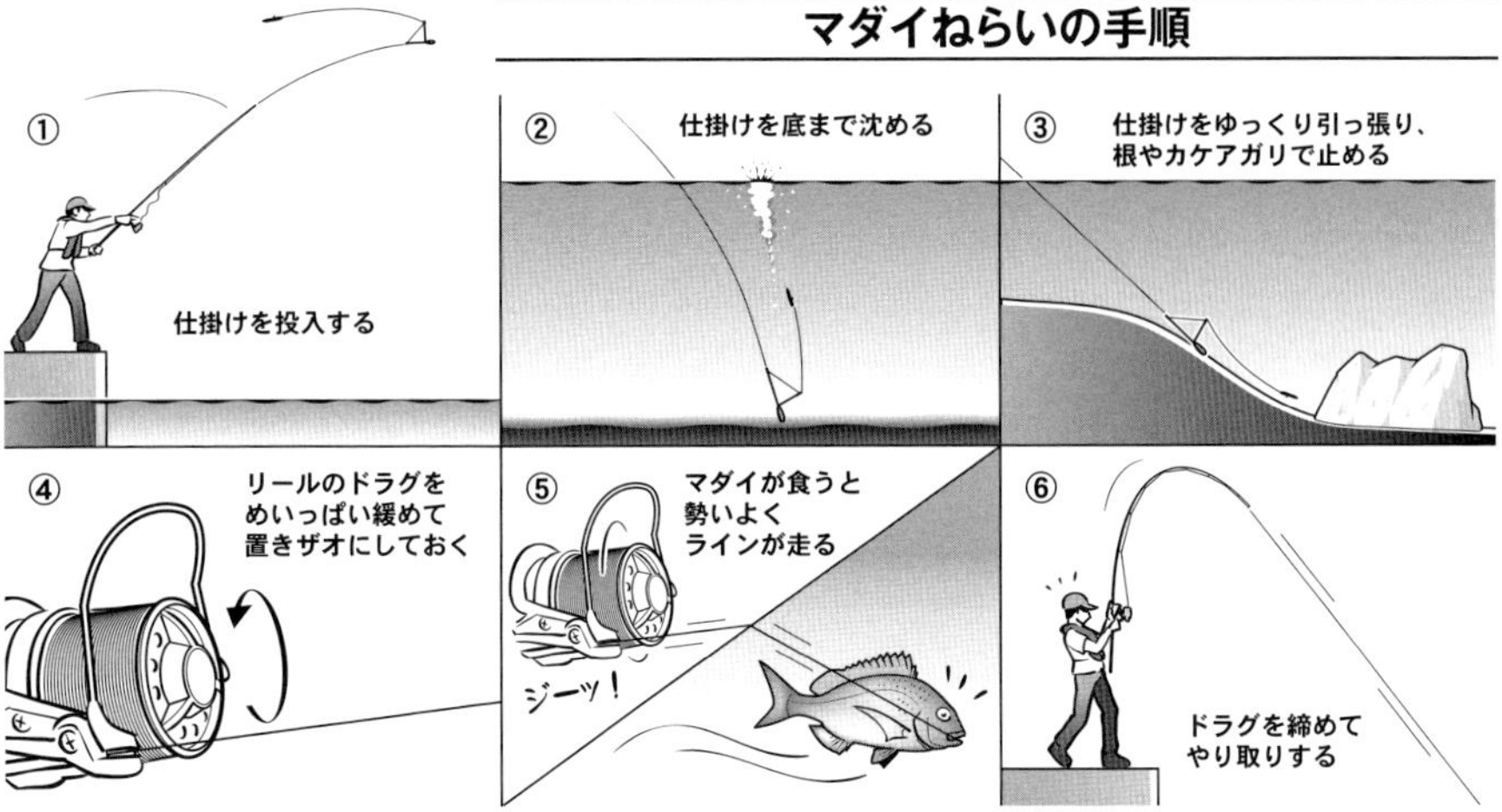
①
仕掛けを投入する
②
仕掛けを底まで沈める
③
仕掛けをゆっくり引っ張り、
根やカケアガリで止める
④
リールのドラグを
めいっぱい緩めて
置きザオにしておく
⑤
マダイが食うと
勢いよく
ラインが走る
ジーッ！
⑥
ドラグを締めて
やり取りする

釣期の目安												
	1月	2月	3月	4月	5月	6月	7月	8月	9月	10月	11月	12月
マダイ	釣れる		釣れる	よく釣れる	よく釣れる	釣れる			よく釣れる	よく釣れる	よく釣れる	釣れる

よく釣れる　釣れる

リールはドラグ付き投げ専用リールを用いる。ワンアクションでドラグフリーになるタイプが使いやすい

エサはイワイソメがメイン。エサ取りが多いときはユムシが有効だ

●対象魚

マダイ、クロダイ、大ギス（夜釣り）、フエフキダイ、コロダイなど大もの全般。

●エサ

マダイにはイワイソメ、チロリ、ユムシなどが有効。

●釣り方

仕掛けを投入したら、沈み根際やミゾの中、カケアガリなど、魚の通り道となるであろう場所に仕掛けを止め、リールのドラグを緩めてアタリを待つ。リールはダイワ製品ならQD（クイックドラグ）タイプ、シマノ製品ならパワーエアロ系などの、ワンアクションでドラグがフリーになるものが使いやすい。

アタリは高速でドラグが逆転する派手なもので、誰でも容易に察知できるはずだ。ある程度魚を走らせたところでサオを持ち、リールのドラグを締めて寄せに入る。取り込みには枠の大きな玉網が必需品である。

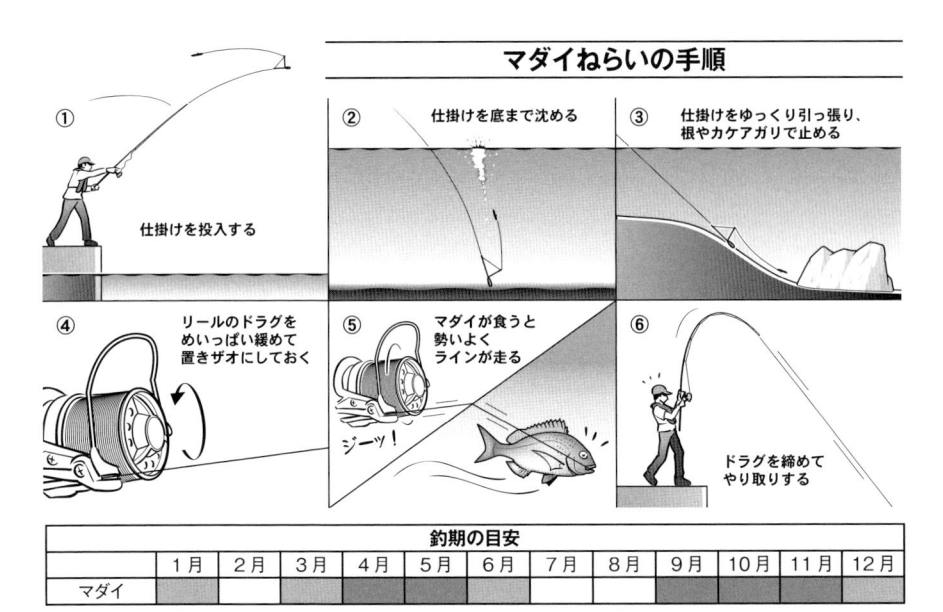

イシモチ

魚種別仕掛け⑤ 胴突き仕掛け①

河口や波の荒い外海でも絡みが少ない

基本仕掛け図

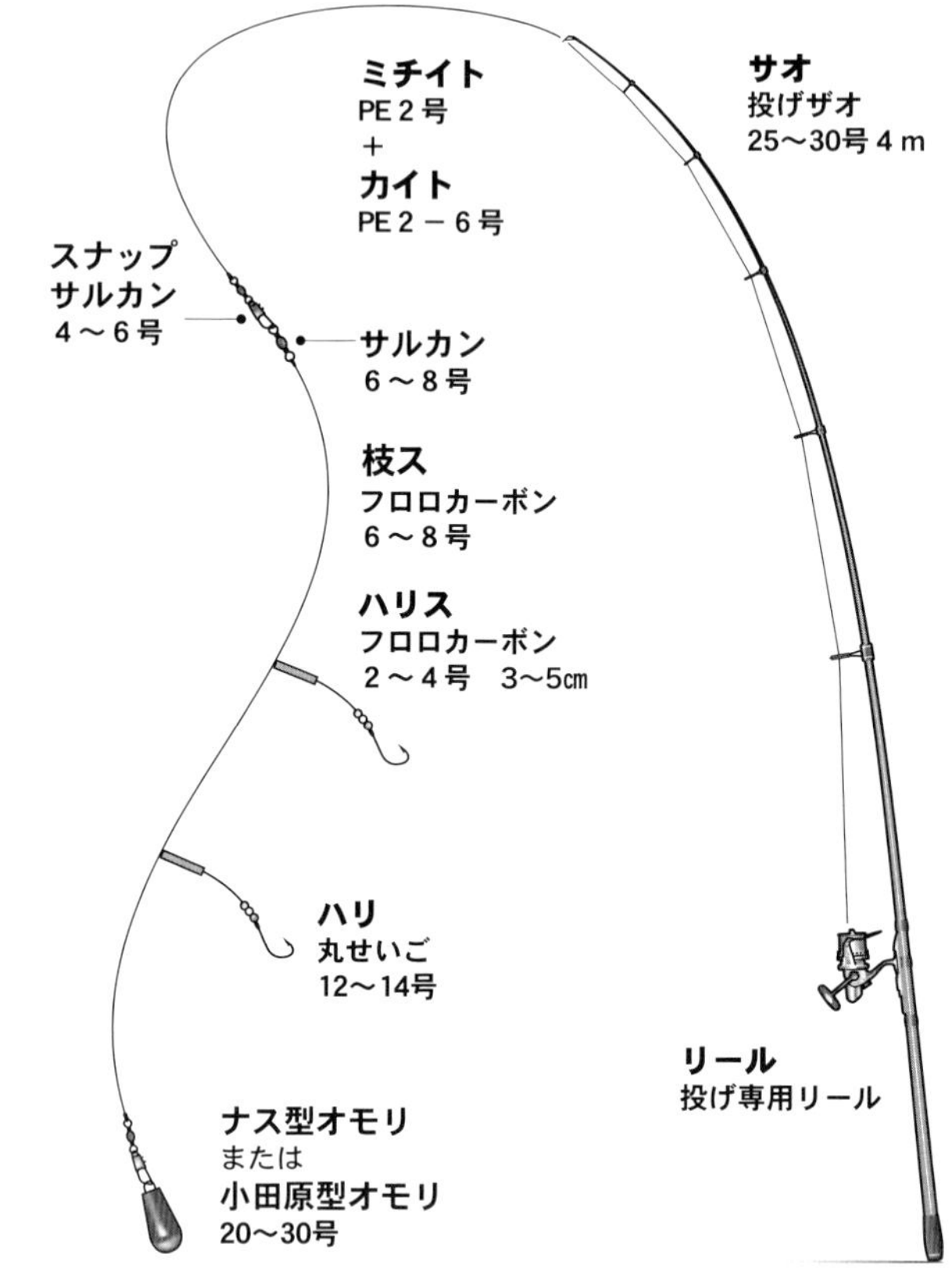

ミチイト
PE 2 号
＋
カイト
PE 2 － 6 号
サオ
投げザオ
25～30号 4 m
スナップ
サルカン
4 ～ 6 号
サルカン
6 ～ 8 号
枝ス
フロロカーボン
6 ～ 8 号
ハリス
フロロカーボン
2 ～ 4 号　3～5㎝
ハリ
丸せいご
12～14号
リール
投げ専用リール
ナス型オモリ
または
小田原型オモリ
20～30号

東北地方以南の各地に棲むイシモチは引きが強く、初心者でも数が釣れることから人気の高い投げ釣りターゲットである。イシモチは濁りを好む魚で、夜釣りでねらうことが多いが、雨後で潮が濁った日や、川の濁りが入りやすい河口部では日中でも釣れる。

仕掛けはシロギスなどと同様に吹き流し式が一般的だが、九十九里浜や常磐エリアのサーフなど外海に面した場所や、大河川の河口では、胴突き仕掛けの人気も高い。

波の荒い外海や河口部は流れが非常に複雑で、通常の吹き流し仕掛けでは流れに揉み返されてしまい、エサが落ち着かないうえに絡みなどのトラブルも多い。その点、仕掛けの先端にオモリが付く胴突き仕掛けは絡みが少なく、波の荒い場所でも使いやすい。

イシモチ用の胴突き仕掛けは、船釣り用も含めて数多く市販品が出回っているが、投げ釣りではキャスト時に強い力が仕掛けに加わるため、モトスの

胴突き仕掛けは複雑な流れに強い

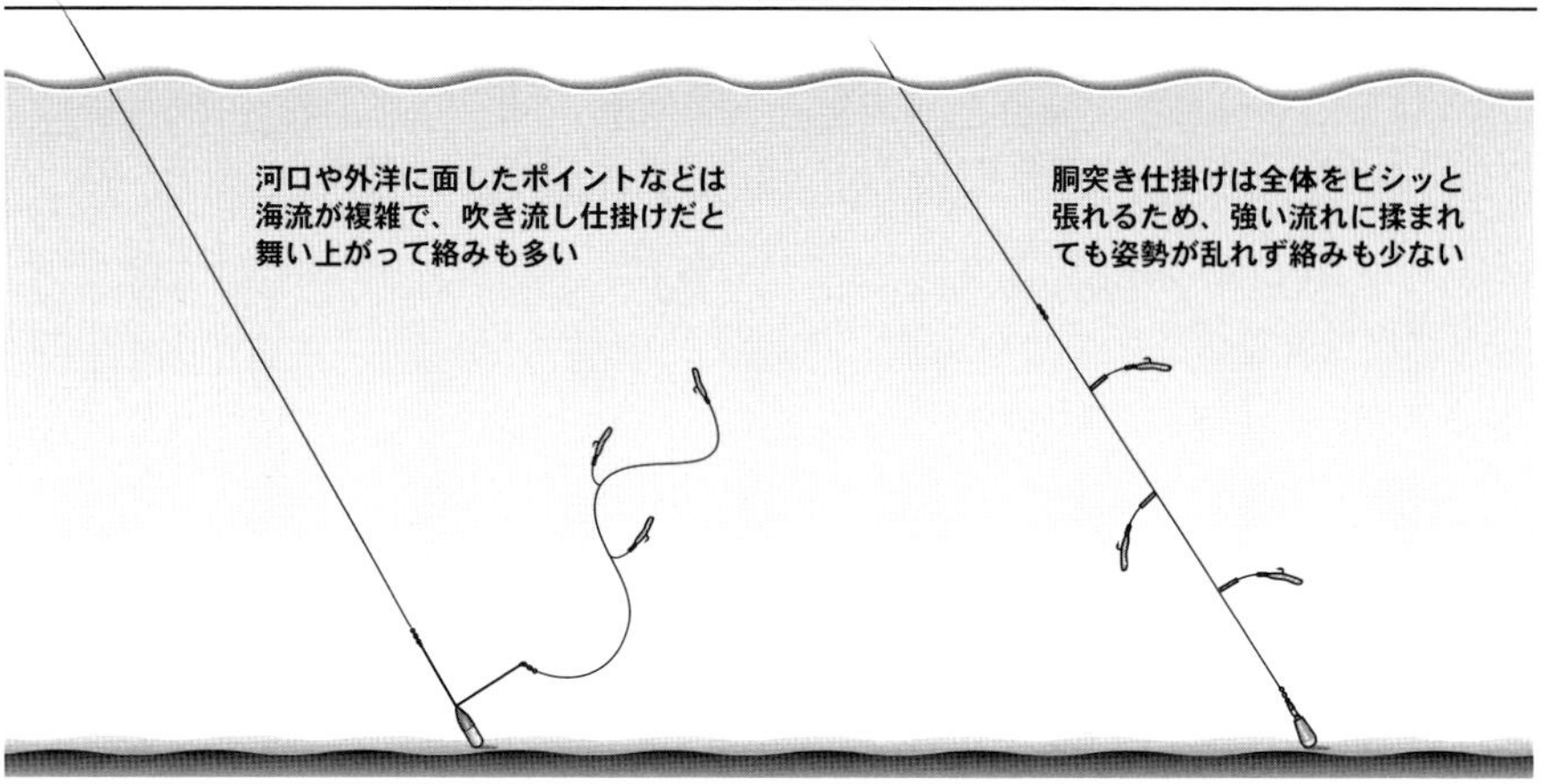
河口や外洋に面したポイントなどは
海流が複雑で、吹き流し仕掛けだと
舞い上がって絡みも多い
胴突き仕掛けは全体をビシッと
張れるため、強い流れに揉まれ
ても姿勢が乱れず絡みも少ない

釣期の目安												
	1月	2月	3月	4月	5月	6月	7月	8月	9月	10月	11月	12月
イシモチ				釣れる	釣れる	よく釣れる	よく釣れる	よく釣れる	よく釣れる	釣れる	釣れる	

よく釣れる　釣れる

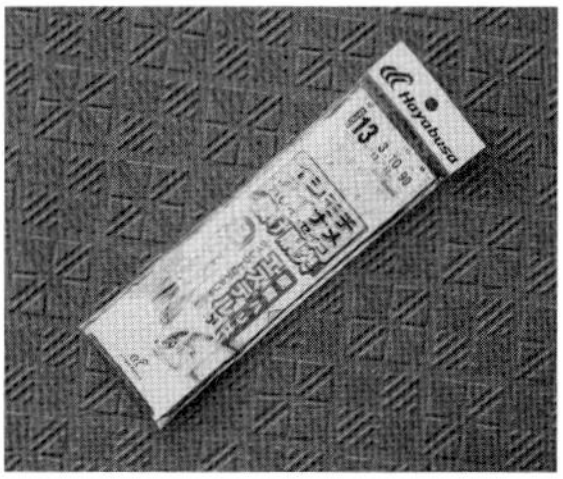
イシモチの胴突き仕掛けは完成仕掛けが市販されている

河口など潮が複雑に揉み返される場所では胴突き仕掛けが使いやすい

太い投げ釣り専用の仕掛けを買い求めることだ。オモリはナス型や小田原型を基本に、潮の速い場所では流されにくい三角オモリを使うとよい。

●エサ

アオイソメをメインにサンマの切り身も用いられる。

●釣り方

カケアガリやヨブはイシモチの好ポイント。平坦に見える砂地底にも必ず変化があるので、このような場所をねらって仕掛けを投入する。イシモチは動きのよいエサを好む傾向があり、アオイソメは1匹掛けを基本とする。

仕掛けを投入したら置きザオにしてアタリを待つ。通常は3〜4本、混雑時は2本程度サオをだすとよいだろう。

アタリは激しくサオ先を揺らす大きなものが多い。ただ、エサが大きいぶん食い込みに時間が掛かるので早アワセは禁物。アタリがあっても少し待ち、サオにグッと曲がりが入ってから合わせるとよい。

カサゴほか

魚種別仕掛け⑥ 胴突き仕掛け②

根掛かりに強い仕掛けで底を果敢にねらう

基本仕掛け図

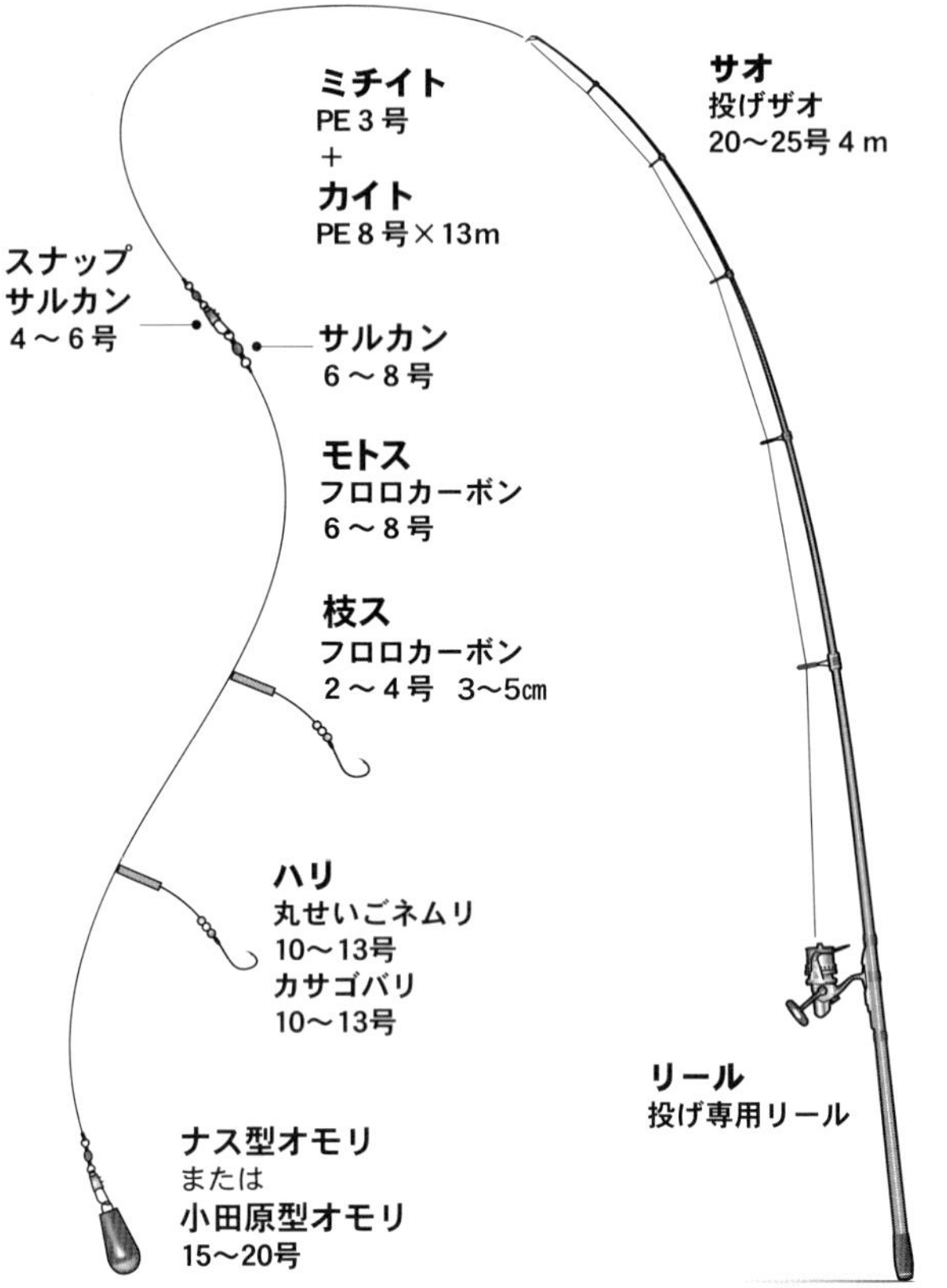
サオ
投げザオ
20〜25号４ｍ
ミチイト
PE３号
＋
カイト
PE８号×13m
スナップ
サルカン
４〜６号
サルカン
６〜８号
モトス
フロロカーボン
６〜８号
枝ス
フロロカーボン
２〜４号　3〜5㎝
ハリ
丸せいごネムリ
10〜13号
カサゴバリ
10〜13号
リール
投げ専用リール
ナス型オモリ
または
小田原型オモリ
15〜20号

船釣りではポピュラーな胴突き仕掛けだが、投げ釣りをはじめとする岸釣りにおいては、どちらかといえば少数派である。しかし、胴突き仕掛けのメリットは意外なほど多い。

1つは、前ページのイシモチ仕掛けで記した波や複雑な流れに強いという点。次なる利点は「根掛かりに強い」という点だ。オモリは着底していてもハリが底から離れているため、岩や海藻に掛かりにくいのである。この特性を踏まえ、カサゴやムラソイ、ハタ類といった根魚ねらいの投げ釣りでは、胴突き仕掛けが多用されている。

根魚はその名のとおり沈み根周りやゴロタ場、捨て石周り、テトラ帯などに居着いている。いずれも通常の吹き流し仕掛けでは釣りづらいポイントだが、胴突き仕掛けはこのような底根の荒い場所でも問題なくねらうことができる。ハリ先が内側に向いたネムリ系のハリを使えば、より根掛かりを軽減できるだろう。

胴突き仕掛けは根掛かりが少ない

底を取りながらもハリを浮かせることが
可能な胴突き仕掛けは根掛かりしにくく、
岩礁帯の釣りに向く
ゴロタ場も
問題なくねらえる

釣期の目安												
	1月	2月	3月	4月	5月	6月	7月	8月	9月	10月	11月	12月
カサゴ												

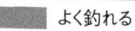

よく釣れる　釣れる

底根の荒い場所は根掛かりが頻発する場所だが、胴突き仕掛けなら問題なくねらえる

エサはサンマやサバの切り身といった身エサがメイン。エサ店でパック入りの冷凍物が売られている

●対象魚

カサゴ、ムラソイ、アカハタなど根魚全般。

●エサ

サバやサンマの切り身が定番。その他、生きエビ、アオイソメなど。

●釣り方

身エサをハリにチョン掛けし、ねらいのポイントへ投入する。その後はイトフケを取って置きザオにし、アタリを待つ。釣り場が混雑していなければサオを2～3本だし、遠投、中距離、足下と投げ分けるとよいだろう。

外道のウツボは、身エサの税金ともいえるもの。ハリ掛かりしたウツボは仕掛けに絡みついて厄介だが、ケガを避けるため無理に外そうとせず、ハリスを切って海にお帰りいただこう。

アタリはサオ先がゴツゴツッと震えた後、ギュッと入るのが典型的なパターン。身エサは食い込むまでに時間が掛かるので、サオ先が持ち込まれる本アタリを待って合わせるようにしよう。

カワハギ

魚種別仕掛け⑦ 胴突き仕掛け③

仕掛けの張りを利用し誘って食わせる

「エサ取り名人」の異名を持ち、軽妙な駆け引きで食わせる釣趣で絶大なる人気を誇るカワハギ。岩礁混じりの砂地に多く生息し、船釣りで盛んにねらわれているが、地周りの磯場や堤防も意外に魚影が多い。

岸から投げ釣りでカワハギをねらう場合、多用される仕掛けは吹き流し式と胴突き仕掛けの2種類。砂地が主体の海底ならば吹き流し式でも充分だが、障害物の多い場所になるほど根掛かりに強い胴突き仕掛けが有利だ。

投げ釣りのカワハギねらいで胴突き仕掛けが好まれる理由は、根掛かりしにくいこと以外にもう1点ある。それは「仕掛けを常に張っておけること」だ。吹き流し仕掛けは付けエサを自然に漂わせることができる反面、仕掛けにたるみが生じやすく、細かいアタリを取りにくいという短所がある。その点、胴突き仕掛けは常にピンと張っておくことができる。とりわけ忍者のようにエサをかすめ取っていくカワハギねらい

基本仕掛け図

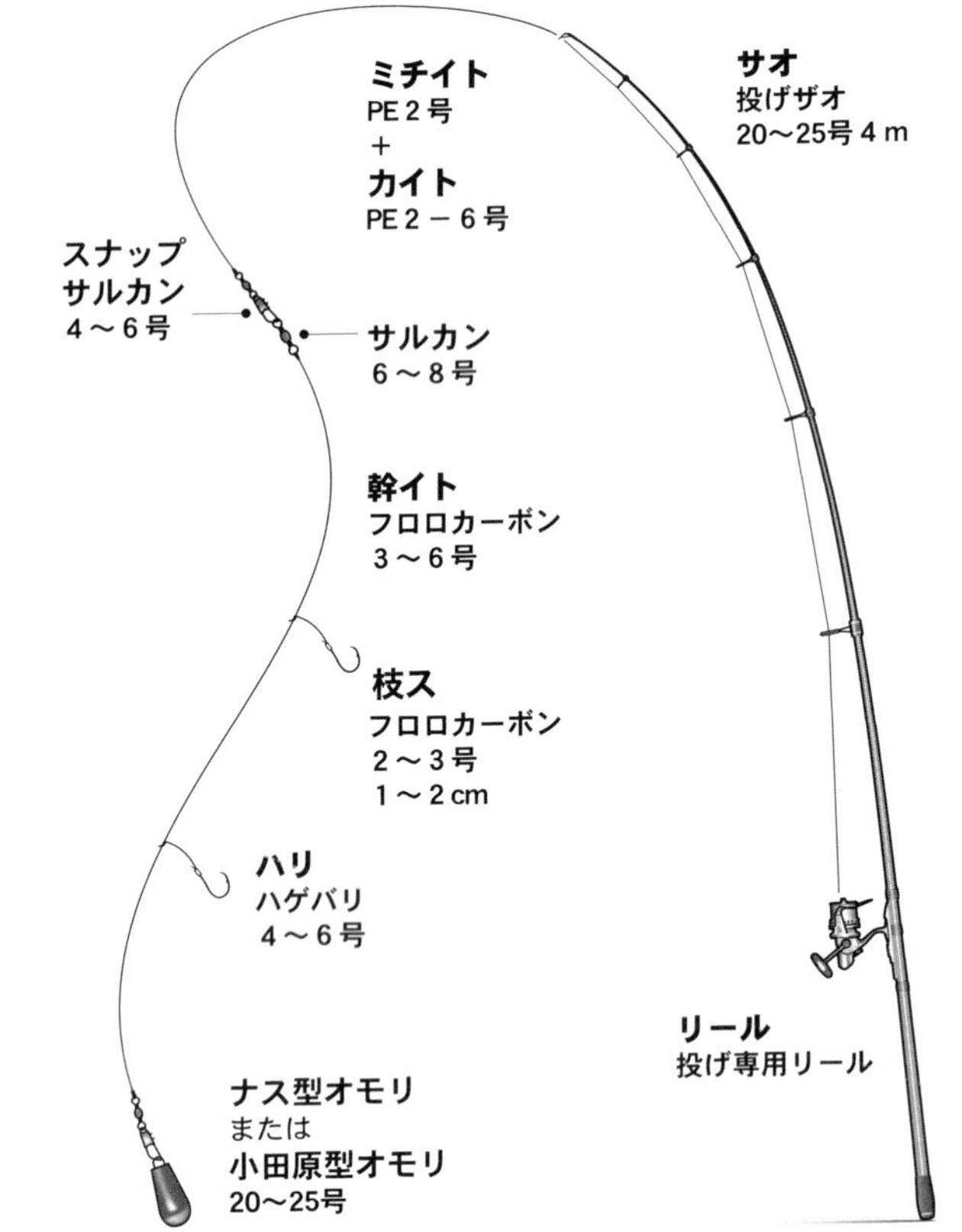
ミチイト
PE 2 号
＋
カイト
PE 2 － 6 号
サオ
投げザオ
20～25号 4 m
スナップ
サルカン
4 ～ 6 号
サルカン
6 ～ 8 号
幹イト
フロロカーボン
3 ～ 6 号
枝ス
フロロカーボン
2 ～ 3 号
1 ～ 2 cm
ハリ
ハゲバリ
4 ～ 6 号
リール
投げ専用リール
ナス型オモリ
または
小田原型オモリ
20～25号

カワハギのポイント

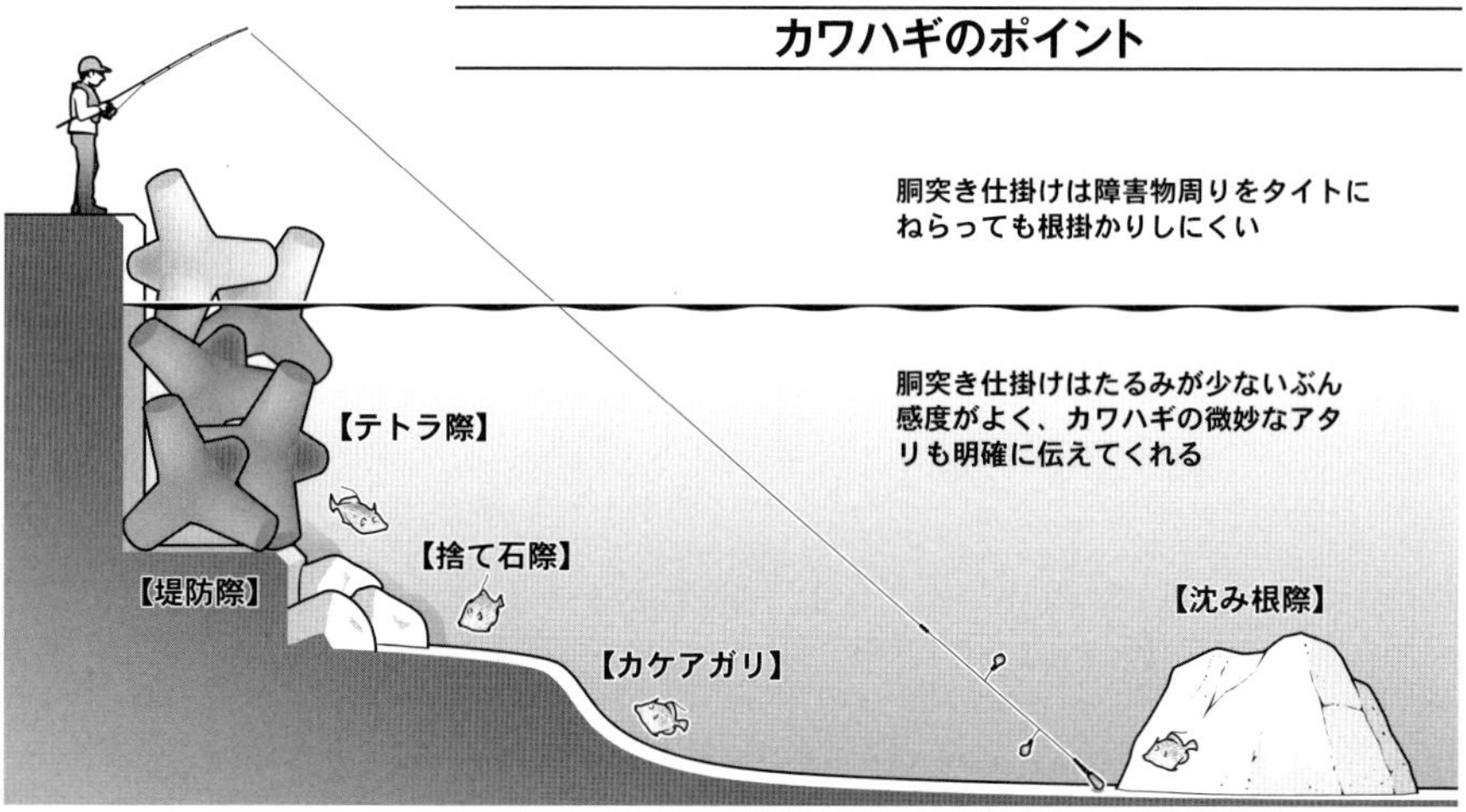
カワハギのポイント
胴突き仕掛けは障害物周りをタイトにねらっても根掛かりしにくい
胴突き仕掛けはたるみが少ないぶん感度がよく、カワハギの微妙なアタリも明確に伝えてくれる
【テトラ際】
【捨て石際】
【堤防際】
【カケアガリ】
【沈み根際】

釣期の目安												
	1月	2月	3月	4月	5月	6月	7月	8月	9月	10月	11月	12月
カワハギ	釣れる				釣れる	よく釣れる	よく釣れる	釣れる	釣れる	よく釣れる	よく釣れる	釣れる

よく釣れる　釣れる

マルキュー
くわせ
生アサリ
ムキ身

アサリのむき身はパック入りの冷凍物がエサ店で売られている

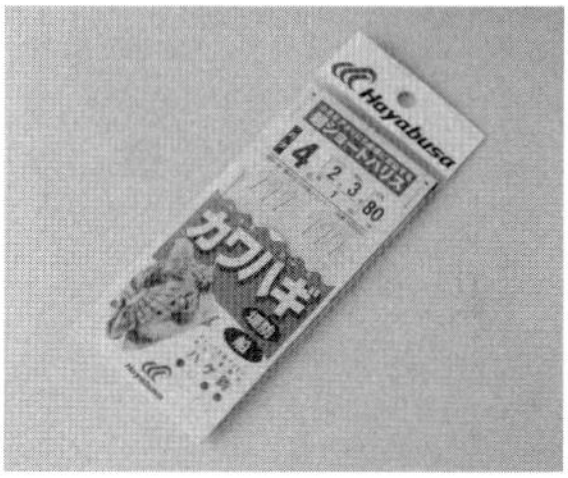
Hayabusa
カワハギ

カワハギ用の仕掛けは完成品が数多く出回っている

においては有効な仕掛けといえるだろう。

●エサ

アサリのむき身が代表的。その他、イワイソメ、アオイソメなど。基本的に虫エサはあまりタラシを出さない。

●釣り方

カワハギ釣りのコツは、とにかく「仕掛けを張ること」。仕掛けに余計なたるみを極力作らず、微妙なアタリをキャッチすることを心掛けよう。

投入後は置きザオにしても構わないが、カワハギは上から落ちてくるものに興味を示すので、時折誘いを入れるのも効果的。カワハギの活性が高いときは投げザオの代わりに10～12フィートのシーバスロッドを使い、常に手持ちでねらうのもよいだろう。

誘い方として、海底付近でエサを上下させる「シャクリ釣り」、ゆっくり仕掛けを引いてくる「サビキ釣り」のほか、オモリが着底した直後に空アワセを入れるというテクニックもある。

アナゴ

魚種別仕掛け⑧ 夜釣り仕掛け

化学発光体を効果的に使ってアピール

基本仕掛け図

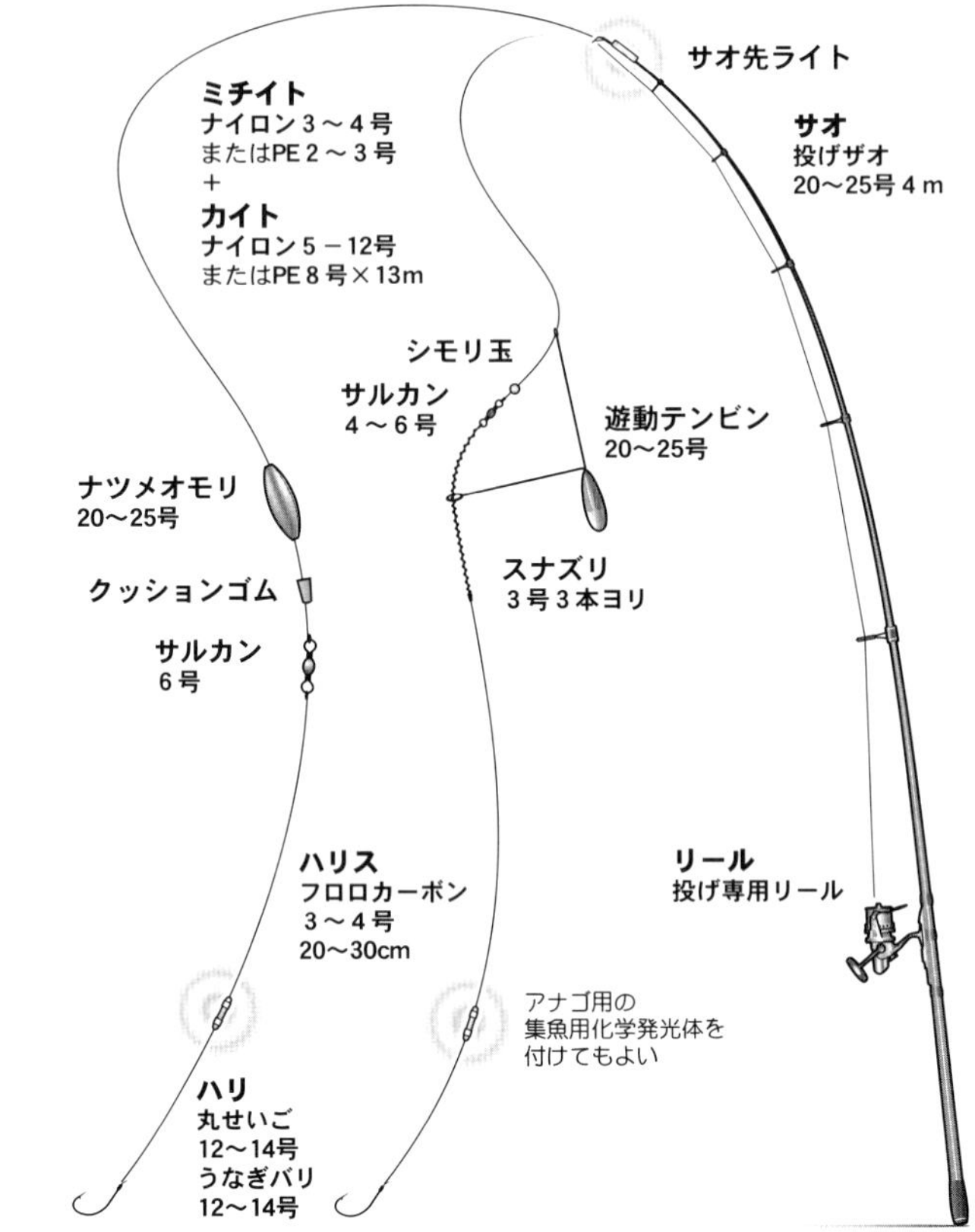

サオ先ライト
サオ
投げザオ
20〜25号4m
ミチイト
ナイロン3〜4号
またはPE2〜3号
+
カイト
ナイロン5−12号
またはPE8号×13m
シモリ玉
サルカン
4〜6号
遊動テンビン
20〜25号
ナツメオモリ
20〜25号
スナズリ
3号3本ヨリ
クッションゴム
サルカン
6号
リール
投げ専用リール
ハリス
フロロカーボン
3〜4号
20〜30cm
アナゴ用の
集魚用化学発光体を
付けてもよい
ハリ
丸せいご
12〜14号
うなぎバリ
12〜14号

江戸前では夏の味覚として絶大なる人気を誇るアナゴ。釣りの対象となるのはマアナゴで、主に砂泥地を住処としている。

日中は砂の中に隠れており、暗くなると一斉に出てきてエサを漁る。そのため、アナゴは主に夕マヅメから夜にかけてねらうパターンがほとんど。外海よりは内湾を好み、深い湾奥でも釣れることから、仕事帰りやほかの釣りの二次会的な釣りとしても楽しめる。ただ、深夜まで絶え間なくアタリが続くのは稀で、日没直後から2〜3時間がゴールデンタイムといえる。

性質は意外にどう猛で、ゴカイ類や甲殻類、小魚など何でも口にする。その一方で捕食行動はかなり巧みで、気づかないうちにエサを取られていることもしばしば。エサを口にしたアナゴは体を回転させながら食いちぎるともいわれており、ハリスがチリチリに縮れて戻ってくるのは、ほぼアナゴの仕業と思って差し支えないだろう。

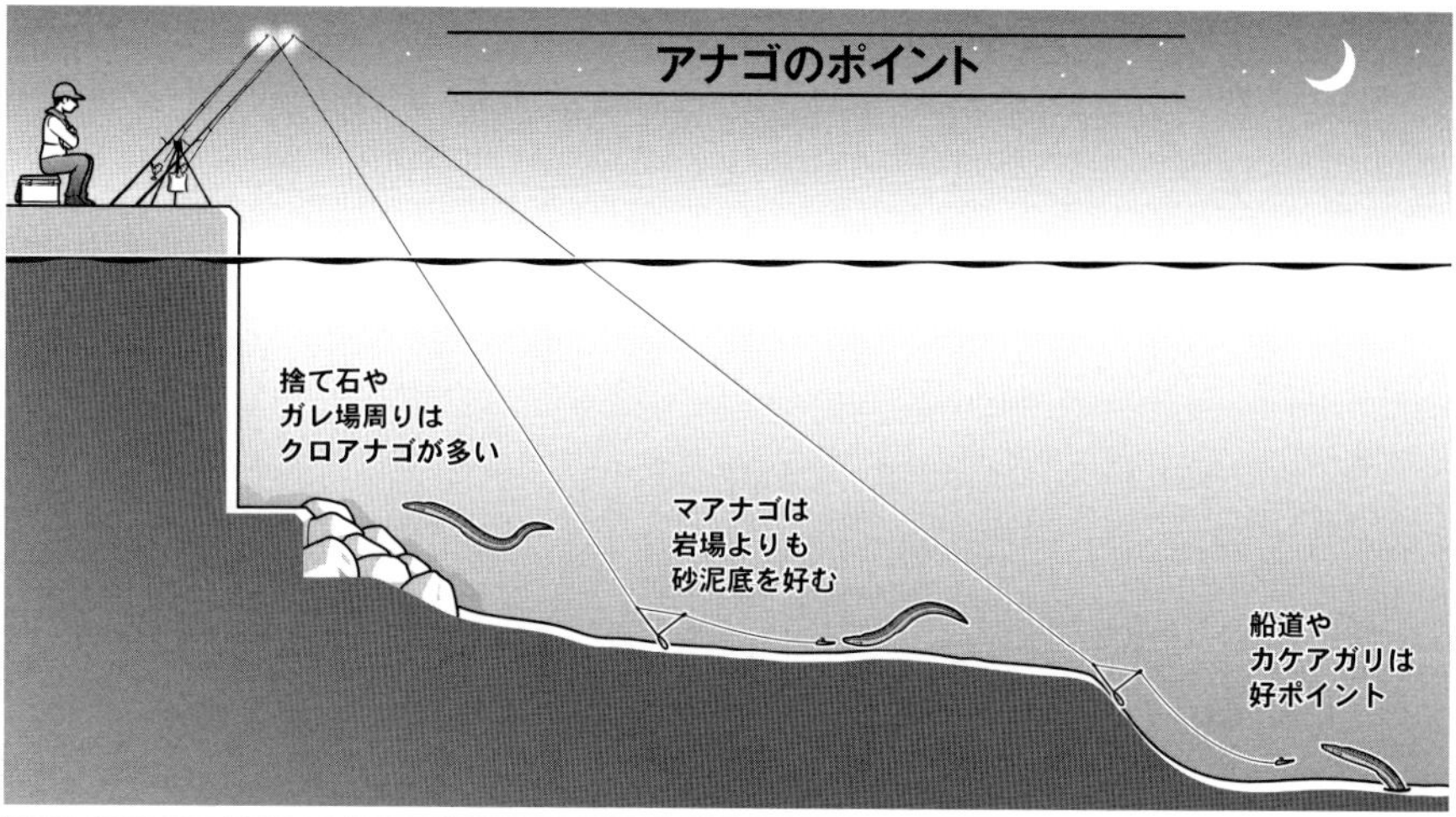
アナゴのポイント
捨て石や
ガレ場周りは
クロアナゴが多い
マアナゴは
岩場よりも
砂泥底を好む
船道や
カケアガリは
好ポイント

釣期の目安												
	1月	2月	3月	4月	5月	6月	7月	8月	9月	10月	11月	12月
マアナゴ												

よく釣れる　釣れる

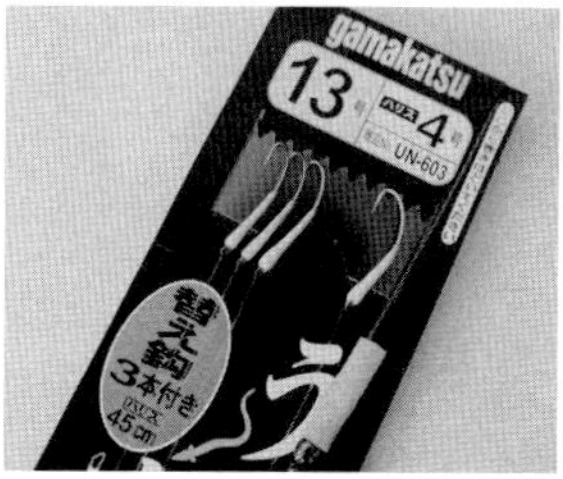
gamakatsu
13
ハリス
4
UN-603
替え鈎
3本付き
ハリス
45cm

アナゴ用の完成仕掛け。ハリのチモトには夜光塗料が塗られている

あなご天国
抜群の集魚効果!!
37

光に興味を示すアナゴねらいでは化学発光体も積極的に使われる

アナゴは光に対して強く興味を示す傾向があり、夜光塗料や化学発光体を用いるなど仕掛け使いも独特だ。

●エサ

アオイソメ、サバやサンマの切り身、イカの短冊など。

●釣り方

サオを2～3本だした置きザオスタイルでねらうのが一般的。3本サオをだすのなら、遠投、中間距離、近投と投げ分けておき、アタリがあった付近を集中的にねらうのが数を伸ばすコツだ。

アタリはサオ先にゴツンと大きく出るが、このときにはほぼ食い込んでおり、その前にエサを放した、あるいは食い逃げした個体も少なくないと考えられる。したがって感度のよいPEラインを用いるなどして小さな前アタリを取り、ラインを送って違和感を軽減したり、逆にラインを張って反射食いを促すといった工夫がほしい。

ヒット後は一気に巻いて寄せ、抜き上げるのが基本だ。

ウナギ

魚種別仕掛け⑨ コンパクトロッド仕掛け

格安タックルで障害物周りをタイトにねらう

基本仕掛け図

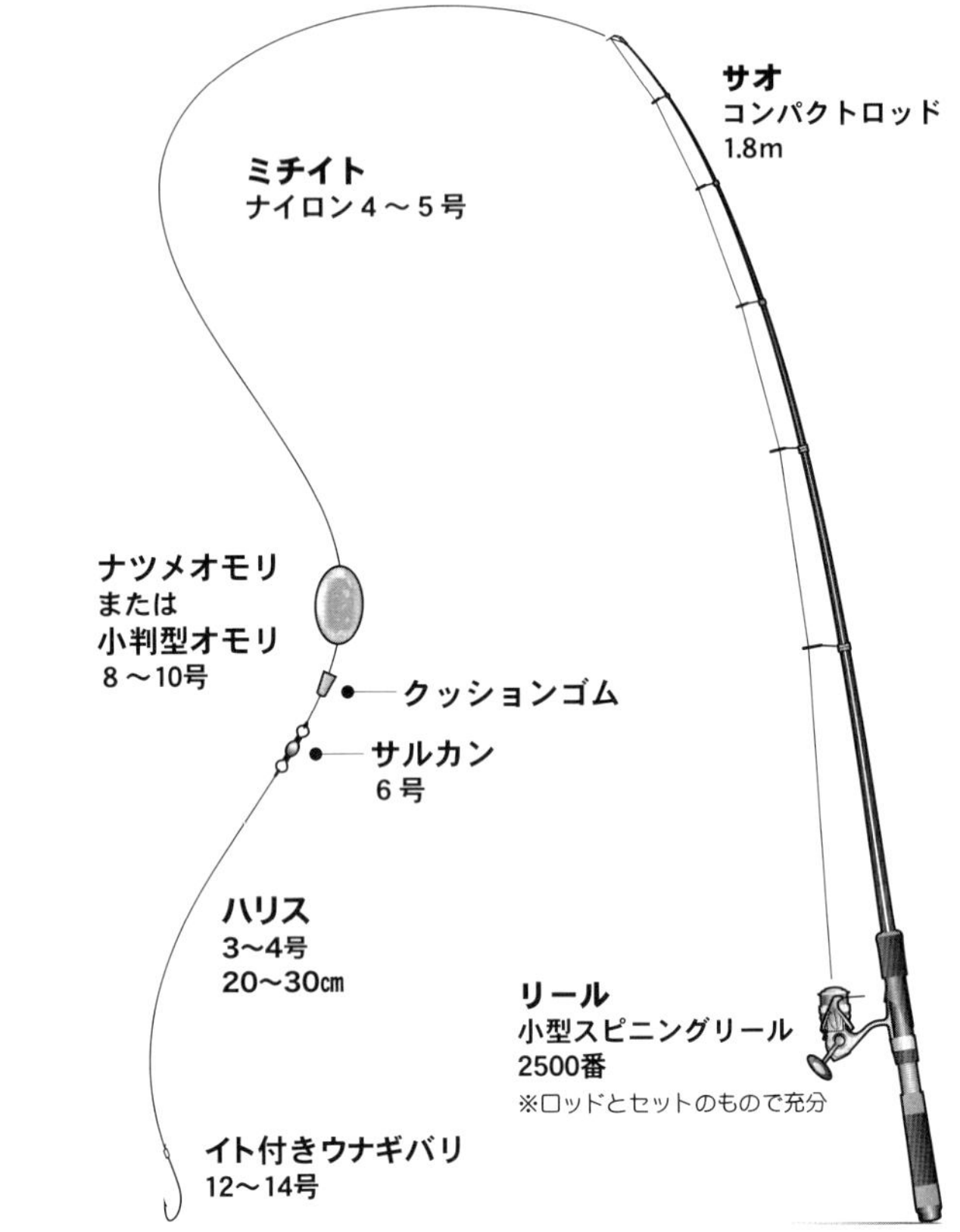
サオ
コンパクトロッド
1.8m
ミチイト
ナイロン4～5号
ナツメオモリ
または
小判型オモリ
8～10号
クッションゴム
サルカン
6号
ハリス
3～4号
20～30㎝
リール
小型スピニングリール
2500番
※ロッドとセットのもので充分
イト付きウナギバリ
12～14号

稚魚の不漁と輸入価格の高騰で、庶民の食卓から徐々に遠ざかりつつあるウナギだが、実のところ人里近くの小河川にも生息する身近な魚だ。河川内では、短い竹の先にハリとイトを付け、穴釣りでウナギをねらう人もいるが、万人が手軽に楽しめるのはブッコミ釣り。ウナギは夜行性なので、日没以降の夜釣りでねらうのが一般的である。

タックルは、バスロッドやシーバスロッドなど10号前後のオモリを投げられるものなら何でも構わないが、ウナギ釣り場はボサ周りや狭い護岸の上など足場が制限される所が多く、三脚式のサオ掛けを持ち込めない場所も少なくない。そのうえ、根掛かりのリスクが高い障害物の周辺をタイトにねらうとなると、あまり高価な道具は使いたくないというのが心情だろう。

こんなとき頼りになるのが、リールとセットになった格安のコンパクトロッドだ。取り回しがよく、狭い足場でも2本、3本と並べることができ、多少

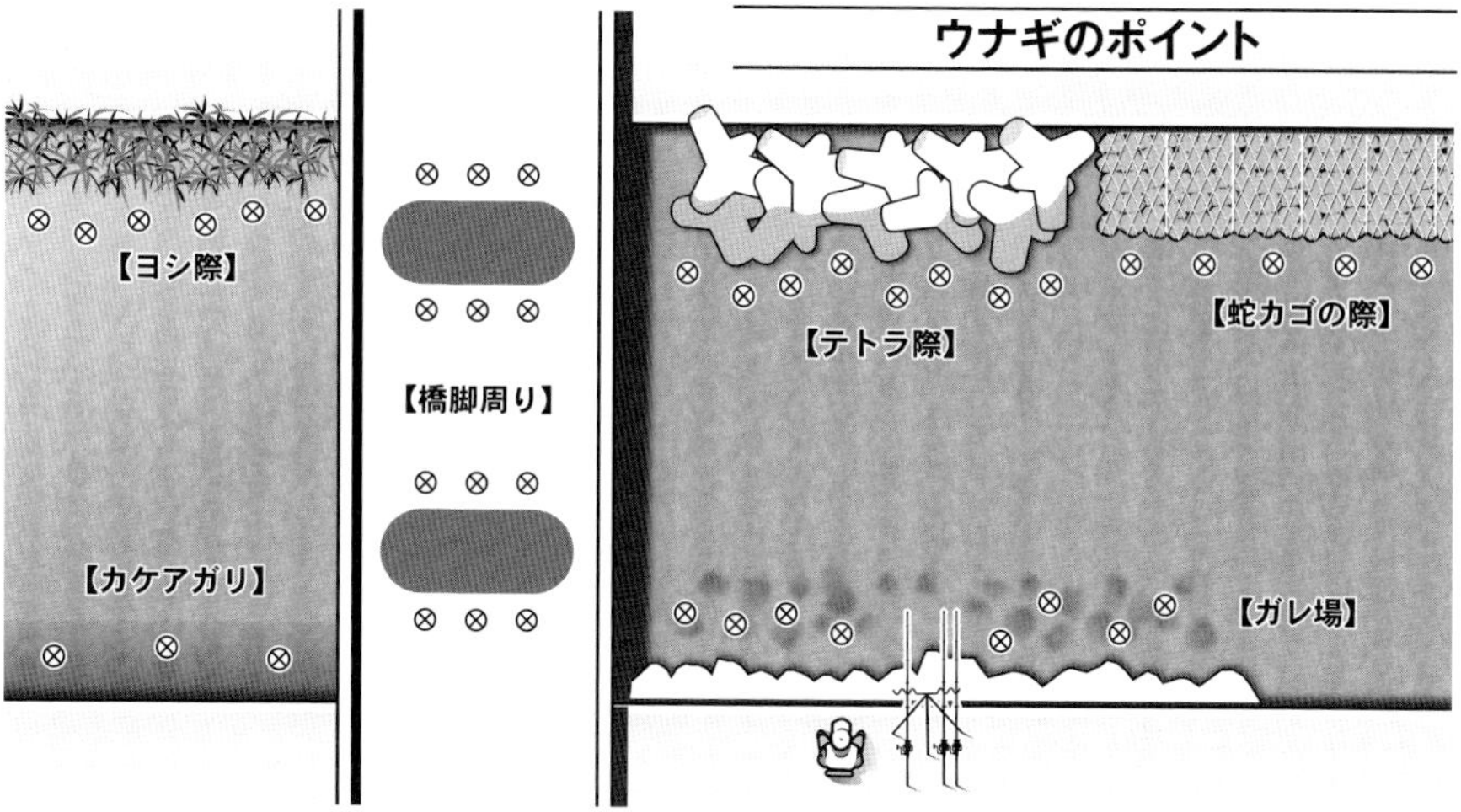
ウナギのポイント
【ヨシ際】
【カケアガリ】
【橋脚周り】
【テトラ際】
【蛇カゴの際】
【ガレ場】

釣期の目安												
	1月	2月	3月	4月	5月	6月	7月	8月	9月	10月	11月	12月
ウナギ												

よく釣れる　釣れる

道具をかばいたくない場面で活躍するのがコンパクトロッド。近場の障害物周りをねらうウナギ釣りにおいて不足はない

仕掛けの消耗が激しいウナギ釣りではイト付きバリが便利だ。必要な小物はオモリとサルカン、クッションゴム程度と、仕掛けはいたってシンプル

傷が付いても気にならない。遠投性能に難があるものの、近場の障害物周りをねらうウナギ釣りにおいて不足はまったくない。

●エサ

ミミズがメインエサ。自分で掘ったドバミミズが匂いが強く最良だが、手に入らない場合は市販の養殖物でも可。アオイソメ、アユやドジョウ、テナガエビなどもウナギの好物だ。

●釣り方

釣り場はねらい所の絞りにくい大河川よりも、地形の変化が目で見える小～中河川のほうが釣りやすい。ガラ場やカケアガリ、アシやテトラ、ジャカゴといった障害物周りに仕掛けを止め、置きザオにしてアタリを待つ。

アタリは比較的明確で、サオ先がゴゴンと持ち込まれるケースがほとんど。ねらう場所が場所なので、掛かったウナギを不要に遊ばせるのはバラシの元となる。一気に巻いて寄せるのがセオリーだ。

COLUMN 03

魚を美味しく持ち帰る方法

釣りあげた魚を食べないのであれば優しくリリース、食べるのであれば保存法に気を配り、美味しくいただくのが釣り人としての礼儀である。鮮度を保ったまま魚を持ち帰るコツは以下の4点だ

①ストレスを与えず速やかに絶命させ、血抜きすること

クーラーボックスやバケツの中で魚を暴れさせると身が傷付くのはいうまでもないが、ストレスを与えて筋肉中のアミノ酸が分解されてしまううえ、身に血が回って食味が著しく落ちる。釣りあげた魚はすぐに締め、極力血を抜いておくのが食味を落とさず、生臭さを抑えるコツだ。

②全身をムラなく冷却すること

クーラーボックスに魚を入れたとしても、氷の上に載せるだけではまんべんなく冷えない。

③魚体に直接氷を当てないこと

冷却ムラが生じるうえ、氷に触れた部分が氷焼けを起こしてしまう。

④極力真水に付けないこと

魚を真水に漬けると浸透圧の関係でうま味が染み出し、身が水っぽくなってしまう。氷漬けにしたまま長時間放置するのは禁物だ。

【具体的な締め方】

●小型魚の場合

シロギスやアジ、イワシなどの小さな魚は「水氷」を作って締める「氷締め」がおすすめ。水氷とは氷を入れたクーラーボックスに海水を注いだもので、これに魚を入れると即座に絶命する。魚体をまんべんなく冷やすことができ、自宅へ帰るまで鮮度をキープすることが可能だ。

●大型魚の場合

クロダイやメジナ、マダイ、スズキなどの大型魚はナイフなどで締めて血抜きした後、水氷に漬け込むとよい。

締める手順は、まず目の1～2cm後ろあたりにナイフを入れ神経を切断する（即死させる）。次にエラブタからナイフを入れて脊髄を切断した後、尾の付け根部分でも背骨を断ち、魚体を折り曲げるようにして血を抜く。ソウダガツオやサバなどは、頭を背中側に折る「サバ折り」にした後、海水を張ったバケツの中で血抜きするとよい。

この後、水氷に漬けておけば鮮度はバッチリ保たれる。重くて運べない場合は移動時にクーラーボックス内の水を少し抜いておき、車へ積む際に海水を足すとよいだろう。

正しい方法で締めた魚は身に血が回っておらず、生臭さなど微塵も感じない。プリップリの身を口に運べば、脂とうま味が口いっぱいに広がることだろう。ぞんざいに扱った魚と比べると、味の差は歴然だ。

5章

ウキ釣り

海面に浮いたウキでアタリを取るウキ釣りは、
視覚で魚との駆け引きを楽しめる数少ない釣り方だ。
ノベザオで気軽に遊べる小ものから、
剛竿をひん曲げる大ものまでターゲットも実に豊富。
海中をイメージし、寄せエサと仕掛けを同調させて食わせる釣り方は
ゲーム性が高く、一度その奥深さを知ると病み付きになること請け合いだ。

ウキ釣りってどんな釣り？

海面から海底までねらえるフレキシブルな釣り
寄せエサと付けエサをいかに同調させるかがカギだ

ウキ釣りの2大ターゲットといえばクロダイ、メジナ。ほかにもウミタナゴからヒラマサまで、ねらえる魚種は多彩だ

ウキ釣りとは海面に浮かせたウキでアタリを取る釣り方で、ウキ下を調整することにより、海面直下から海底付近までフレキシブルにねらえる釣法だ。ウキで海中に仕掛けをぶら下げる格好になるので、海底の地形が荒くても根掛かりを気にせず釣りができる。

ウキ釣りは仕掛けが軽いため、投げ釣りのように200mも沖のポイントをダイレクトにねらえるわけではないが、潮流に仕掛けを乗せて流すことにより、かなり沖まで探ることができる。四方に散っている魚を釣りやすい場所へ、また釣りやすいタナへ集める必要があるので、基本的にウキ釣りは寄せエサの使用を前提とした釣りである。

寄せエサがないと釣れる確率が落ちるのはいうまでもないが、寄せエサはエサ取りをコントロールしたり、本命を食わせやすいポイントへ誘導したりとさまざまな役目を担う。付けエサと寄せエサをいかに同調させるかがウキ釣りのテクニックであり、面白さといえる。

ウキ釣りの特徴

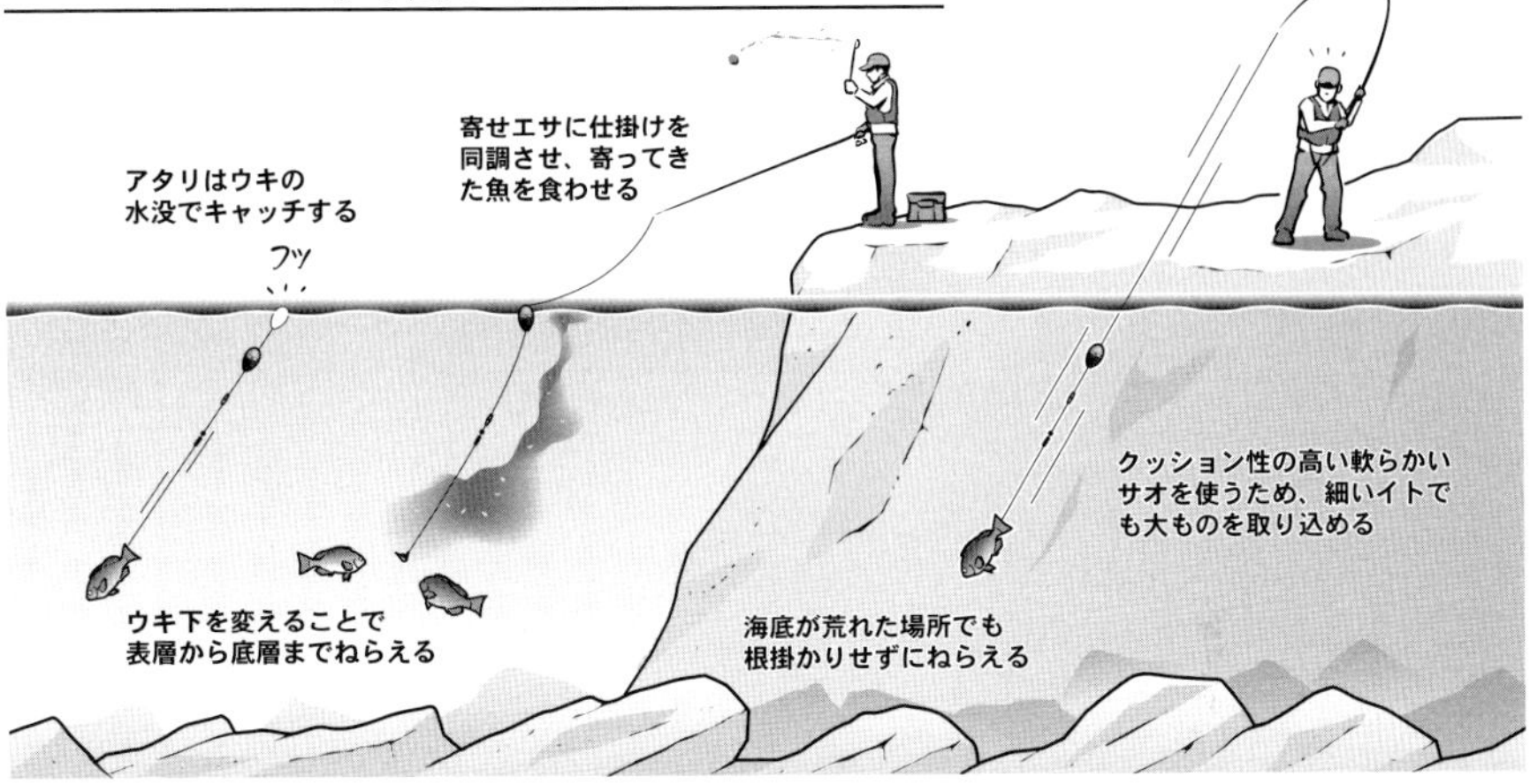
寄せエサに仕掛けを
同調させ、寄ってきた魚を食わせる
アタリはウキの
水没でキャッチする
フッ
クッション性の高い軟らかいサオを使うため、細いイトでも大ものを取り込める
ウキ下を変えることで
表層から底層までねらえる
海底が荒れた場所でも
根掛かりせずにねらえる

ウキ釣りの主な対象魚と釣期の目安

	1月	2月	3月	4月	5月	6月	7月	8月	9月	10月	11月	12月
クロダイ	釣れる		釣れる	よく釣れる	よく釣れる	釣れる	釣れる	釣れる	よく釣れる	よく釣れる	よく釣れる	釣れる
メジナ	よく釣れる	よく釣れる	よく釣れる	釣れる	釣れる	釣れる				釣れる	釣れる	よく釣れる

（濃い網掛け）よく釣れる　（薄い網掛け）釣れる

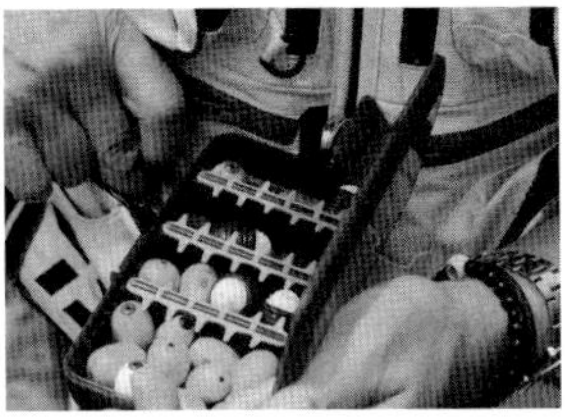

ウキは釣り人の戦略が如実に表われるアイテム。状況に合わせ、最適な1個を選び出すのは重要なテクニックだ

ウキ釣りは寄せエサで魚を釣りやすい場所まで寄せるのが前提の釣りだ

●対象魚

クロダイとメジナがウキ釣りの2大ターゲットで、全国規模の競技会も盛んに行なわれている。タックルやエサ使いはもとより、現在のウキ釣り理論はこの2魚種によって確立されたといっても過言ではない。クロダイかメジナでウキ釣りの基礎をマスターすれば、他魚も問題なく釣りこなせるはずだ。

このほか、ウキ釣りではウミタナゴ、アジ、メバル、サヨリといった小ものから、ヒラマサやシマアジなどの大ものまで幅広くねらえる。

●エサ

付けエサ、寄せエサともにオキアミが主流で、寄せエサには配合エサを混ぜて集魚力や投入性能などをプラスする。このオキアミが普及したことにより、ウキ釣りで多彩な魚をねらえるようになったともいえる。

このほか、クロダイにはサナギや練りエサ、メジナにはアオノリなど、魚種によってさまざまなエサが用いられる。

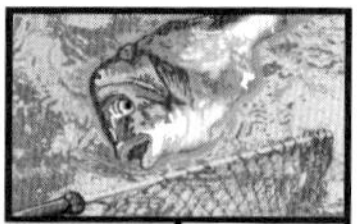

ウキ釣りのタックル

5・3mクラスの磯ザオと小型スピニングリールが標準
替えスプールを用意しておくと対応幅が広がる

ウキ釣りは潮に仕掛けを「流す釣り」であり、投げ釣りなどのように「投げる釣り」とは根本的に異なる。タックルも遠投性能より、軽い仕掛けを意のままに操る操作性や、ハリスの強度を生かす柔軟性のほうが重視される。

●サオ

ウキ釣りには磯ザオを用いる。磯ザオに表記されている「○号5・3m」といった号数はサオの硬さを表すもので、使用するハリスが太くなるほど数値の大きい（硬い）ものを使う。

1・2〜1・5号のハリスが多用されるクロダイねらいならば0・8〜1号のサオ、1・5〜2号ハリスがメインのクチブトメジナねらいなら1・2〜1・5号のサオ、4〜5号ハリスで大型のオナガメジナをねらうなら2号のサオがマッチするだろう。硬すぎるサオはハリスが切れやすくなり、軟らかすぎても魚に振り回されてしまうので注意。

長さは5・3mが標準。5m以下の短ザオは軽量で取り回しが楽だが、足場が高いとミチイトが風に取られ、仕掛けを流しにくくなる場合がある。

レバーブレーキは魚の引きに合わせて
指一本でミチイトを送り出せる

●リール

クロダイやクチブトメジナをねらう場合、2・5〜3号のナイロンラインが150mほど巻ける小型スピニングリールが標準だ。魚の引きに応じてミチイトを送り出してハリス切れを防ぐ必要があるため、指一本でミチイトを出せるレバーブレーキ式の人気が高い。

ミチイトは2号を150m巻いておけばクロダイとクチブトメジナの双方に対応できる。できるならば替えスプールを買い求めて、強風時用の1・7〜1・85号、大型メジナ用に2・5号、オナガメジナやマダイ用として3〜4号を巻いておくと安心だ。

基本仕掛け図／クロダイ&メジナ（40㎝クラスまで）

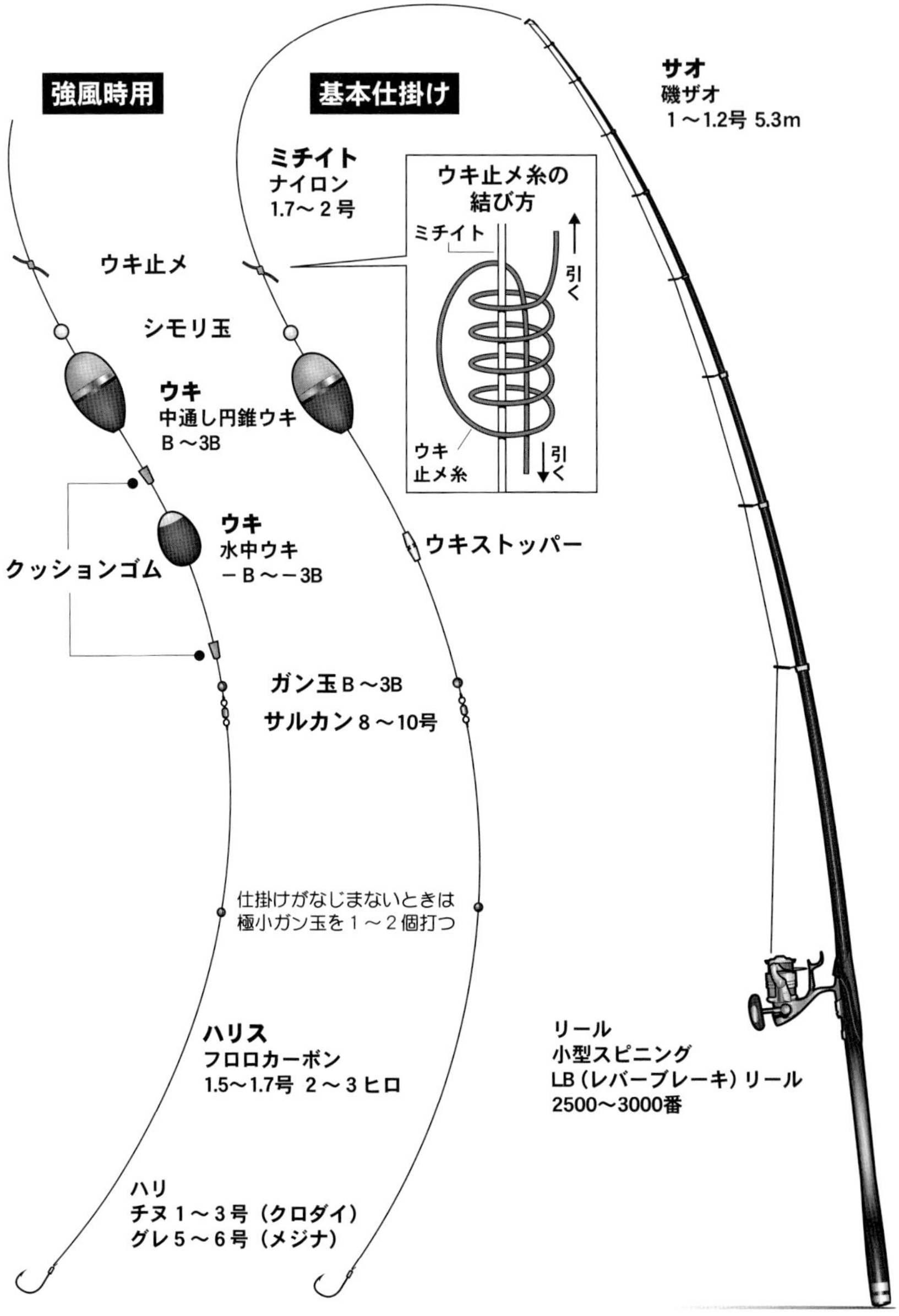
強風時用
基本仕掛け
サオ
磯ザオ
1～1.2号 5.3m
ミチイト
ナイロン
1.7～２号
ウキ止メ糸の
結び方
ミチイト
引く
ウキ
止メ糸
引く
ウキ止メ
シモリ玉
ウキ
中通し円錐ウキ
B～3B
ウキ
水中ウキ
－B～－3B
クッションゴム
ウキストッパー
ガン玉 B～3B
サルカン 8～10号
仕掛けがなじまないときは
極小ガン玉を１～２個打つ
ハリス
フロロカーボン
1.5～1.7号 2～３ヒロ
リール
小型スピニング
LB（レバーブレーキ）リール
2500～3000番
ハリ
チヌ１～３号（クロダイ）
グレ５～６号（メジナ）

仕掛けの概要

ウキの選び方1つで釣果が左右される 使うオモリに合わせて「必要最小限の浮力」を選ぶ

ハリやガン玉は号数別に収納しよう

ウキ釣りの基本的な仕掛けは前頁に記した「遊動仕掛け」だが、全体的にはシンプルながら、必要な小物類は多い。その中心となるのはウキだ。ウキは海面に浮いてアタリを表現する以外にも「正確にねらった場所へ投入する」「タナをキープする」「潮に乗って仕掛けをポイントへ運ぶ」など役割は多い。

小粒でスリムなものほど感度はよいが、あまりにも体積が小さく軽いものでは思ったように飛ばないし、潮乗りも悪い。多少風が強くてもコントロールよく投入でき、潮筋を外さすに仕掛けを流すためには、釣りに不慣れな人ほどMサイズ（自重8g前後）以上のウキを選ぶほうがよい。

ウキには通常「G2」「B」といった表示があるが、これは「オモリ負荷」もしくは「浮力」と呼ばれるもので、正確に浮力が測定された製品であれば、G2の表記だと「ガン玉2号を打つと海面ギリギリに浮く」という意味だ。この〝海面ギリギリ〟が重要で、魚に違和感なくエサを食わせるためにはウキの浮力を極力残さないのが鉄則。よって、仕掛けに打つオモリの重量を背負うギリギリの浮力を備えたウキを選ぶのが、最も基本的な選択法だ。

無風ベタナギの場合は0浮力のウキがマッチする。ねらうタナが浅ければ、ウキ止メを下げたりウキの穴にツマヨウジを差し込むなりして固定ウキ仕掛けにしてもよいだろう。

ただ、潮が速い、風が強い、そして、ねらうタナが深いときほど仕掛けは沈みにくく、重いオモリが必要になる。最初にウキを揃えるなら、ベタナギ用の0号、メインとなるG2～B、強風時用の3B、深ダナ用の5B～1号の最低4つは用意しておきたい。

ウキのいろいろ

ウキ釣り仕掛けの中枢部といえるウキは「中通しウキ」「カン付きウキ」「棒ウキ」の3つに大別することができる。

中通しウキは波やサラシに強く、全遊動釣法や沈め探り釣りなどの最先端釣法への応用が利くといった特徴があり、現在最も普及しているタイプ。カン付きウキはミチイトの落ちがスムーズで、ウキの交換がワンタッチで行なえる。棒ウキは縦方向の引き込み抵抗が小さく、非常に感度がよいという利点がある。どのタイプも一長一短で、最終的には好みで選ぶのが最良といえるが、どれを選んだとしてもまずはみっちり使い込み、自分が使うウキの特性を理解することが大切。長所を引き出し、短所をフォローできれば、どんな釣り場でも困ることはない。

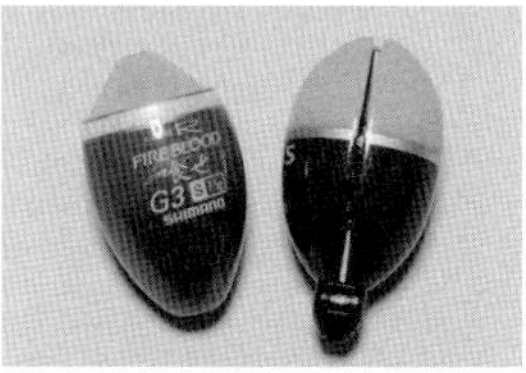

現在最も普及しているのが、ミチイトがボディーの中心を通る中通しタイプ。最近はミチイトを切らずに交換できるものもある（写真右）

ボディー下部に配した金属カンでミチイトと接続するカン付きウキ（セット法は116ページを参照）

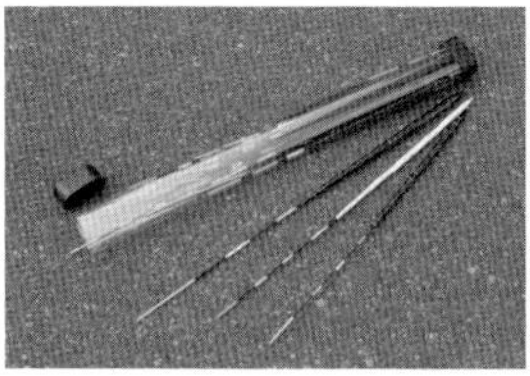

縦方向の感度に優れた棒ウキはクロダイ釣りで人気が高い（セット法は116ページを参照）

水中ウキはマイナス浮力の海中に沈むウキで、中通しウキとの併用で強風下でも流されにくい

必要な小物類

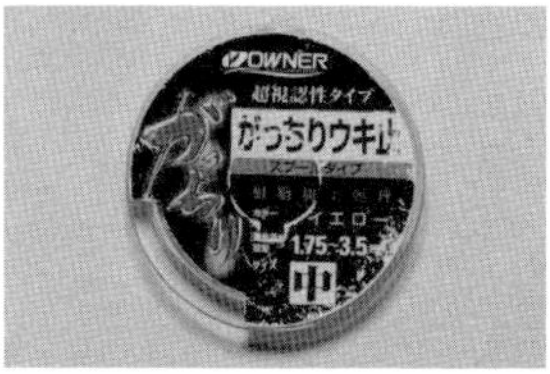

【ウキ止メイト】
ミチイトにユニノットで結んでおき、上下に移動することでウキ下を設定するためのもの

【シモリ玉】
ウキの穴はウキ止メがすり抜けてしまうため、小径の穴が空いたシモリ玉をウキ止メとウキの間に通しておく

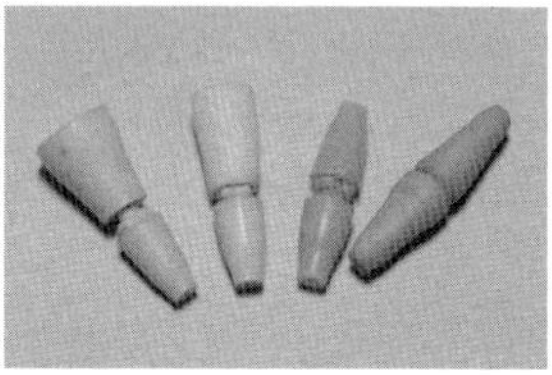

【ウキストッパー】
ウキがハリスまで落ちないよう止めておくパーツ。潮受け性能を高めたものや、マーカー的な役割を兼ねたものもある

【クッションゴム】
ウキと水中ウキの間や、ウキとサルカンの間に通し、ウキや結び目を保護するためのもの

【ガン玉】
ウキ釣りでは割れ目の入ったガン玉タイプのオモリを使う。小は8号、大は5Bまで必要に応じて用意しておこう

【パーツケース】
ガン玉や小物、ハリなど散らばりやすいものは小分けしてケースに収納しておくと便利だ

ウキ釣りの周辺アイテム

寄せエサ関連のグッズは必需品
バッカン周りを機能的にまとめ、快適な釣りを！

足元が平坦ではない磯場ではバッカン周りを機能的にまとめておくことがとても大切

ウキ釣りは常にサオを手に持つ釣りであるため、サオ掛けの類は特に必要ないが、寄せエサ関連のアイテムは欠かせない。手返しをスムーズに行なうためにも、足元のバッカン周りは機能的にまとめておきたいものだ。

寄せエサをストックしておくバッカンは、厚手のしっかりした素材で型崩れしにくいものが使いやすい。半日程度の釣りなら36㎝、1日みっちりサオをだすのなら40㎝サイズはほしい。

付けエサ用のエサバケットはバッカンの内側に掛けられるものが便利だ。生オキアミのほかに、ボイルや加工オキアミ、練りエサなど複数のエサを使い分けるのであれば、小型のエサバケットを用意するか2室式のものを使うとよいだろう。

水切りのスノコが付いているものもあるが、使用中にズレてきたり、本体との隙間にオキアミが挟まったりして今ひとつ使い勝手の悪いものもある。こんな場合、スノコを取り外してしまってエサバケットの底にカッターなどで小さな水抜き穴を空けておくとオキアミが水っぽくならずにすむ。

荷物の多いウキ釣りではクーラーボックスを釣り場へ持ち込まず、ストリンガーやキーパーバッカンで釣果を一時的に保存しておく人も少なくない。ストリンガーはバッグやロッドケースに収めておけるし、キーパーバッカンはバッカンよりワンサイズ上のものを選べば、釣りの行き帰りはバッカンを収めて1つの荷物として運搬できる。

ストリンガーやキーパーバッカンは納竿時に魚を生きたまま海へ帰せるというメリットもある。食べない魚は極力リリースして、いつまでも釣りを楽しめるよう心掛けたいものである。

周辺グッズのいろいろ

【バッカン】
寄せエサをストックしておくためのもの。半日程度の釣りなら36㎝、終日サオをだすなら40㎝サイズが最適

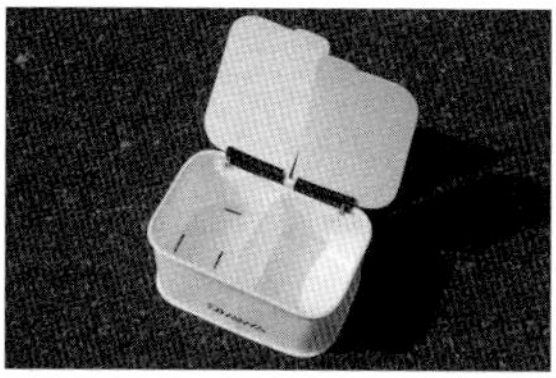

【エサバケット】
付けエサを収めておくためのもの。複数のエサを使い分ける場合は、2室式のものが便利だ

【キーパーバッカン】
エアーポンプを取り付けて魚を生かしておけるバッカン。食べない魚は極力リリースすることを心掛けたい

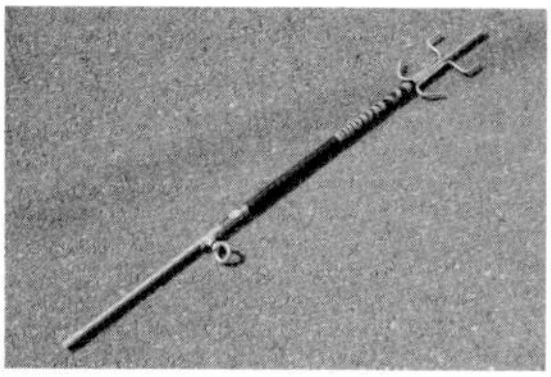

【チャランボ】
磯の割れ目や穴に打ち込んで荷物を掛けておくための金属棒。足元を波が洗うような低い磯においては必需品

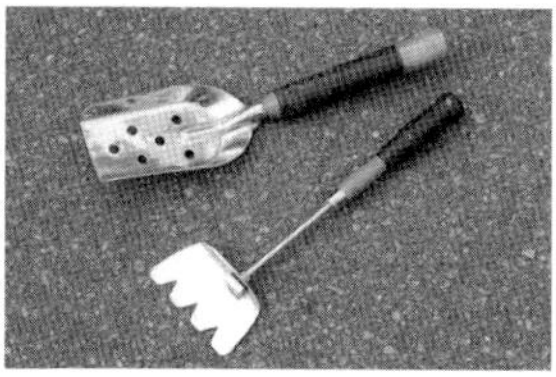

【コマセミキサー】
半解凍のオキアミを砕いたり配合エサと混ぜるときに便利。ブレードタイプとスコップタイプの2種類がある

【ストリンガー】
魚のアゴに通して海中へ垂らし、納竿まで生かしておくためのアイテム。クロダイ釣りでは根強い人気がある

寄せエサの作り方

寄せエサを作るにあたり、最も留意したいのは「水加減」だ。配合エサを使う目的は集魚や比重調整、投入性の向上などだが、水を入れすぎてベチャベチャにすると粘りやまとまりが失われてしまい、配合エサの効果が半減してしまう。海水は少しずつ加えるようにし、配合エサを少量残しておくと、オキアミから水分が出てタッチが緩くなっても調整が利く。

寄せエサ作りは水加減が命。最初から水を入れすぎないよう注意しよう

寄せエサ作りの手順

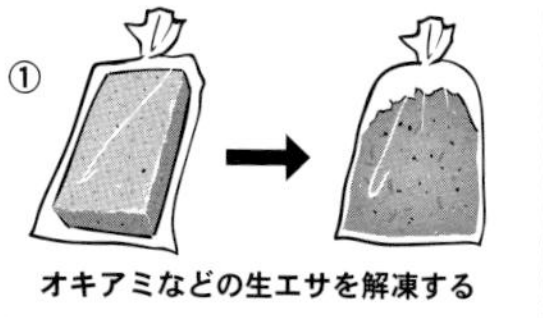
①
オキアミなどの生エサを解凍する

②
コマセミキサーなどでオキアミを好みの大きさに刻む

③
好みの配合エサを加え、よく混ぜる
配合エサ

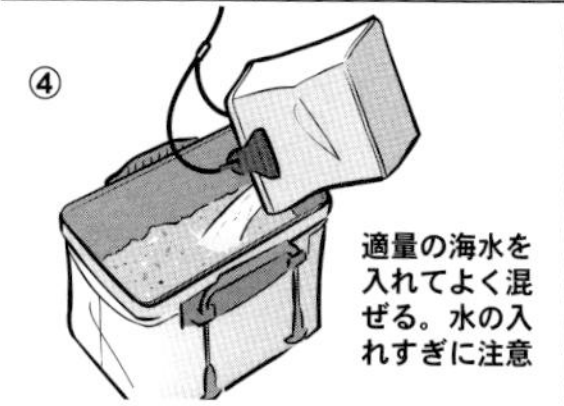
④
適量の海水を入れてよく混ぜる。水の入れすぎに注意

⑤
粘りを出したいときはよく練り込む

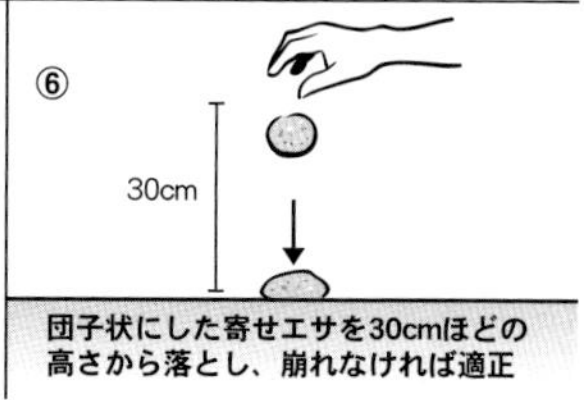
⑥
30cm
団子状にした寄せエサを30cmほどの高さから落とし、崩れなければ適正

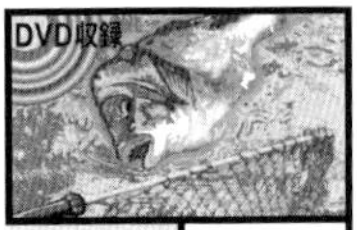
DVD収録

釣り方の流れ

「ウキ下の設定」と「寄せエサと仕掛けの同調」がカギ
ポイントで同調するよう寄せエサの撒き方を工夫する

ウキ釣りでは「ウキ下の設定」と「寄せエサと仕掛けの同調」が必須だ。変温動物である魚は、水温その他の諸条件によって活性が変化し、撒いた寄せエサを食いに浮いてくるタナにもバラツキがある。メジナねらいの場合は2～3ヒロのウキ下で釣り始め、「付けエサが取られるタナ」に合わせる。クロダイねらいではまず「水深いっぱい」のウキ下を基本とし、エサの取られ方を見て浅くしていくとよいだろう。

寄せエサとの同調について口でいうのはやさしいが、実際は実に難しい。寄せエサを撒いた所へ仕掛けを振り込んでも、その時点では同調しているかもしれないが、海には流れがあり、風が強いときはミチイトが引っ張られるので、根周りや潮目といったポイントに仕掛けが流れ着く頃には寄せエサとズレてしまっていることも少なくない。潮が速いときはウキの潮上へ寄せエサを広げて撒くなどして、ポイントでうまく仕掛けと同調するよう意識すること。

ウキ釣りのポイント

ウキ釣りの対象魚は障害物周りを住処とする魚が多いので、まずは沈み根や海藻帯、テトラといった魚が身を寄せられるものの近くに釣り座を構える。船道やミゾ、カケアガリなど魚の通り道となる場所もねらい目だ。メジナやアジ、サヨリなどは寄せエサに素直で、潮がぶつかって寄せエサが溜まる潮目にもよく出てくる。藻場はメバルの好ポイントだ。

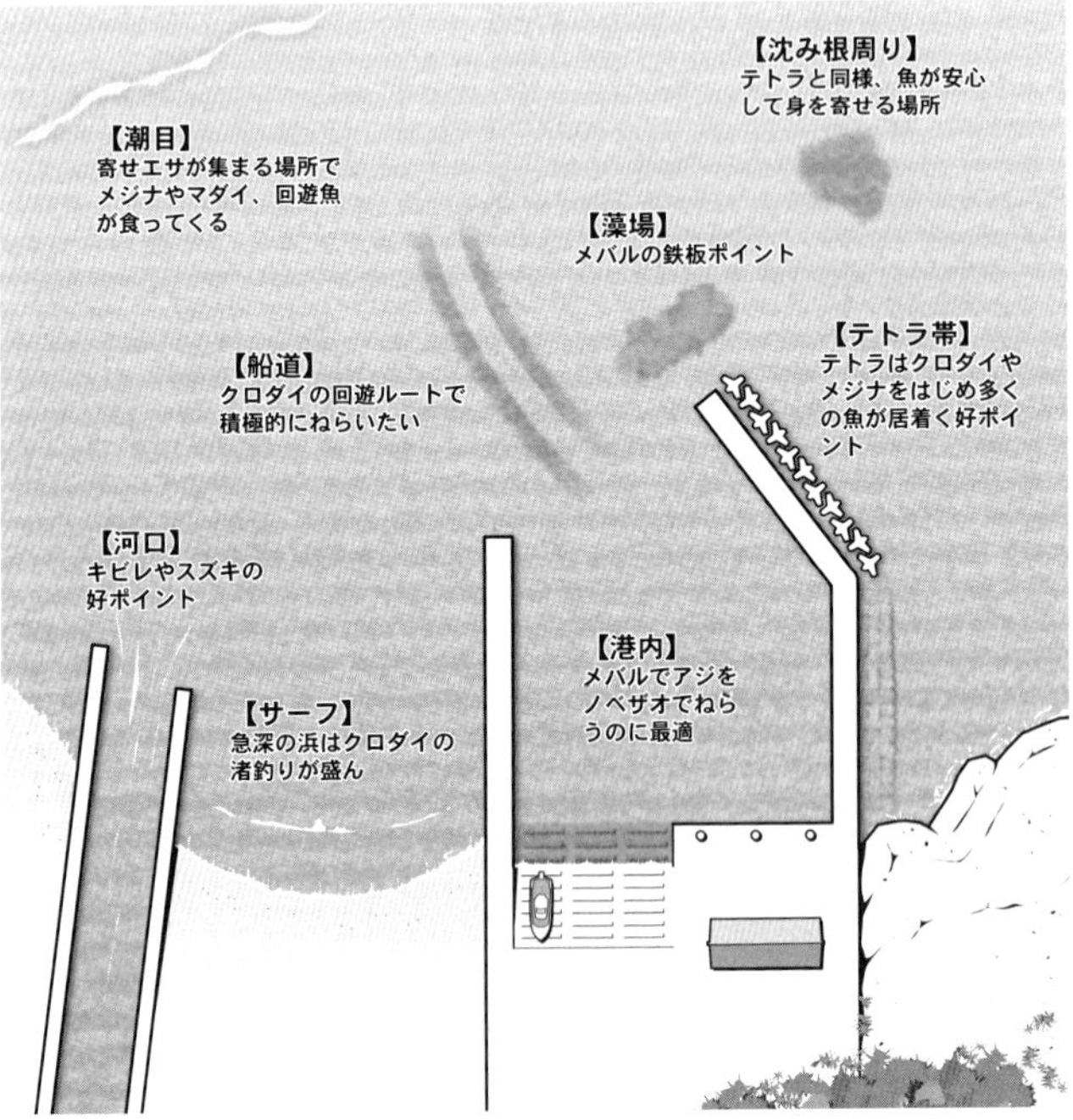
【沈み根周り】
テトラと同様、魚が安心して身を寄せる場所
【潮目】
寄せエサが集まる場所でメジナやマダイ、回遊魚が食ってくる
【藻場】
メバルの鉄板ポイント
【テトラ帯】
テトラはクロダイやメジナをはじめ多くの魚が居着く好ポイント
【船道】
クロダイの回遊ルートで積極的にねらいたい
【河口】
キビレやスズキの好ポイント
【港内】
メバルでアジをノベザオでねらうのに最適
【サーフ】
急深の浜はクロダイの渚釣りが盛ん

エサの付け方

付けエサはまず投入時に外れないことが重要。遠投するときほど装餌法に工夫するのはもちろんだが、ハリとのマッチングも大切だ。エサに対してハリが小さすぎると、投入時に外れやすいので注意しよう。

食いの悪いときはオキアミの頭を取るなどして小さくハリに付けてみるとよい。厳寒期など著しく食い渋っている場合は、オキアミの殻をむいて身だけをハリに刺すと一発で食い込んでくれることもある。

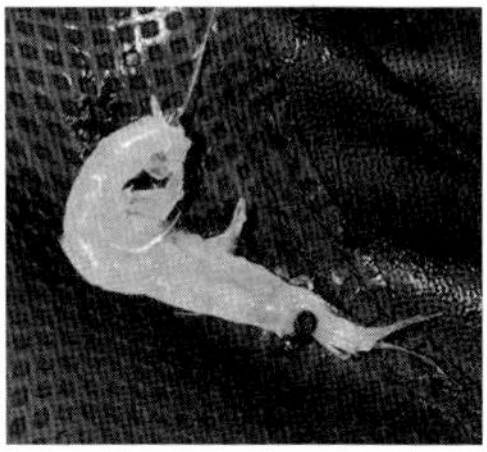

腹掛けはオキアミの姿勢が最も自然。食いの悪いときは頭を取るとよい

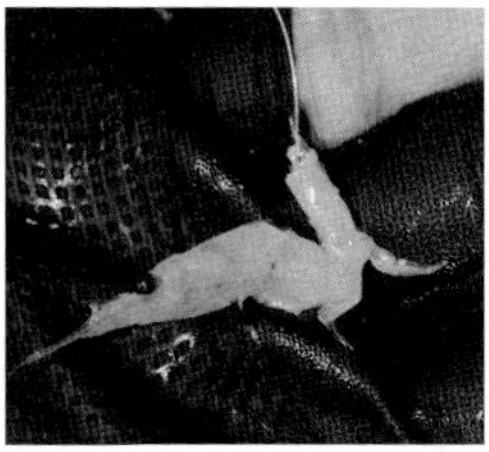

背掛けは遠投時に外れにくい装餌法

基本的な釣りの流れ

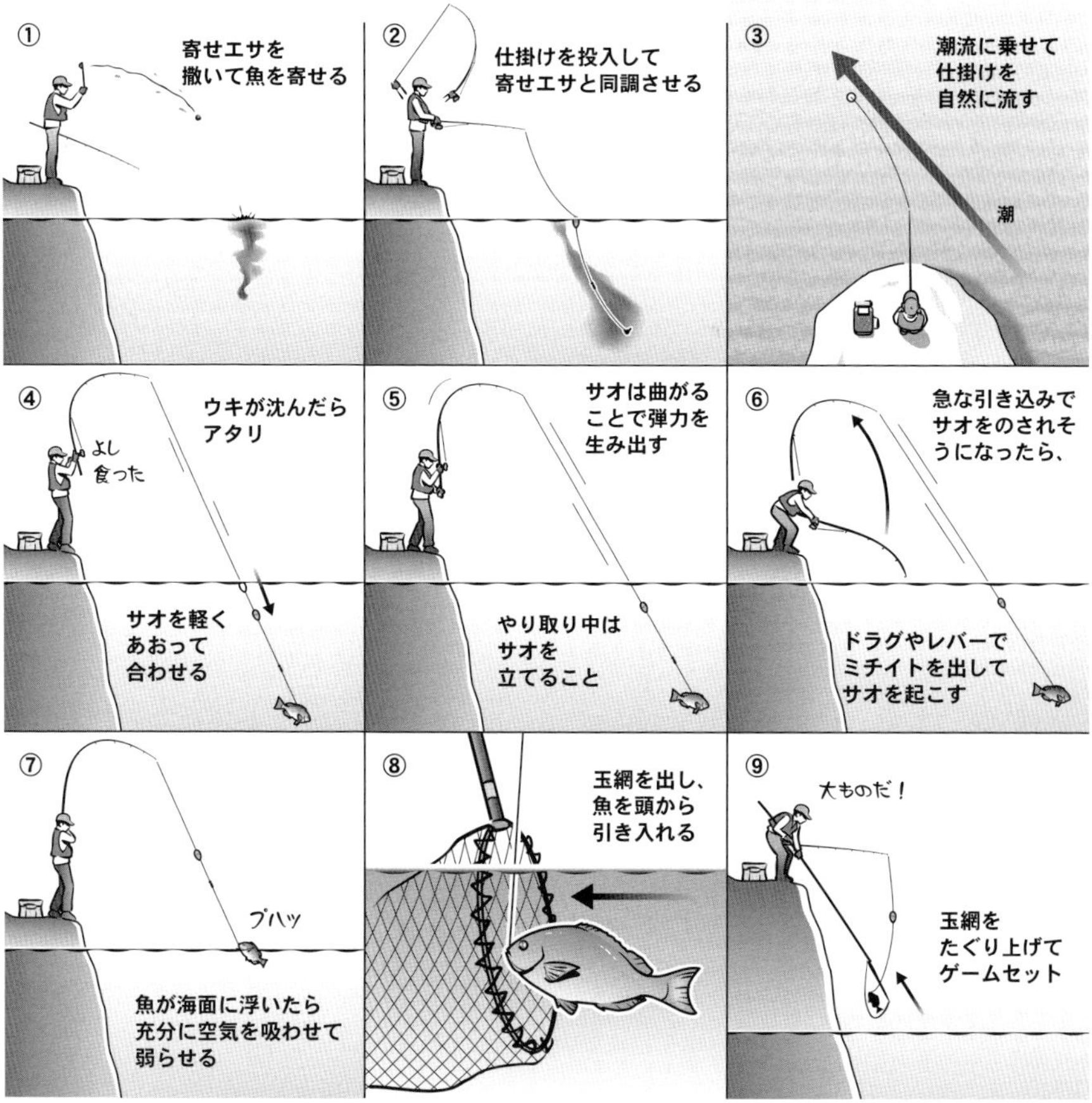
①
寄せエサを撒いて魚を寄せる
②
仕掛けを投入して寄せエサと同調させる
③
潮流に乗せて仕掛けを自然に流す
潮
④
ウキが沈んだらアタリ
よし 食った
サオを軽くあおって合わせる
⑤
サオは曲がることで弾力を生み出す
やり取り中はサオを立てること
⑥
急な引き込みでサオをのされそうになったら、
ドラグやレバーでミチイトを出してサオを起こす
⑦
プハッ
魚が海面に浮いたら充分に空気を吸わせて弱らせる
⑧
玉網を出し、魚を頭から引き入れる
⑨
大ものだ！
玉網をたぐり上げてゲームセット

ウミタナゴ、アジほか

魚種別仕掛け① ノベウキ仕掛け

小型魚の小気味よい引きをダイレクトに楽しむ

基本仕掛け図

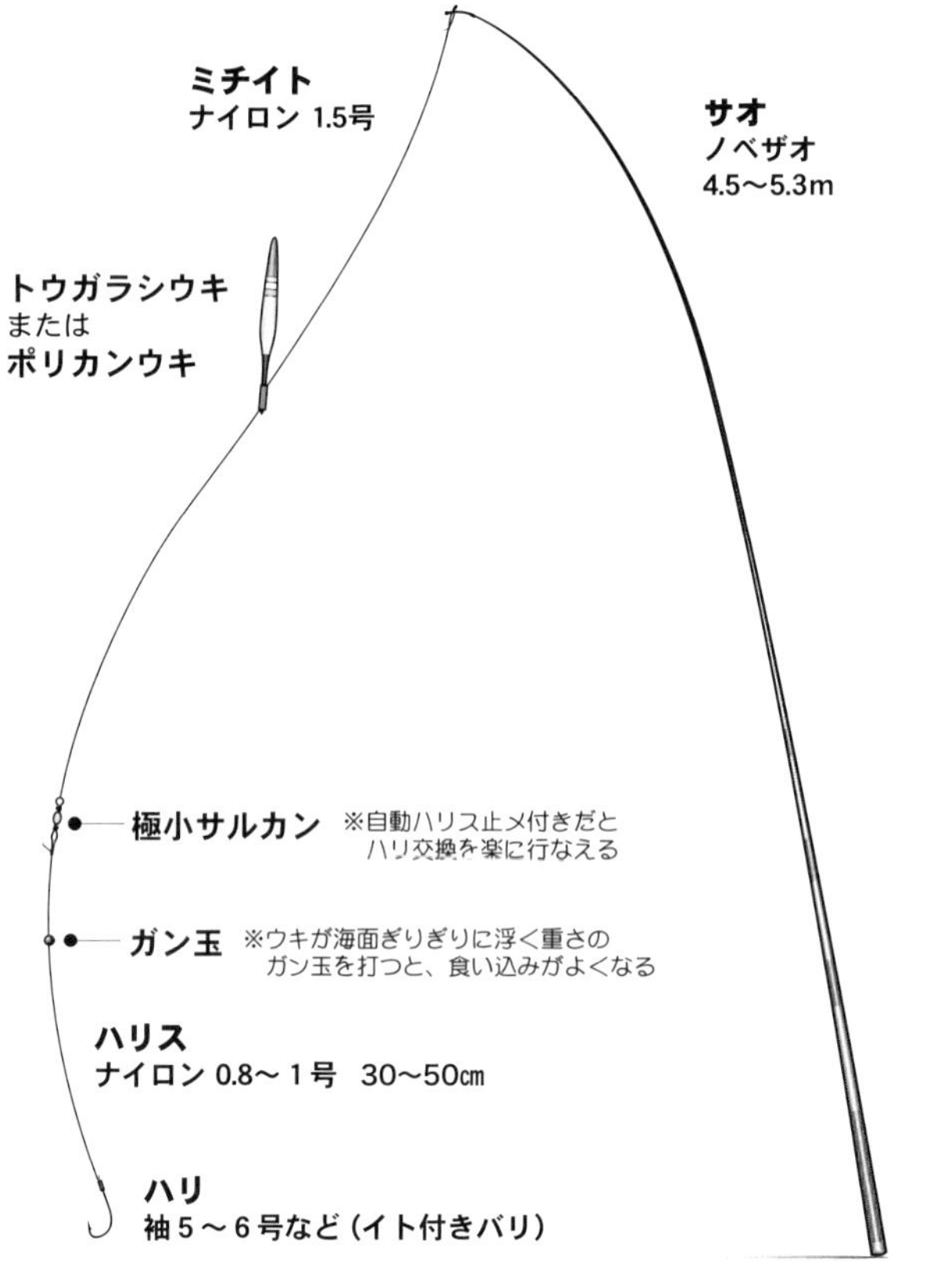
ミチイト
ナイロン 1.5号
サオ
ノベザオ
4.5〜5.3m
トウガラシウキ
または
ポリカンウキ
極小サルカン
※自動ハリス止メ付きだと
ハリ交換を楽に行なえる
ガン玉
※ウキが海面ぎりぎりに浮く重さの
ガン玉を打つと、食い込みがよくなる
ハリス
ナイロン 0.8〜1号 30〜50㎝
ハリ
袖5〜6号など（イト付きバリ）

リールの付いていないノベザオを用いた最もシンプルなウキ釣り。仕掛けをサオの長さまでしか取れないので固定ウキ限定となり、あまり深いタナはねらえないが、余計な道具が付いていないぶん、魚の引きをダイレクトに味わえる。ミチイトを出し入れできないため大型魚には向かないが、小もの釣りには最適な仕掛けといえるだろう。

ウキは100円程度で市販されているトウガラシウキやポリカンウキを用い、ハリもイト付きの袖バリで充分。エサも含めて小学生の小遣いでも楽しめる手軽な釣りである。

手軽とはいえ、見える魚を食わせるドキドキ感や、ドラグを使わずロッドワークだけで魚の引きをいなす楽しさは、大のオトナをも夢中にさせる魅力がある。普段はクロダイやメジナを追いかけていても、たまにノベザオで遊んでみると、食わせやり取りについて考えさせられることもしばしば。ノベウキは実に奥深い釣りなのである。

ノベウキ仕掛けの特徴
ウキが固定されているので
アタリはダイレクト
仕掛けがシンプルなぶん手返しが
早く、魚の引きも味わえる
ウキ下が限定されるが、魚のタナが
浅くてポイントが近いときは手返し、
釣趣ともにピカイチ

釣期の目安												
	1月	2月	3月	4月	5月	6月	7月	8月	9月	10月	11月	12月
ウミタナゴ	よく釣れる	釣れる	よく釣れる	よく釣れる	釣れる					釣れる	釣れる	よく釣れる
アジ	釣れる				釣れる	よく釣れる	よく釣れる	よく釣れる	よく釣れる	釣れる	釣れる	釣れる

よく釣れる　釣れる

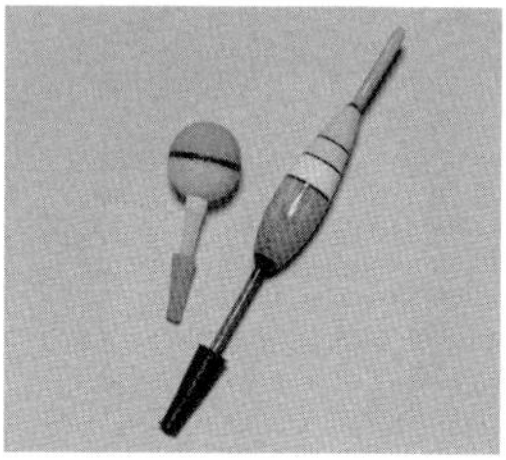

ウキは安価なトウガラシウキやポリカンウキを使う。ガン玉で浮力を殺すとアタリが鮮明に出る

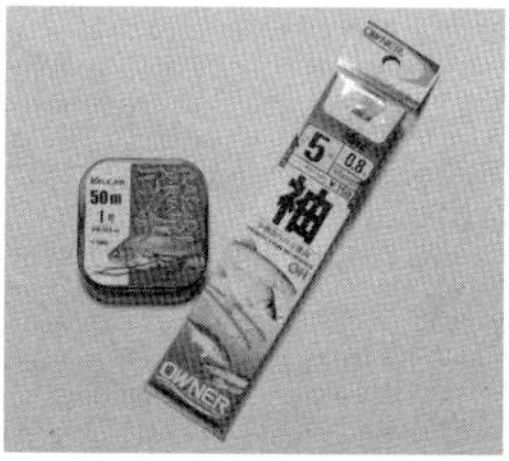
袖
OWNER

ミチイトは安価なナイロンラインで充分。手軽に楽しむならイト付きバリが便利だ

●対象魚

ウミタナゴ、アジ、メバル、サヨリなど小型魚全般。

●エサ

オキアミ、大粒アミ、ジャリメ、アオイソメなど。寄せエサは生エサに配合エサを混ぜ込んだもののほか、アミに海水を注いで上澄みだけを撒く「水コマセ」も効果的。

●釣り方

寄せエサで寄せた魚を釣りあげる手法自体は通常のウキ釣りと同じ。釣果を上げるカギは、「ウキ下の調整」と「寄せエサとの同調」の2点だ。

ノベウキの場合は浅いタナまで浮いた魚をねらうことも多いが、見える魚の食いダナは、意外に浅いもの。エサを食い逃げされてばかりのときは、少しウキ下を浅くするとスパッとウキが消し込まれるようになるはずだ。

寄せエサと付けエサは、魚が浅ダナに浮いてくるタイミングで同調させるのがコツだ。

クロダイほか

魚種別仕掛け② 棒ウキ仕掛け

縦方向のアタリを鋭敏にキャッチ

基本仕掛け図

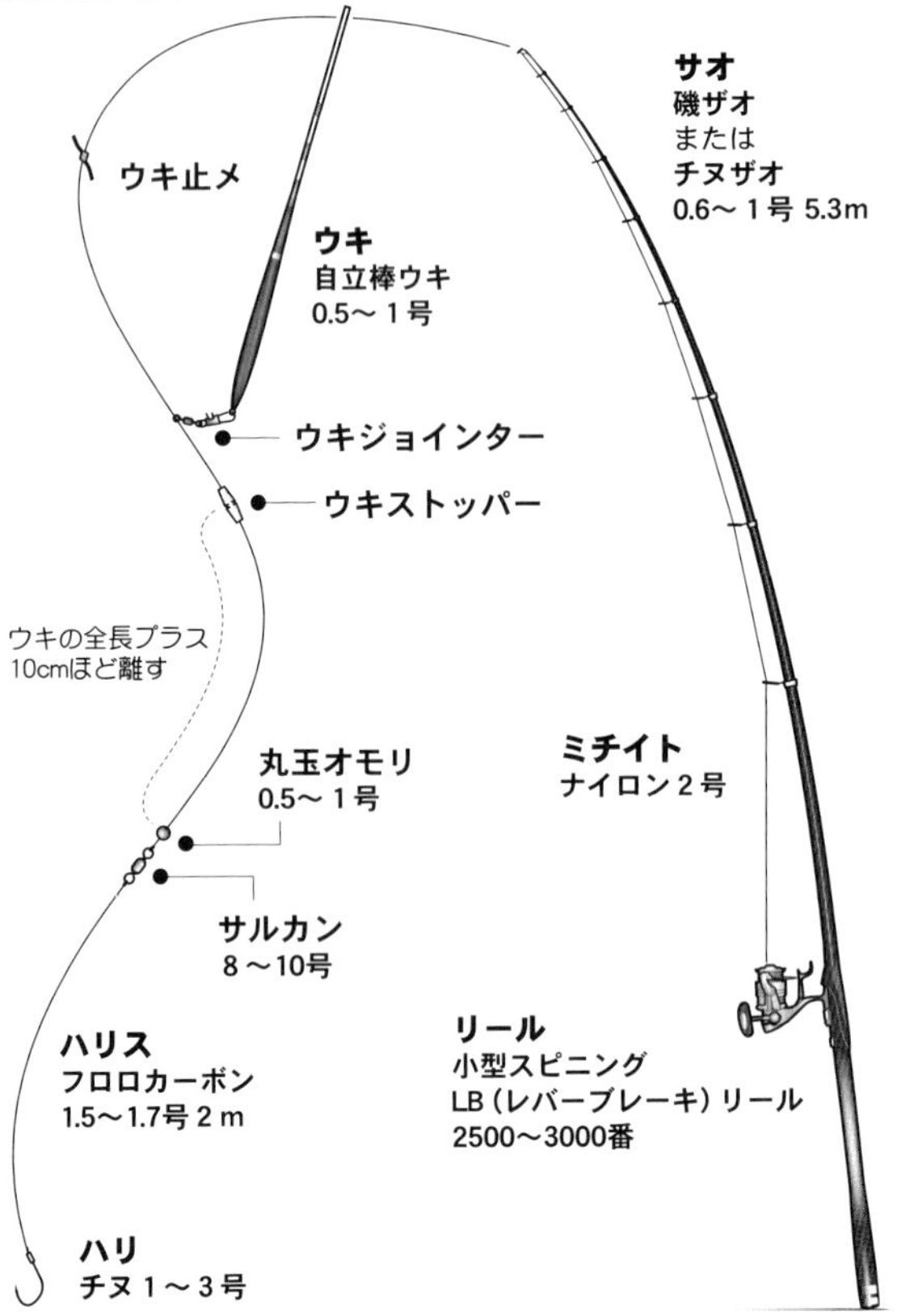
サオ
磯ザオ
または
チヌザオ
0.6～1号 5.3m
ウキ止メ
ウキ
自立棒ウキ
0.5～1号
ウキジョインター
ウキストッパー
ウキの全長プラス
10cmほど離す
丸玉オモリ
0.5～1号
サルカン
8～10号
ミチイト
ナイロン2号
ハリス
フロロカーボン
1.5～1.7号 2m
リール
小型スピニング
LB（レバーブレーキ）リール
2500～3000番
ハリ
チヌ1～3号

棒ウキは縦方向への引き込み感度に優れ、ボディーの大部分が水中にあるので風に強いという利点がある。ミチイトと接する面積が小さいため遊動がスムーズなので、海底付近をねらうクロダイ釣りで人気があり、ウキ釣り以外にもダンゴ釣りでも多用される。

ミチイトとは、スナップサルカンや専用のウキジョインターを介して接続する。このセット法はカン付きウキ全般に用いられるスタイルだ。

棒ウキには、下部にオモリを仕込んだ自立タイプと、仕込みオモリのない非自立タイプの2種類がある。自立タイプは遠投性と海面での安定性が高い。非自立タイプは潮に対して自然に仕掛けをなじませることができ、食い上げなどの微妙なアタリも取れる。ただし自重が軽いため、サルカン上に重めの水中ウキをセットし、飛ばしウキ代わりとすることが多い。

●対象魚

クロダイ、メジナなどのウキ釣りの対

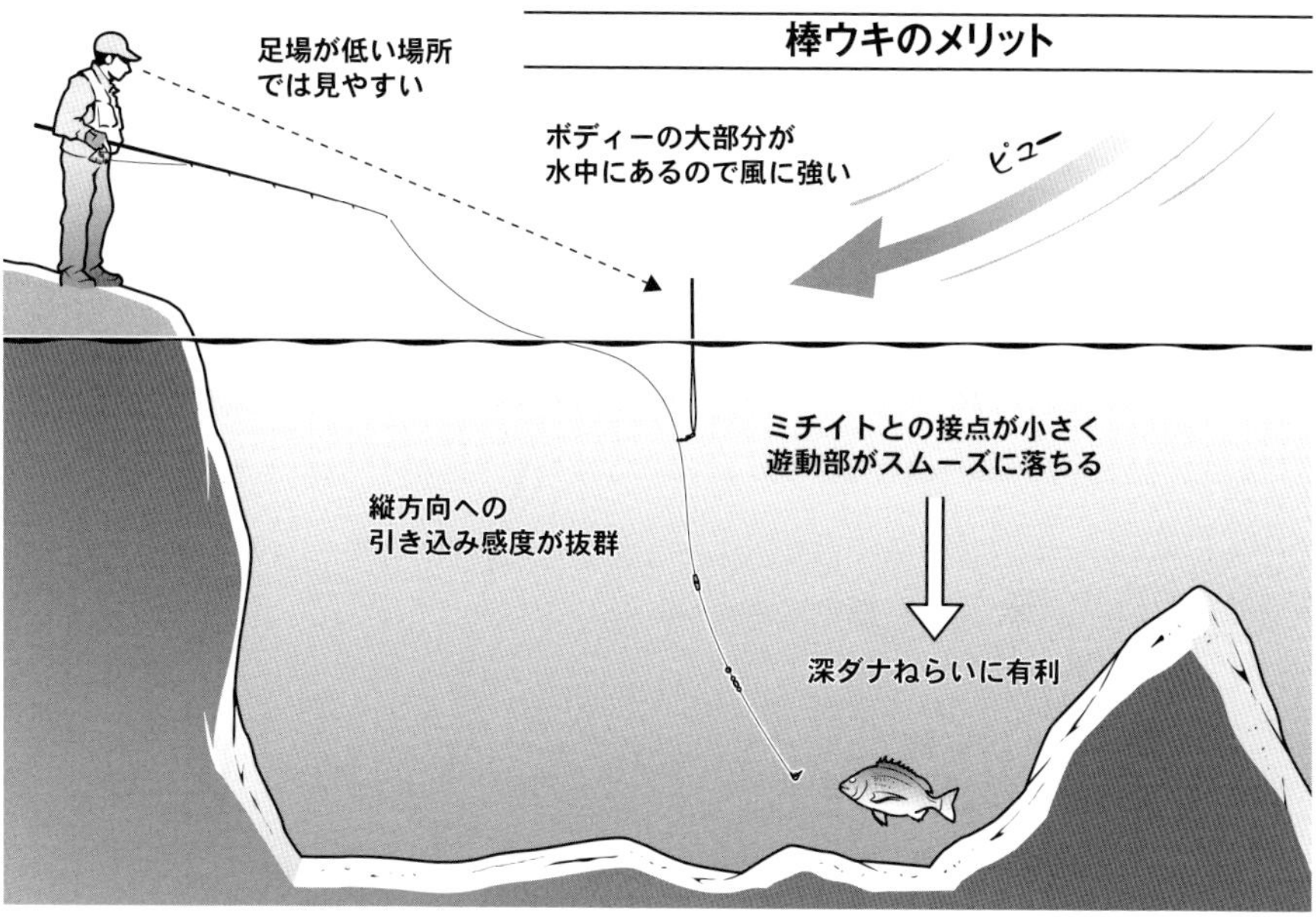
棒ウキのメリット
足場が低い場所
では見やすい
ボディーの大部分が
水中にあるので風に強い
ピュー
ミチイトとの接点が小さく
遊動部がスムーズに落ちる
縦方向への
引き込み感度が抜群
深ダナねらいに有利

ミチイトとの接続はカン付きウキ専用のジョインターが便利。サルカンに小径のリングが仕込まれており、シモリ玉がなくてもウキ止めで止まる

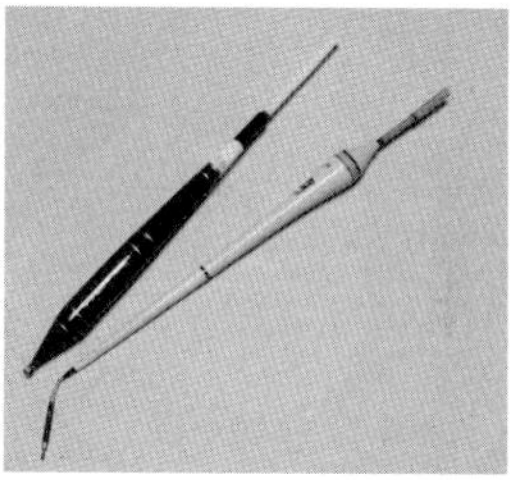
ウキは下部にオモリを仕込んだ自立タイプと、単体では海面に寝てしまう非自立タイプがある

海底付近をテリトリーとするクロダイには、棒ウキを用いた「縦の釣り」が効果的だ

象魚全般。

●エサ

通常のウキ釣りに準ずるが、仕掛けが立ち気味になるので比重の大きい配合エサとの相性がよい。

●釣り方

通常のウキ釣りに準ずる。ウキの感度を生かすために、トップが半分ほど海中に沈むようオモリで調整するとよいだろう。

メジナほか

魚種別仕掛け③　なるほど仕掛け

食い渋り時に絶大なる効果！

基本仕掛け図

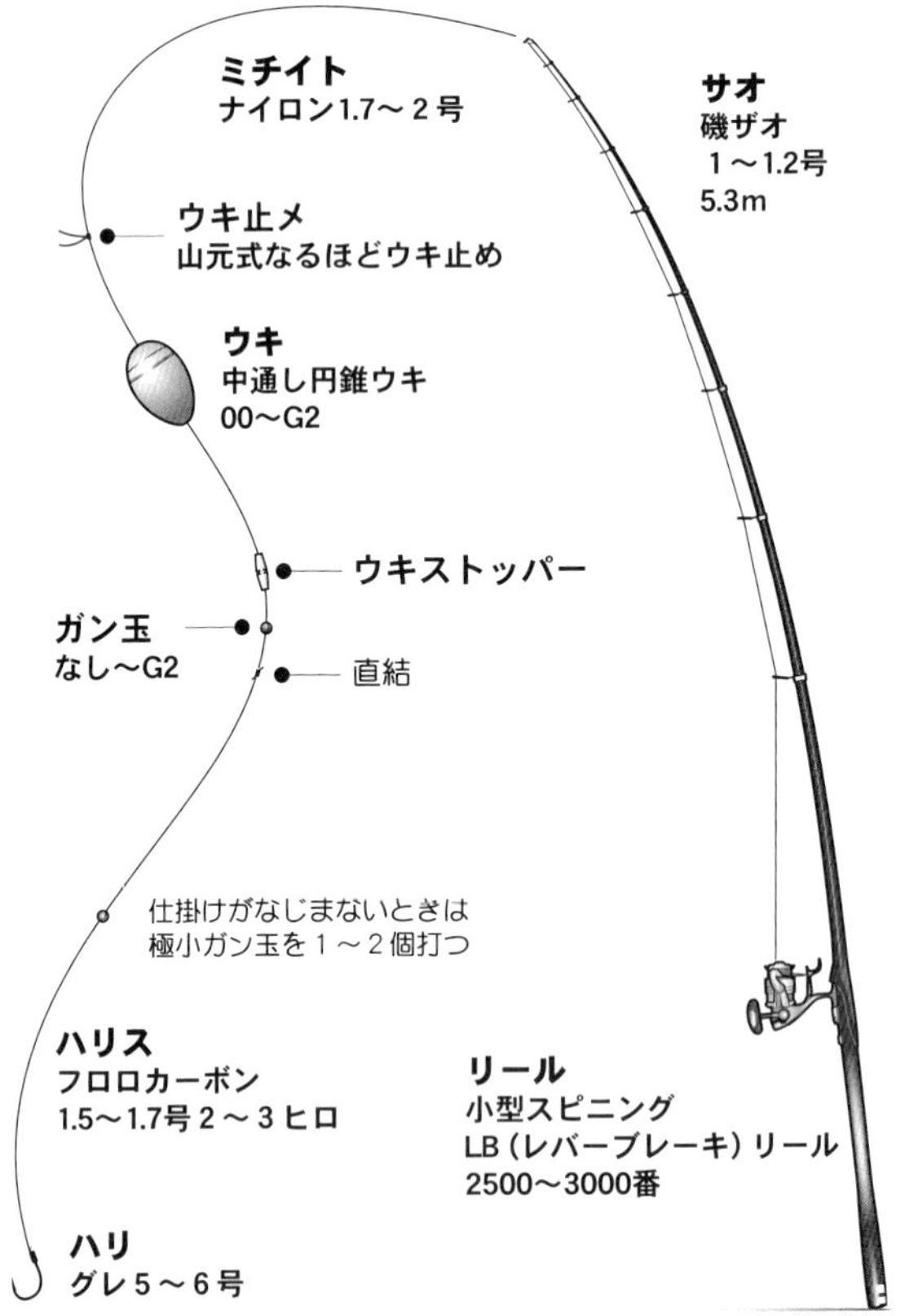
ミチイト
ナイロン1.7～２号
サオ
磯ザオ
１～1.2号
5.3m
ウキ止メ
山元式なるほどウキ止め
ウキ
中通し円錐ウキ
00～G2
ウキストッパー
ガン玉
なし～G2
直結
仕掛けがなじまないときは
極小ガン玉を１～２個打つ
ハリス
フロロカーボン
1.5～1.7号２～３ヒロ
リール
小型スピニング
LB（レバーブレーキ）リール
2500～3000番
ハリ
グレ５～６号

遊動仕掛けをベースとしながらも、2本のヒゲを出した「なるほどウキ止め」を用い、シモリ玉を外したものを「なるほど仕掛け」と呼んでいる。これは20年ほど前に阿波釣法で名高い徳島の山元八郎氏が考案した仕掛けで、アタリがあるとウキ止メがウキをすり抜け、違和感なく食い込ませることができるというもの。

もともとは寒の食い渋ったメジナを食わせるために考案された仕掛けだが「シモリ玉が不要なぶん遊動がスムーズ」「ウキ止メをウキの下へ下ろせば全遊動釣法にすぐ切り換えられる」といった利点もあり、瞬く間に全国へ広まった。ウキ止メ糸の硬さだけでオモリの重量を受け止める関係で、重くてもB程度までと背負わせるオモリに限界はあるが、軽い仕掛けが多用されるメジナ釣りではそれでも充分で、むしろなるほど仕掛けのほうが定番として定着しつつある。

ウキ止メに使う糸は硬めのものが適

なるほどウキ止めの結び方

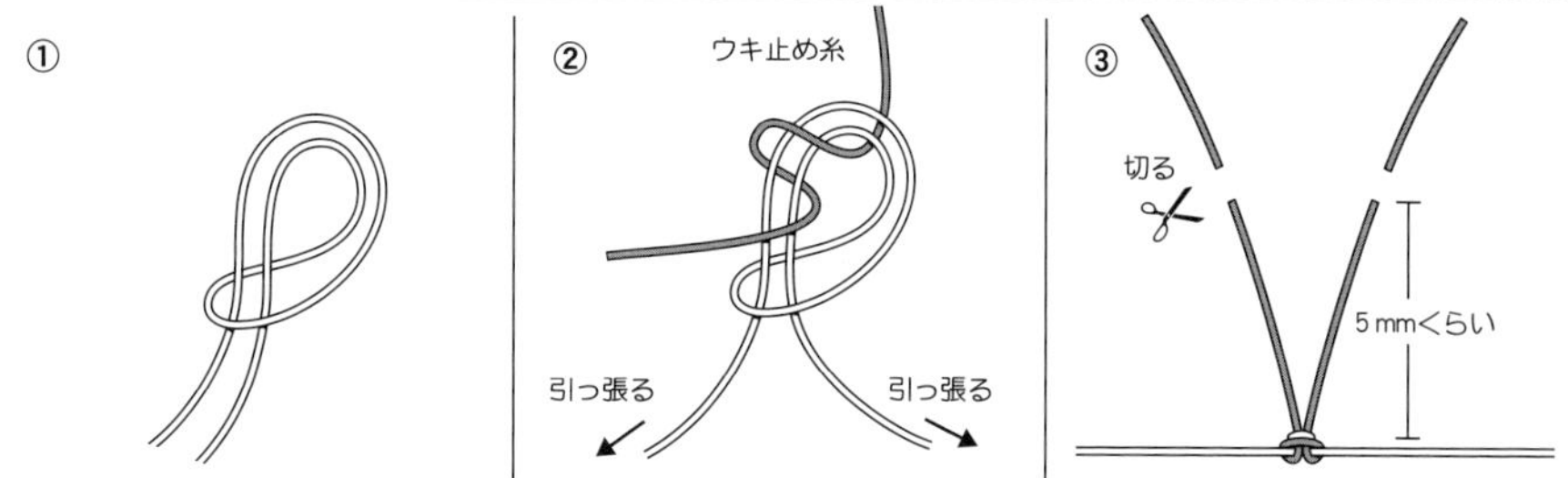

「ぶしょう付け」の要領でミチイトを折り返す

輪の中へウキ止め糸を2回通し、ミチイトを両側から引っ張る

2本出た余りを5mmほど残して切れば完成

なるほどウキ止めのメリット

強く引かれるとウキの穴を通り抜けるので食い渋りに強い

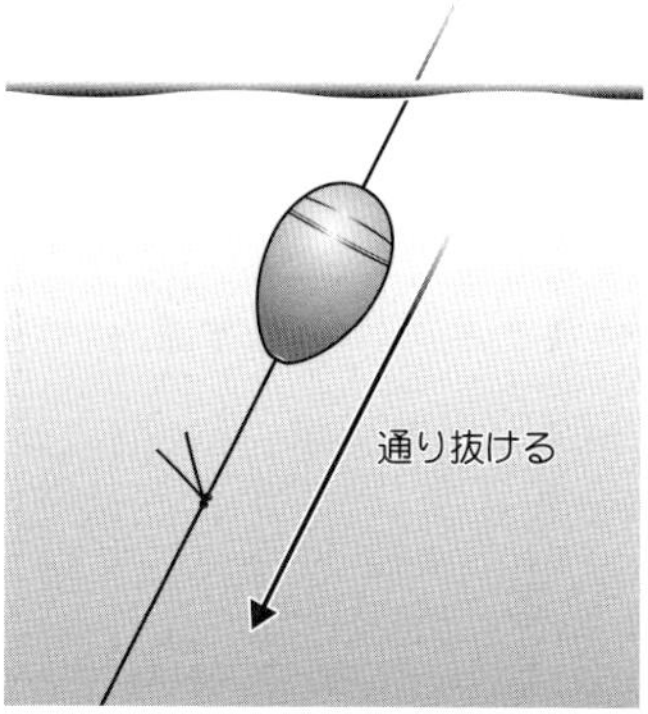

ウキストッパーの位置まで下げるだけで、全遊動釣法に切り替えられる

2本のヒゲがメジナ釣り仕掛けを劇的に変えた。まさに「なるほど」である

もともとは食い渋ったメジナを攻略するために生まれたなるほど仕掛けだが、いまやメジナ仕掛けの主流を張るほどにまで普及した

している。ポリエステルやフロロカーボンの1・2号前後が使いやすい。

●対象魚

クロダイ、メジナなどウキ釣りの対象魚全般。

●エサ

通常のウキ釣りに準ずる。

●釣り方

通常のウキ釣りに準ずる。

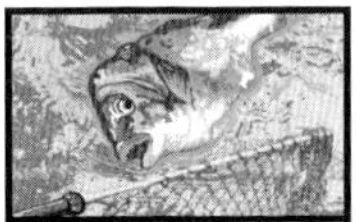

マダイほか

魚種別仕掛け④ 移動仕掛け

サオ2本以上の深ダナねらいはこれで決まり！

基本仕掛け図

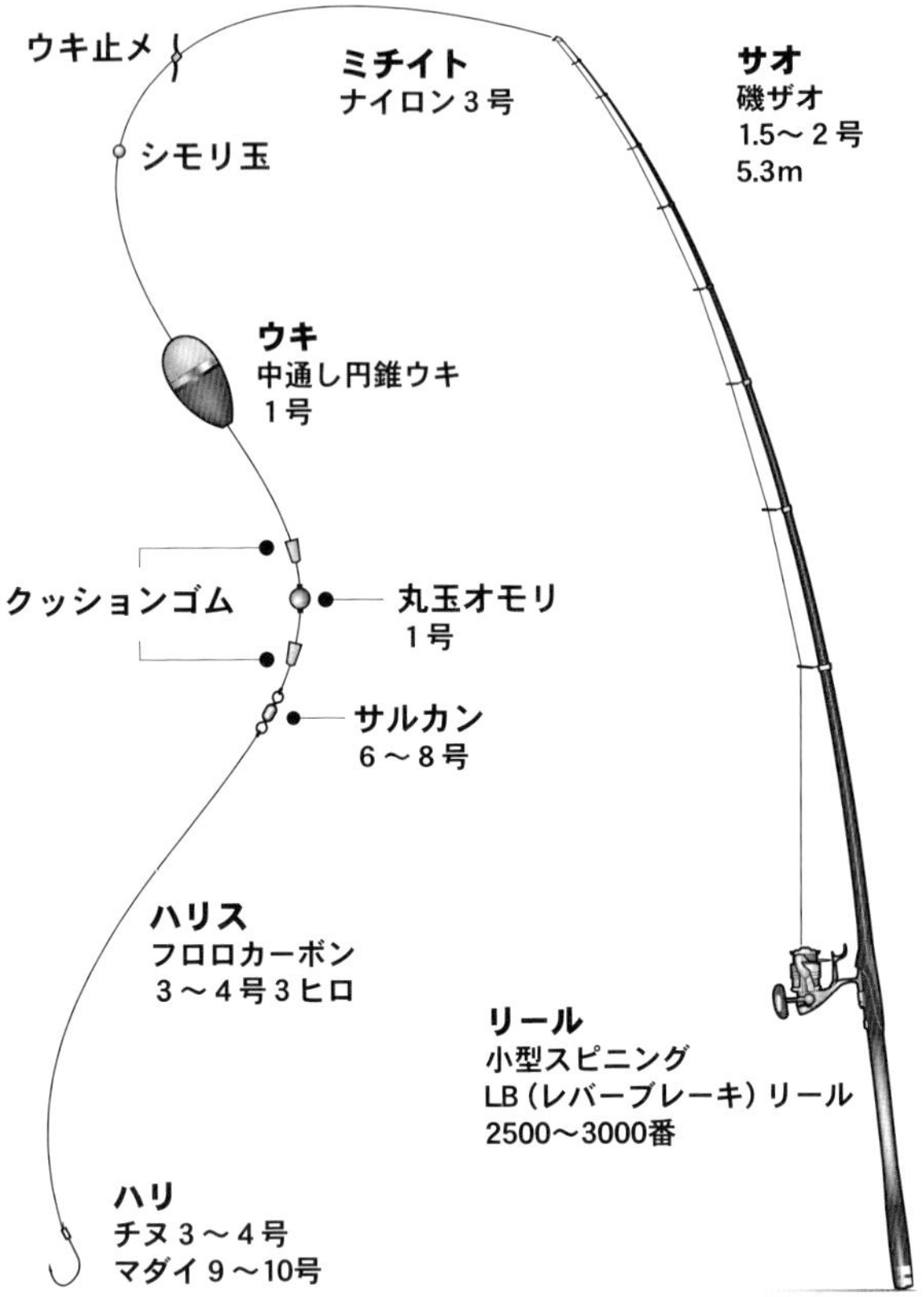

ウキ止メ
ミチイト
ナイロン3号
サオ
磯ザオ
1.5～2号
5.3m
シモリ玉
ウキ
中通し円錐ウキ
1号
クッションゴム
丸玉オモリ
1号
サルカン
6～8号
ハリス
フロロカーボン
3～4号3ヒロ
リール
小型スピニング
LB（レバーブレーキ）リール
2500～3000番
ハリ
チヌ3～4号
マダイ9～10号

一般的な遊動仕掛けと構造は同じだが、1号、2号といった重いオモリを背負わせたものを「移動仕掛け」と呼ぶことがある。見てのとおり、深いタナまで一気に仕掛けを落とすためのシステムである。遊動仕掛けのように仕掛けを「張りながら落とす」といった操作は苦手だが、明らかに浅ダナに魚がいないときは中層を探る必要などないし、であるならばねらいのタナまで一気に仕掛けを沈めてしまうほうが効率的である。

オモリが重ければ多少風が強くても問題なくねらえるうえ、潮が速くても確実にウキ下がキープできるので本流釣りもこなせる。深ダナや激流は最も得意とするシチュエーションであり、とりわけ深場をテリトリーとし、周辺で最も強い流れに付くマダイねらいにあっては、主力となる仕掛けといってよいだろう。

●対象魚

マダイ、イサキ、クロダイ、メジナ

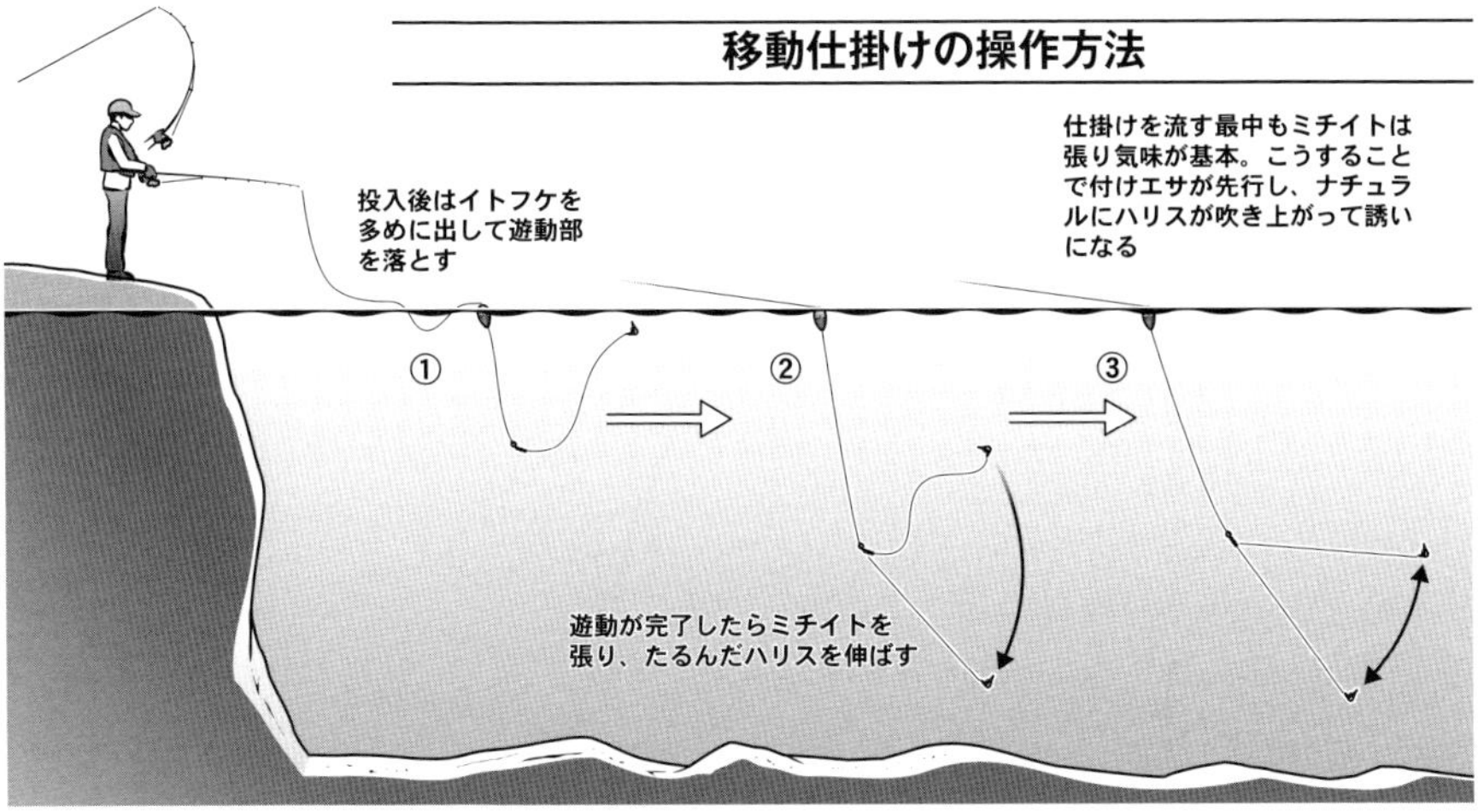
移動仕掛けの操作方法
投入後はイトフケを
多めに出して遊動部
を落とす
仕掛けを流す最中もミチイトは
張り気味が基本。こうすること
で付けエサが先行し、ナチュラ
ルにハリスが吹き上がって誘い
になる
①
②
③
遊動が完了したらミチイトを
張り、たるんだハリスを伸ばす

釣期の目安												
	1月	2月	3月	4月	5月	6月	7月	8月	9月	10月	11月	12月
マダイ												

よく釣れる　釣れる

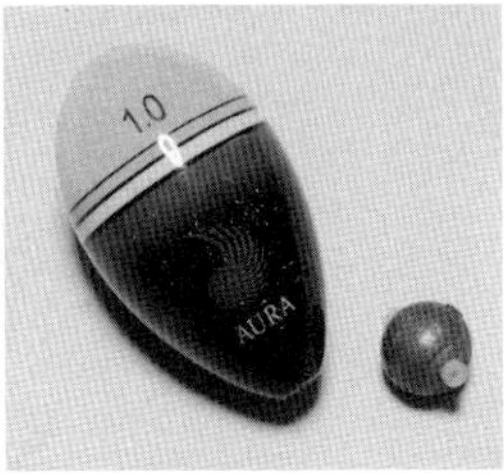
1.0
AURA
中通しウキと丸玉オモリのセットは本流釣りでも活躍する

サオ2本以上の深ダナをねらうマダイ釣りでは移動仕掛けが多用される

などウキ釣りの対象魚全般。

●エサ

通常のウキ釣りに準ずる。

●釣り方

移動仕掛けは遊動仕掛けの延長にあるシステムではあるが、深ダナねらいや本流釣りでウキ下のキープを目的とするならば、遊動仕掛けと切り離して操作したい。

投入後はイトフケを多めに出し、まずは遊動を落とすことに専念する。遊動が完了し、ウキ止めがウキのヘッドを押さえたら、今度は強めにミチイトを張る。ウキ下が取れた直後のハリスは、ちょうどオモリを支点としてV字状になっている。ミチイトを張ることによってハリスを潮下へ伸ばし、付けエサが先行した状態を作るわけだ。

流す途中でも、時折ミチイトを張るようにすると、付けエサが浮き上がって誘いにもなる。ウキが先行して付けエサが遅れて流れると、著しく食いが悪くなるので注意しよう。

サヨリほか

魚種別仕掛け⑤ 2段ウキ仕掛け

浅ダナ限定の高感度システム

基本仕掛け図

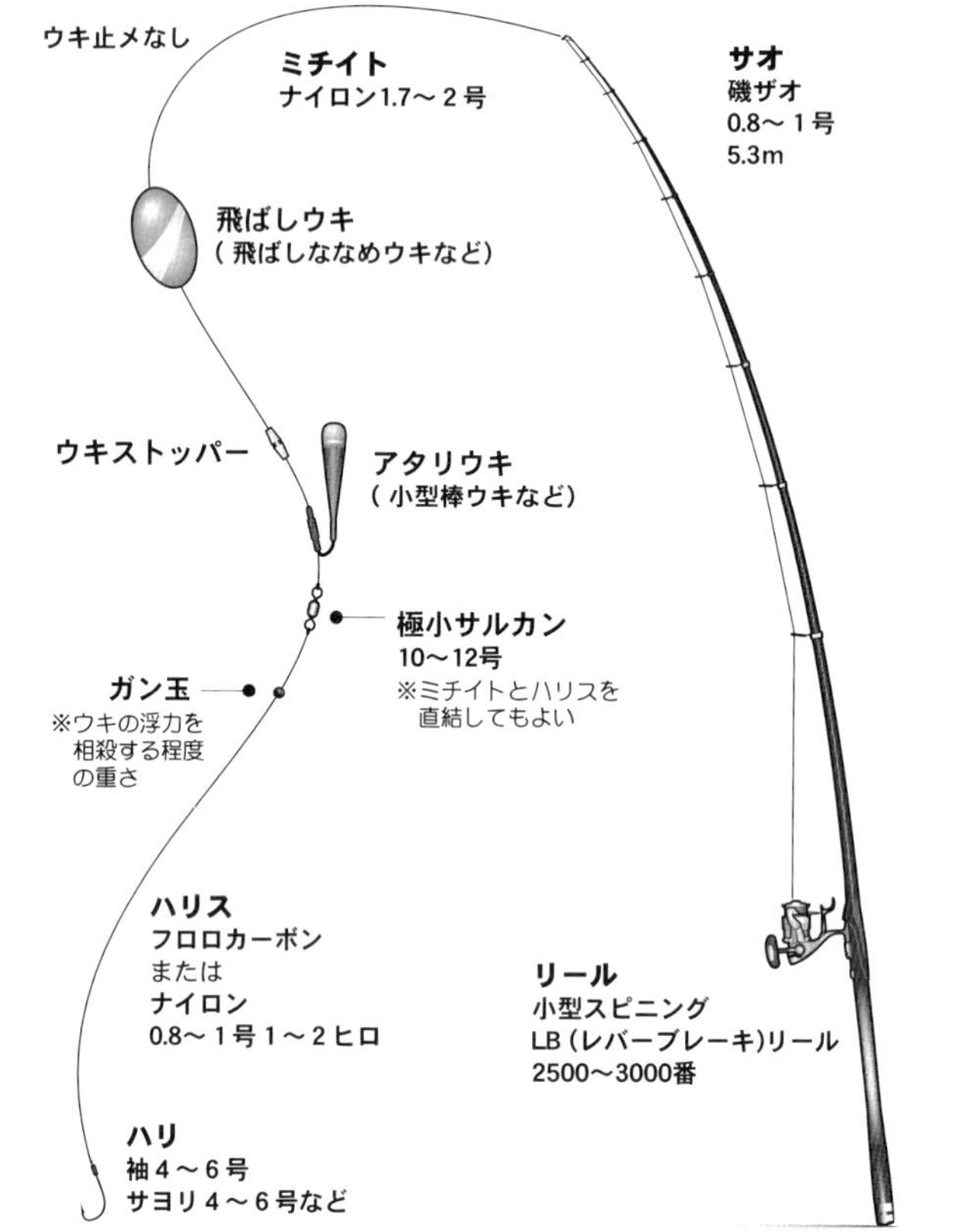

ウキ止メなし
ミチイト
ナイロン1.7～２号
サオ
磯ザオ
0.8～１号
5.3m
飛ばしウキ
（飛ばしななめウキなど）
ウキストッパー
アタリウキ
（小型棒ウキなど）
極小サルカン
10～12号
※ミチイトとハリスを
直結してもよい
ガン玉
※ウキの浮力を
相殺する程度
の重さ
ハリス
フロロカーボン
または
ナイロン
0.8～１号１～２ヒロ
リール
小型スピニング
LB（レバーブレーキ）リール
2500～3000番
ハリ
袖４～６号
サヨリ４～６号など

小型棒ウキやトウガラシウキ、小型の逆光玉など軽く小さなウキをアタリウキとし、投入性を補うために重量のある飛ばしウキをセットした仕掛け。アタリウキは固定なので深いタナを釣ることはできないが、充分な遠投性能を備えながら高感度で、サヨリや高活性期のメジナなど、浅いタナで食ってくる魚に対しては抜群の効果を発揮する。

大きなウキを使うと引き込み抵抗が増し、食い込みが悪くなるのが普通だが、2段ウキ仕掛けの飛ばしウキはフリーでセットされるため、ほとんど食いに影響しない。高価なウキを使わなくても、安価なトウガラシウキや逆光玉に、センターに穴の空いた飛ばしウキ用のスーパーボールを合わせても同様の性能を得られる。

●対象魚

サヨリ、メジナ、ウミタナゴなどウキ釣りの対象魚全般。

●エサ

通常のウキ釣りに準ずる。サヨリね

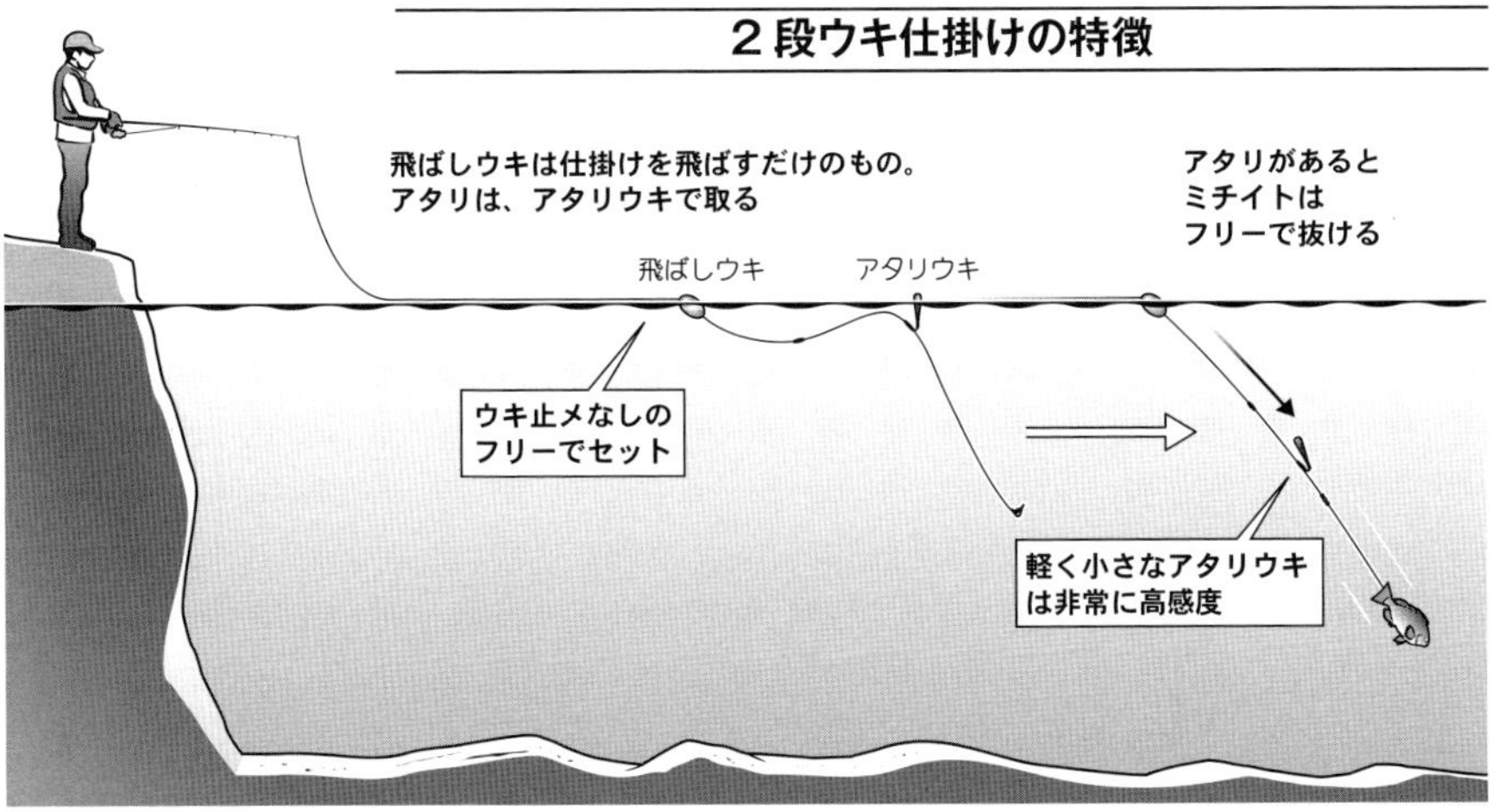

２段ウキ仕掛けの特徴
飛ばしウキは仕掛けを飛ばすだけのもの。
アタリは、アタリウキで取る
アタリがあると
ミチイトは
フリーで抜ける
飛ばしウキ
アタリウキ
ウキ止メなしの
フリーでセット
軽く小さなアタリウキ
は非常に高感度

釣期の目安												
	1月	2月	3月	4月	5月	6月	7月	8月	9月	10月	11月	12月
サヨリ												

よく釣れる　釣れる

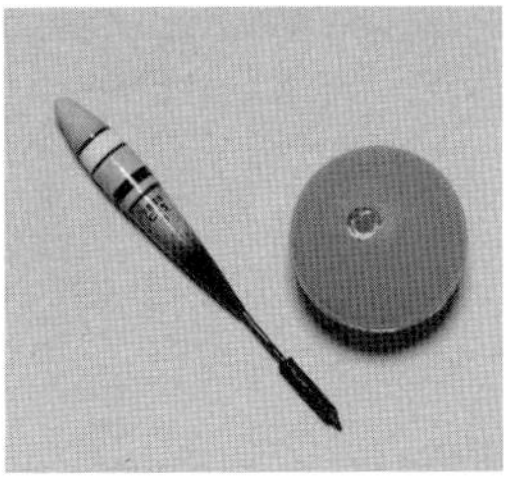

トウガラシウキに飛ばしウキとしてスーパーボールを合わせたパターン。安価なセットだが実力はかなりのもの

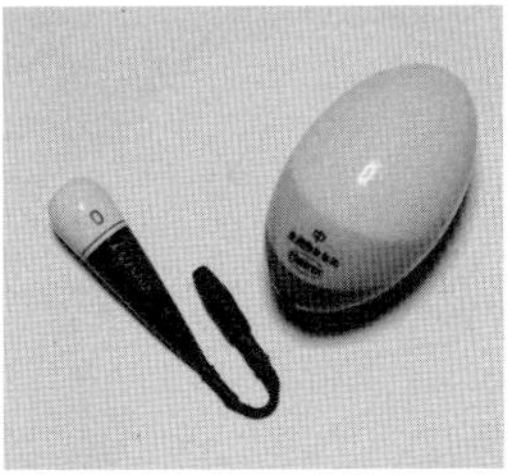

飛ばしウキは斜めに浮くタイプが使いやすい。フリーでセットするので大きくても食いに影響しない

らいではハンペンをストローで円筒状に抜いたものも使われる。

●釣り方

通常のウキ釣りに準ずるが、投入後に何の操作も行なわず飛ばしウキが先行してしまうと食いが悪くなる。時折ミチイトを張りながら、アタリウキが飛ばしウキの潮下になるよう心掛けよう。

表層を回遊するサヨリに対しては２段ウキ仕掛けが遺憾なくポテンシャルを発揮する

メバルほか

魚種別仕掛け⑥ 電気ウキ仕掛け

春告魚はマヅメから夜間に食いが立つ

基本仕掛け図

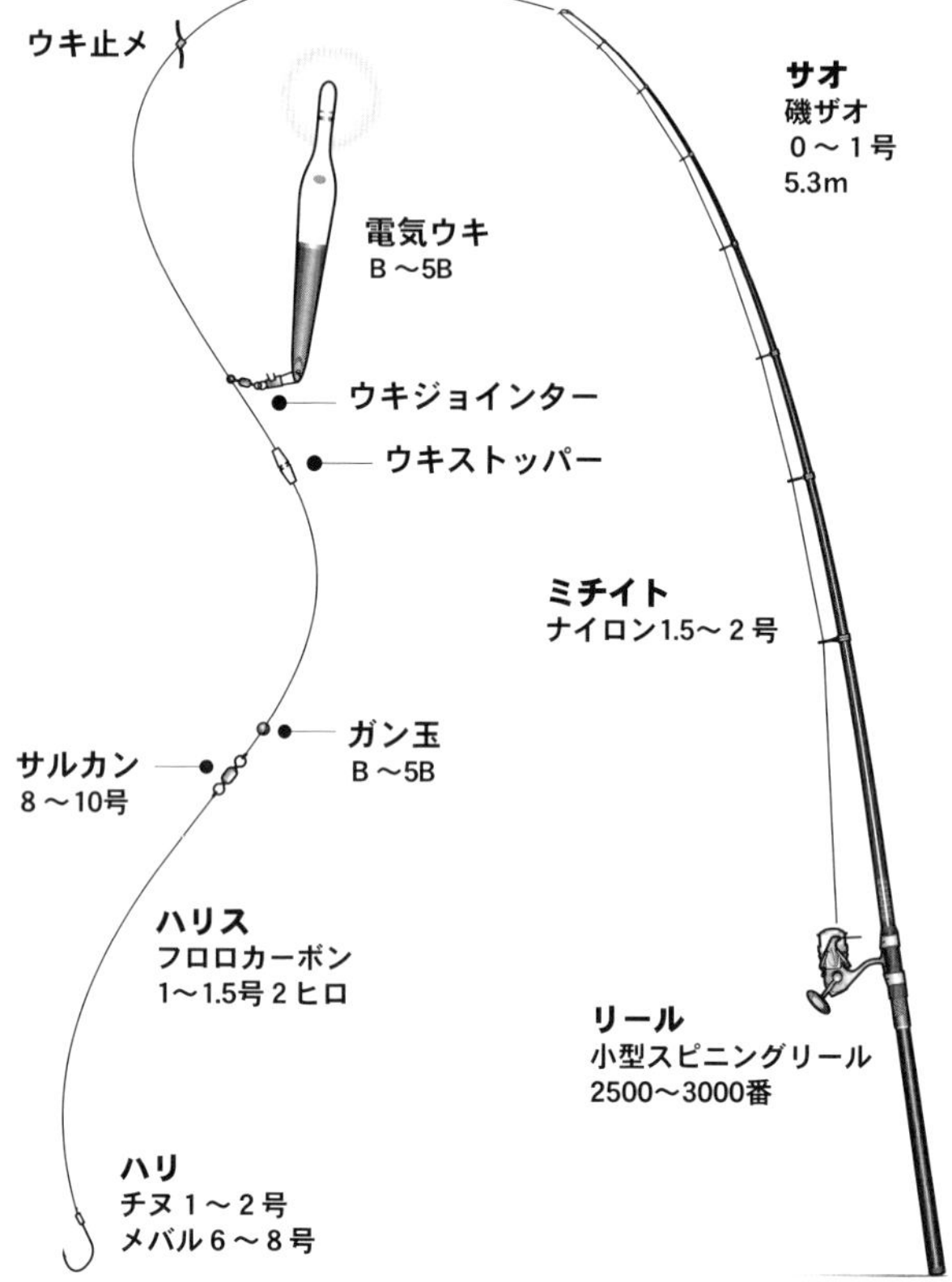

ウキ止メ
サオ
磯ザオ
0～1号
5.3m
電気ウキ
B～5B
ウキジョインター
ウキストッパー
ミチイト
ナイロン1.5～2号
ガン玉
B～5B
サルカン
8～10号
ハリス
フロロカーボン
1～1.5号2ヒロ
リール
小型スピニングリール
2500～3000番
ハリ
チヌ1～2号
メバル6～8号

メバルやアジをはじめ、クロダイやメジナなどの魚は薄暮を好み、朝夕のマヅメや夜間に食いが立つこともしばしば。日没で納竿するのも悪くはないが、あと1～2時間粘ると怒濤の入れ食いに遭遇することも少なくない。

アフター5の釣りに欠かせない電気ウキは、中通しタイプ、カン付きタイプと各種出回っているので、ロッドケースやポケットに1つ忍ばせておくと、不意の延長戦で役立つだろう。

●対象魚

メバル、アジ、クロダイ、メジナなどウキ釣りの対象魚全般。

●エサ

オキアミ、大粒アミのほか、メバルには生きエビやアオイソメも有効。キビナゴやコウナゴといった身エサを使うと大型が食ってくる。

●釣り方

メバルは海藻帯が一番の有望ポイント。藻場を好むウミタナゴやクロダイの実績場は、メバルの好ポイントでも

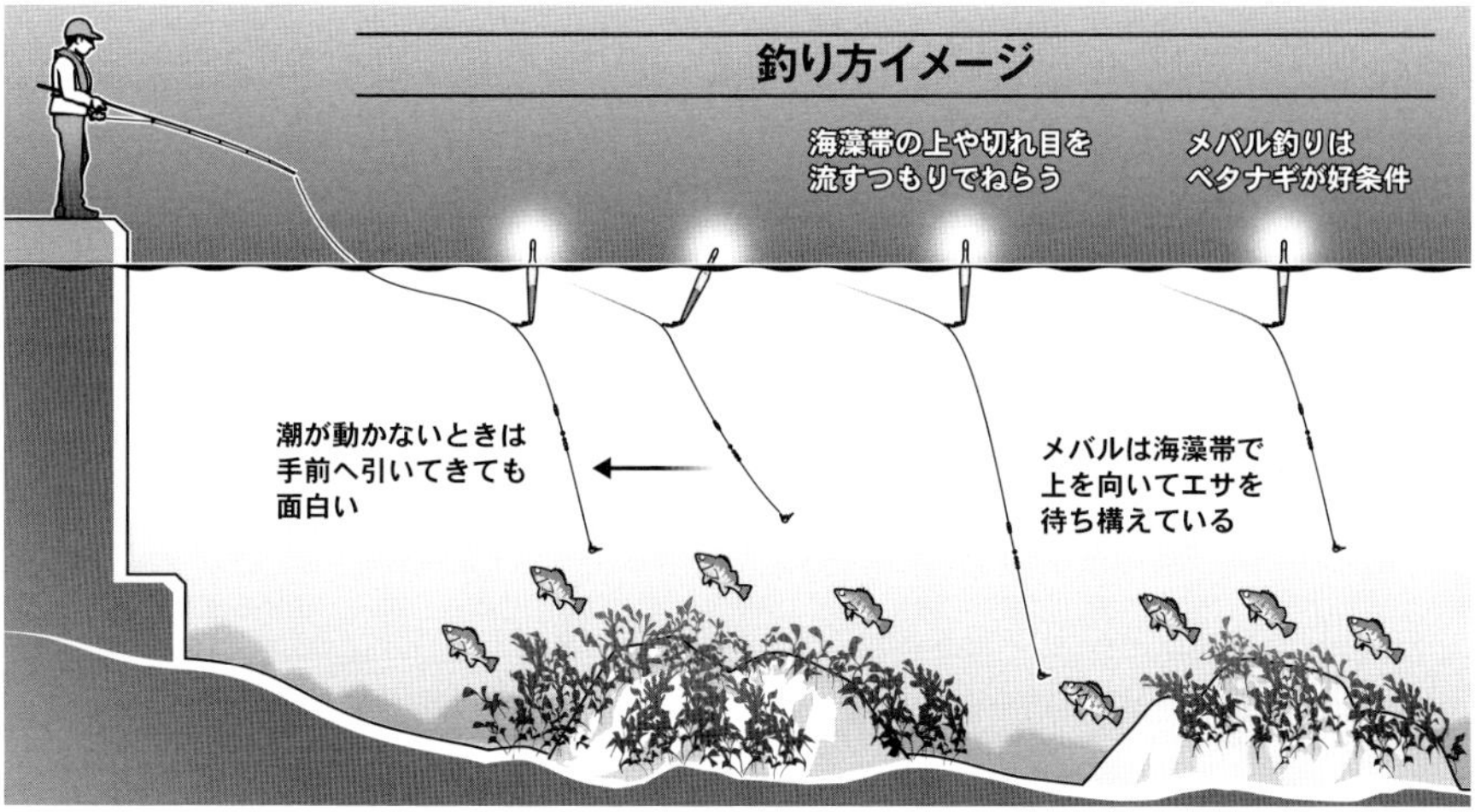
釣り方イメージ
海藻帯の上や切れ目を
流すつもりでねらう
メバル釣りは
ベタナギが好条件
潮が動かないときは
手前へ引いてきても
面白い
メバルは海藻帯で
上を向いてエサを
待ち構えている

釣期の目安												
	1月	2月	3月	4月	5月	6月	7月	8月	9月	10月	11月	12月
メバル												

よく釣れる　釣れる

海藻帯はメバルの好ポイント

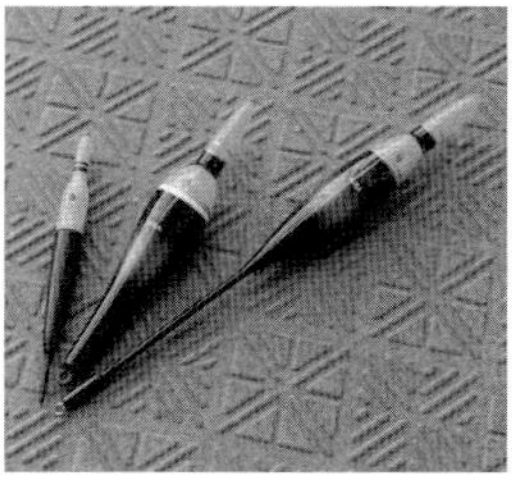

電気ウキは多種多様なものが出回っている。メバルねらいにはスリムな感度のよいものがおすすめ

メバルは日中でも釣れる魚だが、マヅメ以降はがぜん活性が高まり、数、型ともに期待できる

ある。

手順そのものは通常のウキ釣りと同じで問題ないが、海藻帯が広がっているような場所では潮任せに流すだけでなく、藻場の上をゆっくり引いてくる探り釣りも有効だ。この際はただ引いてくるのではなく、メバルにエサを食うタイミングを与えることが大切。引いては止めを繰り返し、エサの落ち込みを演出するとよいだろう。

スズキ

魚種別仕掛け⑦ サーフライト仕掛け

関東の伝統的〝電灯釣法〟

基本仕掛け図

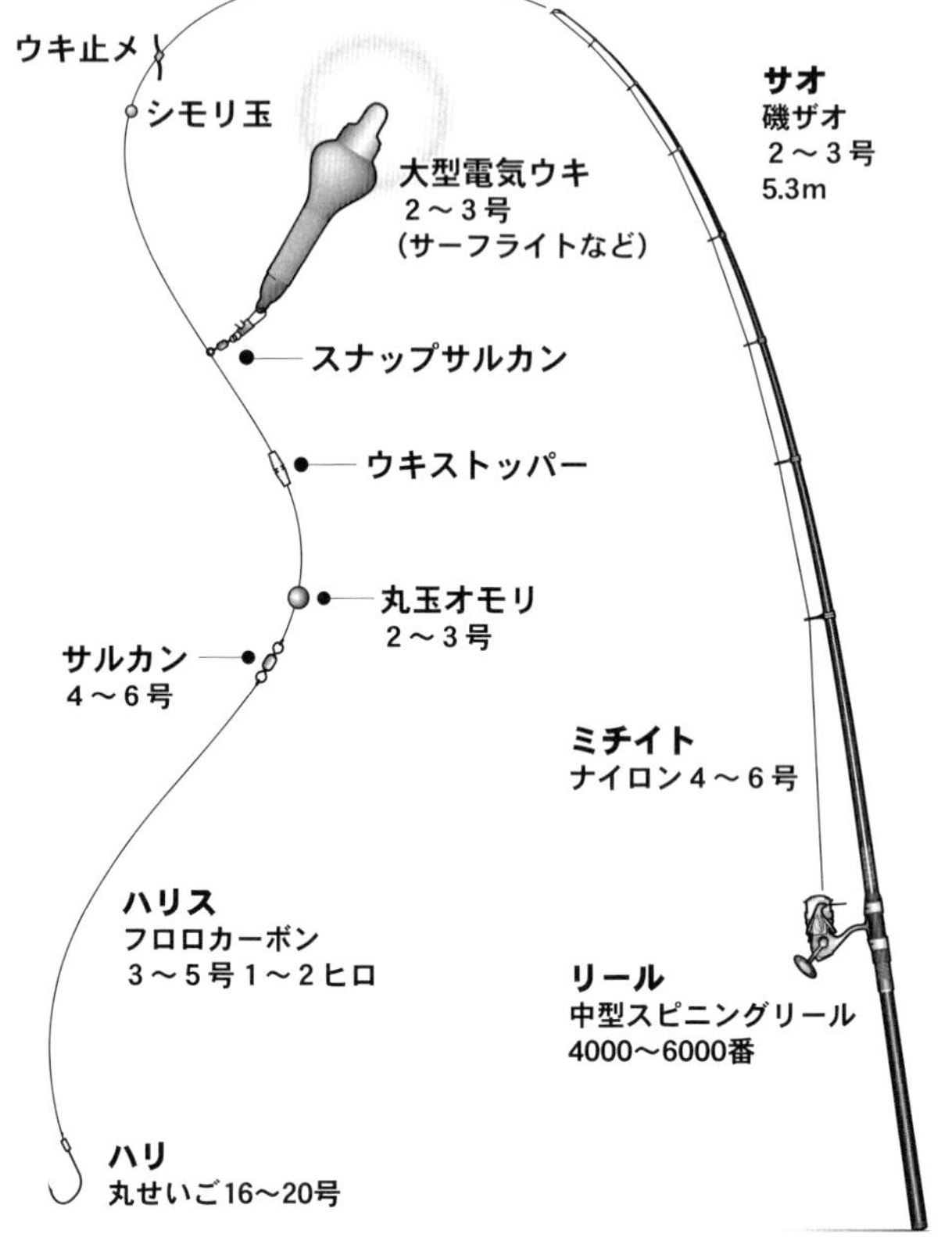
ウキ止メ
シモリ玉
大型電気ウキ
2～3号
(サーフライトなど)
スナップサルカン
ウキストッパー
丸玉オモリ
2～3号
サルカン
4～6号
ハリス
フロロカーボン
3～5号1～2ヒロ
ハリ
丸せいご16～20号
サオ
磯ザオ
2～3号
5.3m
ミチイト
ナイロン4～6号
リール
中型スピニングリール
4000～6000番

スズキ釣りといえば現在はルアーフィッシングに主流の座を取って代わられた感があるものの、昔ながらのウキ釣りも根強い人気がある。関西はシラサエビをエサにした「エビ撒き釣り」が盛んだが、関東エリアではサーフライトに代表される大型の電気ウキを用い、アオイソメの房掛けでねらうスタイルが一般的である。

乾電池を電源とするデカウキは、ウキというより〝電灯〟とも呼びたくなる風情で繊細さのカケラもない。しかしながら、河口など流れのある場所で100m以上沖まで流しても、あたかも灯台のごとく存在を主張する視認性は素晴らしいのひと言に尽きる。

こんなウキがズッポリと海中へ沈み、メーター近い大ものが豪快なエラ洗いを見せたなら興奮度はマックスだ。クロダイやメジナ釣りにはない、独自の世界がこの釣りにはある。

●対象魚

スズキ。

釣り方イメージ

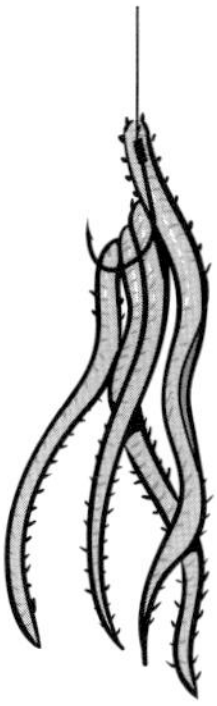

エサのアオイソメはたっぷりと房掛けにする

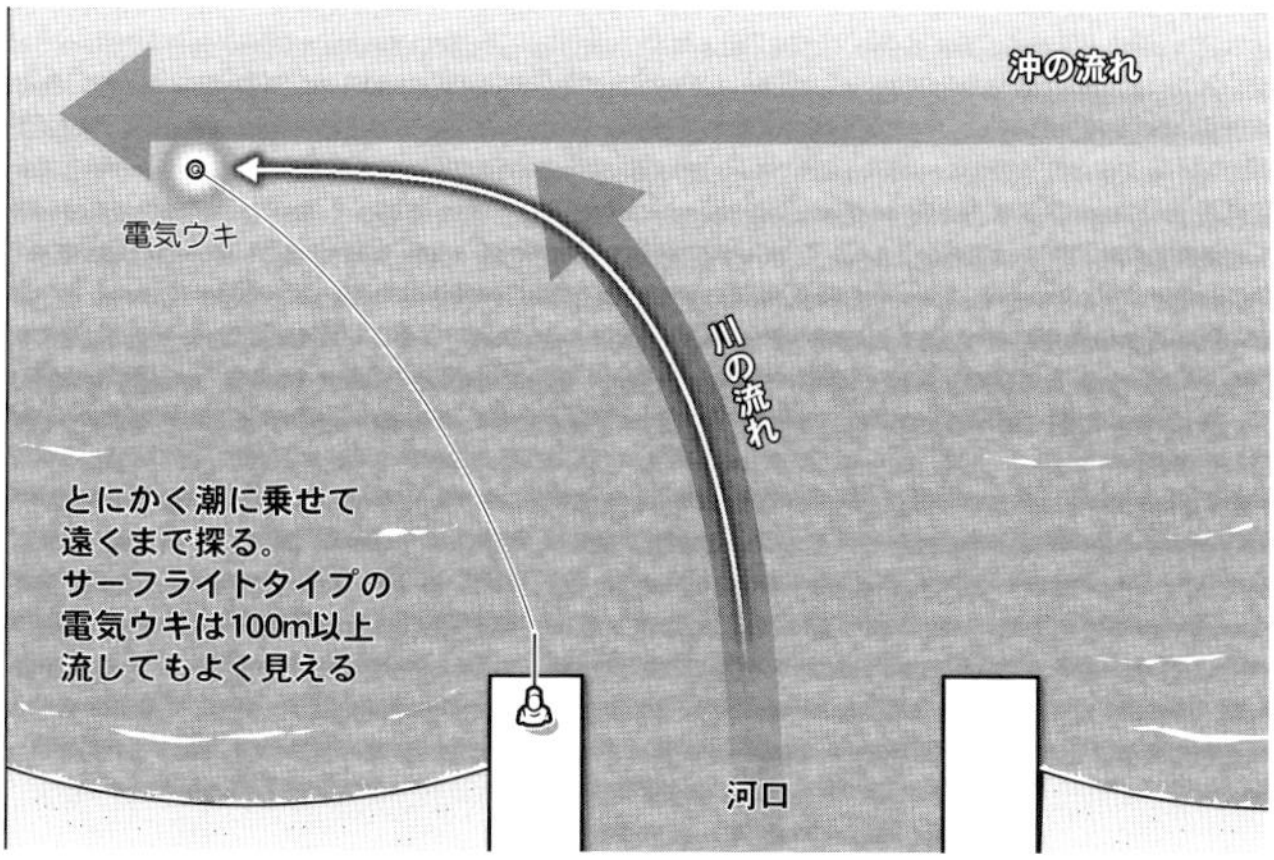
沖の流れ
電気ウキ
川の流れ
とにかく潮に乗せて
遠くまで探る。
サーフライトタイプの
電気ウキは100m以上
流してもよく見える
河口

釣期の目安

	1月	2月	3月	4月	5月	6月	7月	8月	9月	10月	11月	12月
スズキ	釣れる		釣れる	よく釣れる	よく釣れる	よく釣れる	釣れる	釣れる	よく釣れる	よく釣れる	よく釣れる	よく釣れる

よく釣れる　釣れる

スズキねらいのウキ釣りではアオイソメの房掛けが王道。イワイソメにも食ってくる

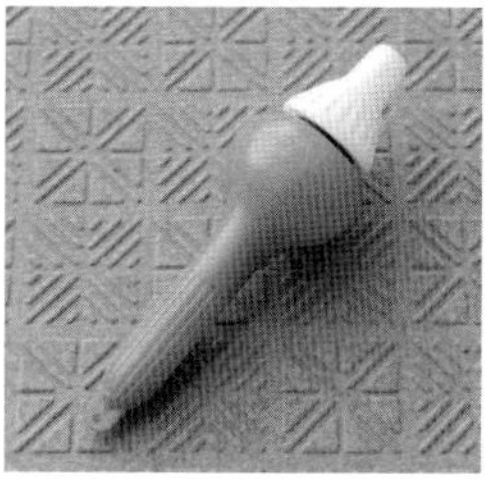

スズキのウキ釣りでは定番ともいえる大型電気ウキ。名声を博した「サーフライト」は最近目にすることも少なくなった

●エサ

アオイソメの房掛けが王道。このほか、イワイソメにも食ってくる。

●釣り方

仕掛けを投入したら潮に乗せて仕掛けを流す。河口周辺など流れのある場所では、リールに巻いたミチイトを出し切るくらいのつもりで、どんどん流していこう。

スズキの泳層は海底から1~2ヒロの中層だといわれており、ウキ下もこれを目安にするとよいが、それもスズキの活性次第だ。

エサを追っているときのスズキは海面に浮いたルアーにまでアタックするほどで、特に冬場から春にかけてのバチ抜け（イソメなどの多毛類が産卵のため海面近くを浮遊する現象）シーズンにおいては、スズキの意識もかなり表層に向いていると思われる。

したがってウキ下はこまめに調整したい。深すぎるよりはやや浅いくらいでちょうどよいだろう。

タチウオ

魚種別仕掛け⑧ ワイヤー仕掛け

海のギャングも歯が立たない

基本仕掛け図

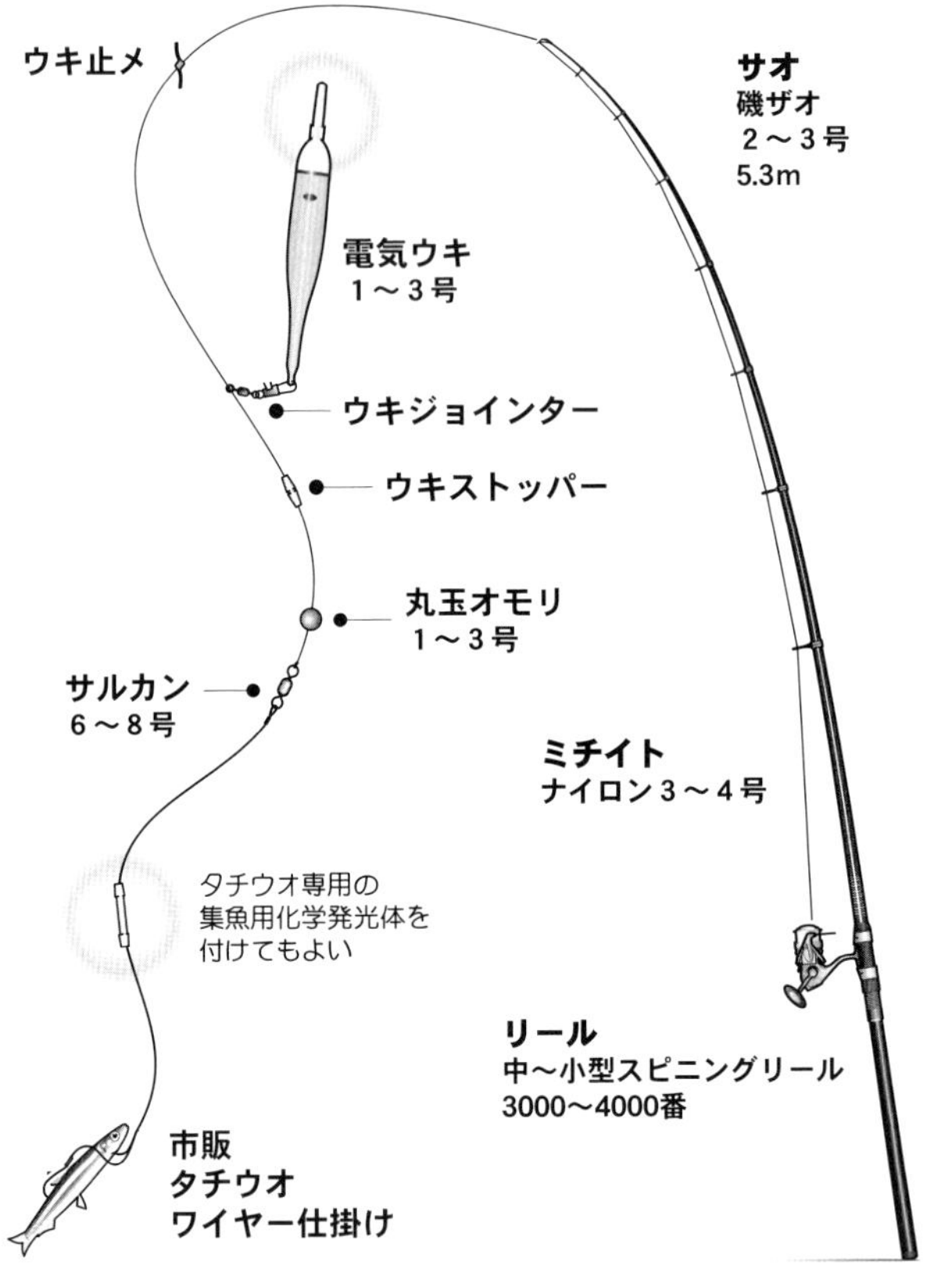
ウキ止メ
サオ
磯ザオ
2～3号
5.3m
電気ウキ
1～3号
ウキジョインター
ウキストッパー
丸玉オモリ
1～3号
サルカン
6～8号
ミチイト
ナイロン3～4号
タチウオ専用の
集魚用化学発光体を
付けてもよい
リール
中～小型スピニングリール
3000～4000番
市販
タチウオ
ワイヤー仕掛け

「海のギャング」とも称されるタチウオは完全なるフィッシュイーター。もはや牙ともいうべき鋭い歯を持ち、ナイロンやフロロカーボンのハリスでは簡単に噛み切られてしまうため、ワイヤーハリスの丈夫な仕掛けが用いられている。またタチウオは光に反応する習性があり、仕掛けの中ほどに化学発光体や水中ライトを付ける人が多く見受けられる。

船釣りでは日中でも釣れるが、岸からねらう場合は夜釣りのほうが有利だ。釣り場としての条件は、まずエサとなる小魚がいることが必須となる。

●対象魚

タチウオ。

●エサ

冷凍キビナゴ、サバやサンマの切り身といった身エサが使われる。

●釣り方

常夜灯の周辺や潮目など、プランクトンや小魚が集まる場所へ仕掛けを投入してアタリを待つ。アタリがあって

エサ（キビナゴ）の付け方

【孫バリ仕掛けの場合】

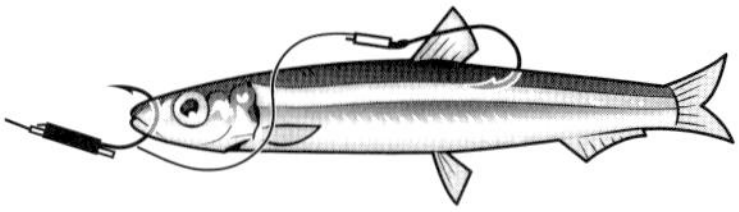

アゴの硬い部分と背にハリを掛ける

【シングルフックの場合】

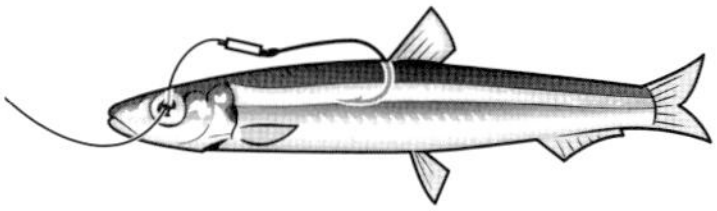

まず目にハリを抜き、背に掛ける

釣り方イメージ

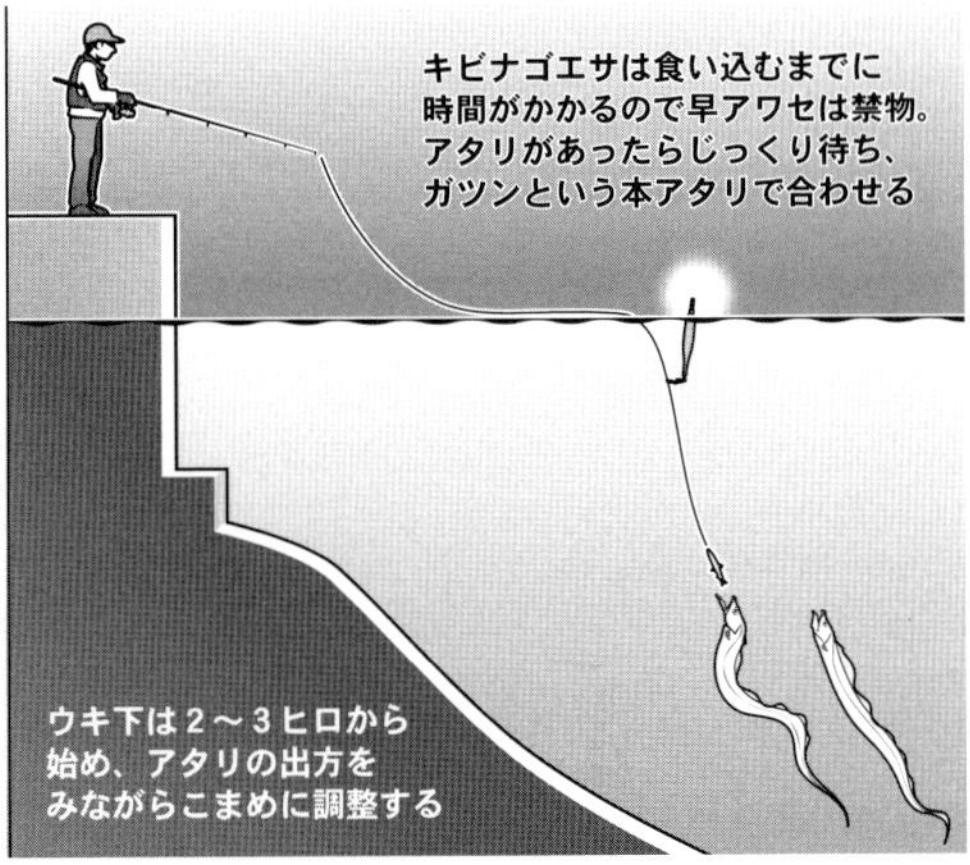
キビナゴエサは食い込むまでに
時間がかかるので早アワセは禁物。
アタリがあったらじっくり待ち、
ガツンという本アタリで合わせる
ウキ下は2～3ヒロから
始め、アタリの出方を
みながらこまめに調整する

釣期の目安												
	1月	2月	3月	4月	5月	6月	7月	8月	9月	10月	11月	12月
タチウオ												

よく釣れる　釣れる

エサはキビナゴなどの身エサを使う

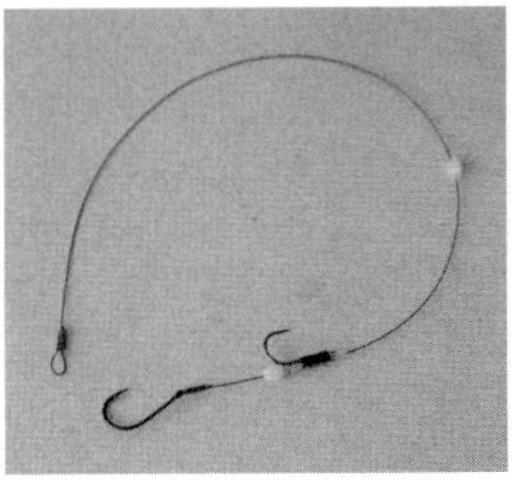

タチウオ専用の市販ワイヤー仕掛け。孫バリタイプとシングルフックタイプがある

タチウオのクセのない白身は大変美味。鋭い歯が見え隠れする物騒な風貌とは逆に食味は実に優等生だ

も即アワセは禁物だ。

ウキをジワッと押さえ込んだアタリでは、まだタチウオがエサを甘噛《が》みしている程度のことが多く、エサが大きくなるほど時間を置き、しっかり食い込ませる必要がある。海面直下に広がっていた電気ウキの灯りが、スーッと沈んでいくタイミングで合わせるとよいだろう。

ブダイ

魚種別仕掛け⑨ 島ウキ仕掛け

1m近い長ウキでねらう

基本仕掛け図

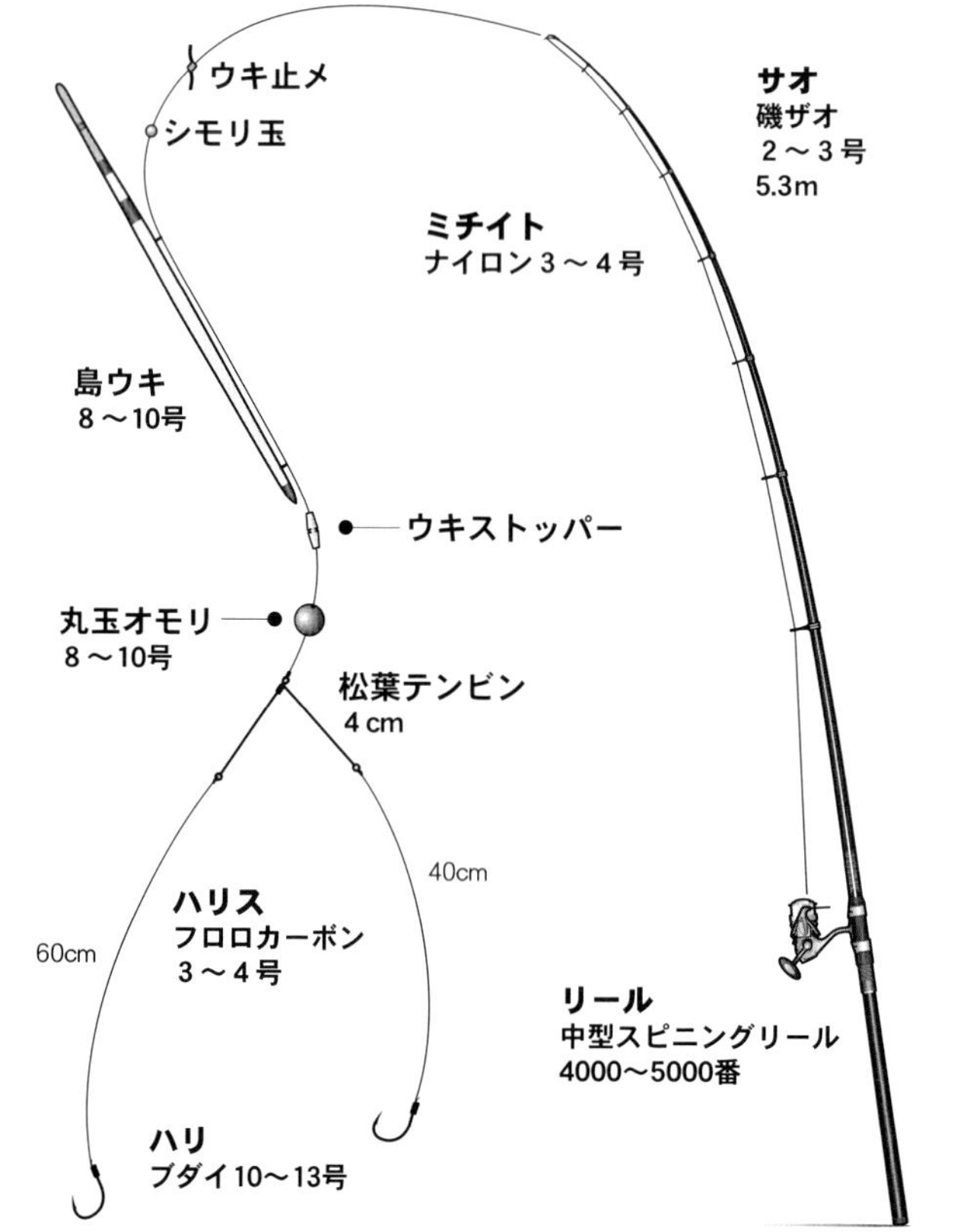

ウキ止メ
シモリ玉
サオ
磯ザオ
2～3号
5.3m
ミチイト
ナイロン3～4号
島ウキ
8～10号
ウキストッパー
丸玉オモリ
8～10号
松葉テンビン
4cm
40cm
ハリス
フロロカーボン
3～4号
60cm
リール
中型スピニングリール
4000～5000番
ハリ
ブダイ10～13号

ブダイは外洋に面した岩礁帯に棲む魚で、伊豆半島や伊豆諸島、和歌山などで人気のある釣りものだ。季節によって食性が変化する魚として知られ、夏はカニをエサにしたブッコミ釣り、冬場はハンバノリなどの海藻をエサにしたウキ釣りでねらう。

食味は植物性のエサを口にして臭みのなくなる冬場が断然上。伊豆ではこの時期のブダイを「ハンバブダイ」と呼び、特に珍重する。

ブダイのウキ釣り仕掛けは「島ウキ」と呼ばれる大型の棒ウキを用いるのが特徴。遠投が可能なうえ、ブダイの繊細なアタリを明確に表現してくれる。

●対象魚

ブダイ。

●エサ

ハンバノリ、ヒジキ、ホンダワラなど。地域によっては茹《ゆ》でたホウレンソウやダイコン葉も使われる。寄せエサは必要ない。

●釣り方

エサ（ハンバノリ）の付け方

じゃばら状に折り曲げて
縫い刺しにする

釣り方イメージ

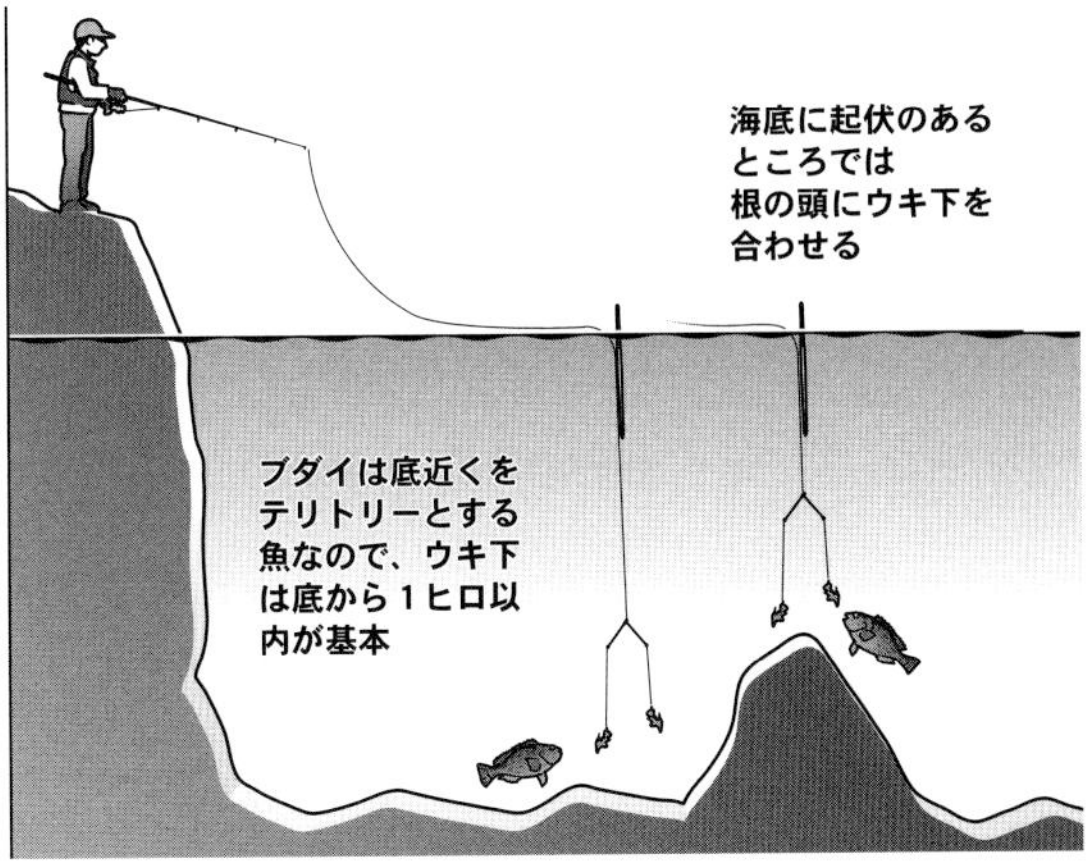
海底に起伏のあるところでは根の頭にウキ下を合わせる
ブダイは底近くをテリトリーとする魚なので、ウキ下は底から１ヒロ以内が基本

釣期の目安												
	1月	2月	3月	4月	5月	6月	7月	8月	9月	10月	11月	12月
ブダイ												

よく釣れる　釣れる

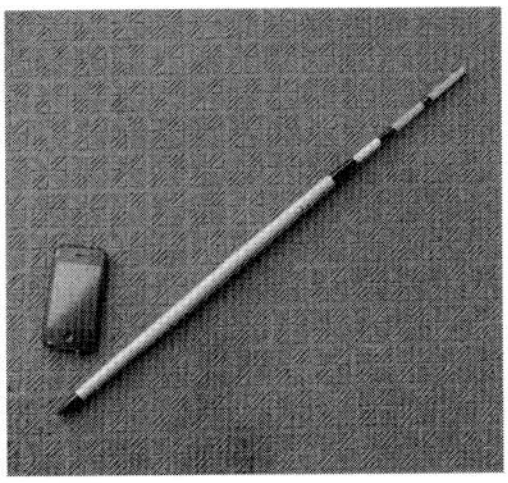

ちょっとした雨傘ほどの長さがある島ウキ

ベタナギはブダイ釣りにとって最高のコンディションだ

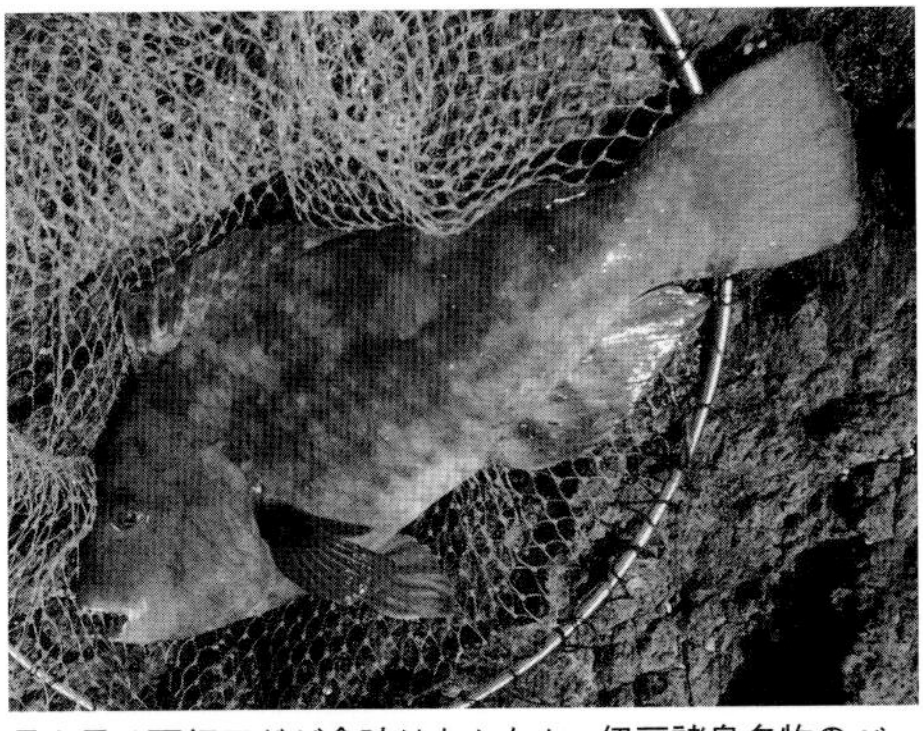

見た目は不細工だが食味はなかなか。伊豆諸島名物のベッコウ寿司はブダイの身が使われる

ブダイの泳層は海底付近。したがってウキ下は海底から1ヒロ以内を目安にするとよい。

ハンバノリなど海藻系のエサは食い込みに時間が掛かるため、ウキが押さえ込まれた前アタリでは合わせず、完全にウキが消し込まれる本アタリまで待つようにしよう。ブダイの口の周りは硬いので、しっかり確実に合わせること。

COLUMN 04

タックルのアフターケア

近年のタックルは非常に丈夫に作られているが、日頃のメンテナンスを怠ると可動部に結晶化した塩が噛んでしまい、せっかくの性能をフルに生かせなくなる。メンテナンスといってもごく簡単なものなので、釣りから帰ったら愛情を込めて手入れしたいものだ

●サオ

ブランクス（節）は固く絞った濡れタオルなどで拭く程度でOK。ただ、サオで最も汚れるのはガイドであり、ここに塩の結晶が付着したままだとミチイトが傷付くうえ、金属製のフレームが錆びて、ひどいとサオをだしている最中に破損してしまうことがある。

投げザオなどの固定ガイドは1個1個に流水を当て、磯ザオのような遊動ガイドは節を縮めた状態で下向きにして流水を当てて塩分を洗い流す。その後は乾いたタオルで水気を取り、陰干しするとよい。寄せエサなどの汚れがこびり付いている場合は、水に濡らした綿棒で取り除く。

中通しザオは尻栓を外して節をバラバラにし、それぞれの内部に水を通して塩分を洗い流す。その後は軽く節を振って水滴を飛ばし陰干ししておく。何度かに1回は中通しザオ用の撥水スプレーを吹いておくと安心だ。

●リール

最近の製品は水洗いが可能なウォッシャブル仕様のものが増えてきた。また磁力グリスなどでシーリングしているものもあり、ボディー内部へ塩水が浸入しにくい。したがって、日頃のメンテナンスも流水でサッと表面の汚れを洗い流す程度で充分。タオルなどで水気を拭き取った後に陰干しし、ラインローラーやベイル、ハンドルといった可動部にリールオイルを差しておけばOK。

これだけでも最新の製品は長期間にわたって初期性能をキープしてくれるが、何年も使い続ければギアの摩耗などによって回転にゴロつきが出てくる。このレベルになったら無闇に自分で分解せず、メーカーへオーバーホールに出すのが無難だ。

●その他

日頃の無精が如実に表われるのがロッドケースやバッグ、バッカン、スパイクブーツなどのファスナー部。ここはよく塩が噛む部分であり、すぐに開閉不能になってしまう。これを防ぐにはマメに塩分を洗い流すしかない。バッカンやブーツなら釣行ごと、ロッドケースやバッグも、何度かに1回は流水で洗浄しておきたい。

もしファスナーが固着してしまったら、ぬるま湯をしつこく当てて塩を浮かせ、頃合いを見てファスナーを動かしてみる。これでダメなら固着箇所に潤滑スプレー（KURE 5-56など）をたっぷりと吹くのも手。ここから先は決死の力技に挑む人がいるかもしれないが、万一破損しても責任は持てないので悪しからず。

6章 カゴ釣り

大柄なウキにコマセカゴを併用するカゴ釣りは、
ウキ釣りではまず届かない遠くのポイントをねらうことができ、
深いタナでも寄せエサと付けエサを完全に同調させることが可能な合理的釣法だ。
釣れる魚も大型揃いで、遠投するときの爽快感、
そして波間を漂うデカウキがズッポリ消し込まれたときのドキドキ感は、
何物にも代えがたい魅力がある。

カゴ釣りってどんな釣り？

遠方の深ダナでも付けエサと寄せエサが完全同調 釣れる魚も大型揃いだ！

遠投で大型魚をねらえるのも カゴ釣りの魅力の1つ

カゴ釣りとは、太めのウキ釣り仕掛けにコマセカゴを合わせたタックルを用い、寄せエサと仕掛けの完全同調を図った釣り方だ。遠投が可能なのでウキ釣りよりも攻略エリアが広く、15m、20mといった深ダナもねらえるため、大型魚と出会える確率が非常に高い釣りだといえる。

　コマセカゴの多くは付けエサを収納できるようになっており、ねらいのタナに到達し、カゴから寄せエサが振り出されるまでエサ取りからガードしてくれる。つまり、小難しいエサ取り対策は不要であり、初心者でも簡単に大もの釣りを楽しめるということだ。

●対象魚

　ワカシ&イナダ、ソウダガツオ、大サバ、大アジといった回遊魚や、マダイ、イサキ、クロダイ、メジナあたりが代表的なところ。ウキ釣りではまず困難な深場まで問題なくねらえるので、対象魚のサイズも数段大きい。

●エサ

カゴ釣りの特徴

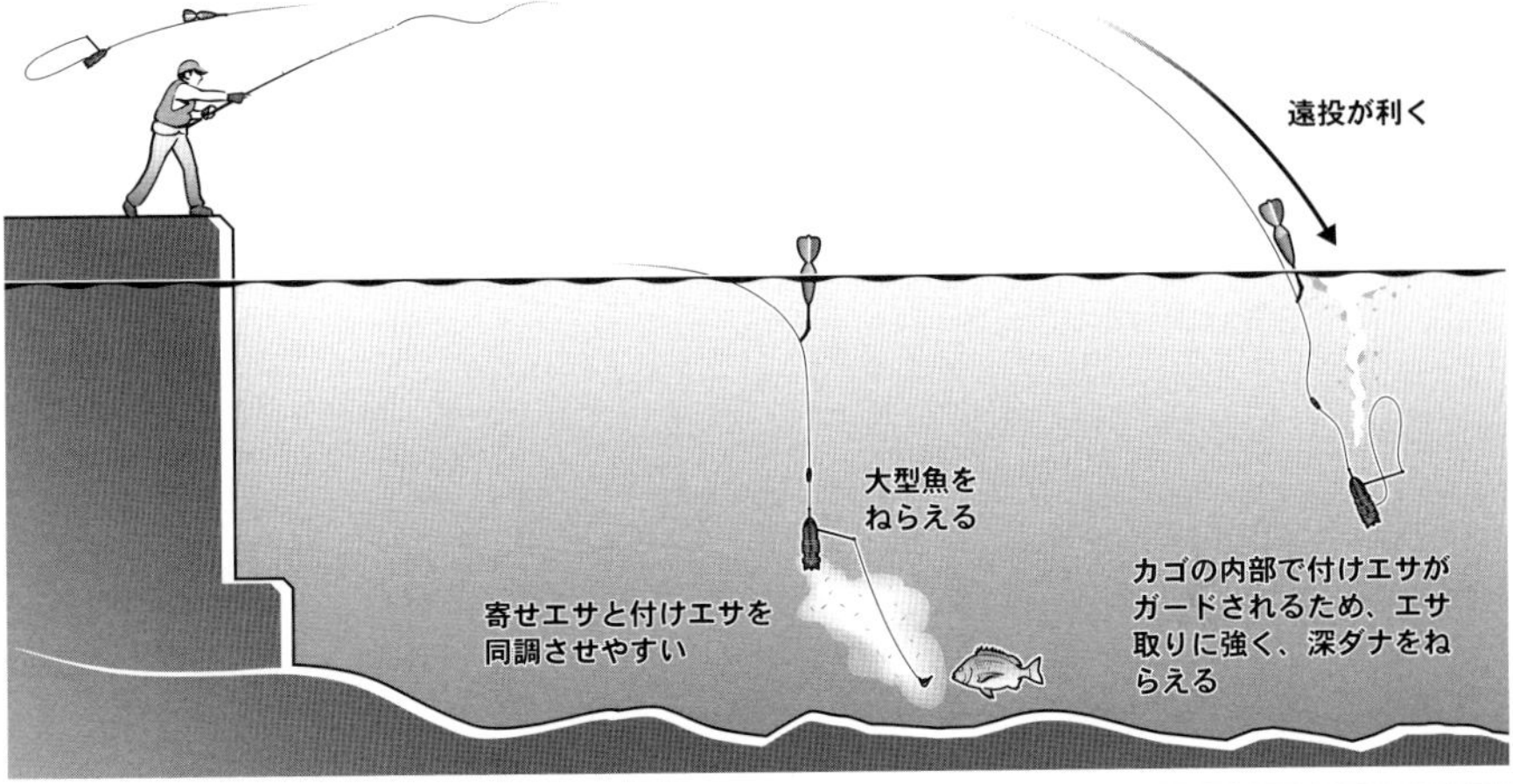
遠投が利く
大型魚をねらえる
寄せエサと付けエサを同調させやすい
カゴの内部で付けエサがガードされるため、エサ取りに強く、深ダナをねらえる

カゴ釣りの主な対象魚と釣期の目安

	1月	2月	3月	4月	5月	6月	7月	8月	9月	10月	11月	12月
回遊魚							釣れる	釣れる	よく釣れる	よく釣れる	よく釣れる	釣れる
マダイ	釣れる		釣れる	よく釣れる	よく釣れる	釣れる			釣れる	よく釣れる	よく釣れる	釣れる
イサキ				釣れる	よく釣れる	よく釣れる	よく釣れる	よく釣れる	よく釣れる	よく釣れる	釣れる	
アジ(中〜大型)					釣れる	釣れる	よく釣れる	よく釣れる	よく釣れる	よく釣れる	釣れる	釣れる

よく釣れる　釣れる

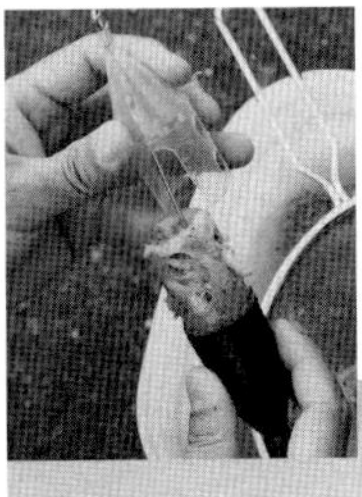

カゴ釣りには絡み防止のテンビンと一体になったコマセカゴを用いる。カゴの多くは付けエサを収納できるようになっており、ねらったタナまでエサ取りからガードする構造になっている

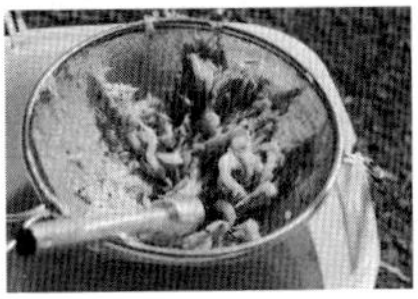

付けエサはオキアミ、寄せエサはオキアミもしくはアミを使うのが一般的

付けエサはオキアミ、寄せエサはオキアミもしくはアミが主流。ウキ釣りのように寄せエサでエサ取りをコントロールする必要がないので、オキアミは3kg板が2枚もあれば1日楽しめるだろう。配合エサは特に必要なものではないが、集魚力がアップすることに加え、生エサから出た汁を吸って投入時に飛び散らないのがありがたい。

サビキ釣りでは小型でも、カゴ釣りではこんなビッグなサバが釣れてしまう。カゴ釣りは夢多き釣りなのである

カゴ釣りのタックル

スピニングと両軸の2種類がある
ミチイトが太い場合は両軸タックルのほうが飛距離が出る

サオはカゴ釣り用のものを。ベイト仕様と遠投仕様の違いにも注意

カゴ釣りのタックルはウキ釣りの延長にあるが、6〜15号と重いオモリを仕込んだカゴを遠投するため、投げザオほどではないにせよ、ある程度のキャスティング性能を備えたものが必要だ。

●サオ

磯ザオの2〜5号を、使うカゴの号数に応じて使用する。カゴが6号までなら2号ザオ、8号までなら3号ザオ、12号までなら4号ザオ、それ以上重いカゴを使う場合は5号ザオがマッチする。

磯ザオには、ウキ釣りに使うフカセ釣り用とカゴ釣り用の2種類があるので、必ず後者を買い求めること。また、カゴ釣り用のサオにも両軸リール用のベイト仕様と、スピニングリール用の遠投仕様があり、使用するリールによって選ぶ必要がある。ベイト仕様と遠投仕様ではガイドの径や数が違い、共用はできないので注意しよう。

長さは5・3mを基本に、飛距離が欲しい場合は5・7m、6・3mといった長ザオを使うとよいだろう。

●リール

前述のようにカゴ釣りタックルには両軸とスピニングの2種類があり、リールとサオはセットで考えなければならない。両軸リールの利点は、6号以上の太いミチイトを使う場合スピニングよりも飛距離が出ることと、巻き上げパワーがあることだ。しかし、投入時にバックラッシュを起こすことがあり、扱いには慣れが必要だ。

スピニングリールはバックラッシュの心配がない反面、ミチイトが太くなると飛距離は両軸よりも劣る。カゴ釣り専用の遠投タイプが使いやすい。

両リールとも使用するミチイトを最低でも200m巻けるものを選ぶこと。

基本仕掛け図

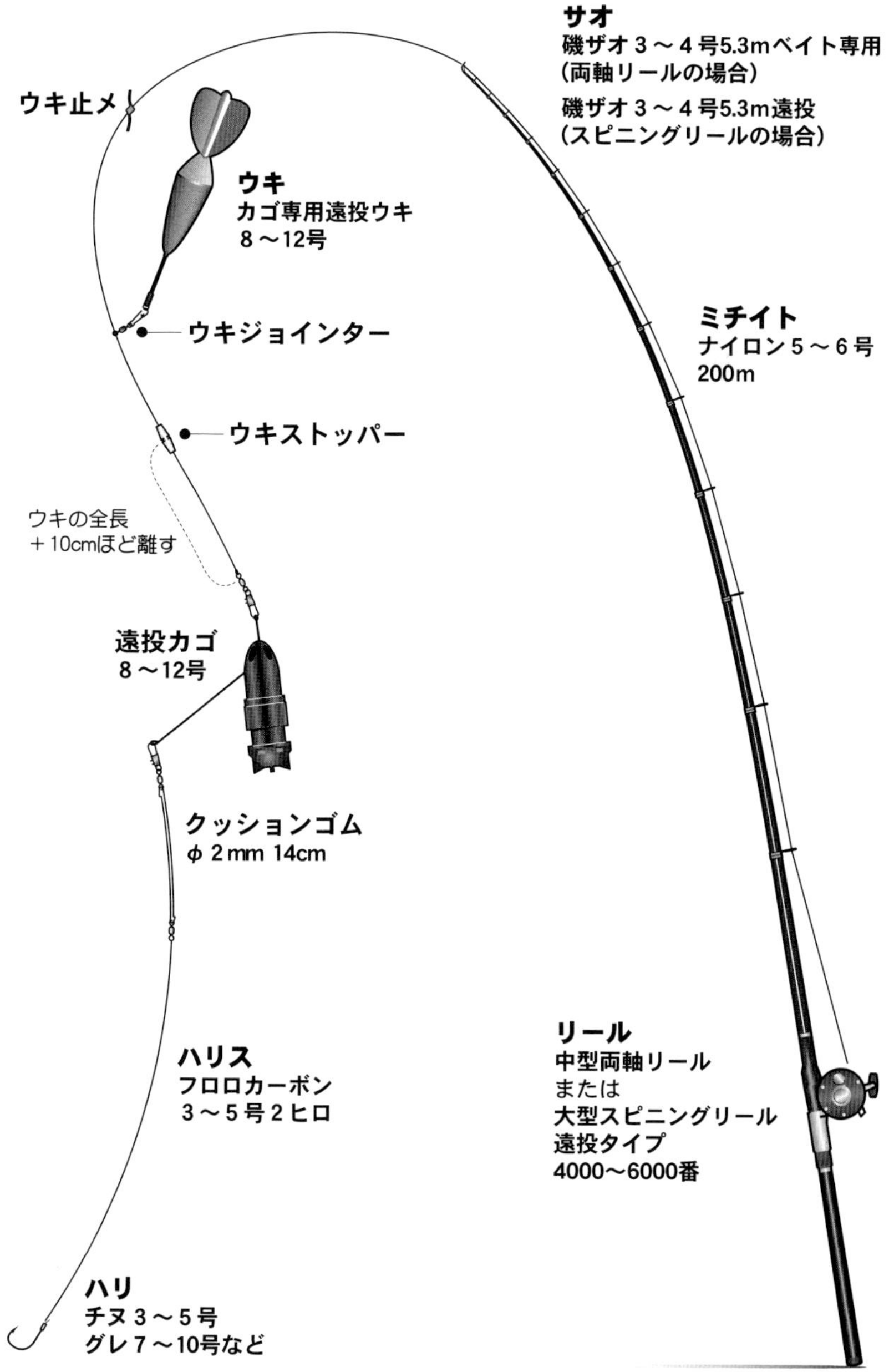
サオ
磯ザオ 3 ～ 4 号5.3mベイト専用
(両軸リールの場合)
磯ザオ 3 ～ 4 号5.3m遠投
(スピニングリールの場合)
ウキ止メ
ウキ
カゴ専用遠投ウキ
8 ～12号
ウキジョインター
ミチイト
ナイロン 5 ～ 6 号
200m
ウキストッパー
ウキの全長
＋10cmほど離す
遠投カゴ
8 ～12号
クッションゴム
φ 2 mm 14cm
ハリス
フロロカーボン
3 ～ 5 号 2 ヒロ
リール
中型両軸リール
または
大型スピニングリール
遠投タイプ
4000～6000番
ハリ
チヌ 3 ～ 5 号
グレ 7 ～10号など

仕掛けの概要

ウキとカゴとのマッチングを考えよう
カゴ使いの極意は「いかにタナで寄せエサを利かせるか」

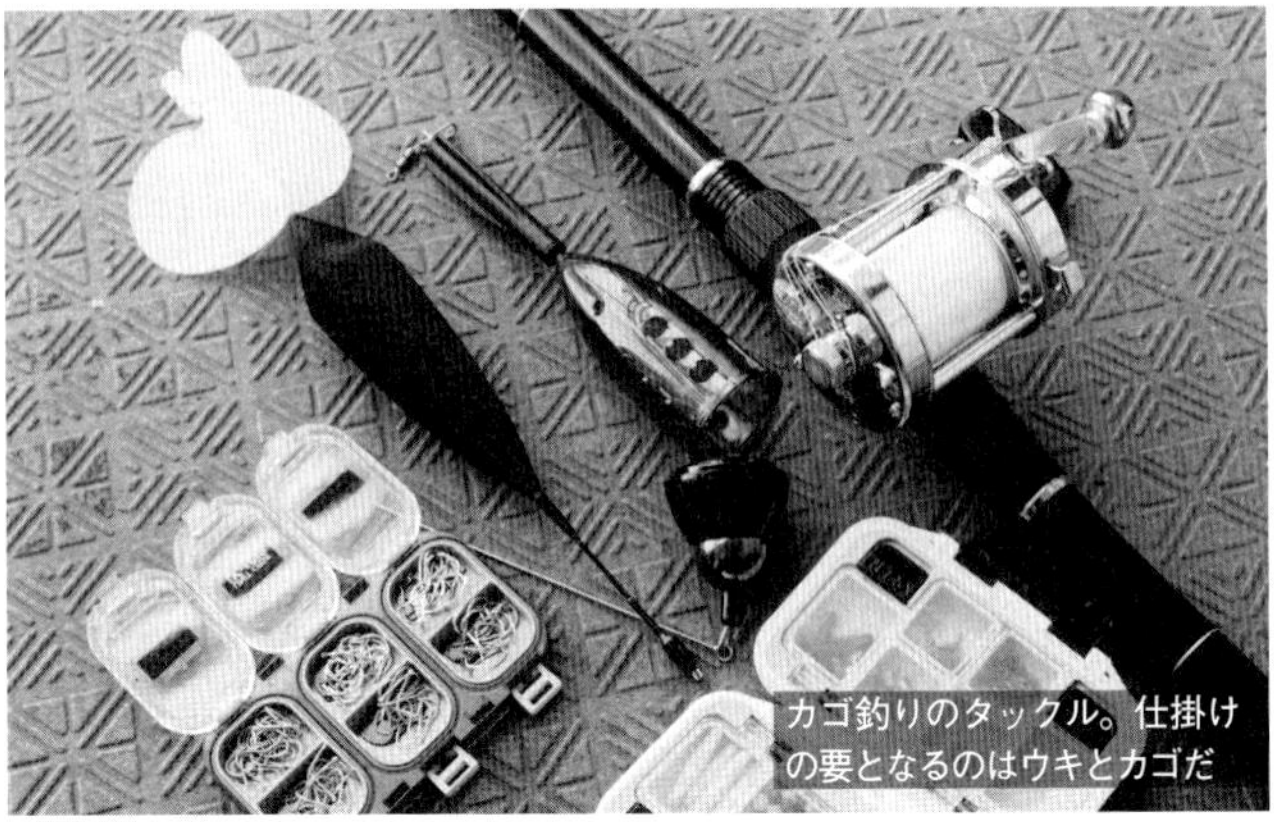
カゴ釣りのタックル。仕掛けの要となるのはウキとカゴだ

カゴ釣りの仕掛けは、かなりごつくはなっているものの、基本的にウキ釣りにテンビンとカゴが付いたものと思って差し支えない。この仕掛けの中枢となるのは、やはりウキとカゴである。

6～15号と重めのオモリを仕込んだカゴを受け止めるため、ウキにはそれなりの浮力が必要だ。また、カゴ釣りでは200m近くも仕掛けを流すこともあるので、視認性も無視できない。したがって、カゴウキはフカセウキに比べてかなり大ぶりになるわけだが、かといって海面にボッコリとボディーが出た状態では魚にとって大きな抵抗となるし、ある程度の繊細さと感度は必要である。

カゴ釣りで用いるウキは、あくまでカゴとワンセットで考えるべきだ。自分が使うカゴを背負わせてみて、ボディーの肩が多少海面を出入りする程度がベスト。このバランスなら寄せエサを詰めた状態でもウキが沈むことはないし、寄せエサを出し切っても浮きすぎることはないだろう。

カゴは2分割式の一発カゴタイプとプラカゴタイプの2種類があり、前者は粒の大きいオキアミ主体の寄せエサ、後者はアミ主体の寄せエサに向いている。ただ、プラカゴタイプでもオキアミコマセで釣果を上げている人もおり、この選択基準は絶対的なものではない。大切なのはどちらのカゴを選ぶかではなく、いかにして「ねらいのタナで寄せエサを利かせるか」である。

自分の意志どおりに寄せエサを出すのは簡単なようで難しい。タナで一気に出すのか、トロトロと寄せエサをこぼしながら長時間付けエサと合わせるのか。これを自由に演出するには、かなりの熟練を要するだろう。

カゴ釣り用のウキ

ときとして200m近くも仕掛けを流すカゴ釣りにおいて、ウキはカゴの重さを背負える浮力を備えたうえで、何よりも視認性が重視される。

現在人気があるのは、スリムでも浮力のある発泡製のボディーに3～4枚の羽根を合わせたもの。順光時はオレンジやピンク、逆光時はブラック、曇天時やマヅメ時はイエローが見やすい。夜釣りにも対応できるよう、トップに化学発光体を装着できる製品もある。

カゴウキにもオモリを仕込んだ自立タイプと非自立タイプがあるが、基本的にカゴの重さでキャストすることから、あまり仕込みオモリが重すぎるものはカゴと張り合って飛行姿勢が乱れ、飛距離が落ちてしまうので注意しよう。

高浮力の発泡ボディーに視認性のよい羽根を合わせたものがカゴウキの主流スタイル

コマセカゴ

コマセカゴはさまざまなものが出回っているが、2分割式のカゴがタナで開く「一発カゴタイプ」と、一般的な「プラカゴタイプ」の2種類に大別できる。開放口の大きな前者はオキアミ、カゴ側面の小窓で寄せエサの出を調節する後者はアミ主体の寄せエサに向いている。寄せエサが出すぎるとねらいのタナに利かないし、逆に出なければ魚は釣れない。カゴを使いこなすのは地味ながらも大切なテクニックだ。

タナまで沈んだところで2分割式のカゴが開いて寄せエサが放出される一発カゴタイプ。粒の大きなオキアミ主体の寄せエサに向いている

カゴ側面の小窓で寄せエサの出具合を調節するプラカゴタイプはアミ主体の寄せエサと相性がよい。カゴ単体で売られているものは、好みのテンビンにセットして使う

必要な小物類

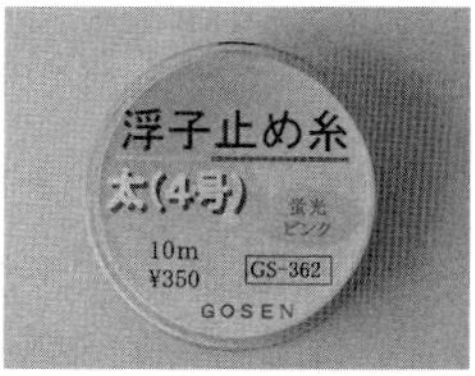

【ウキ止メ糸】
ウキ下の設定に欠かせないのがウキ止メ糸。キャスト時にズレないよう、しっかり結べる製品を選ぶ

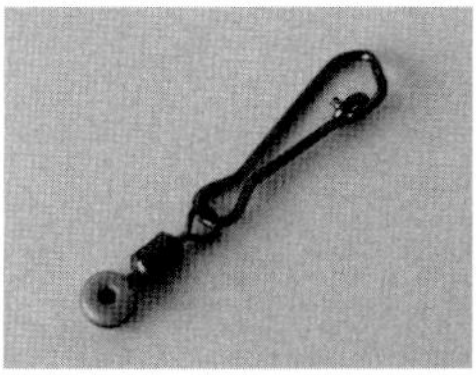

【ウキジョインター】
カン付きのカゴウキをミチイトに接続するための必需品。キャスト時に強い力が加わる部分なので、スナップを丈夫なフック式に替えておくと安心だ

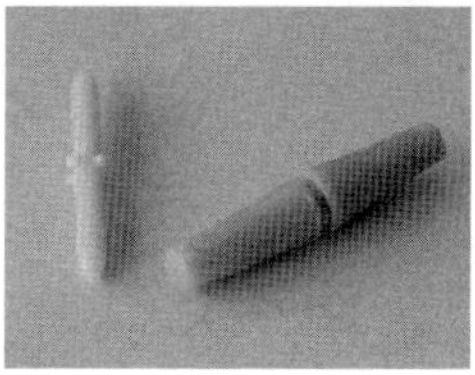

【ウキストッパー】
ウキの落ちを止めるほか、絡み防止にも貢献するパーツ。カゴ釣りにはグリップ力の高いM～Lが適している

【ゴムクッション】
魚の引きを吸収するというよりも、ハリスの絡み防止を目的としてセットすることが多い

カゴ釣りの周辺アイテム

両手を空けられるサオ掛けはぜひとも用意したい
アミが放つ異臭は密閉式バケツでブロック!

寄せエサの詰め替えなど両手での作業が多いのでサオ掛けがあると便利

カゴ釣りは、ウキやカゴ周りを自作するなどマニアックな人が目立つジャンルだが、釣り場でよく目にするこだわりのアイテムが「サオ掛け」である。

クーラーボックスに取り付けてみたり、コマセバケツを改造してサオを置けるようにしてあったり。思えばカゴ釣りは寄せエサの詰め替えなど両手で行なう作業が多く、また、ひと流しのスパンが長いマダイねらいなど、サオを置いて手を休めたい場面は少なくない。重いカゴザオをずっと手に持つのはかなりの苦痛であるため、できればサオ掛けは用意しておきたいところだ。

寄せエサのストックアイテムとして最近はバッカンの愛用者が多いようだが、寄せエサにアミを使う場合は、密閉式のポリバケツもおすすめだ。アミは臭いが強く、夏期の炎天下などではかなりの異臭を放つ。車で移動する際、バッカンだとすぐに車中に臭いが回ってしまうが、臭気の漏れない密閉式バケツなら安心だ。

周辺グッズのいろいろ

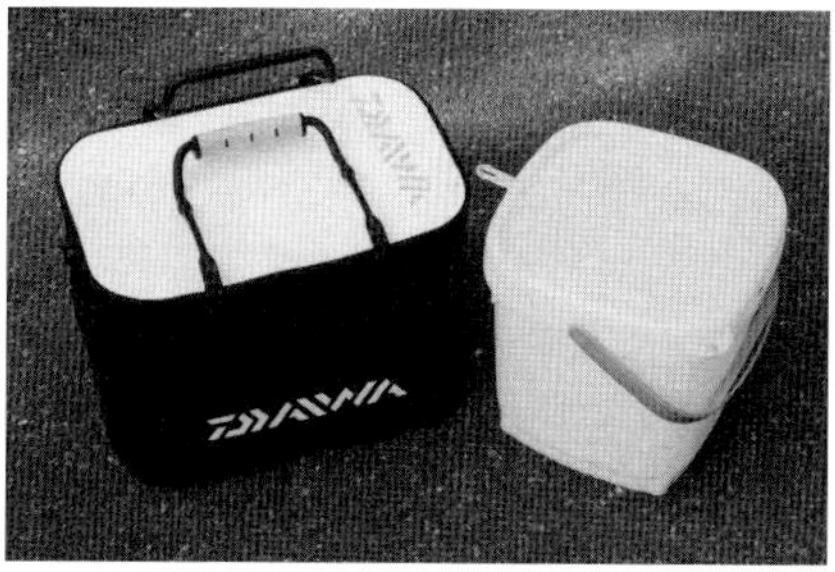

【コマセバケツ】
臭いの強いアミを使う場合は密閉式のバケツがおすすめ。釣り場を移動する際、車の中が臭くならないのが嬉しい

【クーラーボックス】
本来の用途以外に、足場がフラットな場所ではイス代わりにもなる。サオ掛けを付けておくと両手が空くので便利だ

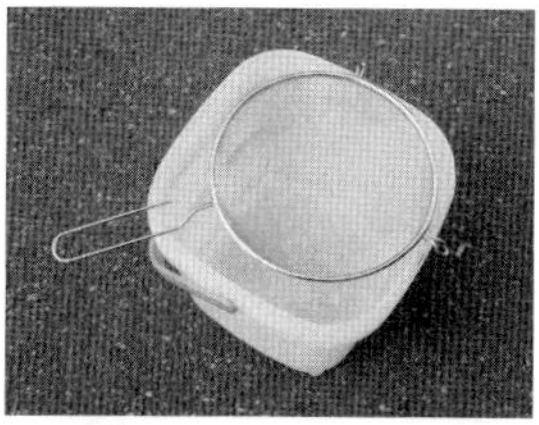

【ザル】
寄せエサの汁を切るのに重宝する。100均ショップや金物屋に行けば好みのものが見つかるはず

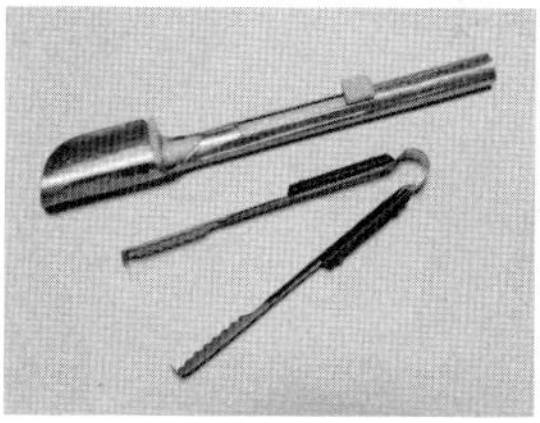

【コマセスコップ】
市販の専用スコップのほか、オキアミを寄せエサにする場合は割り箸や氷用のトングも使いやすい。100均ショップで売られているもので充分だ

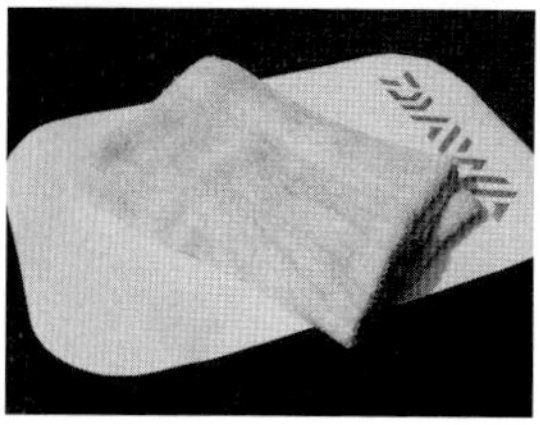

【タオル】
寄せエサの詰め替えを繰り返すと手が汚れる。手を拭くタオルは必需品だ

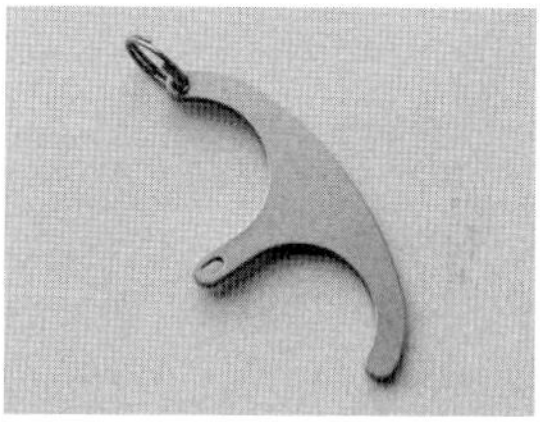

【ラインタイアー】
中央の穴にハリを引っ掛け、結び目を締めるアイテム。締め込みが甘くなりがちな太ハリスでもスッポ抜けなどのトラブルが激減する

寄せエサを詰める際のグッズとして、アミなら市販のコマセスコップでバッチリだが、オキアミを寄せエサにする場合は、割り箸や氷用のトングも使いやすい。

あとは、かさばる荷物をまとめて運搬できるキャリーカートや、予期せぬ大ものを取り込むための玉網があると便利だろう。

カゴ釣りはかさばる荷物が多いので、キャリーカートがあると楽に移動を行なえる

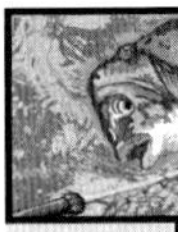

釣り方の流れ

カゴ釣りは「タナ取り」が命 対象魚によって適切にウキ下を設定しよう

カゴ釣りの手順を簡単に説明すると、カゴに寄せエサを詰めて仕掛けを投入し、ねらったタナまでカゴを沈めたところでサオをあおって寄せエサを振り出し、アタリを待つ。寄せエサを振り出すと同時に付けエサもカゴから出るので、寄せエサとの同調はいたって簡単である。

ただし、タナ取り、つまりウキ下の設定は、対象魚の泳層に合わせてシビアに行なう必要がある。ちなみに、カゴ釣りではウキ止メからカゴまでがウキ下で、ハリスの長さは勘定に入れないのが一般的だ。

表層を回遊するソウダガツオは0～2ヒロ、中層を泳ぐワカシやイナダ、サバ、イサキなどは2～3ヒロを基準に、魚の食いを見ながらウキ下を調整するとよいだろう。

海底付近をテリトリーとするマダイやクロダイは、底から1～2ヒロを目安にするとよい。左頁の図を参考にして、正確な底取りを心掛けよう。

カゴ釣りのポイント

カゴ釣りのターゲットはウキ釣りと共通のものも多く、ポイントもかなり重なる。しかし、ウキ釣りの横でドボンドボンとカゴを投下するのは、魚を警戒させるうえに沖へ追いやってしまうし、イトフケも邪魔になりマナー的に感心できない。ここはカゴ釣りタックルの遠投力を生かし、少し離れた釣り座から沖の潮目や根周りなど、ウキ釣りではまず攻略できないポイントをねらってみたいものだ。

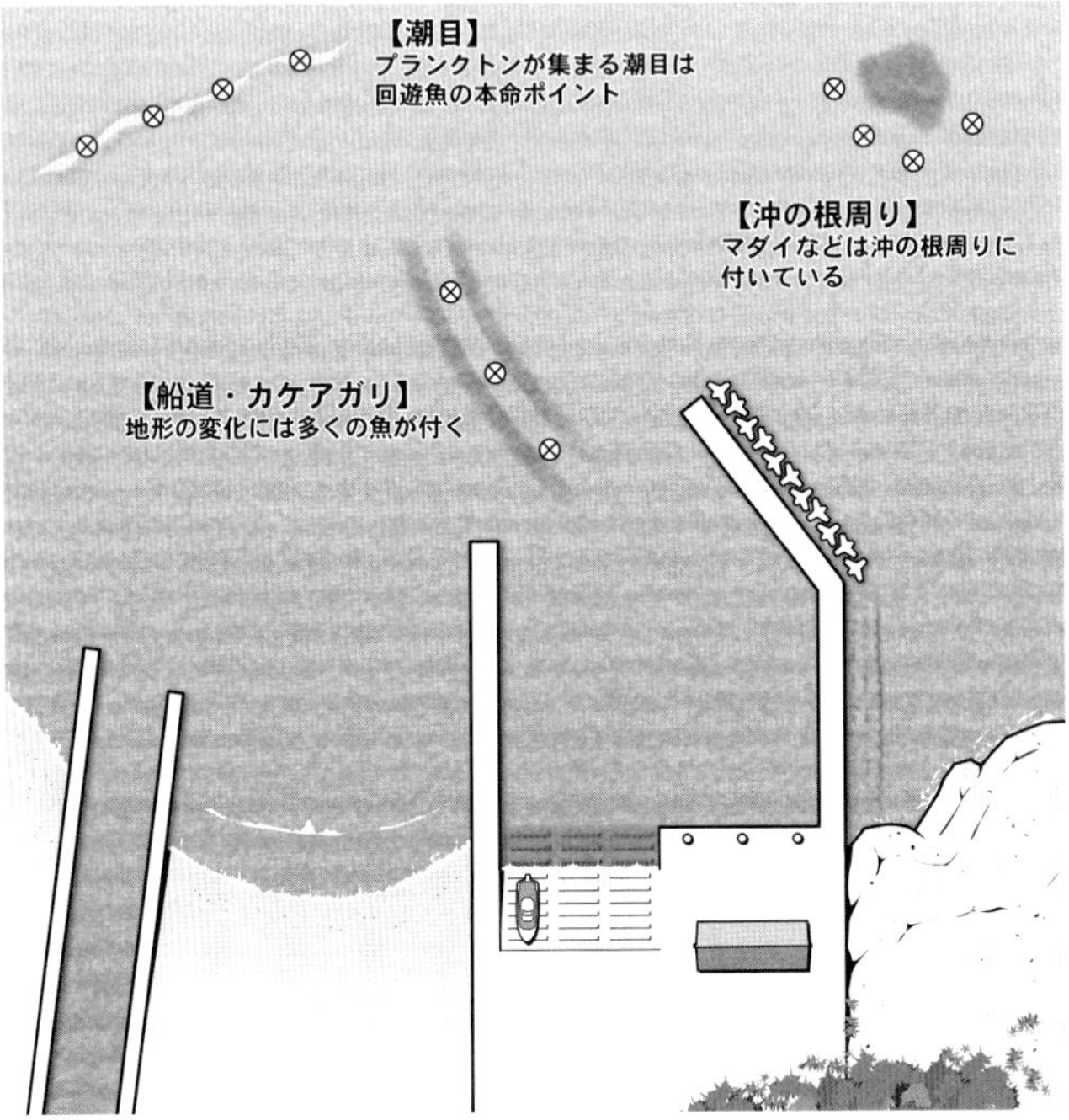
【潮目】
プランクトンが集まる潮目は
回遊魚の本命ポイント
【沖の根周り】
マダイなどは沖の根周りに
付いている
【船道・カケアガリ】
地形の変化には多くの魚が付く

タナ取りの仕方

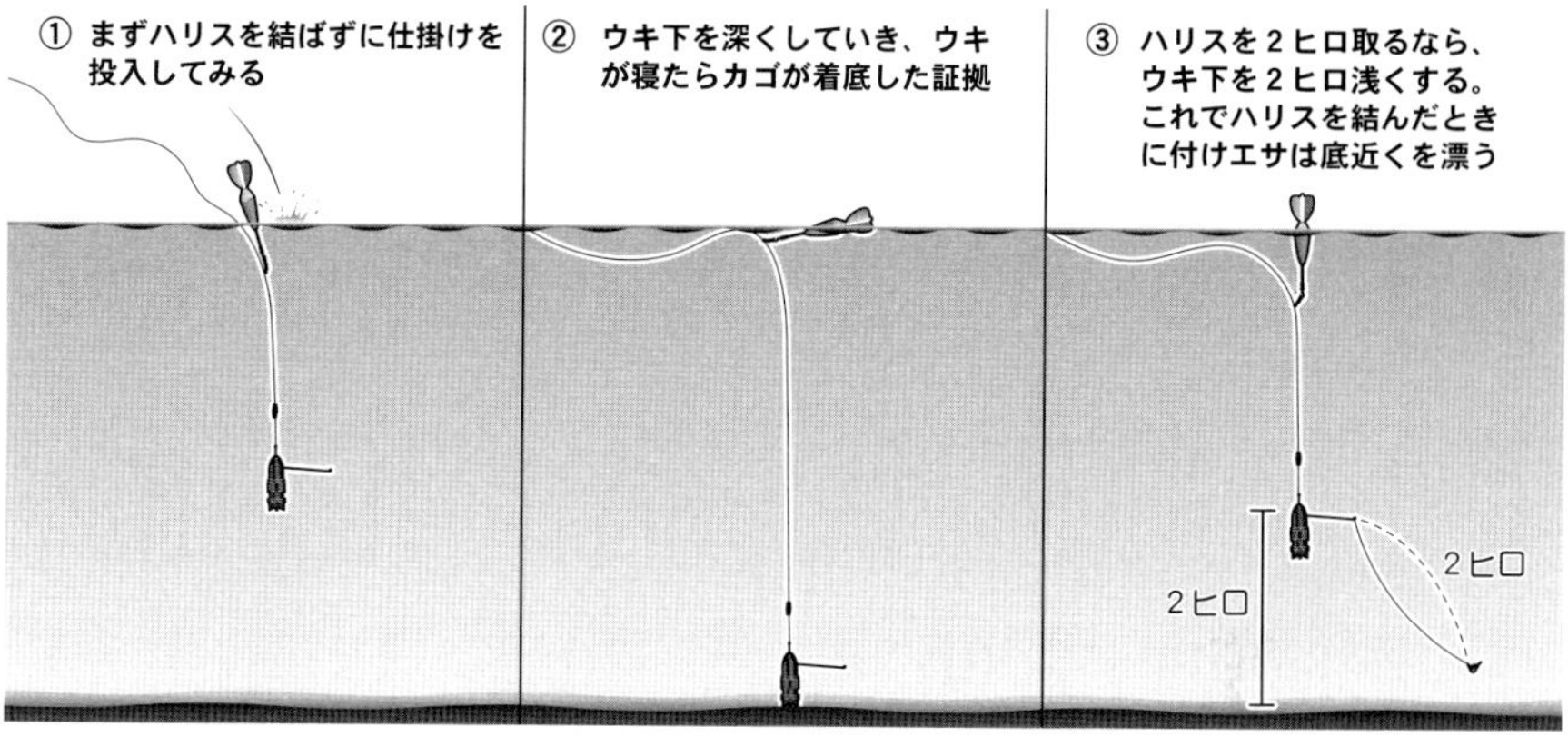

① まずハリスを結ばずに仕掛けを投入してみる
② ウキ下を深くしていき、ウキが寝たらカゴが着底した証拠
③ ハリスを２ヒロ取るなら、ウキ下を２ヒロ浅くする。これでハリスを結んだときに付けエサは底近くを漂う
２ヒロ
２ヒロ

基本的な釣りの流れ

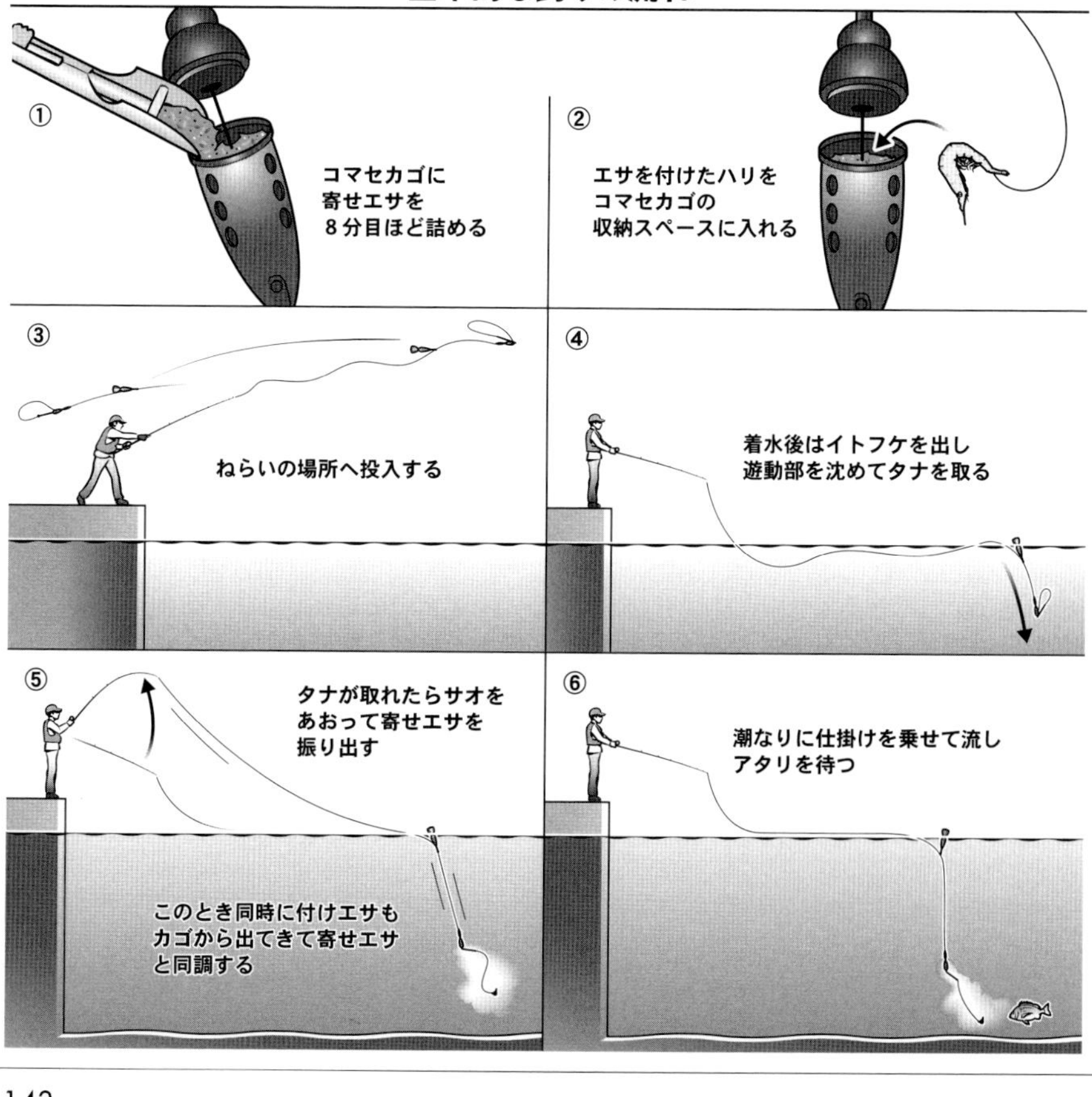

①
コマセカゴに寄せエサを８分目ほど詰める
②
エサを付けたハリをコマセカゴの収納スペースに入れる
③
ねらいの場所へ投入する
④
着水後はイトフケを出し遊動部を沈めてタナを取る
⑤
タナが取れたらサオをあおって寄せエサを振り出す
このとき同時に付けエサもカゴから出てきて寄せエサと同調する
⑥
潮なりに仕掛けを乗せて流しアタリを待つ

アジほか

魚種別仕掛け① バケカゴ仕掛け

擬餌バリでテンポよく数を伸ばす

基本仕掛け図

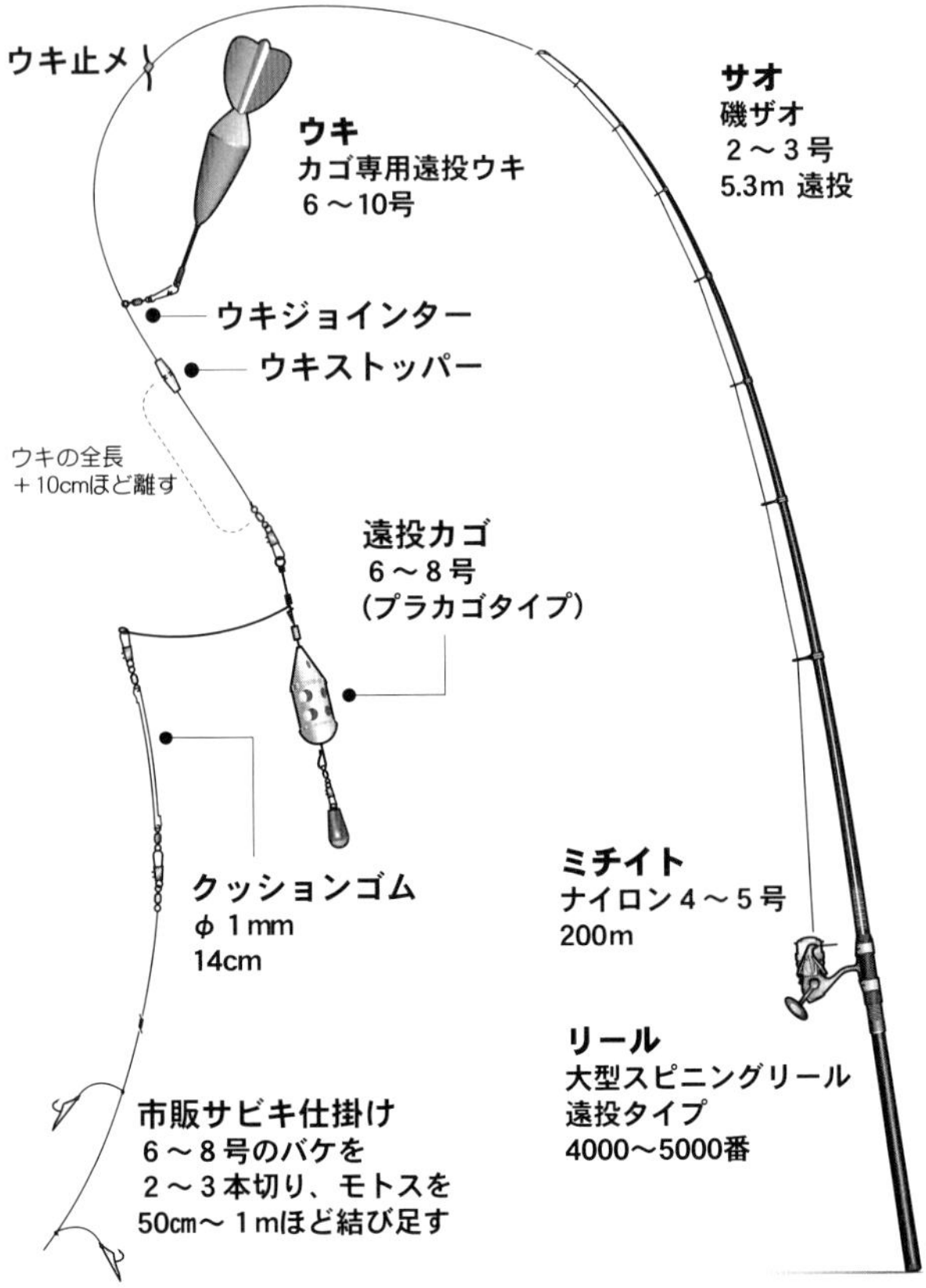

ウキ止メ
ウキ
カゴ専用遠投ウキ
6〜10号
サオ
磯ザオ
2〜3号
5.3m 遠投
ウキジョインター
ウキストッパー
ウキの全長
＋10cmほど離す
遠投カゴ
6〜8号
(プラカゴタイプ)
クッションゴム
φ 1mm
14cm
ミチイト
ナイロン4〜5号
200m
リール
大型スピニングリール
遠投タイプ
4000〜5000番
市販サビキ仕掛け
6〜8号のバケを
2〜3本切り、モトスを
50cm〜1mほど結び足す

付けエサを使用せず、代わりにバケを用いたスタイルで、吹き流し式のサビキ仕掛けとも考えられる。フグなどのエサ取りが多いときに有効で、付けエサをハリに刺す手間が省けるぶん手返しが早くなるので、数釣りに向く。

仕掛けは専用のものがなく、サビキ仕掛けを好みのハリ数で切り、モトスを結び足す。モトスを長く取るとバケの動きは自然になるが。あまり長くしすぎると投入時に絡みやすくなる。仕掛けの全長は1ヒロ前後、ハリ数は2〜3本が適当だろう。

バケ以外にも、近年普及してきたイソメタイプの人工エサを使うのもおもしろい。カテゴリー的にはワームながら食いは生エサに迫るものがあり、着実に実績を伸ばしつつある。

イナダやソウダガツオをねらうなら、1〜2ランク仕掛けを太くするほうが無難だ。ソウダガツオを専門に釣りたいのであれば、バケを土佐カブラの6号前後にチェンジするとよい。

釣り方のイメージ

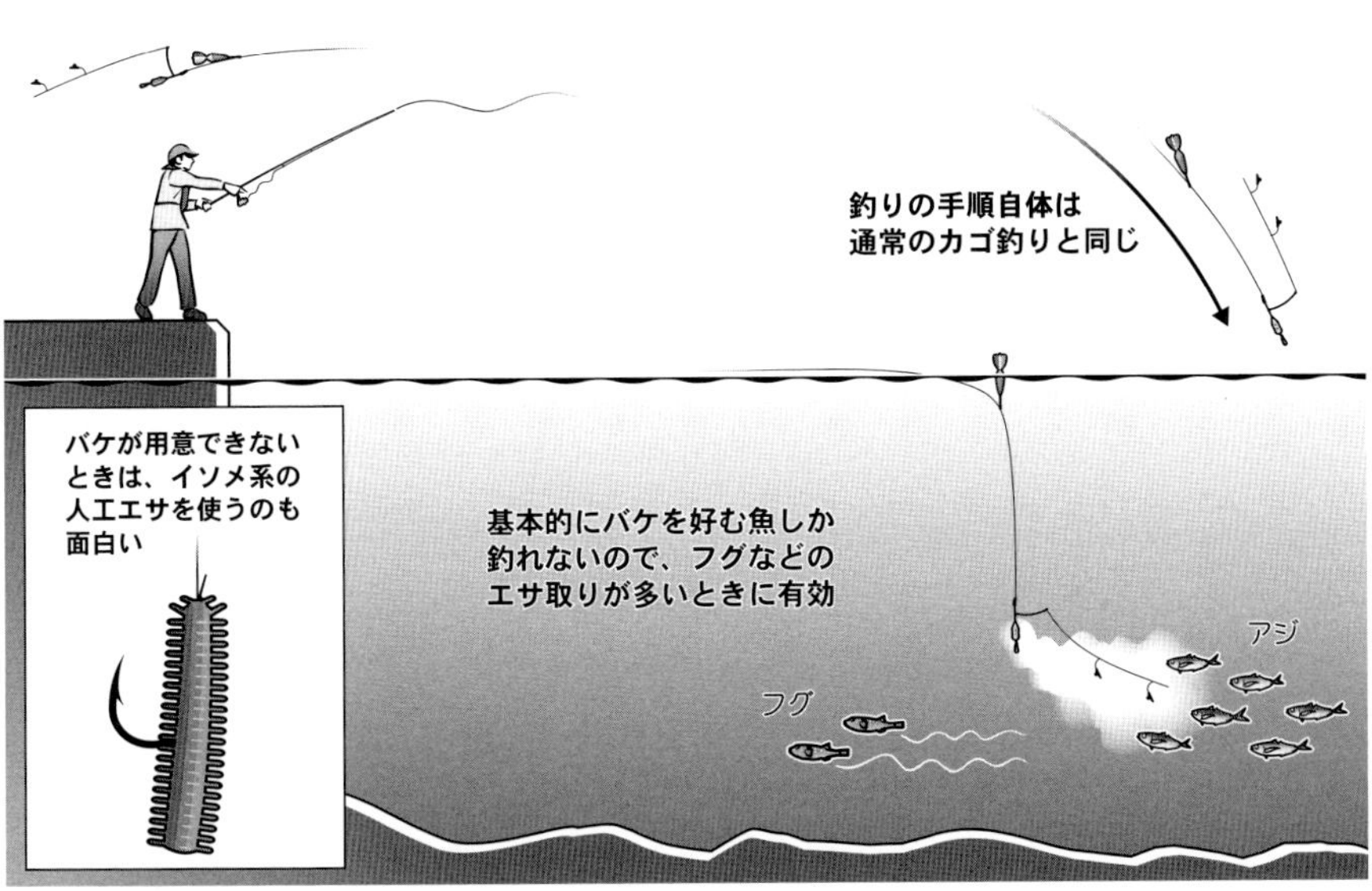
釣りの手順自体は
通常のカゴ釣りと同じ
バケが用意できない
ときは、イソメ系の
人工エサを使うのも
面白い
基本的にバケを好む魚しか
釣れないので、フグなどの
エサ取りが多いときに有効
アジ
フグ

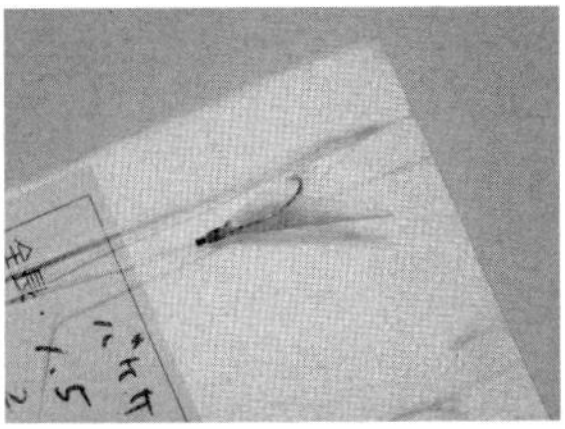

サビキ仕掛けを好みのハリ数で切り、モトスを結び足したものを使う。釣行前に数セット作っておくと現場での手間が省ける

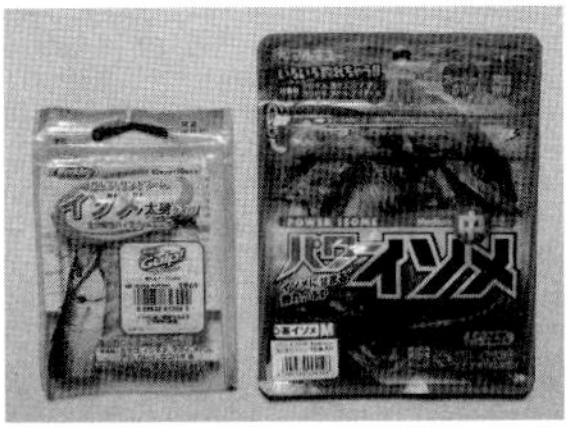

船釣りではイカを食紅で染めた「イカ短」が使われているのもあり、イソメタイプの人工エサを試してみるのもおもしろい

寄せエサには配合エサを混ぜ込むと集魚効果がアップする

●対象魚

アジ、ワカシ、イナダ、ソウダガツオ、サバなどバケを好む魚全般。

●エサ

寄せエサはアミに好みで配合エサを加える。付けエサは使用しないが、バケの代わりにイソメタイプの人工エサを使ってみるのもおもしろい。

●釣り方

通常のカゴ釣りに準ずる。バケはエサ取りに取られる心配がないので、通常のカゴ釣りより、ひと流しの時間を長く取るとよい。アタリが少ないときほどウキ下の調整をマメに行なおう。

回遊魚

魚種別仕掛け② ブリッジ仕掛け

ナブラが立ったら迷わずこれ!

基本仕掛け図

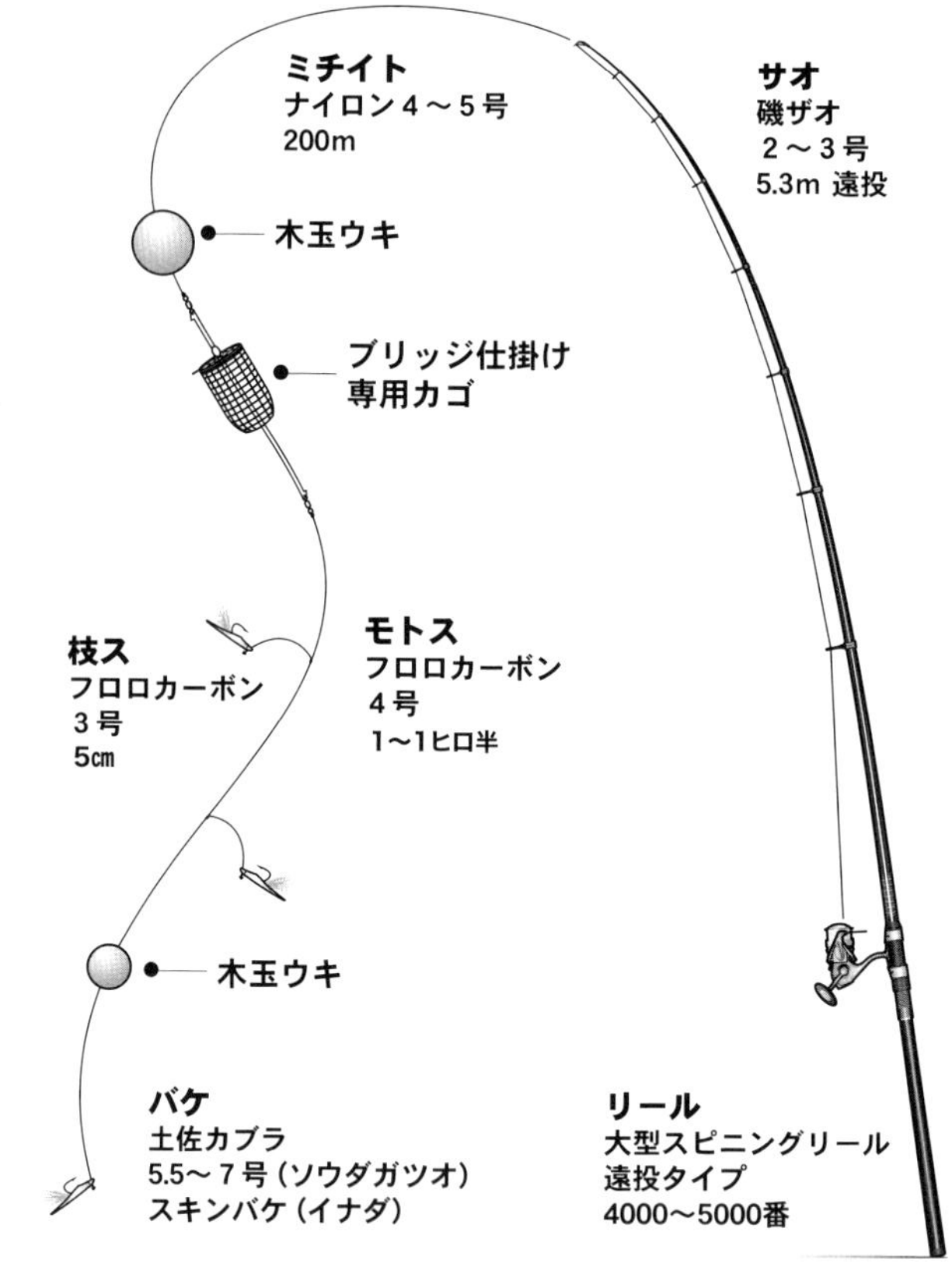

ミチイト
ナイロン4～5号
200m
サオ
磯ザオ
2～3号
5.3m 遠投
木玉ウキ
ブリッジ仕掛け
専用カゴ
枝ス
フロロカーボン
3号
5cm
モトス
フロロカーボン
4号
1～1ヒロ半
木玉ウキ
バケ
土佐カブラ
5.5～7号（ソウダガツオ）
スキンバケ（イナダ）
リール
大型スピニングリール
遠投タイプ
4000～5000番

ブリッジ仕掛けとは、2つのウキの間にモトスを渡し、ちょうど橋のように海面直下へ仕掛けを這わせる釣り方である。静岡県沼津市の片浜海岸が発祥の地とされ「片浜仕掛け」とも呼ばれる。

仕掛けの特性上、表層限定の釣り方であり、とりわけソウダガツオには効果絶大。このほかにも海面のベイトを追い、バケに反応する魚なら何でもねらえる。そこらかしこでナブラが立っている状況は、ブリッジ仕掛けが最も得意とするところだ。

ソウダガツオねらいならば、バケは土佐カブラがおすすめ。イナダもねらいに入れるなら、ハリが大きめのスキンサビキを使うとよいだろう。

●対象魚

ソウダガツオを中心とする回遊魚全般。

●エサ

寄せエサはアミ。付けエサは使用しない。

釣り方のイメージ

堤防や磯のほか、急深のサーフにも向く

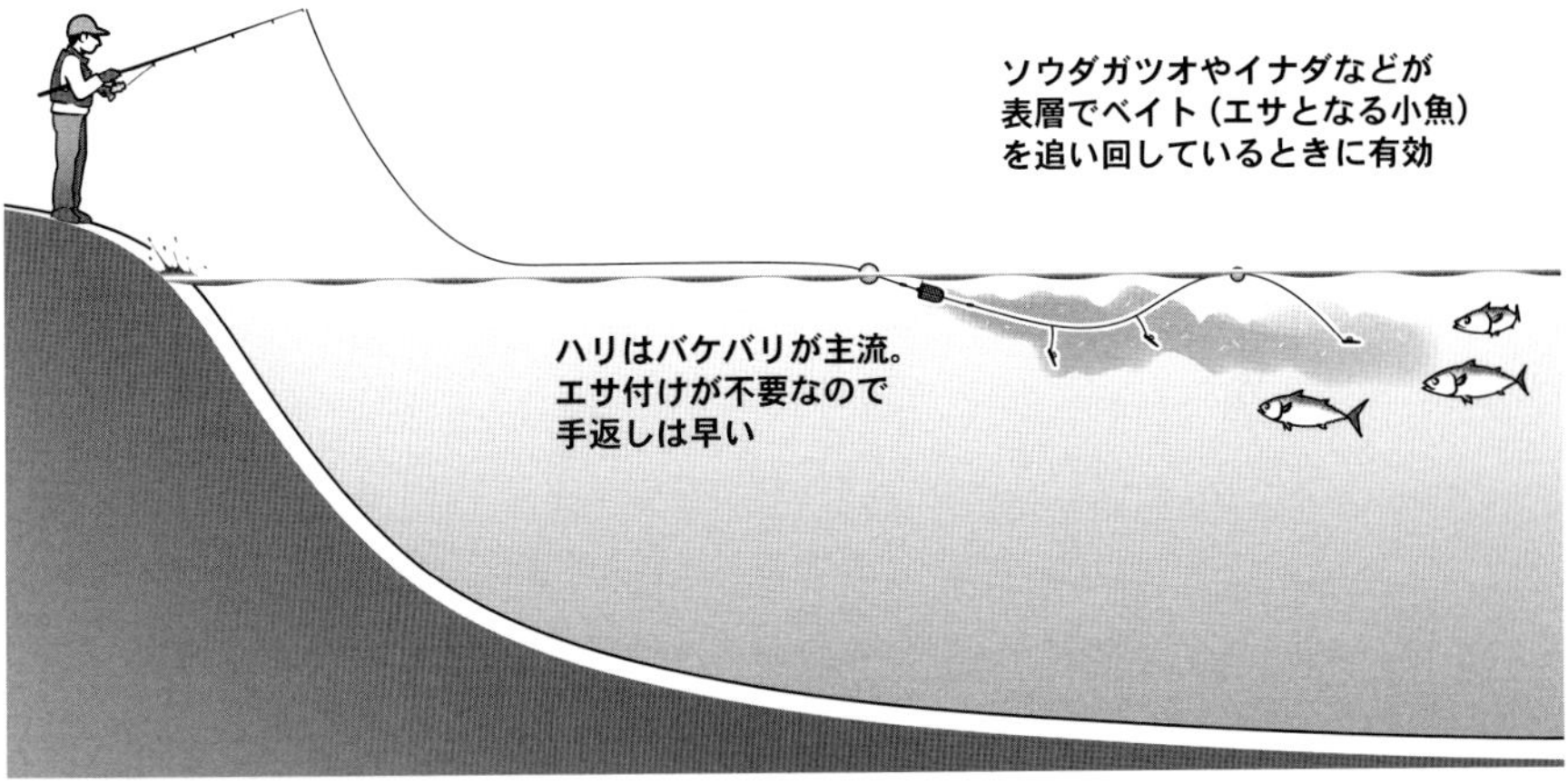
ソウダガツオやイナダなどが
表層でベイト（エサとなる小魚）
を追い回しているときに有効
ハリはバケバリが主流。
エサ付けが不要なので
手返しは早い

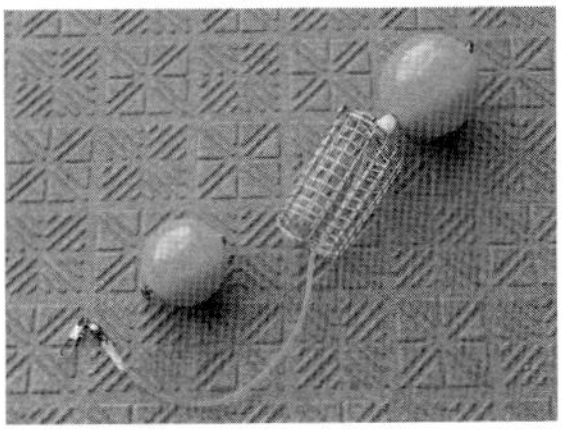

ブリッジ仕掛けは別名で「片浜仕掛け」とも呼ばれる。静岡県東部の片浜海岸が発祥の地とされる

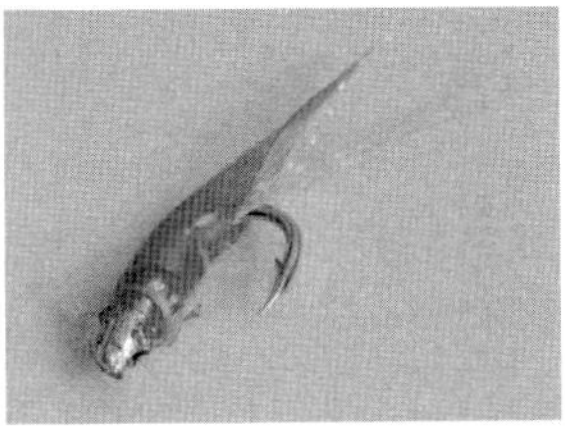

ソウダガツオに効果がある土佐カブラ。鉛の穴にハリスを通し、8の字結びでコブを作って止める

ブリッジ仕掛けは表層限定のご当地仕掛け。表層を回遊するソウダガツオには効果絶大だ

●釣り方

カゴに寄せエサを詰めて投入し、寄せエサを振り出した後、仕掛けと同調させる。投入時に2個付いている木玉ウキが張り合って回転し、仕掛けが絡みやすいので注意しよう。サオを勢いよく振り切るのではなく、サオ先がゆったりとアーチ状の軌道を描くようにキャストするのがコツだ。

サヨリ

魚種別仕掛け③ ウキカゴ仕掛け

上撒きカゴで警戒心の強いサンマ級をねらう

基本仕掛け図

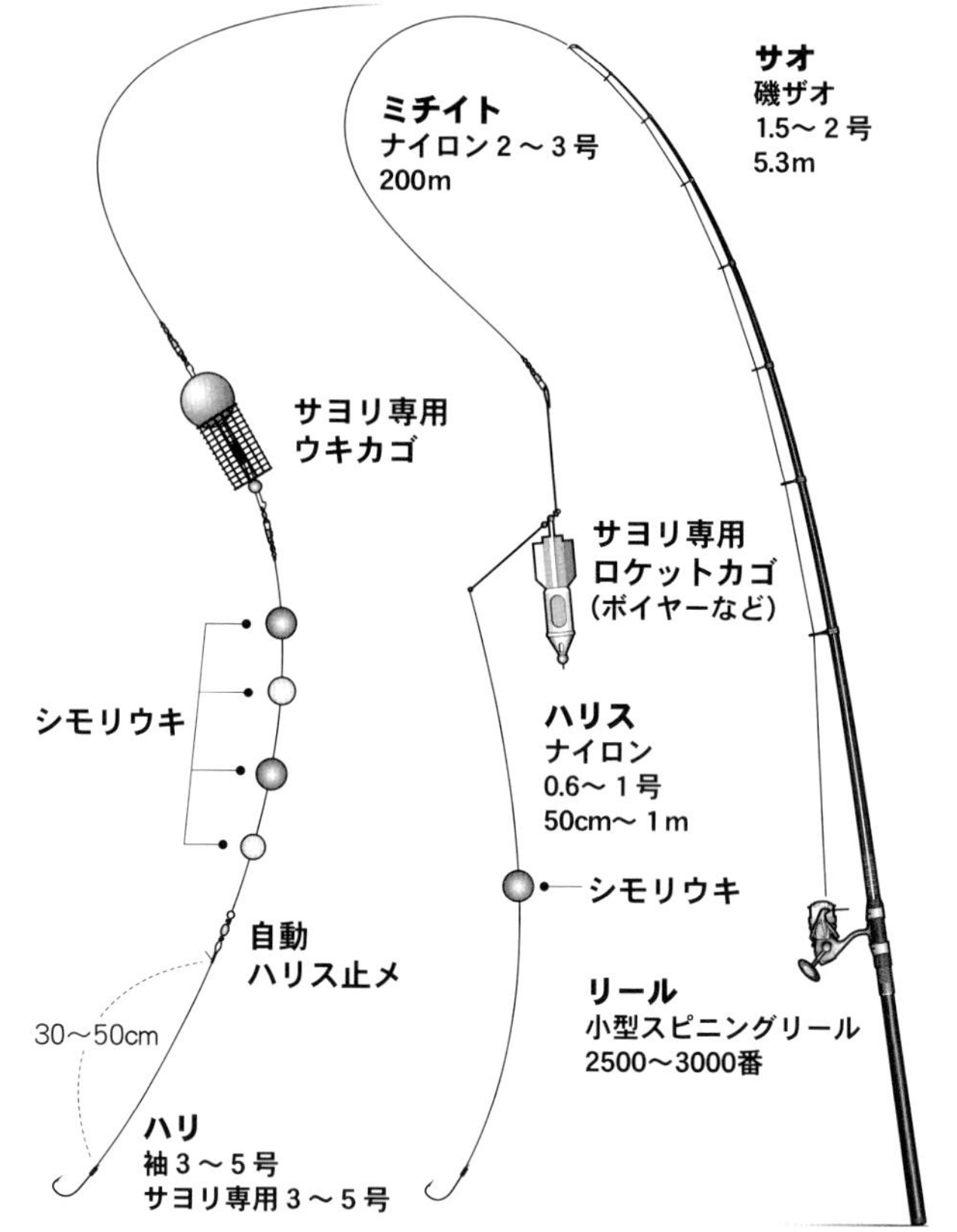

サオ
磯ザオ
1.5～2号
5.3m
ミチイト
ナイロン2～3号
200m
サヨリ専用
ウキカゴ
サヨリ専用
ロケットカゴ
（ボイヤーなど）
シモリウキ
ハリス
ナイロン
0.6～1号
50cm～1m
シモリウキ
自動
ハリス止メ
30～50cm
リール
小型スピニングリール
2500～3000番
ハリ
袖3～5号
サヨリ専用3～5号

秋から冬にかけて群れで接岸するサヨリ。条件に恵まれると港内にまで中～小型の群れが入り、ノベザオのウキ釣りでも釣れるが、活性が低いとなかなか至近距離まで寄ってくれず、警戒心の強いサンマ級の大型ともなるとなおさら。こんなときは遠投カゴ釣りが有利だ。

サヨリ用のカゴは多種多様なものが出回っているが、「ウキカゴ」と呼ばれるウキとカゴが一体となった固定式のものがほとんど。四国あたりでは通常のタナまで沈めるカゴは「底撒きカゴ」、ウキカゴは「上撒きカゴ」と呼ばれるが、表層を群れで回遊するサヨリに対して海面から寄せエサを撒くウキカゴを用いた仕掛けは、まさにうってつけといえるだろう。

●対象魚

サヨリ。

●エサ

付けエサは大粒アミか小粒のオキアミ。房総半島では食用のハンペンをス

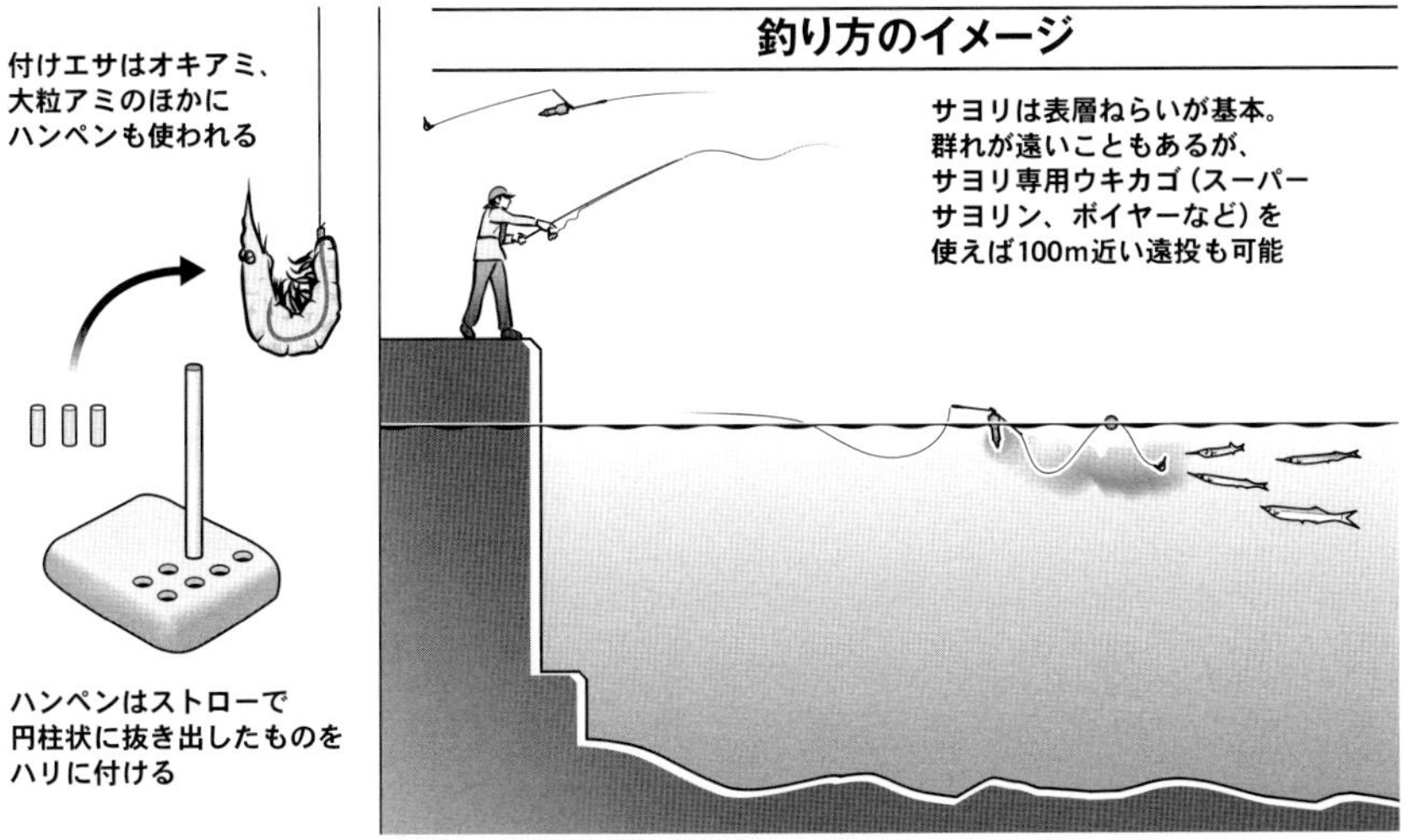
釣り方のイメージ
付けエサはオキアミ、
大粒アミのほかに
ハンペンも使われる
ハンペンはストローで
円柱状に抜き出したものを
ハリに付ける
サヨリは表層ねらいが基本。
群れが遠いこともあるが、
サヨリ専用ウキカゴ（スーパー
サヨリン、ボイヤーなど）を
使えば100m近い遠投も可能

釣期の目安

	1月	2月	3月	4月	5月	6月	7月	8月	9月	10月	11月	12月
サヨリ	よく釣れる	釣れる	釣れる						釣れる	釣れる	釣れる	よく釣れる

■ よく釣れる　■ 釣れる

房総半島で人気のあった転倒カゴ。ボディー側面のカンにミチイト、トップ先端のリリアンにハリスを結ぶ。トップがパタンと倒れるアタリは味わい深い

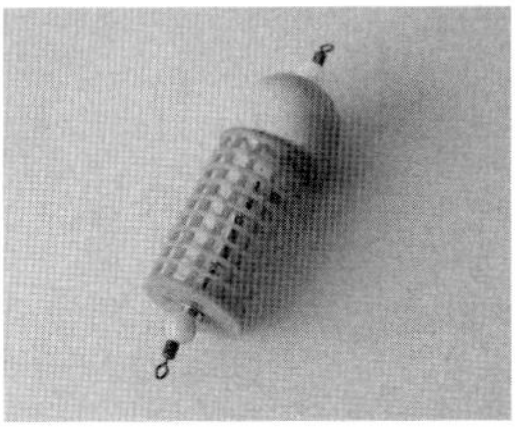
サヨリカゴとして市販されているウキカゴ。上部の木玉をずらして寄せエサを詰める

トローで円筒状に抜いたものも使われる。寄せエサはアミが一般的。

●釣り方

至近距離にサヨリが寄らないときは、ポイントを広く探るほうが有利。そのためには風を背に受ける釣り場を選ぶとよい。サヨリの魚影が見えなくても、沖に群れが固まっていることがある。アタリがあったポイントはよく覚えておき、次の投入からは集中的にねらうようにするとよいだろう。

関東エリアで人気のあった「スーパーサヨリン」の進化形である「ボイヤー」。サヨリ用カゴウキの傑作だ

COLUMN 05

コンパクトロッド活用法

釣具店の奥で丁重に陳列された高級ザオに対し、店先のワゴンでゴチャッと売られているのがリール付きの格安コンパクトロッド。見るからに「ビギナー向け」という売り手側の姿勢が感じられるし、実際、初心者が手っ取り早く入手するケースも少なくないはずだが、このビニール製のカバーに包まれた代物がどれだけの実力を持っているかは、そこそこ釣りを嗜んだ人でも気になるところであろう。

圧倒的なコストパフォーマンスを誇るコンパクトロッドだが、どれだけ実釣に耐えうるものなのか、実際に試してみた

●サビキ釣り

岸壁のような切り立った足場で、仕掛けを足下に落とすだけのサビキ釣りなら充分に使える。対象魚もアジやイワシといった小ものが主体なので、コシのないベロンベロンの調子でも問題ない。釣れないとすぐに飽きて道具を雑に扱ってしまう子供などには最適である。

ただし、足下に障害物があったり海藻が茂っているような場所では長ザオが有利。

●投げ釣り

20号以上のオモリをフルキャストする本式の投げ釣りは論外だが、5～8号程度のオモリを投げるチョイ投げなら楽にこなせる。近距離を置きザオでねらうブッコミ釣りや、中型のヒラメやマゴチをタナボタ的にねらうプチ泳がせ釣りなどでは、道具をかばう必要がないぶん、遠慮なく堤防上に直置きできるのはコンパクトロッドのメリットといえなくもない。

河口内など足場の狭い護岸の上から数本のサオをだすウナギ釣りなどにおいては、本式の投げザオはむしろ持て余してしまうこともあり、生粋のウナギハンターにはコンパクトロッドの愛用者が非常に多い。

●ウキ釣り

やってやれないことはないが、2ヒロ以上の長ハリス仕掛けを自在に操り、そこそこ高さのある釣り座からミチイトを操作するとなると、コンパクトロッドではいささか役不足だ。ねらう魚もクロダイやメジナなどの大ものなので、ドラグ性能が期待できない付属のリールでは掛けた後も心配だ。せいぜいサヨリやアジねらい程度にとどめておくのが無難だろう。

●カゴ釣り

ミニサイズのプラカゴに2～3号程度のカゴウキならば投げられないこともないが、これにソウダガツオやイナダなどが食った後のことはあまり想像したくない。無理を感じたら踏みとどまるのもひとつの勇気である。

【総評】

サビキ釣りやチョイ投げに限定するなら積極的な使用をおすすめできる。ただし、サオもリールもパーツや素材を云々できるレベルではないので、決して長期間愛用できるものではないことは心得ておこう。また、きちんと魚を取り込みたいのであれば、ミチイトだけは信頼できるものに巻き替えておくようにしたい。

7章

その他の釣り

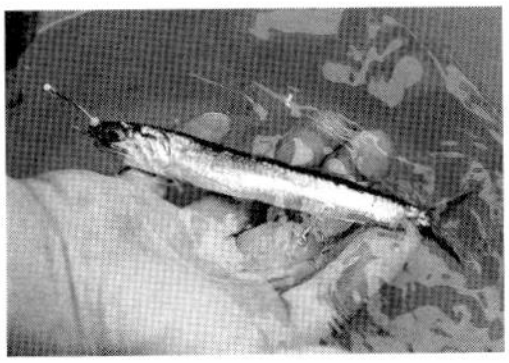

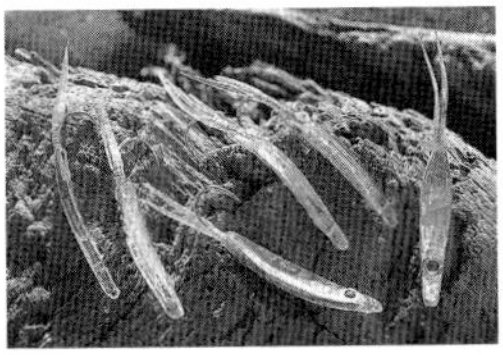

これまで紹介した以外にも海釣りには多くの釣り方、釣りものがある。

イカ&タコの軟体系あり、イシダイや回遊魚などの大もの系あり、

マニアックな伝統釣法もあり。

ウキ釣りや投げ釣りで釣れる魚も、違った釣り方でねらうと、

また独特の味わいがあるものなのだ。

釣りの数だけ楽しみがある。目の前に広がる海を遊び尽くそう!

クロダイ、メバルほか

ヘチ釣り仕掛け

シンプルな仕掛けで楽しむ伝統釣法

基本仕掛け図

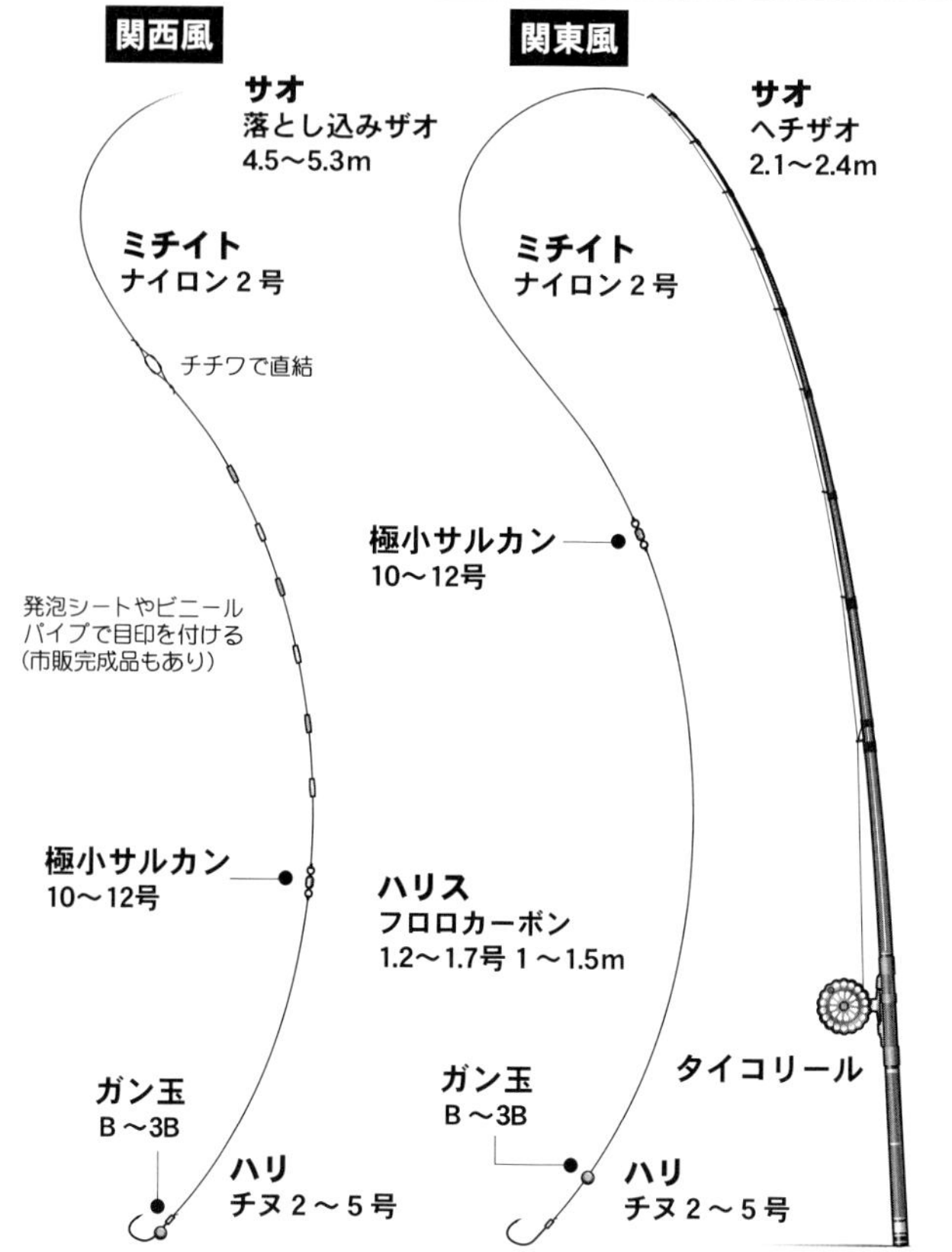

関西風
サオ
落とし込みザオ
4.5～5.3m
ミチイト
ナイロン２号
チチワで直結
発泡シートやビニールパイプで目印を付ける（市販完成品もあり）
極小サルカン
10～12号
ガン玉
B～3B
ハリ
チヌ２～５号
関東風
サオ
ヘチザオ
2.1～2.4m
ミチイト
ナイロン２号
極小サルカン
10～12号
ハリス
フロロカーボン
1.2～1.7号 1～1.5m
タイコリール
ガン玉
B～3B
ハリ
チヌ２～５号

ヘチ釣りは文字どおり堤防のヘチ（際）をねらう釣り方だ。関東では短い先調子のサオと片軸のタイコリールを合わせ、イトとハリ、オモリだけのシンプルな仕掛けで古くから親しまれてきた。対象魚は数多いが、この釣りの本命は、ほとんどの場合クロダイである。

堤壁《ていへき》にはイガイやフジツボが付き、カニやエビなどクロダイの好物がたくさん生息している。ヘチはクロダイにとって食堂のようなもので、ここへ自然にエサを落とし込むヘチ釣りは、理にかなった釣りといえるだろう。

●対象魚

クロダイを本命として、メバル、シマダイ、アイナメ、カサゴ、スズキなども釣れる。

●エサ

イガイなどの貝類、カニ、イソメ、モエビなど。

●釣り方

堤壁に付くイガイの層を、仕掛けを

エサの付け方と釣り方のイメージ

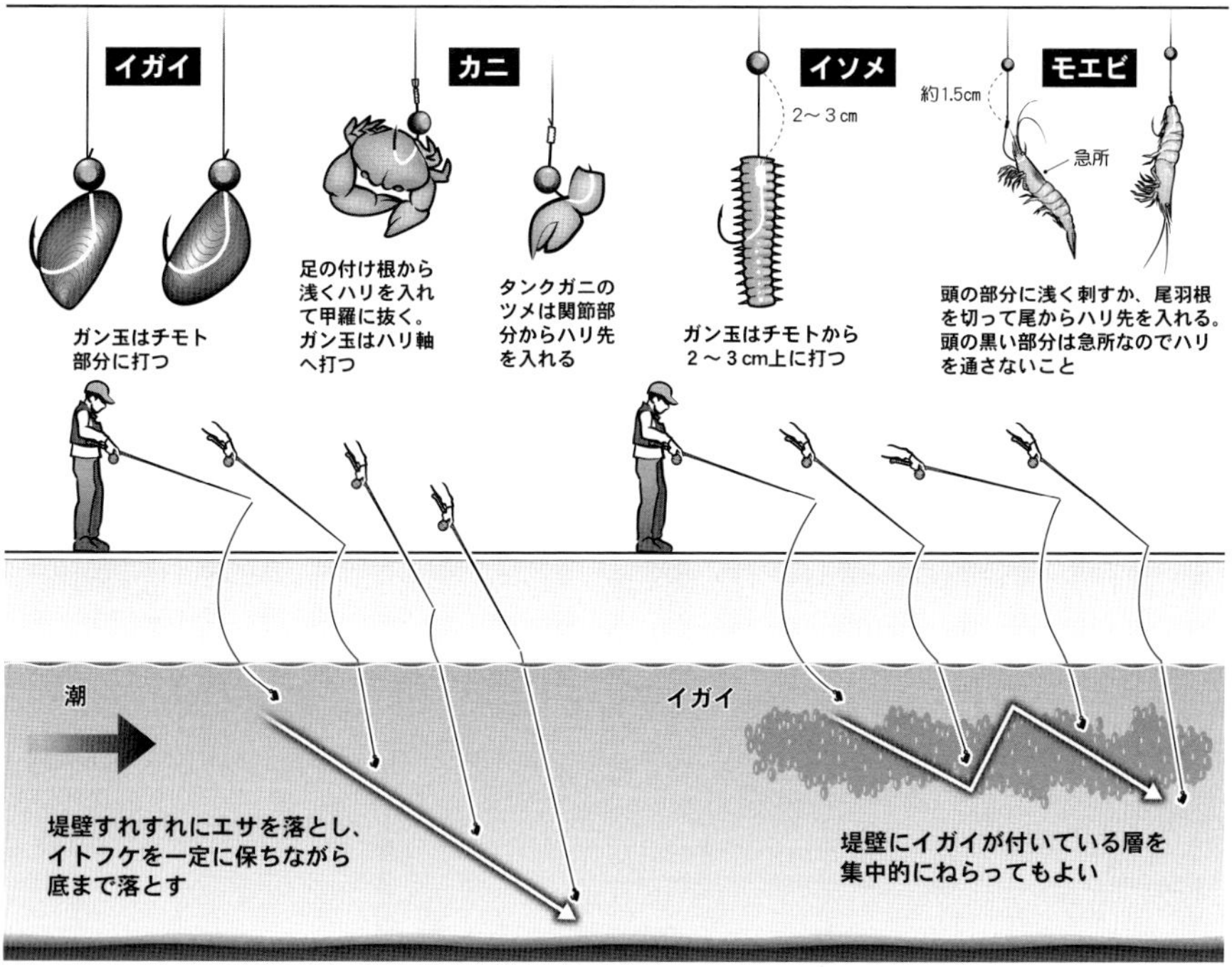
イガイ
ガン玉はチモト部分に打つ
カニ
足の付け根から浅くハリを入れて甲羅に抜く。ガン玉はハリ軸へ打つ
タンクガニのツメは関節部分からハリ先を入れる
イソメ
2〜3cm
ガン玉はチモトから2〜3cm上に打つ
モエビ
約1.5cm
急所
頭の部分に浅く刺すか、尾羽根を切って尾からハリ先を入れる。頭の黒い部分は急所なのでハリを通さないこと
潮
イガイ
堤壁すれすれにエサを落とし、イトフケを一定に保ちながら底まで落とす
堤壁にイガイが付いている層を集中的にねらってもよい

ヘチ釣りの主な対象魚と釣期の目安												
	1月	2月	3月	4月	5月	6月	7月	8月	9月	10月	11月	12月
クロダイ				釣れる	釣れる	よく釣れる	よく釣れる	よく釣れる	よく釣れる	釣れる	釣れる	釣れる
メバル	よく釣れる	よく釣れる	よく釣れる	よく釣れる	釣れる						釣れる	よく釣れる

よく釣れる　釣れる

ヘチ釣りはサオが短いぶん魚の引きをダイレクトに味わえる。苦労して食わせた1尾は感動以上のものをもたらしてくれる

潮に流しながらねらう「フカセ釣り」と、重めのオモリで海底までエサを落とす「落とし込み釣り」の2つが基本。

前者は軽めのオモリでイトフケを作りながら潮下へ探っていき、イトフケの変化でアタリを取る。後者は重めのオモリを使い、エサの沈みに合わせてサオ先を送り込んでいく。アタリは落下スピードの変化やサオ先で取る。

ヘチでアタリが出ないときは、沖の海底付近を探る「沖フカセ」という釣り方もある。

アイナメ、カサゴほか

ブラクリ仕掛け

伝統的漁具を用いて根魚と遊ぶ

基本仕掛け図

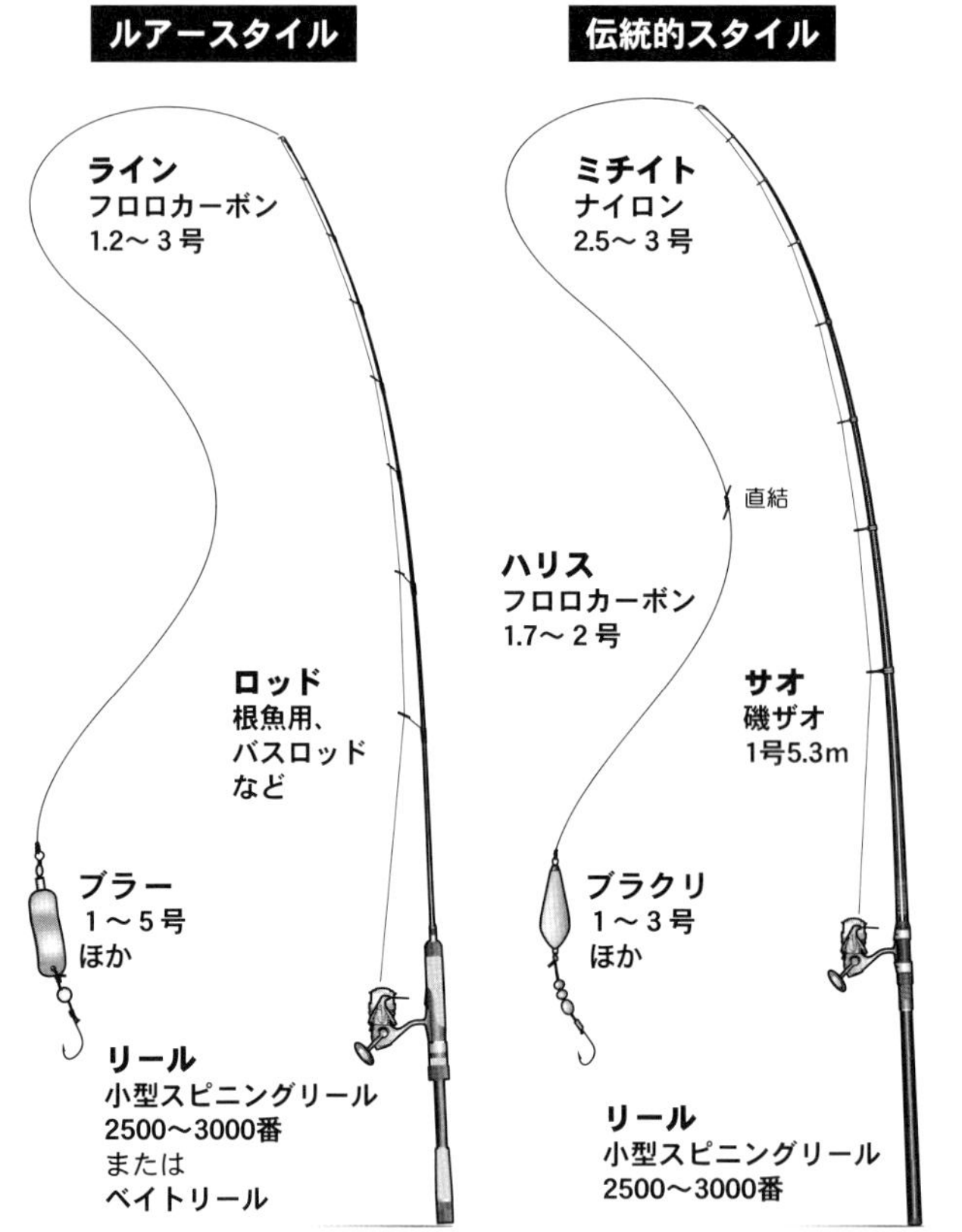
ルアースタイル
伝統的スタイル
ライン
フロロカーボン
1.2～３号
ロッド
根魚用、
バスロッド
など
ブラー
１～５号
ほか
リール
小型スピニングリール
2500～3000番
または
ベイトリール
ミチイト
ナイロン
2.5～３号
直結
ハリス
フロロカーボン
1.7～２号
サオ
磯ザオ
1号5.3m
ブラクリ
１～３号
ほか
リール
小型スピニングリール
2500～3000番

ブラクリとは探り釣りの一種で、オモリとハリが一体となった「ブラクリ」を用いるところに特徴がある。

赤や夜光色に着色されたブラクリにはソロバン型や短冊形などいろんな形状があって、それぞれ沈み方が異なる。エサにプラスして動きで魚にアピールすることから、ルアー的な要素も多分にある。

京浜工業地帯の労働者が端材の金属片を用いたのがブラクリのルーツともいわれ、軟らかめの磯ザオに軽めのブラクリをセットしたものが伝統的なスタイルとして浸透している。昨今では取り回しのよいルアーロッドを流用して、スポーティーに楽しむ人もいる。

●対象魚

アイナメ、カサゴ、ソイ、ハタ類など根魚全般。

●エサ

古来からの鉄板エサはイワイソメで、頭の硬い部分はエサ保ちのよい最高の部位とされる。その他、アオイソメや

ブラクリの基本3パターン

ブラクリを遠投して沖の根周りを探ってくるスタイル。堤防周りなどオープンな場所で有効

根の荒い場所などで魚が付きそうな根周りへダイレクトにブラクリを落とし込むスタイル。近距離をテンポよくねらう

ゴロタ場やテトラ帯などで狭い隙間へブラクリを落とし、魚の住処を直撃するパターン。カサゴ、ムラソイねらいのゴロタゲームでは、くるぶし程度の水深でも充分

ブラクリ釣りの主な対象魚と釣期の目安

	1月	2月	3月	4月	5月	6月	7月	8月	9月	10月	11月	12月
アイナメ	よく釣れる	よく釣れる	よく釣れる	よく釣れる	よく釣れる	釣れる					釣れる	よく釣れる
カサゴ	よく釣れる	よく釣れる	よく釣れる	よく釣れる	釣れる	釣れる				釣れる	釣れる	よく釣れる

よく釣れる　釣れる

ブラクリのポピュラーな形状であるソロバン型。ポイントや釣り方を選ばずオールラウンドに使える

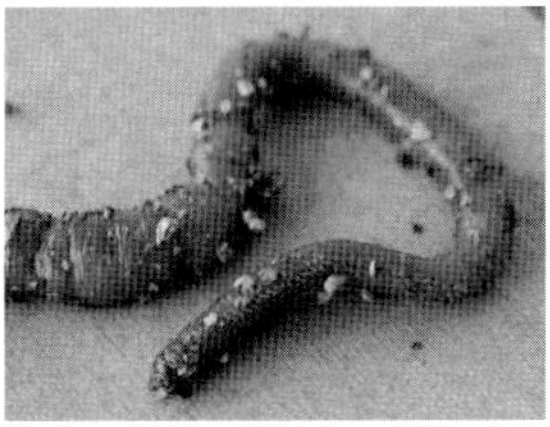

ブラクリ釣りの代表的なエサであるイワイソメ。頭の硬い部分はエサ保ちが非常によい

近年はルアータックルを流用したライトなブラクリ釣りが流行中。ライトロッドはキャスティングや探り釣りに、ヘビーロッドは穴釣りに最適

エラコといったイソメ類、身エサ、イカの短冊などが用いられる。

●釣り方

「キャスティング」「探り釣り」「穴釣り」が基本3パターン。根ズレが避けられない穴釣りでは、ヘビークラスのバスロッドにベイトリール、フロロカーボン3号前後と強めのタックルが無難だ。

カサゴほか

穴釣り仕掛け

岩と岩の隙間は根魚の宝庫

基本仕掛け図

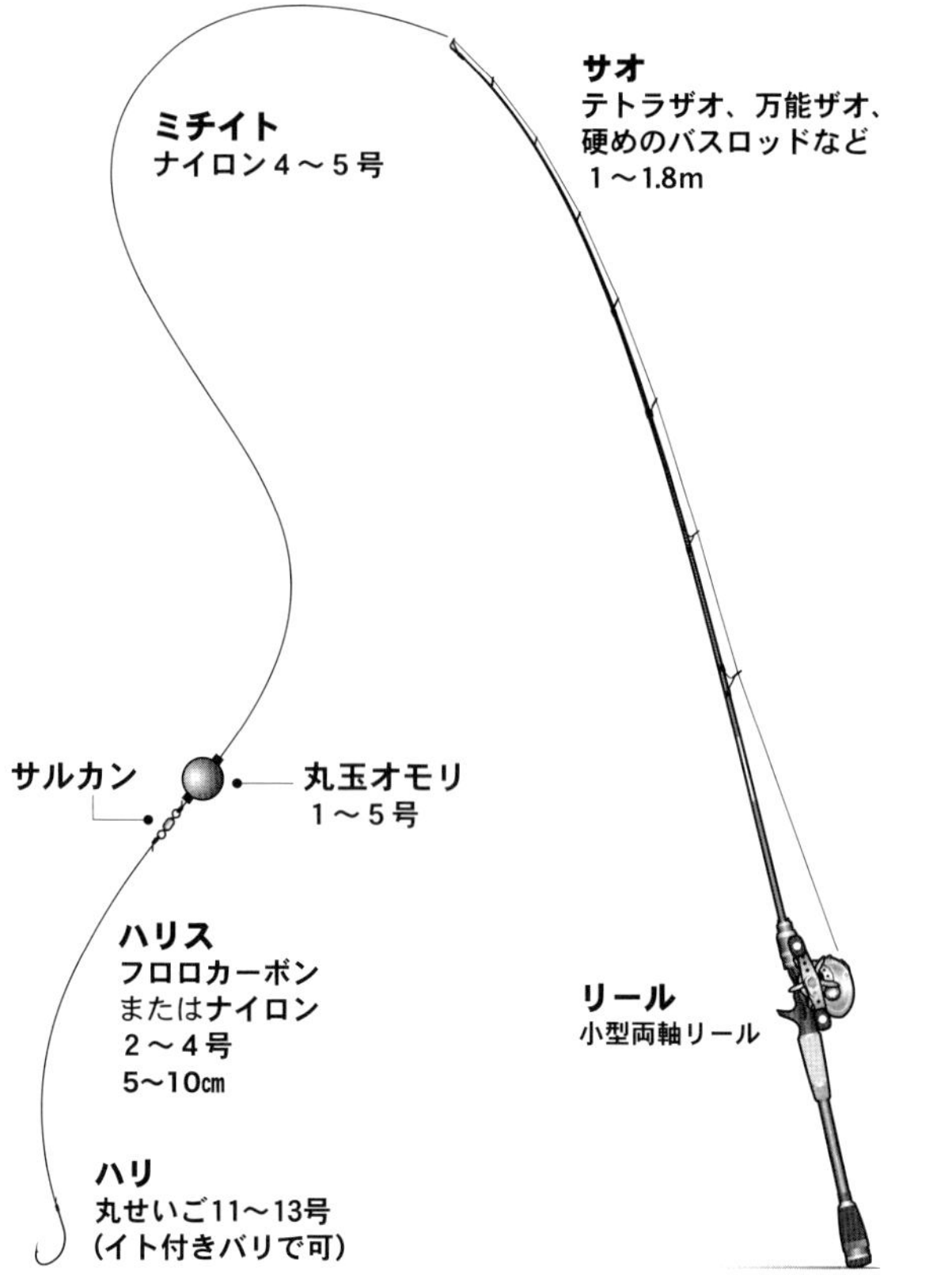

サオ
テトラザオ、万能ザオ、硬めのバスロッドなど
1～1.8m
ミチイト
ナイロン4～5号
サルカン
丸玉オモリ
1～5号
ハリス
フロロカーボンまたはナイロン
2～4号
5～10㎝
リール
小型両軸リール
ハリ
丸せいご11～13号
(イト付きバリで可)

穴釣りとは、ゴロタ石やテトラの隙間に仕掛けを落とす釣り方だ。ほかの釣りでは仕掛けを「流す」「サビく」といった何らかの操作を行なうが、障害物の中を直接ねらう穴釣りでは、仕掛けを落とし込んだ以降は多少誘いを入れるくらいで不要に動かさない。なぜなら、すぐに根掛かりしてしまうからだ。仕掛けも根掛かり回避を何よりも優先し、中通しオモリに短いハリスの1本バリが基本である。

●対象魚

カサゴ、ムラソイ、ハタ類、アイナメなど根魚全般。

●エサ

イワイソメ、アオイソメなどのイソメ類、身エサ、イカの短冊など。

●釣り方

ポイント選びのコツは、テトラ帯なら、最も深くまで仕掛けが落ちる穴を選ぶことだ。これ以上仕掛けが落ちない所まで落とし込んだら、ここで軽く誘いを入れてエサの存在をアピールす

釣り方のイメージ

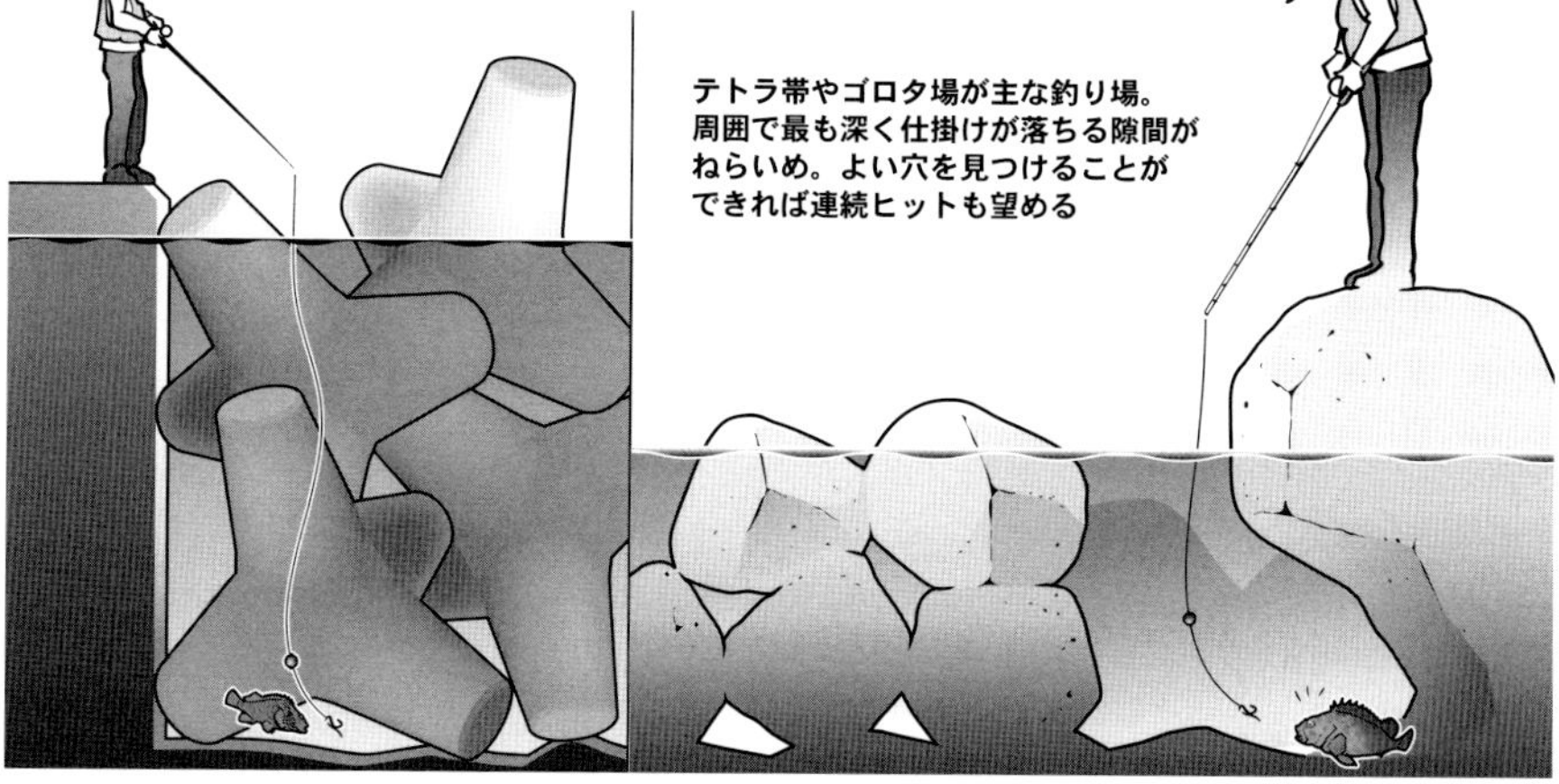
テトラ帯やゴロタ場が主な釣り場。
周囲で最も深く仕掛けが落ちる隙間が
ねらいめ。よい穴を見つけることが
できれば連続ヒットも望める

穴釣りの主な対象魚と釣期の目安												
	1月	2月	3月	4月	5月	6月	7月	8月	9月	10月	11月	12月
カサゴ、ムラソイ	よく釣れる	よく釣れる	よく釣れる	よく釣れる	釣れる	釣れる				釣れる	釣れる	よく釣れる

よく釣れる　釣れる

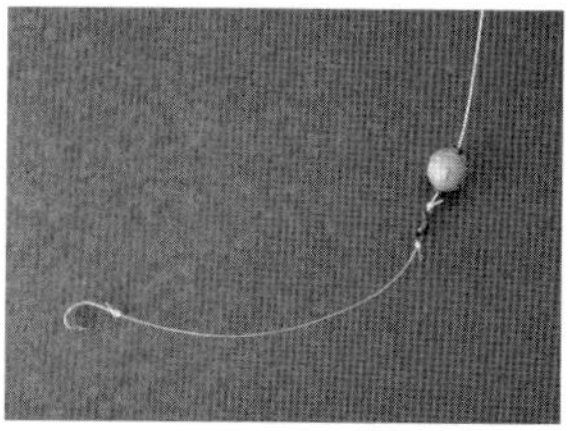

中通しオモリに1本バリと仕掛けはいたってシンプル

テトラ帯も穴釣りの代表的なポイント。ただし落水には注意すること

ゴロタ浜は穴釣りのメインステージ。まさに全域が根魚の住処といえる

ると、魚がいればすぐにブルッとアタリがくるはずだ。

ゴロタ場では水深が10㎝もあればポイントとなる。ただし、いくら深みであっても岩が小さく開けた穴は望み薄。大岩に三方を囲まれ水抜けのよい穴が理想である。

テトラ帯、ゴロタ場ともに、食わせたら一気に穴から引っ張り出すこと。

イシダイ、イシガキダイ

下オモリ仕掛け

押しも押されもせぬ磯の王者と対峙する

基本仕掛け図

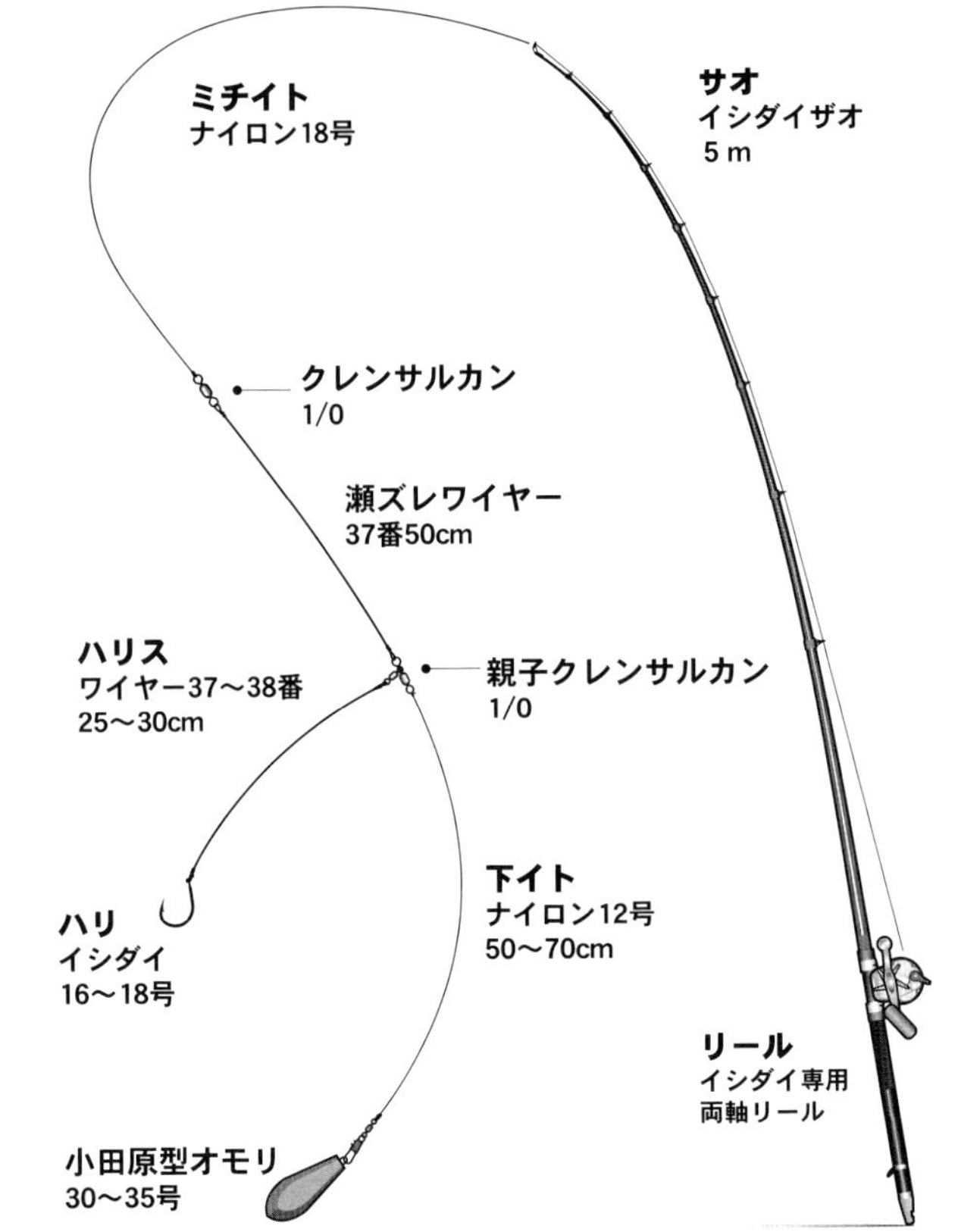
サオ
イシダイザオ
5ｍ
ミチイト
ナイロン18号
クレンサルカン
1/0
瀬ズレワイヤー
37番50cm
ハリス
ワイヤー37〜38番
25〜30cm
親子クレンサルカン
1/0
下イト
ナイロン12号
50〜70cm
ハリ
イシダイ
16〜18号
リール
イシダイ専用
両軸リール
小田原型オモリ
30〜35号

イシダイは潮通しのよい岩礁帯に棲み、古くから「磯の王者」として磯釣りファンから愛されてきた。メジナやクロダイなど寄せエサで浮かせて釣る魚が「上もの」と呼ばれるのに対し、底棲魚であるイシダイやイシガキダイは「石もの」もしくは「底もの」と呼ばれる。

　下オモリ仕掛けはブッコミ釣りの一種で、根の荒い岩礁帯をねらうのに適した仕掛けだ。根掛かりしにくいことに加え、根に掛かったとしても下オモリ部分だけが切れ、仕掛け部分は高確率で回収できる。イシダイは貝やカニを簡単に噛《か》み砕く強力な歯を持っため、ハリスにはワイヤーを用いる。

●対象魚

イシダイ、イシガキダイ。

●エサ

サザエ、トコブシなどの貝類、オニヤドカリ、カニ、ウニ（ガンガゼ）など。

●釣り方

広くポイントを探る上ものは払い出

釣り方のイメージ

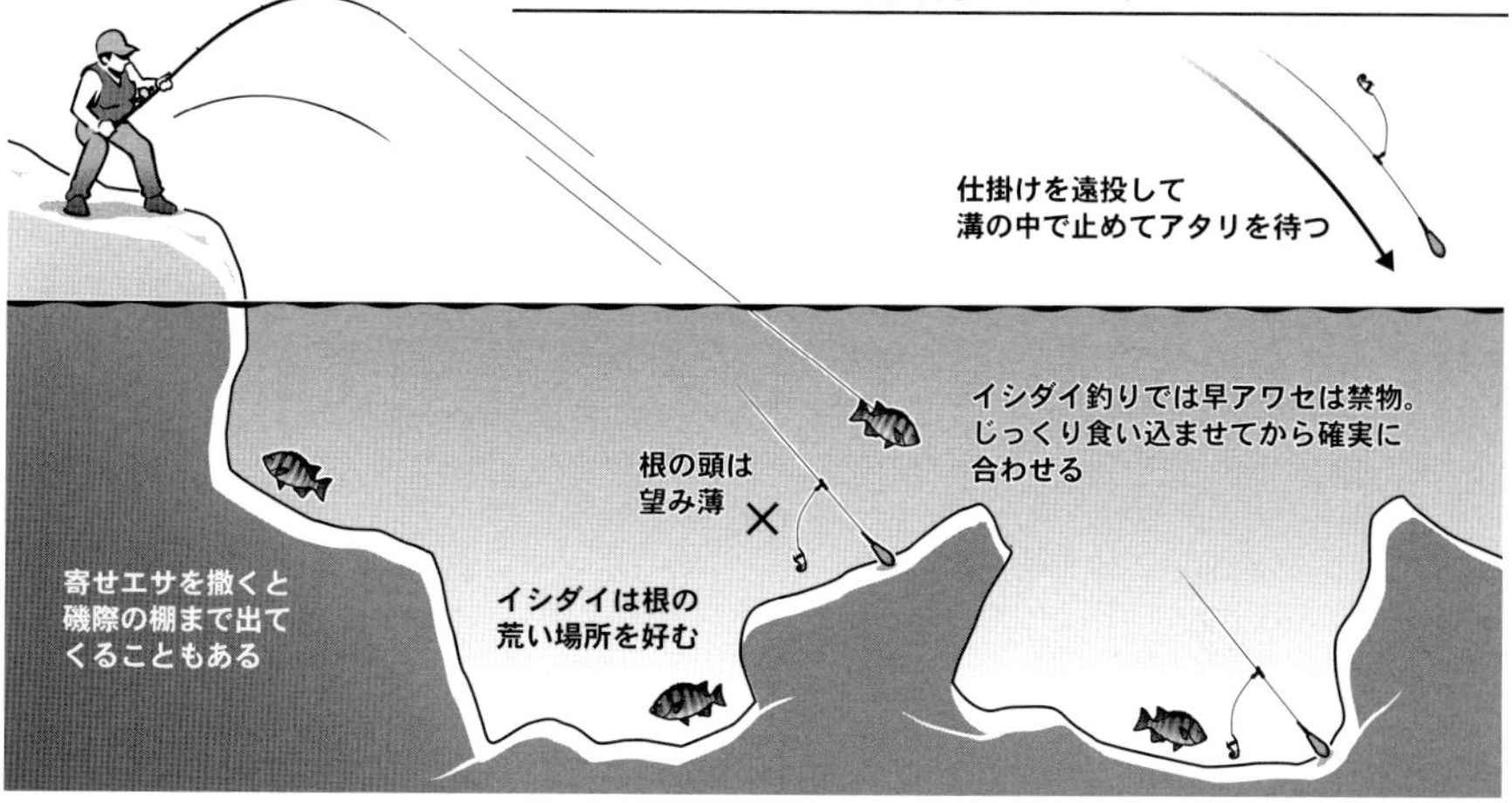
仕掛けを遠投して
溝の中で止めてアタリを待つ
イシダイ釣りでは早アワセは禁物。
じっくり食い込ませてから確実に
合わせる
根の頭は
望み薄
寄せエサを撒くと
磯際の棚まで出て
くることもある
イシダイは根の
荒い場所を好む

釣期の目安												
	1月	2月	3月	4月	5月	6月	7月	8月	9月	10月	11月	12月
イシダイ、イシガキダイ												

よく釣れる　釣れる

エサはヤドカリや貝、カニ、ウニなどをエサ取りの量や食いに応じてローテーションする

ギュッとサオ先が引き込まれたら本アタリ。サオが大きくしなり、釣り人は強烈な引きに耐える

磯釣りの最終到達点的なターゲットがイシダイ。苦悩の末に釣りあげた1尾は格別だ

す潮をねらうが、石ものは沖から手前へ押しつける流れが好潮とされる。仕掛けを投入したら、イシダイのポイントである根際やミゾの中で仕掛けを止め、置きザオにしてアタリを待つ。

　典型的なアタリは、はじめコツコツとサオ先が振れ、次第にサオ先の押さえ込みが大きくなり、最後はギュッとサオ先が海面に突き刺さる「三段引き」と呼ばれるもの。小さなアタリはスルーし、本アタリでガッチリと合わせること。

回遊魚

サーフトロウリング仕掛け

投げ釣りの延長で楽しめる和製ルアー釣法

基本仕掛け図

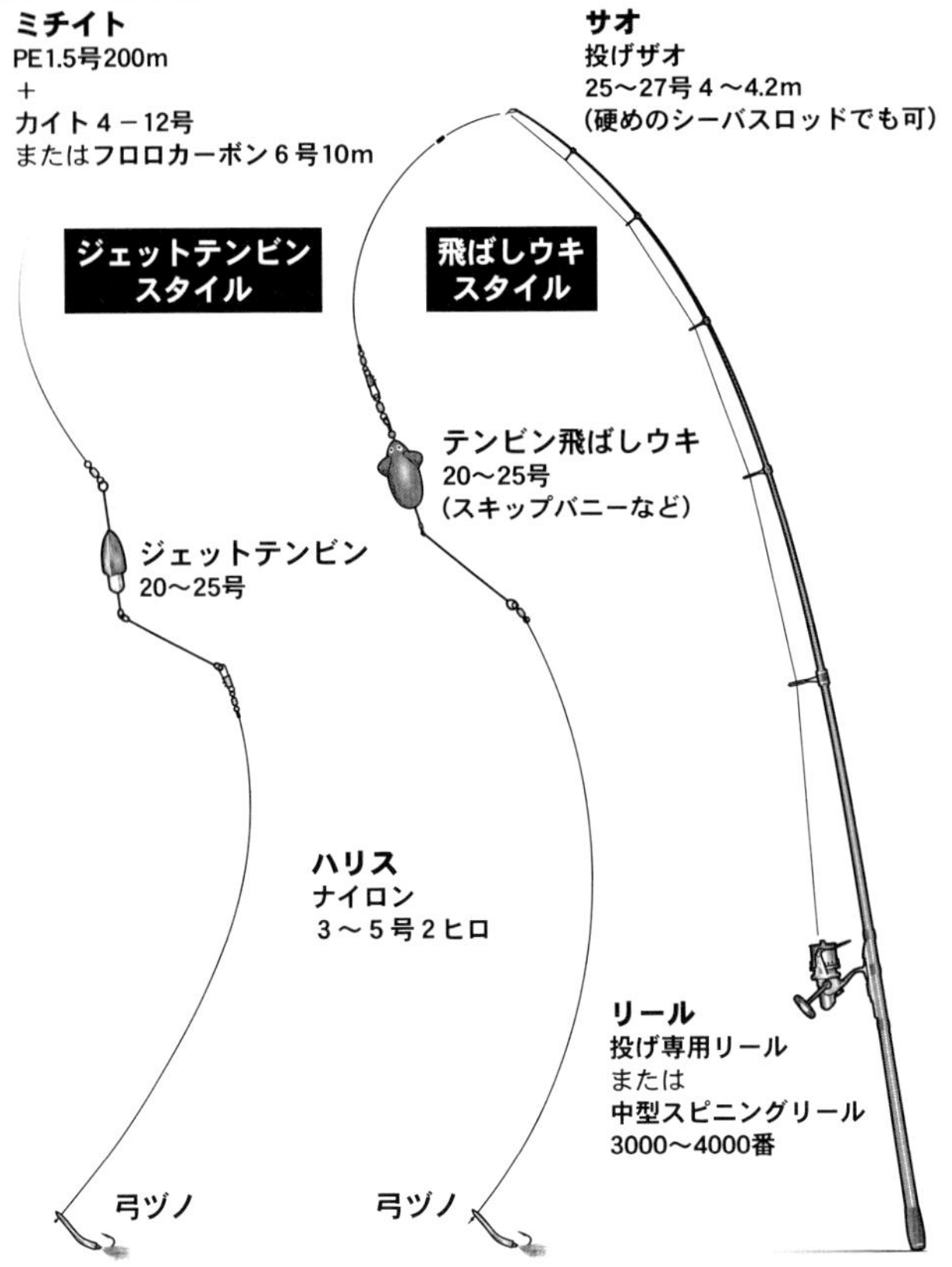
ミチイト
PE1.5号200m
＋
カイト 4 − 12号
またはフロロカーボン 6 号10m
サオ
投げザオ
25〜27号 4 〜4.2m
(硬めのシーバスロッドでも可)
ジェットテンビン
スタイル
飛ばしウキ
スタイル
テンビン飛ばしウキ
20〜25号
(スキップバニーなど)
ジェットテンビン
20〜25号
ハリス
ナイロン
3 〜 5 号 2 ヒロ
リール
投げ専用リール
または
中型スピニングリール
3000〜4000番
弓ヅノ
弓ヅノ

サーフトロウリングとは、「弓ヅノ」と呼ばれる伝統的な漁具を現代風のタックルと合わせた和製ルアー釣法。投げ釣りのタックルをそのまま流用できるため、シロギスねらいの投げ釣りファンが朝だけ楽しむ姿も見られる。

弓ヅノはかつて鹿角を削り、アワビの貝殻を貼るなどして作られていた。現在はプラスチック製が大半で、ラメやホログラムシートなどをあしらったアピール力の高い製品が多数市販されている。

軽い弓ヅノは単体では飛ばないので、ジェットテンビンやテンビン付きの大型飛ばしウキと合わせて使用する。キャスティング技術があれば、メタルジグが届かない100m以遠も射程圏内だ。

●対象魚

ソウダガツオ、イナダ、サバ、シイラ、カンパチなど回遊魚全般。

●釣り方

仕掛けを遠投し、引いてくるだけと

釣り方のイメージ

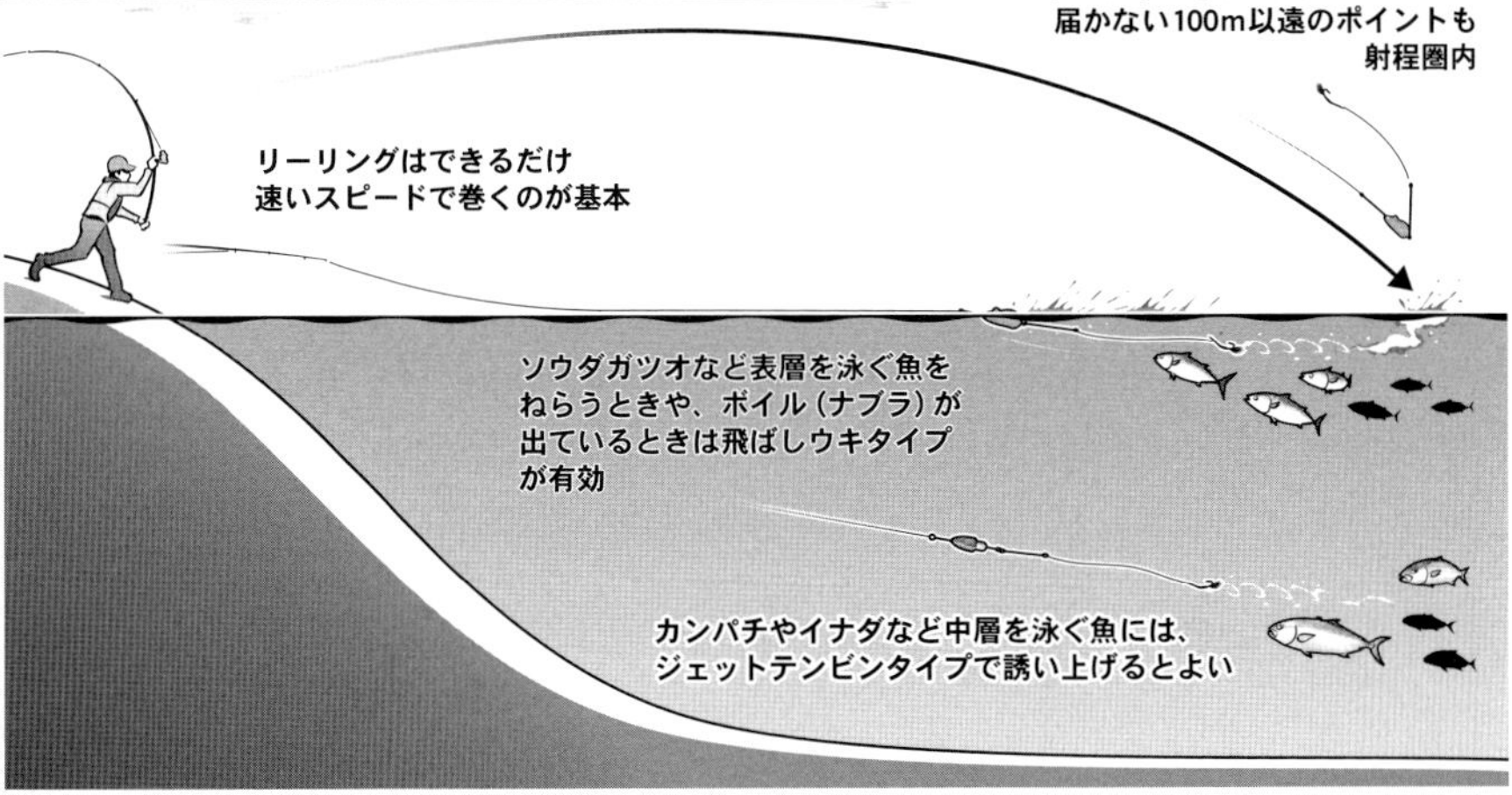
サーフトロウリングはルアーでは届かない100m以遠のポイントも射程圏内
リーリングはできるだけ速いスピードで巻くのが基本

釣期の目安												
	1月	2月	3月	4月	5月	6月	7月	8月	9月	10月	11月	12月
回遊魚												

よく釣れる　釣れる

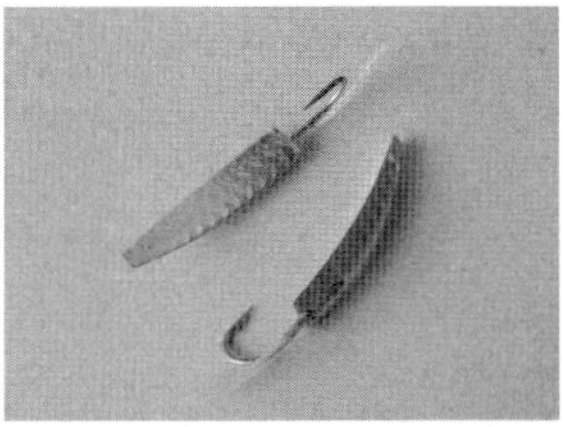

これが弓ヅノ。精巧なルアーに比べると明らかに見劣りするが、水中を引っ張るとクルクルと回転し、小魚が逃げ惑うかのように見える

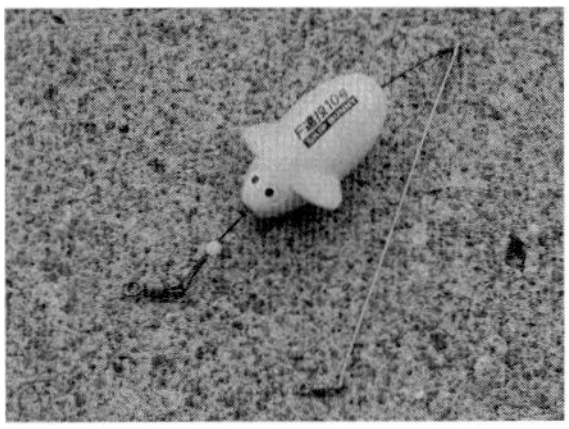

テンビン付き飛ばしウキは表層ねらいに適している。ボディーに小さな羽根を設け、水飛沫を上げて魚にアピールする製品もある

釣り方自体は簡単。ルアーのようにアクションは付けず、弓ヅノが海面から飛び出ない範囲で、できるだけ速く引くのがコツだ。

ナブラが出ているようなときはテンビン付き飛ばしウキを用いた表層ねらい、イナダなど中層を泳ぐ魚に対してはジェットテンビンを用い、いったん底まで沈めてから速引きするとよい。

ジェットテンビンや大型飛ばしウキと合わせることで、ルアーでは届かないポイントもねらえるサーフトロウリング。早朝は一番の時合だ

回遊魚、ヒラメ、マゴチほか

泳がせ釣り仕掛け①

釣った小魚で大ものをねらう

基本仕掛け図

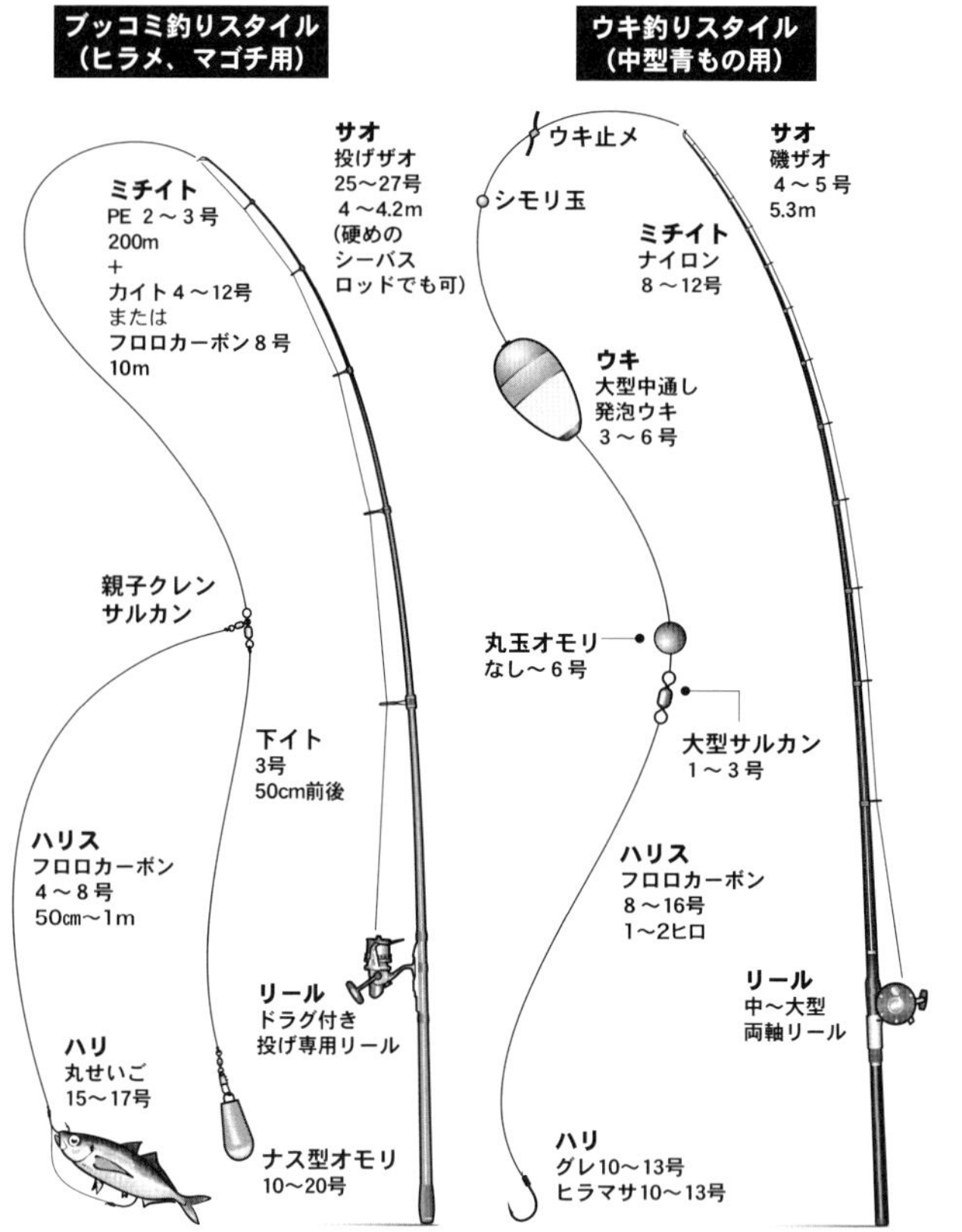

ブッコミ釣りスタイル（ヒラメ、マゴチ用）
サオ 投げザオ 25〜27号 4〜4.2m (硬めのシーバスロッドでも可)
ミチイト PE 2〜3号 200m + カイト4〜12号 または フロロカーボン8号 10m
親子クレンサルカン
下イト 3号 50cm前後
ハリス フロロカーボン 4〜8号 50cm〜1m
リール ドラグ付き投げ専用リール
ハリ 丸せいご 15〜17号
ナス型オモリ 10〜20号
ウキ釣りスタイル（中型青もの用）
ウキ止メ
シモリ玉
サオ 磯ザオ 4〜5号 5.3m
ミチイト ナイロン 8〜12号
ウキ 大型中通し発泡ウキ 3〜6号
丸玉オモリ なし〜6号
大型サルカン 1〜3号
ハリス フロロカーボン 8〜16号 1〜2ヒロ
リール 中〜大型 両軸リール
ハリ グレ10〜13号 ヒラマサ10〜13号

泳がせ釣りとは、生きた小魚をエサにして大型フィッシュイーター（魚食性魚）をねらう釣り方で、ウキ釣りスタイルとブッコミ釣りスタイルがある。前者は回遊魚など表層から中層を泳ぐ魚に、後者はヒラメやマゴチといった底棲魚ねらいに向く。

エサはエサ店で生きアジを購入してもよいが、現場で釣れた魚（エサ取りでも可）で充分。泳がせ釣りは決して確率が高い釣りではないので、投げ釣りやサビキ釣りを楽しみつつ、泳がせ釣りのサオを1本だしておくのもよい。

●対象魚

イナダ、ワラサ、ヒラマサ、カンパチ、スズキ、ヒラメ、マゴチなどフィッシュイーター全般。

●エサ

アジやイワシなど、その場で釣れた魚は何でも使える。ヒラメやマゴチにはシロギス、ハゼ、メゴチなどが有効。

●釣り方

まず、エサは元気であることが第一

釣り方のイメージ

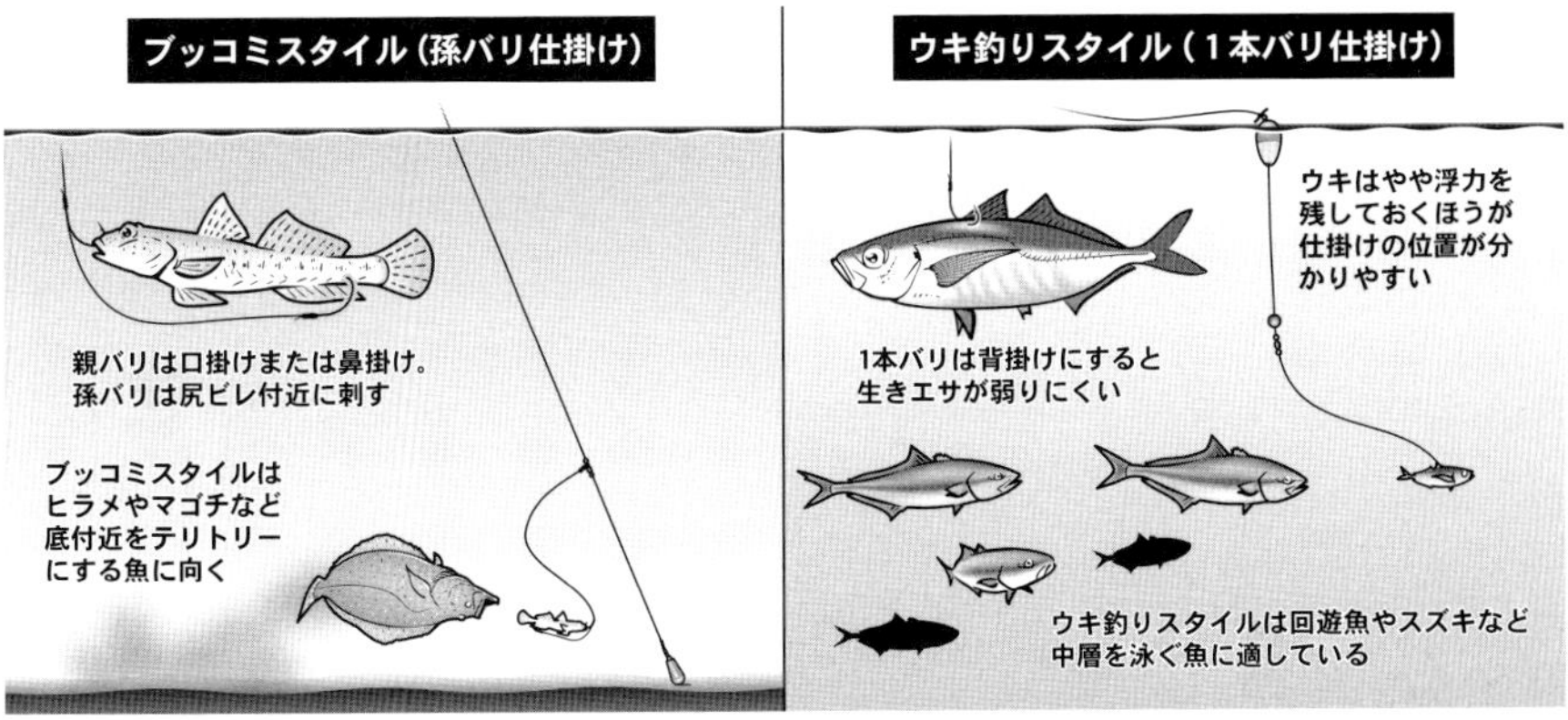
ブッコミスタイル（孫バリ仕掛け）
ウキ釣りスタイル（1本バリ仕掛け）
親バリは口掛けまたは鼻掛け。
孫バリは尻ビレ付近に刺す
ブッコミスタイルは
ヒラメやマゴチなど
底付近をテリトリー
にする魚に向く
1本バリは背掛けにすると
生きエサが弱りにくい
ウキはやや浮力を
残しておくほうが
仕掛けの位置が分
かりやすい
ウキ釣りスタイルは回遊魚やスズキなど
中層を泳ぐ魚に適している

泳がせ釣りの主な対象魚と釣期の目安

	1月	2月	3月	4月	5月	6月	7月	8月	9月	10月	11月	12月
回遊魚							釣れる	釣れる	よく釣れる	よく釣れる	よく釣れる	釣れる
ヒラメ	よく釣れる	釣れる	釣れる	釣れる	釣れる	釣れる				釣れる	よく釣れる	よく釣れる
マゴチ				釣れる	釣れる	よく釣れる	よく釣れる	よく釣れる	よく釣れる	釣れる	釣れる	
スズキ	釣れる		釣れる	よく釣れる	よく釣れる	よく釣れる	釣れる	釣れる	よく釣れる	よく釣れる	よく釣れる	よく釣れる

よく釣れる　釣れる

自作するのが面倒な孫バリ仕掛けも完成品が市販されているので安心

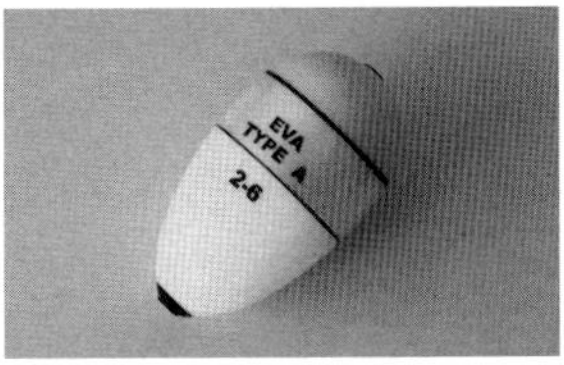
EVA
TYPE A
2-6

ウキ釣りスタイルの泳がせ釣りには2～6号の発泡ウキを用いる。やや浮力を残して使うのがコツ

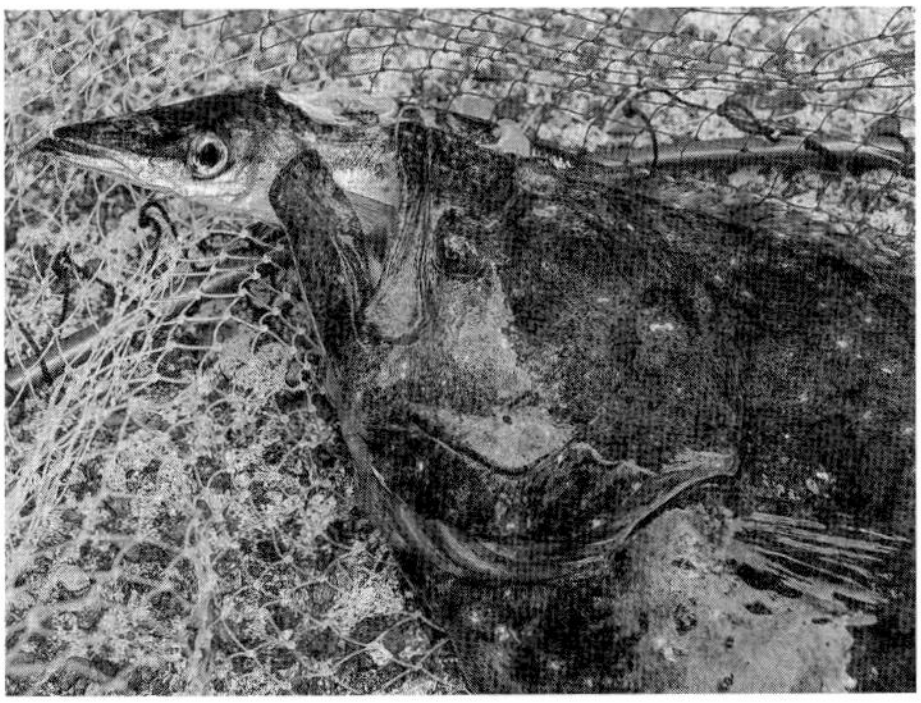

泳がせ釣りに用いる生きエサは元気であることが一番。その場で釣れた魚なら何でもエサに使える

条件。ウキ釣りはもちろん、ブッコミ釣りでも仕掛けの周囲を自由に泳がせる。アタリを待つ間は、リールをフリーにするかドラグを緩めておく。

アタリは、生きエサが逃げるような動きを見せた後、ミチイトが引き出される。生きエサは食い込むまでに時間が掛かるので、早アワセは禁物だ。じっくり食い込ませ、ミチイトの出が力強くなったところがアワセのタイミングだ。

アオリイカ

泳がせ釣り仕掛け②

アオリイカ釣り入門に最適な釣り方

基本仕掛け図

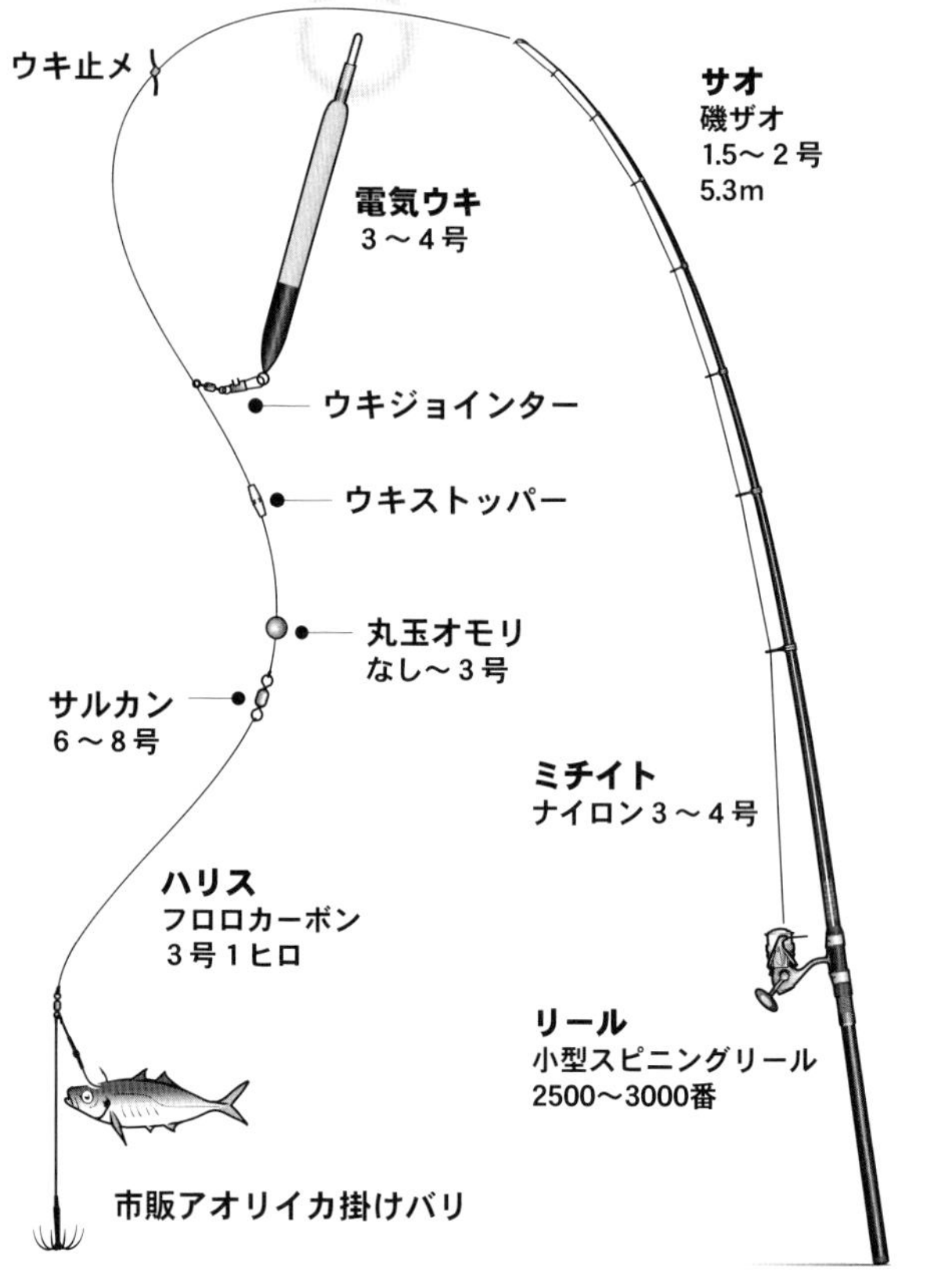

ウキ止メ
電気ウキ
3～4号
サオ
磯ザオ
1.5～2号
5.3m
ウキジョインター
ウキストッパー
丸玉オモリ
なし～3号
サルカン
6～8号
ミチイト
ナイロン3～4号
ハリス
フロロカーボン
3号1ヒロ
リール
小型スピニングリール
2500～3000番
市販アオリイカ掛けバリ

近年流行のエギングやヤエン釣りなどアオリイカ釣法は数あるが、ウキを用いた泳がせ釣りはアタリがわかりやすいうえにキャッチ率も高く、入門や手堅く釣果を得たいときに最適だ。

同じ生きエサを使うヤエン釣法に比べ、掛けバリなどの重量物が付いているぶんエサの泳ぎが制限されるので、アタリの数は一歩譲る。しかし、ウキ釣りは藻場へ潜られにくく、イカがエサを抱いた直後から釣り人が主導権を握れるという利点がある。とりわけ夜釣りにおいては、アタリの数、キャッチ率ともに安定している。

●対象魚

アオリイカ。

●エサ

小魚なら何でも使えるが、丈夫で弱りにくい生きアジが一般的。

●釣り方

エサ装着用のハリを生きエサの鼻ないし背中に掛け、サイドスローでソフトに投入した後は、生きエサを自由に

釣り方のイメージ

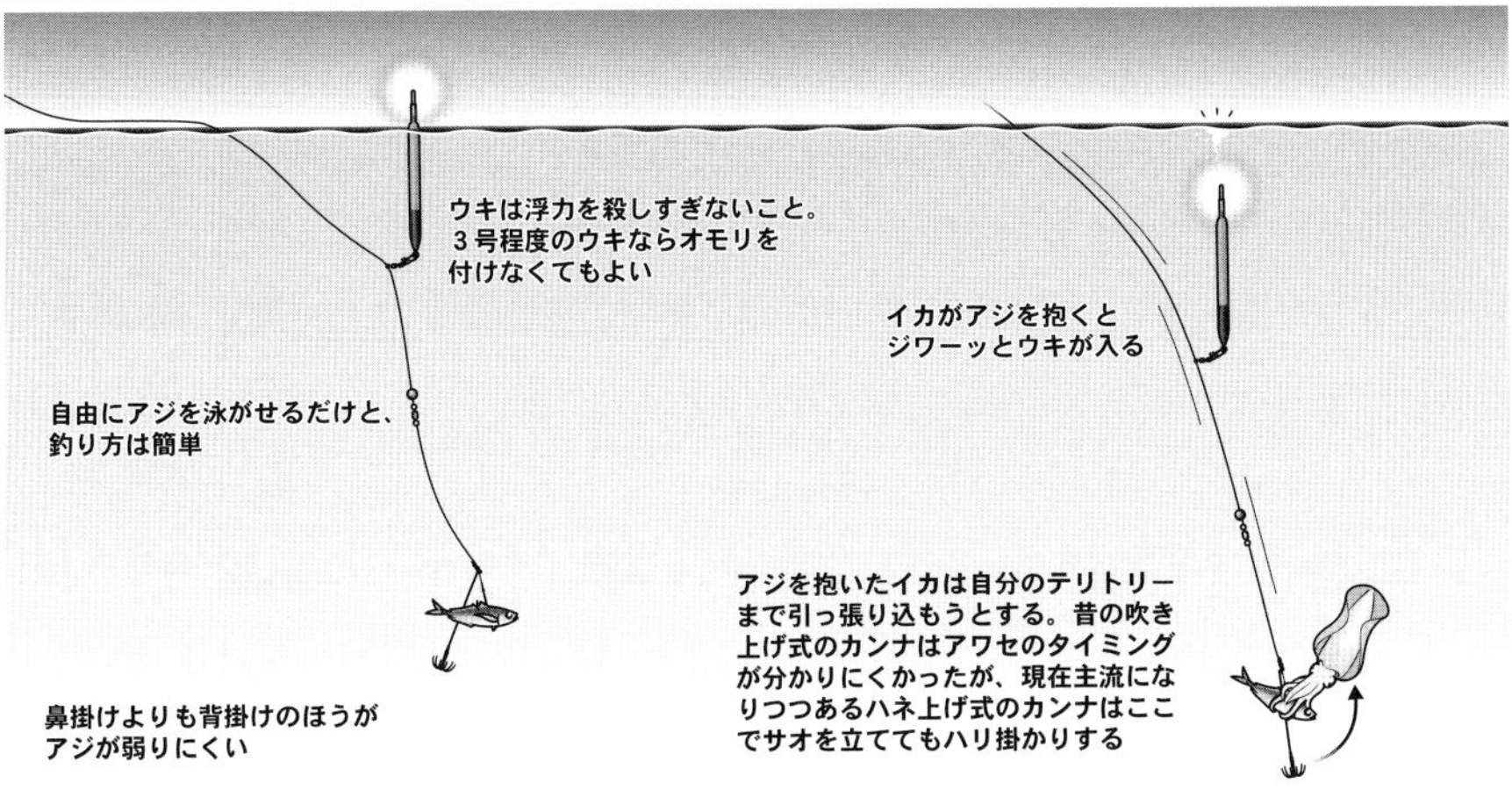
ウキは浮力を殺しすぎないこと。
３号程度のウキならオモリを
付けなくてもよい
自由にアジを泳がせるだけと、
釣り方は簡単
鼻掛けよりも背掛けのほうが
アジが弱りにくい
イカがアジを抱くと
ジワーッとウキが入る
アジを抱いたイカは自分のテリトリー
まで引っ張り込もうとする。昔の吹き
上げ式のカンナはアワセのタイミング
が分かりにくかったが、現在主流にな
りつつあるハネ上げ式のカンナはここ
でサオを立ててもハリ掛かりする

釣期の目安												
	1月	2月	3月	4月	5月	6月	7月	8月	9月	10月	11月	12月
アオリイカ												

よく釣れる　釣れる

仕掛けは簡単に自作できるが、市販品にはラインを張ると掛けバリが跳ね上がる構造のものもある

エサ装着用のハリは鼻の硬い部分か背中に掛ける

ウキを用いた泳がせ釣りはアタリがわかりやすいうえに藻へ潜られにくく、キャッチ率も高い

泳がせるだけ。肝心なのは生きエサの管理で、エアーポンプが装着できる生かしバッカンなどに生きエサを入れ、時々水を入れ替えるなどして元気な状態を保とう。

　アタリはジワッとウキを沈めるものや、ウキが横走りするものなどさまざま。アタリがあったらイカがしっかりエサを抱くまでやや間を置き、ゆっくりサオを起こすと掛けバリが跳ね上がってハリ掛かりする。

アオリイカ

ヤエン釣り仕掛け

寄せるときのスリルは一度味わうと病み付き！

基本仕掛け図

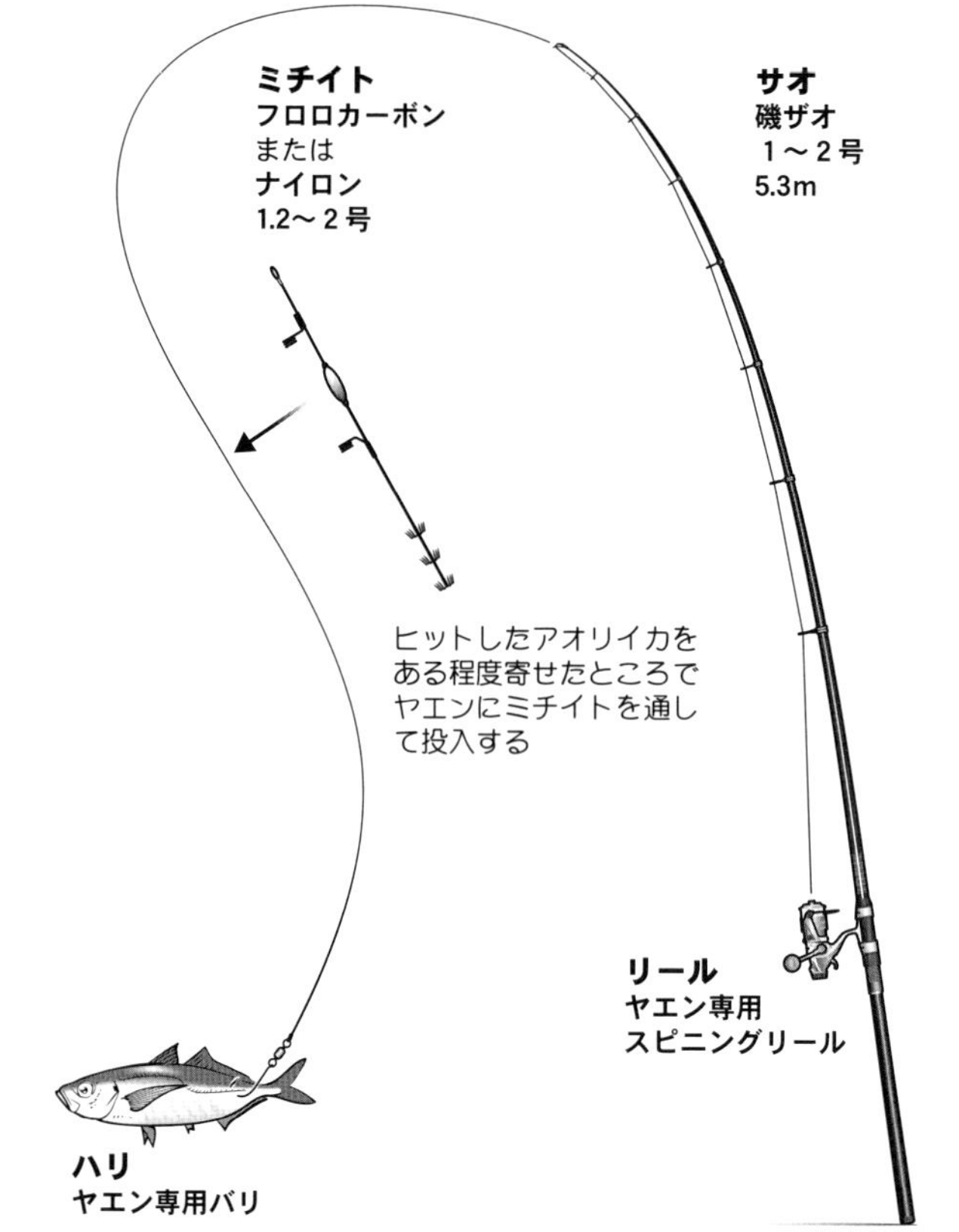

ミチイト
フロロカーボン
または
ナイロン
1.2～２号
サオ
磯ザオ
１～２号
5.3m
ヒットしたアオリイカをある程度寄せたところでヤエンにミチイトを通して投入する
リール
ヤエン専用
スピニングリール
ハリ
ヤエン専用バリ

ヤエン釣りは紀州・和歌山が発祥とされ、掛けバリにミチイトを通す小さな輪とオモリが付いた「ヤエン」と呼ばれる道具を使うところに特徴がある。仕掛けにはエサ装着用のハリしか付いておらず、これに生きアジを付けて泳がせる。そしてイカがアジを抱いたら、先のヤエンにミチイトを通して滑降させ、イカを掛けるという仕組みだ。

余計な重量物が付いていないぶんアジの泳ぎはよく、ウキ釣りやエギングに比べてアタリの数ははるかに多い。掛けバリが付いていないとイカがアジを放してしまうと思われがちだが、アオリイカは食わせるほどエサに執着し、ちょっとやそっとでは放さなくなる。

●対象魚

アオリイカ。

●エサ

生きアジが一般的。

●釣り方

釣り方の流れは図のとおり。アタリ

釣り方の手順

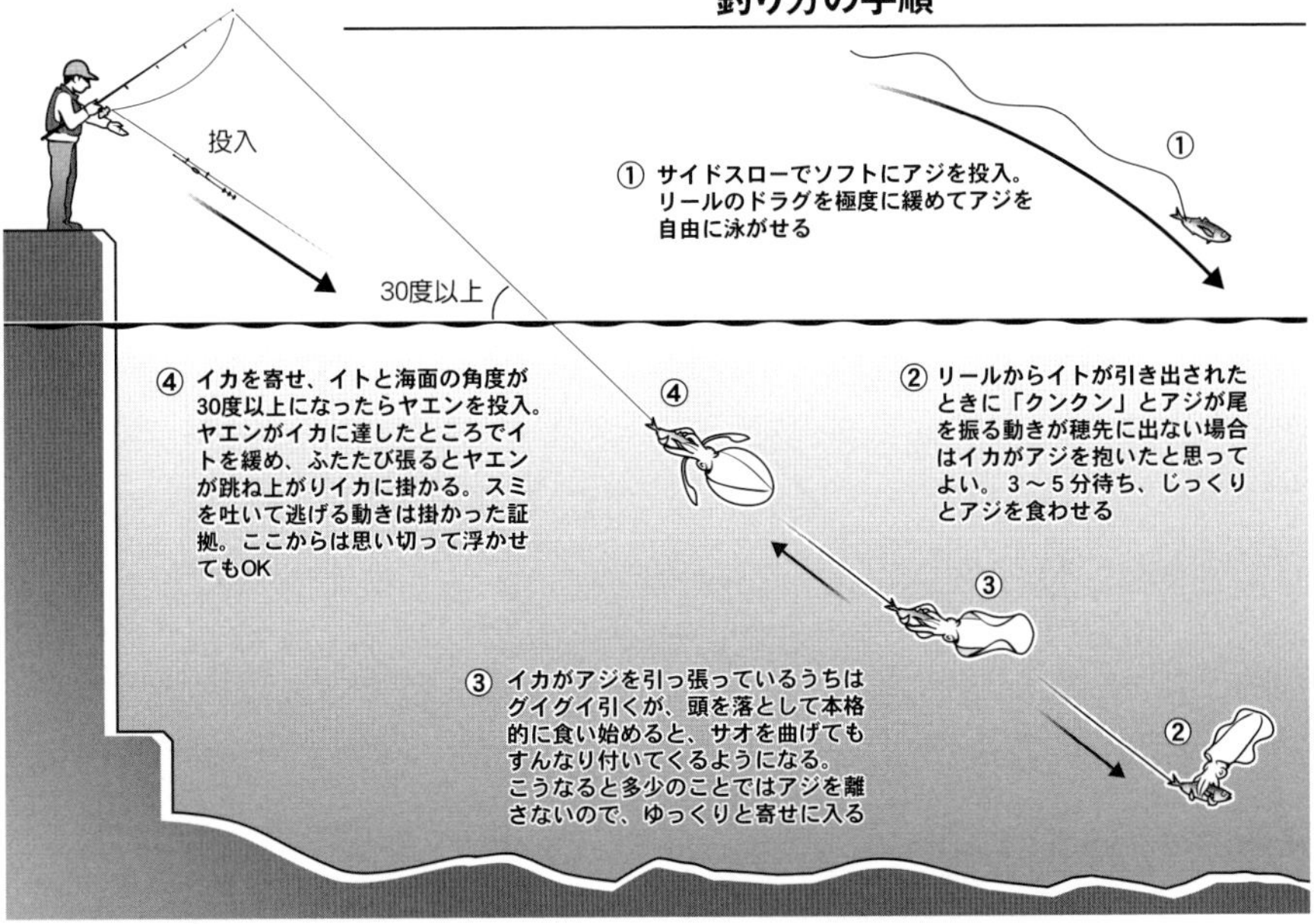
投入
30度以上
①
① サイドスローでソフトにアジを投入。リールのドラグを極度に緩めてアジを自由に泳がせる
④
④ イカを寄せ、イトと海面の角度が30度以上になったらヤエンを投入。ヤエンがイカに達したところでイトを緩め、ふたたび張るとヤエンが跳ね上がりイカに掛かる。スミを吐いて逃げる動きは掛かった証拠。ここからは思い切って浮かせてもOK
② リールからイトが引き出されたときに「クンクン」とアジが尾を振る動きが穂先に出ない場合はイカがアジを抱いたと思ってよい。3～5分待ち、じっくりとアジを食わせる
③
③ イカがアジを引っ張っているうちはグイグイ引くが、頭を落として本格的に食い始めると、サオを曲げてもすんなり付いてくるようになる。こうなると多少のことではアジを離さないので、ゆっくりと寄せに入る
②

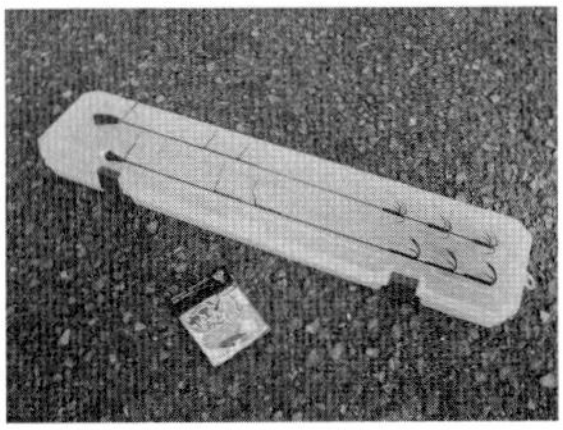
これが掛けバリに相当するヤエン。イカのサイズに応じて大きさを使い分ける

エサ装着用のハリはアジのゼイゴと呼ばれる硬い部分に刺す

があったらまずイカにエサを食わせるだけ食わせる。待つ時間は5分が目安といわれるが、イカがアジの頭を落とし、内臓を食べ始めた頃合いが寄せに入るベストなタイミングだ。

ここまで食わせたら、サオをゆっくり起こしても素直に付いてくる。水を噴射して走るようなら、もう少し待ってみるほうがよい。

ヤエンを入れるタイミングは足場の高さにもよるが、釣り座から25m前後まで寄せ、ラインと海面との角度が30度以上になったらというのが一応の目安。早すぎるとヤエンが落ちていかないし、遅すぎると大型が食った場合はアジを食い尽くされてしまう。

サオを後方へ倒し、ラインを手にとってヤエンに通した後は、ラインを張りながら滑り落とす。ヤエンがイカに到達したところでいったんラインを緩め、ふたたび張るとヤエンが跳ね上がってイカに掛かる。勢いよくスミを吐いたら、ヤエンが掛かったと思ってよい。

ヤリイカほか

エサ巻き餌木仕掛け

産卵期限定のアツイ釣り!

基本仕掛け図

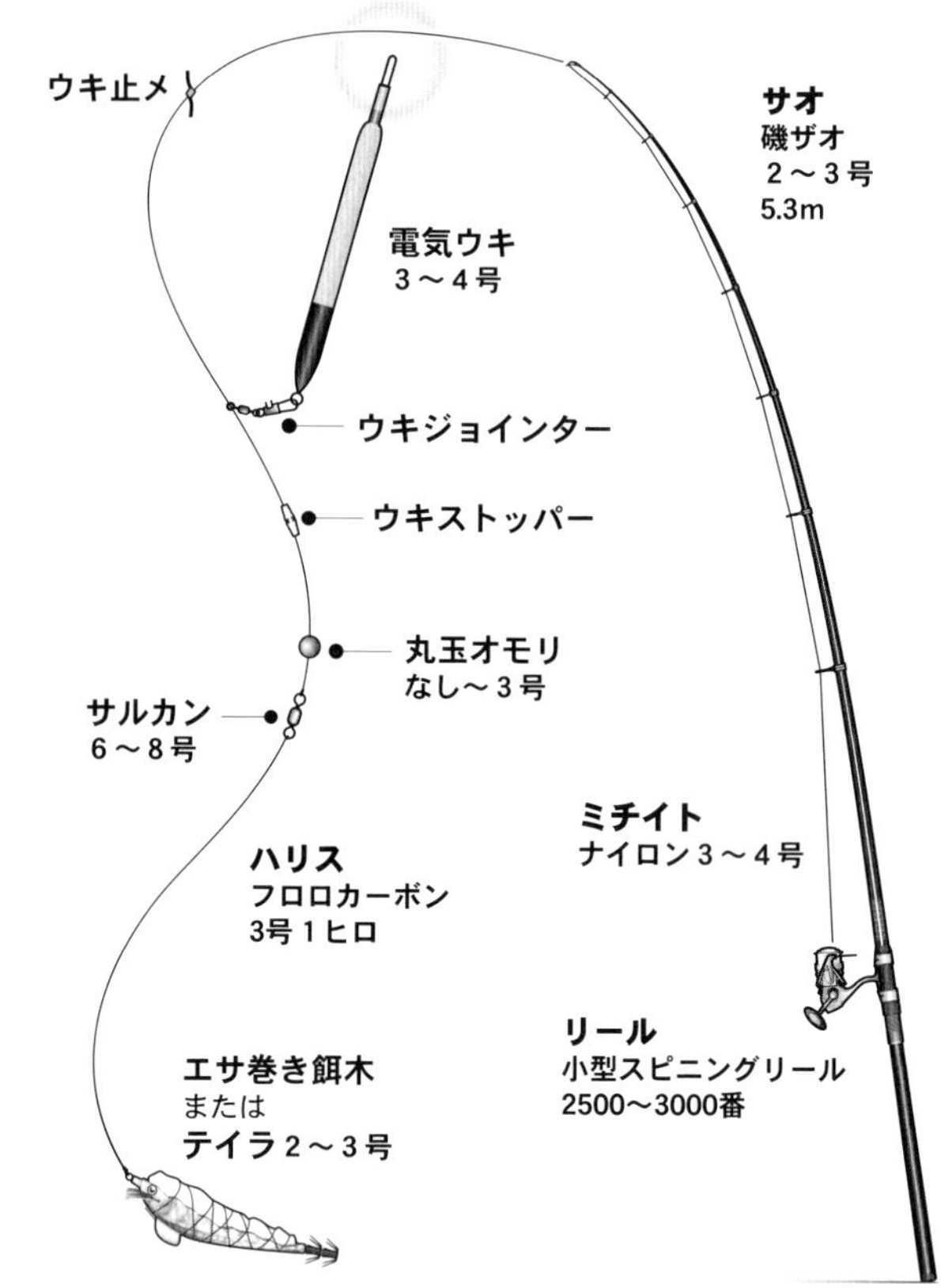
ウキ止メ
電気ウキ
3～4号
ウキジョインター
ウキストッパー
丸玉オモリ
なし～3号
サルカン
6～8号
ハリス
フロロカーボン
3号 1ヒロ
エサ巻き餌木
または
テイラ 2～3号
サオ
磯ザオ
2～3号
5.3m
ミチイト
ナイロン3～4号
リール
小型スピニングリール
2500～3000番

ヤリイカは80～150mの深場に棲み、どちらかといえば船釣りのターゲットというイメージが強い。しかし、産卵期となる冬場は岸近くにまで回遊し、エサ巻き餌木を用いたウキ釣りでねらうことができる。関東近県では沼津の内浦湾などが実績のある場所として知られる。日中でも釣れないことはないが、夜釣りのほうが確実に分があり、特に月夜は見逃せない。

エサ巻き餌木とは、文字どおり針金などでエサを巻き付けて使用する餌木のことで、エサにはサメの切り身や鶏のササミなどが用いられる。

●対象魚

ヤリイカ、ケンサキイカ（ジンドウイカ）、スルメイカ、アカイカなど。

●エサ

サメの切り身、鶏のササミ、小魚など。

●釣り方

仕掛けを投入し、潮なりに仕掛けを流していく。ヤリイカはカケアガリ

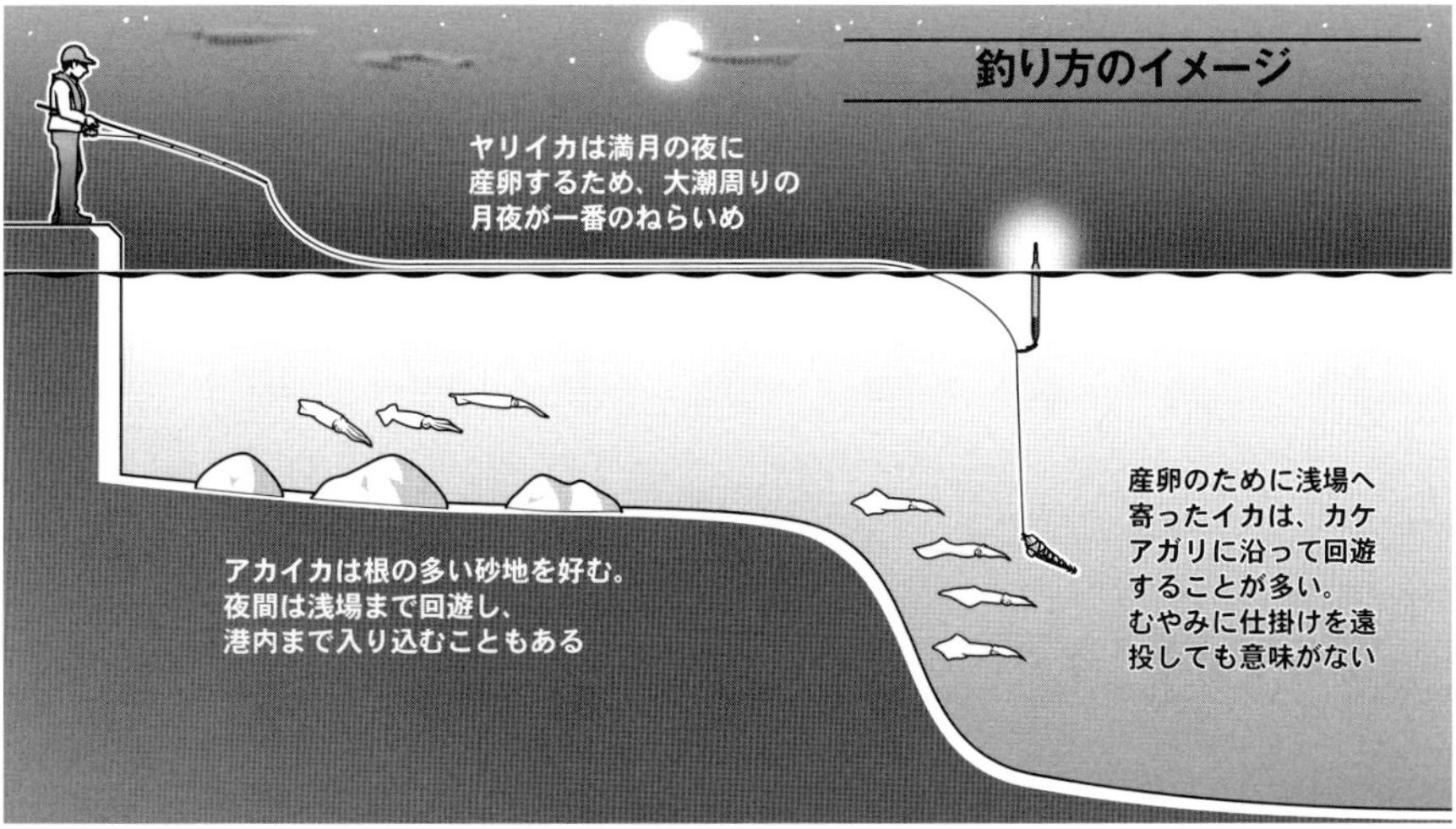
釣り方のイメージ
ヤリイカは満月の夜に
産卵するため、大潮周りの
月夜が一番のねらいめ
アカイカは根の多い砂地を好む。
夜間は浅場まで回遊し、
港内まで入り込むこともある
産卵のために浅場へ
寄ったイカは、カケ
アガリに沿って回遊
することが多い。
むやみに仕掛けを遠
投しても意味がない

エサ巻き餌木釣法の主な対象魚と釣期の目安												
	1月	2月	3月	4月	5月	6月	7月	8月	9月	10月	11月	12月
ヤリイカ	よく釣れる	よく釣れる	釣れる								釣れる	よく釣れる
アカイカ	釣れる			釣れる	よく釣れる	よく釣れる	よく釣れる	よく釣れる	釣れる	釣れる	釣れる	釣れる

よく釣れる　釣れる

エサ巻き餌木にはあらかじめエサを装着し、冷凍庫で凍らせておくと現場ですぐ使えて便利

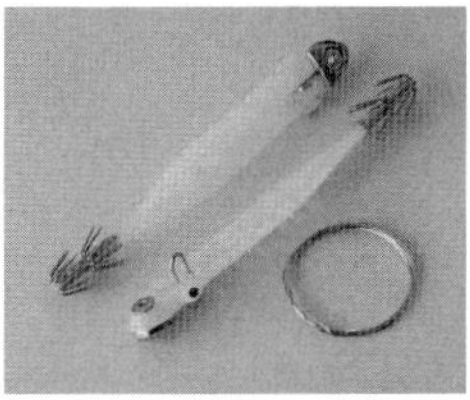

テイラと呼ばれるエサ巻きカンナ。使い方はエサ巻き餌木と同じで、付属の針金でエサを固定する

ヤリイカは産卵期が近づくと岸近くに回遊してくる。月夜の大潮回りは絶好のチャンスだ

に沿って回遊する習性があるので、無闇に遠投するよりも、海底の地形をイメージし、イカの回遊コースをトレースするほうが確実だ。ウキ下は3ヒロを基準として、イカの乗りを見ながら調整する。

　アタリはウキをジワーッと沈めるものが大半。あまり明確なものではないので、感度のよい細身のウキを使いたいところだ。

タコ

タコテンヤ仕掛け

身近なポイントに大ものが潜む

基本仕掛け図

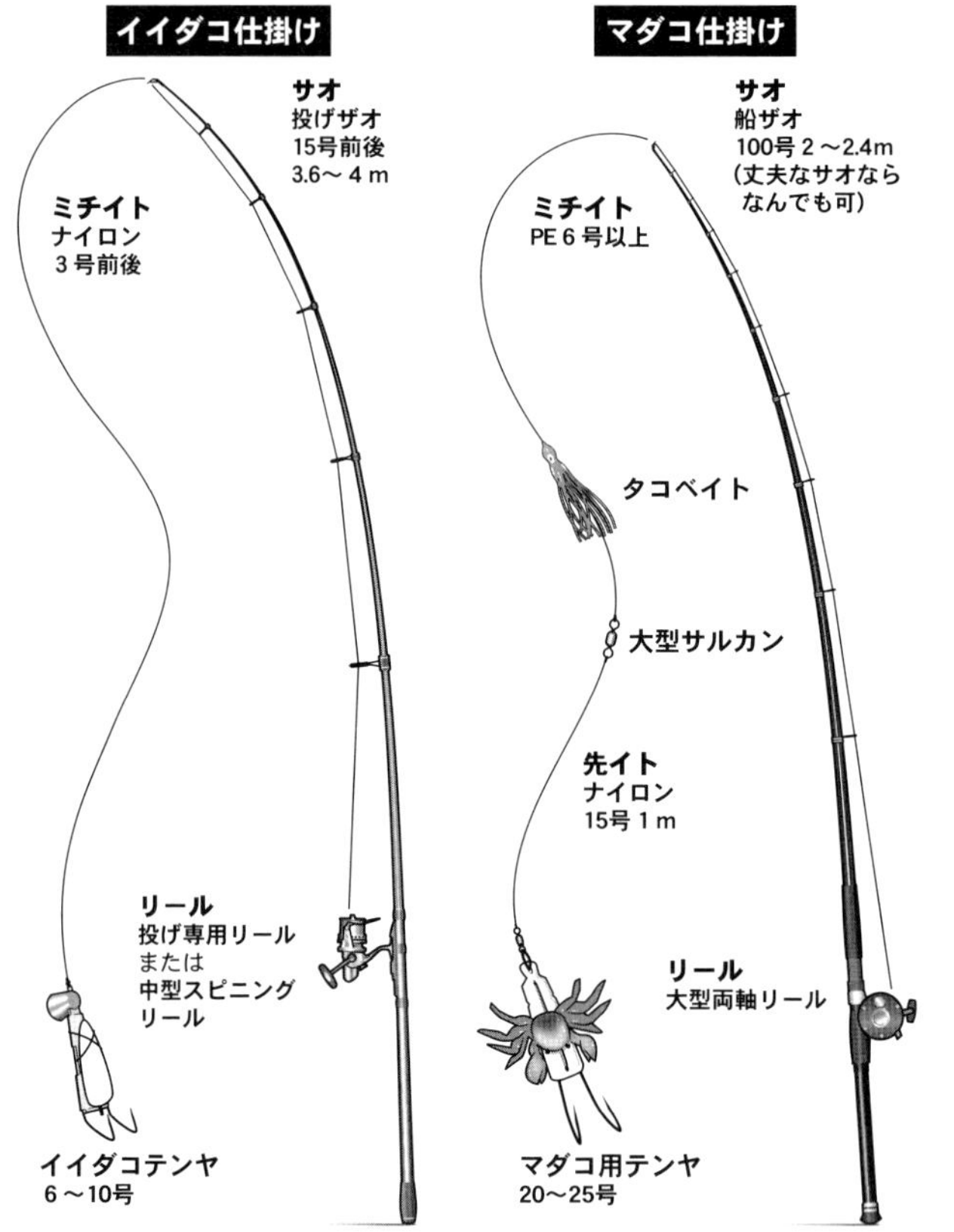

イイダコ仕掛け
サオ
投げザオ
15号前後
3.6～4ｍ
ミチイト
ナイロン
3号前後
リール
投げ専用リール
または
中型スピニング
リール
イイダコテンヤ
6～10号
マダコ仕掛け
サオ
船ザオ
100号 2～2.4m
(丈夫なサオなら
なんでも可)
ミチイト
PE6号以上
タコベイト
大型サルカン
先イト
ナイロン
15号 1ｍ
リール
大型両軸リール
マダコ用テンヤ
20～25号

日本近海には多くのタコが生息しているが、釣りで一般的にねらわれるのはマダコとイイダコだ。

マダコは岩礁や小砂利底を好み、甲殻類や貝類を食べる。何の変哲もない港周りや小磯でも、2kg、3kgといった大型を現実的なレベルでねらえる。掛けた後に浮かせるだけなら投げザオでも充分だが、底に張り付かれた場合を考えると、硬い船ザオと両軸リールの組み合わせが心強い。仕掛けはマダコ専用のテンヤを用いる。

イイダコは内湾の砂地や砂泥地を生活圏とするタコで、アサリやアオヤギなどの二枚貝を常食している。白いものに興味を示す習性があり、釣りにおいてはイイダコ専用のテンヤにラッキョウを縛り付けたユニークな仕掛けでねらわれる。

マダコ、イイダコともに真水を極端に嫌うので、河川の流れ込みがある場所や、雨後の濁りが入った場所は望みが薄い。

釣り方のイメージ

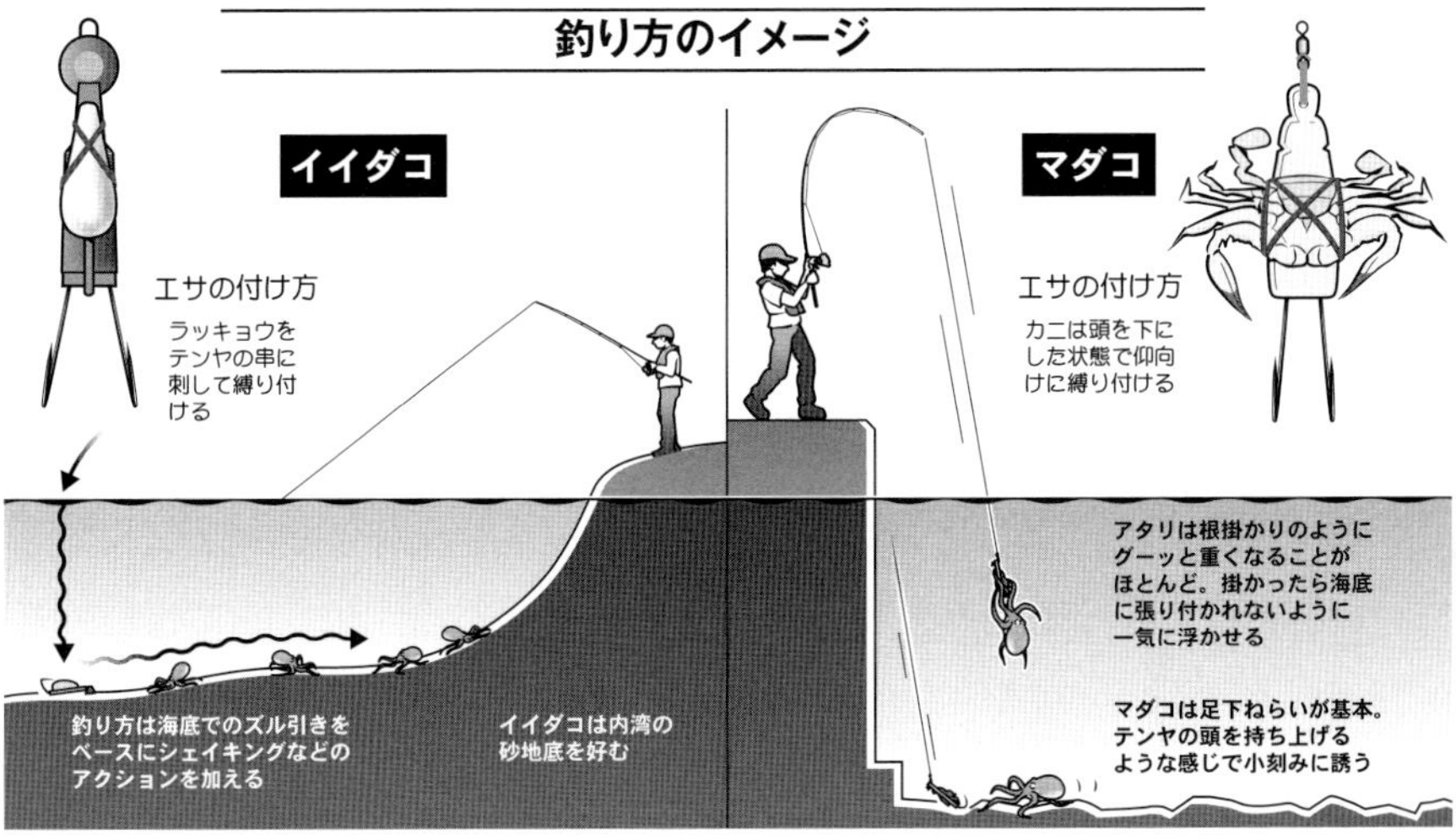
イイダコ
エサの付け方
ラッキョウをテンヤの串に刺して縛り付ける
釣り方は海底でのズル引きをベースにシェイキングなどのアクションを加える
イイダコは内湾の砂地底を好む
マダコ
エサの付け方
カニは頭を下にした状態で仰向けに縛り付ける
アタリは根掛かりのようにグーッと重くなることがほとんど。掛かったら海底に張り付かれないように一気に浮かせる
マダコは足下ねらいが基本。テンヤの頭を持ち上げるような感じで小刻みに誘う

釣期の目安

	1月	2月	3月	4月	5月	6月	7月	8月	9月	10月	11月	12月
マダコ	釣れる	釣れる	釣れる	釣れる	釣れる	よく釣れる	よく釣れる	よく釣れる	よく釣れる	よく釣れる	釣れる	釣れる
イイダコ	釣れる						釣れる	よく釣れる	よく釣れる	よく釣れる	よく釣れる	釣れる

よく釣れる　釣れる

カニの擬似餌が付いたマダコテンヤ。生のマガニが入手できればベストだ

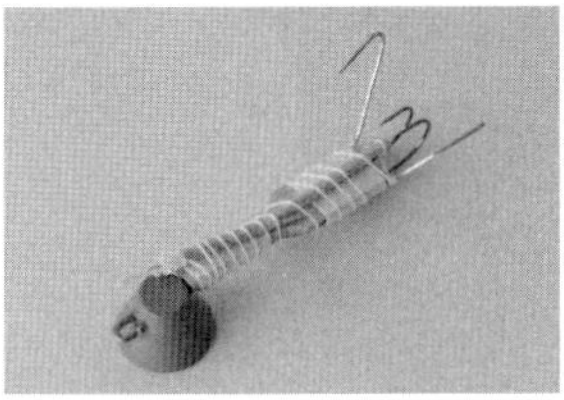

イイダコテンヤはマダコ用よりはるかに小型。これにラッキョウなどを縛り付けて使用する

●対象魚

マダコ、イイダコ。

●エサ

　マダコはカニ類、アジやサンマなど光り物、ブタの脂身など。白いものに興味を示すイイダコにはラッキョウが多用されている。

●釣り方

　マダコのポイントは堤防際や磯際、急深のサーフなど。遠投が必要な場合は投げザオのほうが釣りやすい。まずテンヤを底まで落とし、着底後はサオ先を10～20㎝動かしてテンヤをバタつかせる。これを繰り返しながらゆっくり移動し、ポイントを探る。

　アタリはグーッとサオ先が押さえ込まれるので、強く合わせたら底へ張り付かれないよう一気に浮かせる。

　イイダコは砂地や砂泥地のカケアガリやヨブがポイント。仕掛けを遠投し、海底をズル引きしてポイントを探る。アタリがあったら、一呼吸おいてから鋭く合わせる。

海釣り用語集

●あ

【赤潮　あかしお】海水中の富栄養化によりプランクトンが異常発生して海が赤茶色になる現象。海水の溶存酸素量が低下し、一般に魚の活性が低下するといわれる。

【上げ潮】干潮から徐々に水位が上がってくる状態。上げ始めを「上げっぱな」、下げ始めを「下げっぱな」と呼ぶ。

【アタリ】魚が付けエサをくわえた様子がウキやサオ先、ミチイトなどに表われる変化。「魚信」ともいう。

【穴場　あなば】あまり釣り人に知られておらず、魚もスレていない場所。

【アワセ】サオを起こしてハリを魚の口に掛ける動作。魚が動いて勝手にハリに掛かることを「向こうアワセ」という。

【居食い　いぐい】魚がエサをくわえたまま、じっと動かない様子。ウキやサオ先にアタリが出にくい。

【居着き　いつき】季節変化で移動せず、一定の範囲内で周年を過ごす個体。

【イトフケ】ミチイトのたるみ。

【入れ食い】仕掛けを入れるたび魚が次々に食ってくる状態。

【ウキ下】ウキ止メからハリまでの長さ。

【上潮　うわしお】表層の流れ。海底付近の流れは「底潮」という。

【上もの　うわもの】ウキ釣りやカゴ釣りなど海面を基点とした釣り方でねらう魚全般、もしくは釣り方そのものを差す。これに対し、ブッコミ釣りなど底を基点とする釣り方でねらう魚を「底もの」と呼び、そのなかのイシダイやイシガキダイに限定して「石もの」と表することもある。

【エサ取り】付けエサをかすめ取る本命魚以外の魚。主にハリ掛かりしない魚を差し、ハリに掛かるものは「外道」と呼ぶことが多い。

【枝ス】モトスから出したハリス部分。

【大場所】収容人数が多くポイントも豊富な釣り場。少人数しか入れない釣り場を「小場所」という。

【落ち】越冬のため魚が深場へ移動する行動。

【オマツリ】他人の仕掛けと自分の仕掛けが絡むこと。自分の仕掛けだけが絡むことを「手前マツリ」ともいう。

●か行

【カケアガリ】海底の斜面の部分。

【聞く】ミチイトを張って、仕掛けの状態やアタリの有無を確認する動作。「聞きアワセ」ともいう。

【汽水域　きすいいき】海水と淡水が混じり合う水域。河口付近が代表的。

【キャスト】サオを使って仕掛けを投げる動作。

【食い上げ】付けエサを食った魚が上方へ動くこと。

【食い渋り】魚がいるのに付けエサを食わない、もしくは食いきらない状態。厳寒期によく見られる。

【外道　げどう】ハリに掛かってくる本命魚以外の魚。

【コッパ】釣果に値しない小型魚。メジナとカレイによく使われる。

●さ行

【先ハリス】モトスの先に結んだハリス部分。

【サオ下】サオの真下、もしくはサオの届く範囲のこと。

【ササニゴリ】海に薄く濁りが入っている状態。クロダイねらいの好条件。

【誘い】付けエサを動かして魚の興味を引く動作。

【サミング】リールのスプールに指を当ててミチイトの放出を調整する技術。

【サラシ】岩や堤壁に波がぶつかって砕け、白く泡立っている箇所。

【時合　じあい】魚の食いが立つ時間帯。

【地磯】地続きの磯。

【潮表】潮が当ててくる箇所。反対側は「潮裏」という。

【潮上】潮流の上流側。下流側は「潮下」という。

【潮回り】若潮・中潮・大潮・中潮・小潮・長潮で一巡する潮汐のサイクル。

【潮目】流速や向きの異なる潮と潮がぶつかった箇所。

【シケ】海が荒れた状態。

【沈み根】海中にある岩礁。「シモリ」「カクレ根」とも呼ぶ。

【捨て石】堤防の基礎として海中へ沈められた石のこと。

【スレ】口以外の場所にハリが掛かった状態。ヘラブナ釣りでは釣果と認められない。

【スレる】大勢の釣り人にねらわれ、魚が警戒してなかなか口を使わなくなった状態。

【束釣り　そくづり】釣果が100尾を超えること、または100尾。

【底荒れ】シケやウネリによって海底の砂などが舞い上がっている状態。

【ソコリ】最干潮時。

●た行

【タイドプール】潮溜まり。

【高切れ】仕掛けがミチイト部分から切れてしまうこと。

【タナ】魚の遊泳層や就餌層。よくウキ下と混同されるが、ウキ下はあくまでウキ止メからハリまでの距離。

【チモト】ハリの結び目、もしくはその直上。

【チャカ場】船着場。渡船が渡礁のために磯に船を着ける場所のこと。船を着けることを「チャカ着け」という。

【釣況　ちょうきょう】魚の釣れ具合を差す言葉。

【ツ抜け】釣果が10尾を超えること。「1つ、2つ……」という数え方において10から「つ」の字がなくなることに由来する。

【釣り座】サオをだす足場。

【渡船　とせん】ハナレ磯や沖堤防に釣り人を渡す船、あるいは渡すこと。

●な行

【ナギ】海が静かな状態。波一つない穏やかな状態を「ベタナギ」と表現することもある。

【なじむ】投入した仕掛けがねらったタナや位置で安定した状態。

【ナライ】北東風のこと。

【二枚潮】表層と中～下層の流れの強さ

や方向が異なる状態。

【抜き上げ】玉網を使わずに魚を引き抜く取り込み方法。

【根】海底の岩。

【根掛かり】ハリや仕掛けが海中の障害物に引っ掛かること。

【根ズレ】ミチイトやハリスが海中の根にこすれること。

【納竿　のうかん】サオを仕舞って釣りを終えること。または、その年最後の釣行。

【乗っ込み　のっこみ】産卵を控えた魚が群れで浅場に入り込んでくる行動。産卵前の状態を差す言葉で、産卵行動のことではない。

●は行

【場荒れ】釣り人が大勢入ったことで魚がスレて釣りにくくなった状態。

【ハエ根】足下から沖へ張り出している水中根。

【波口　はぐち】波打ち際もしくはその先のポイント。

【バラシ】ハリ外れやハリス切れなどによって、ハリ掛かりした魚に逃げられてしまうこと。

【ヒジ叩き】魚に掛かったハリ元を持ったとき、尾ビレがヒジを叩くほどの大もののこと。

【ヒロ】「矢引き」とともに長さを表わす言葉で、約1・5mを差す。大人が両手を左右に広げた長さに由来する。

【ヘチ】堤壁や磯際ギリギリの部分。

【ボウズ】まったく魚が釣れなかったこと。「オデコ」ともいう。

【ポンピング】起こしたサオを下げながら素早くイトを巻く動作を繰り返すやり取りのテクニック。

【本流】海流から派生した速く強い流れ。オナガメジナの代表的なポイント。

●ま行

【マヅメ】日の出もしくは日の入り前後の薄明薄暮の時間帯。前者は「朝マヅメ」後者は「タマヅメ」と呼ばれる。

【ミオ】潮流によって遠浅の砂地底に形成されたミゾのこと。

【モトス】枝スを出す幹となるイト。「幹イト」ともいう。

●や行

【矢引き　やびき】「ヒロ」とともに長さを表わす言葉で、約1mを差す。弓を引き絞ったときの左右の手の間隔に由来する。

【やり取り】ハリ掛かりしてから取り込むまでの魚との駆け引き。

【ヨブ】波や潮流によってできた海底の凹凸。

【ヨレ】流れと流れがぶつかって変化している箇所。潮目の一種。

●ら行

【リリース】釣った魚を生きたまま逃がすこと。釣ってすぐに逃がすことを「キャッチ&リリース」という。

●わ行

【ワンド】入り江、もしくは入り江状の地形。

「釣れるチカラ」の基礎が身につくDVD付録（55分）

本文の３章サビキ釣り、4章投げ釣り(チョイ投げ)、5章ウキ釣り(メジナ)について、紙面だけでは伝わりにくい部分を、映像を活用することでより分かりやすく、きめ細やかに解説しました。

DVD付録　収録コンテンツ

出演：上坂哲史

●サビキ釣り編

ノーマルのサビキ釣り仕掛け、ウキサビキ仕掛け、トリック仕掛けの実演。

●投げ釣り編

ルアーロッドを利用したチョイ投げ釣りの実演。

●ウキ釣り編

寄せエサと、円錐ウキの仕掛けによる磯場での釣りの実演。

●結び編

ユニノット・最強結び・ウキ止メイトの結び・外掛け結び

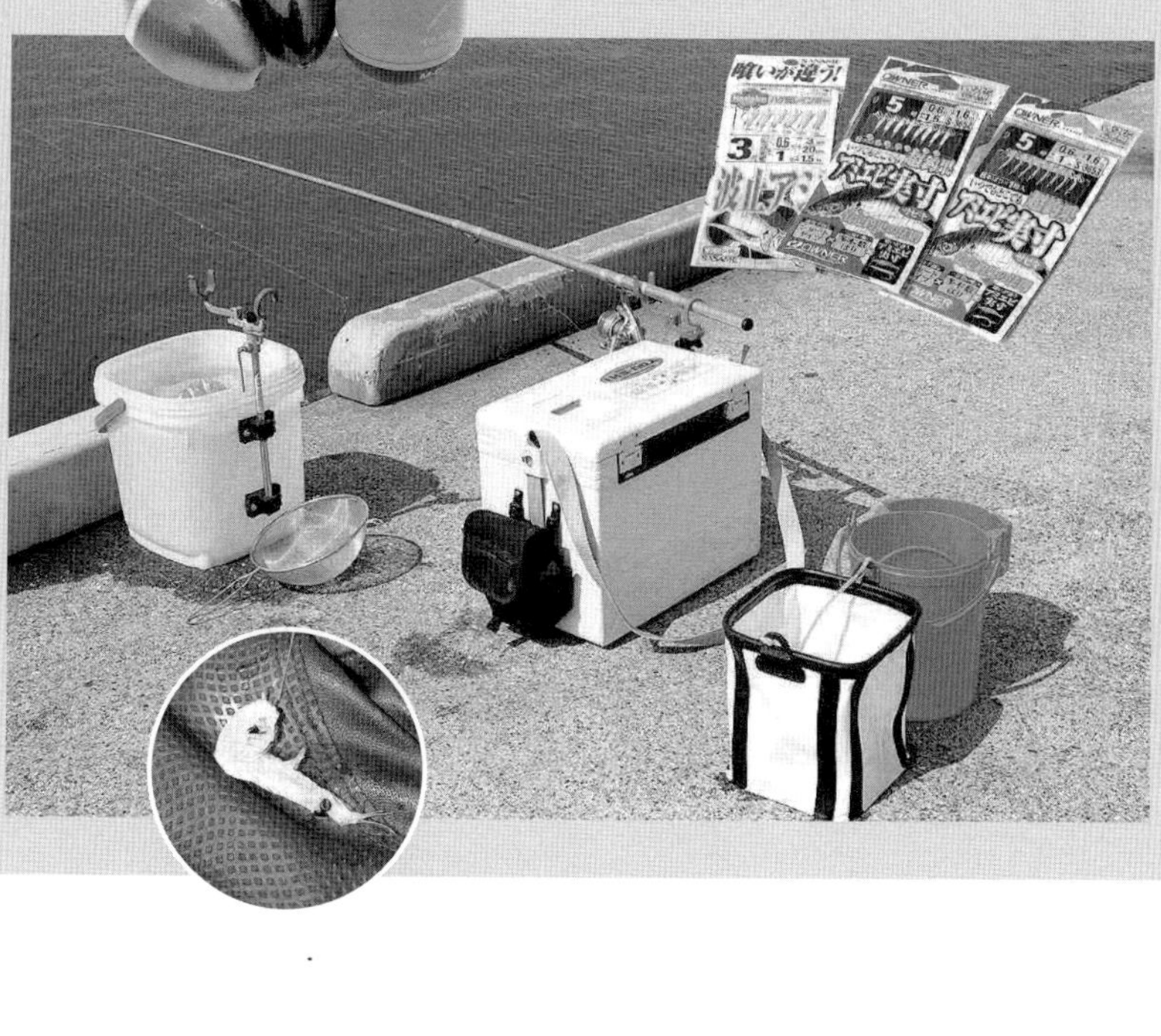

海《うみ》釣《づ》り入《にゅう》門《もん》

2013年9月1日発行

編　者　つり人社書籍編集部
発行者　鈴木康友
発行所　株式会社つり人社

〒101-8408　東京都千代田区神田神保町1-30-13
TEL 03-3294-0781（営業部）
TEL 03-3294-0766（編集部）
振替 00110－7－70582
印刷・製本　大日本印刷株式会社

乱丁、落丁などありましたらお取り替えいたします。

ISBN978-4-86447-037-7 C2075
つり人社ホームページ　http://www.tsuribito.co.jp